KB108951

패브릭

패브릭

THE FABRIC OF CIVILIZATION :
HOW TEXTILES MADE THE WORLD

한 가닥 실에서 탄생한
인류 문명의 모든 것

민음사 버지니아 포스트렐 이유림 옮김

나의 부모님께,
샘 인먼과 수 라일 인먼,
그리고 스티븐에게

차례

일러두기

1   인명과 지명 등 고유명사의 외래어 표기는 국립국어원 외래어 표기법을 따랐다.

2   본문에 사용된 문장부호는 다음과 같다.

    『 』: 전집이나 총서, 단행본

    「 」: 단행본 수록 개별 작품, 논문, 신문 기사, 잡지 기사

    《 》: 신문, 잡지 등 정기간행물

3   본문의 각주는 모두 옮긴이 주다.

서문 문명의 구조

가장 엄청난 기술은 눈에 보이지 않는다.
일상이라는 구조(fabric)에 엮이며 하나가 되기 때문이다.
— 마크 와이저(Mark Weiser),
「21세기의 컴퓨터(The Computer for the 21st Century)」,
《사이언티픽 아메리칸(*Scientific American*)》, 1991년 9월

1900년, 영국인 고고학자 아서 에번스(Arthur Evans)의 발견
이 세상을 놀라게 했다. 크레타 크노소스 궁전의 터를 발굴한
것이다. 이후 에번스는 이 발견으로 기사 작위를 받았다. 복잡
한 건축양식과 눈부시게 아름다운 프레스코화로 장식된 궁전
의 터는 그동안 그리스 본토에서 발견된 그 어떤 곳보다 발전
된 청동기시대 문명을 보여 주었다. 고전 교육을 받고 시적 재
능을 겸비한 과학자였던 에번스는 이 사라진 문명의 주민들에
게 미노스인(Minoans)이라는 이름을 붙였다. 크레타의 첫 번째
왕 미노스가 9년마다 아테네에서 소년 일곱 명과 소녀 일곱 명
을 데려와 미노타우로스에게 희생물로 바쳤다는 그리스 전설
이 있기 때문이다.

한 신문 기사에서 에번스는 "바로 이곳에서 …… 다이달
로스는 미노타우로스를 가둘 미궁을 만들고, 자신과 이카로스

를 에게해로 도망치게 해 줄 날개를 만들었다."라고 썼다. 아테네의 영웅 테세우스가 미궁에서 무시무시한 반인반수 미노타우로스를 죽인 뒤 실뭉치를 감아 나오며 자유를 되찾은 곳도 바로 여기 크노소스였다.

　트로이아가 그랬듯이 이 전설의 도시도 실제로 존재했던 것으로 드러났다. 바빌론 또는 이집트만큼이나 오래되었고, 문자를 사용했던 조직적인 문명의 증거가 발굴되었기 때문이다. 미스터리한 언어를 담은 유물도 있었다. 에번스는 미술품, 도자기, 종교의식용 물품과 더불어 문자가 새겨진 점토판 수천 개를 발견했다. 자신을 크레타로 이끈 고대 유물에서 보았던 바로 그 문자였다. 에번스는 서로 다른 두 가지 문자를 식별해 냈다. 그중 한 가지는 황소 머리와 주구 토기(注口土器),* 그리고 (대각선으로 이등분된 직사각형 위에 말뚝 네 개가 있어) 에번스가 궁전이나 탑으로 여긴 것과 같은 물체들을 나타내는 상형문자였다. 하지만 점토판에 어떤 말이 쓰여 있는지는 해석할 수 없었다.

　수십 년 동안 매달렸지만, 에번스는 문자의 의미를 끝내 알아내지 못했다. 그가 죽고 나서 11년이 흐른 1952년이 되어

---

*　　액체를 쉽게 따를 수 있게 해 주는 주둥이나 부리(귀때)가 있는 토기를 가리킨다.

서야 그중 한 종류가 그리스 초기의 문자임이 밝혀졌다. 그 외
의 문자는 아직도 해석되지 못한 채로 남아 있다. 하지만 에번
스가 문제의 '탑' 모양 문자를 거꾸로 보고 완전히 다른 의미로
오해했다는 사실만은 확실했다. 그 상형문자는 총안(銃眼)**이
있는 흉벽을 묘사한 것이 아니었다. 술이 달린 섬유를 묘사한
것이거나, 날실-추 직기(warp-weighted loom)***를 묘사한 것
같았다. 그것은 궁전이 아니라 직물이었던 것이다.

　　테세우스의 목숨을 구해 준 실 이야기를 탄생시킨 미노스
문명은 지속적으로 대량의 울과 아마를 생산해 냈다. 크노소스
에서 발굴된 점토판 중에 직물과 관련된 문자가 새겨진 것은
절반이 넘는다. 어느 사학자에 의하면 미노스인들은 "섬유식물
들, 양의 출산, 마리당 울 생산 목표량, 세금 징수원의 업무, 노
동자들에게 분배되는 울 할당량, 완성된 직물의 수령, 하인에
게 주는 천이나 옷의 분배, 궁전에 있는 직물 저장고"에 관한
내용을 추적하며 기록했다. 궁전 내부의 작업장에서는 한 계절
에 7만 마리에서 8만 마리에 달하는 양의 털을 가공하고 실을
뽑아 무려 60톤가량의 울을 생산해 냈다.

**　　방어자가 몸을 숨긴 채 활이나 총을 쏠 수 있도록 성벽 등에 뚫은 구멍
　　이다.

***　수직 방향으로 늘어뜨린 날실에 추를 달아 장력을 가한, 기초적 형태
　　의 직기.

에번스는 이 도시를 부유하게 만든 원천이 무엇이었는지, 주민들의 주요한 활동이 무엇이었는지 알지 못했다. 크노소스는 직물의 중심지였다. 그 이전과 그 이후의 많은 사람처럼 이 선구적인 고고학자도 기술, 상업, 문명의 역사에서 직물이 차지하는 비중을 간과했다.[1]

○

털이 없는 유인원인 우리는 직물과 함께 진화했다. 태어나 담요에 싸이는 바로 그 순간부터 우리는 직물과 함께한다. 직물은 우리의 몸을 감싸고, 침대를 장식하며, 바닥의 카펫이 된다. 안전띠와 소파 쿠션이 되고, 텐트와 수건이 되며, 의학용 마스크와 덕트 테이프(duct tape)가 된다. 직물은 모든 곳에 있다.

하지만 마법에 관한 아서 찰스 클라크(Arthur C. Clarke)의 유명한 격언을 뒤집어 보면, 우리에게 아주 친숙한 기술은 자연과 구별하기 어렵다.[2] 직관적이고 분명하며, 우리의 일상이라는 구조(fabric)에 엮여 있어 당연하게 여겨진다. 지금 우리는 햇빛, 비만큼이나 직물을 당연하게 여기는 세상에 살고 있다.

"조바심을 내다(on tenterhooks)",* "아마색 머리털의

* 건조하기 위해 고리에 걸어 둔 천의 상태에서 유래한 뜻으로, 불안하

(towheaded)",** "기진맥진한(frazzled)"***과 같은 오랜 은유를 들여다보면, 의심의 여지 없이 직물에서 유래했다는 사실을 알 수 있다. "날조하다(whole cloth)", "경각에 달려 있다(hanging by a thread)",**** "철저한(dyed in the wool)"***** 등 낡은 표현을 활용할 때도 많다. 공항 셔틀******을 타고, 차 사이를 누비며 (weave) 지나가고, 코멘트 스레드(comment threads)를 따라간다. 우리는 수명(life span)이나 스핀오프(spinoff) 같은 말을 일상적으로 쓰면서도 어째서 섬유나 직물을 만드는 과정이 언어에 그토록 큰 영향을 주었는지는 궁금해하지 않는다. 직물에 둘러싸여 살면서도 그 존재와 더불어 직물 가닥마다 새겨진 지식과 노력을 알아채지 못한다.

그러나 직물의 역사는 곧 인류 창의력의 역사다.

농업은 식량 수확뿐만이 아니라 섬유 수확의 뒤를 따라 발

고 애타며 노심초사하는, 긴장된 상황을 의미한다.

** 머리털이 섬유식물인 아마의 색(담황색)을 띤다는 뜻이다.

*** 직물이 해진 모양에서 유래한 뜻으로, 극도로 지치고 피곤해 녹초가 된 상태나 초조하고 신경이 곤두선 상태를 의미한다.

**** 실 한 가닥에 매달려 있다는 뜻으로, 위기일발이나 풍전등화 같은 위험한 상황을 가리킨다.

***** 직조하기 전에 실을 물들였다는 뜻으로, 골수까지 깊이 물들어 철두철미하다는 의미다.

******직조기 안에서 왕복하는 북을 가리키는 단어다.

전했다. 산업혁명을 비롯해 노동을 절약해 주는 기계들은 실을 만들기 위해 발명되었다. 화학의 기원은 직물 가공과 염색이며, 이진법과 그 안의 수학적 양상도 직조로부터 탄생했다. 향신료나 금과 마찬가지로, 직물과 염료에 대한 수요도 상인들이 대륙을 가로지르게 하고 선원들이 낯선 바다를 탐험하게 한 동력이 되었다.

고대부터 지금까지 직물 거래는 장거리 거래를 발전시켰다. 미노스인들은 모직물을 수출했으며, 그중 일부는 귀한 보라색으로 염색해 저 멀리 이집트까지 수출했다. 고대 로마인들은 금과 똑같은 가치로 여겨지던 중국 실크로 옷을 만들어 입었다. 직물 산업은 이탈리아 르네상스를 지탱하고 무굴 제국을 일으켜 우리에게 미켈란젤로의 「다비드(David)」를, 그리고 타지마할을 남겨 주었다. 또한 알파벳과 복식부기를 퍼뜨렸고, 금융기관을 탄생시켰으며, 노예무역을 키웠다.

직물은 이토록 교묘하면서도 뚜렷하게, 아름답고도 끔찍하게 우리의 세상을 만들어 냈다.

직물의 지구사는 문명 그 자체의 본질을 조명한다. 나는 문명이라는 말을 도덕적 우월성이라는 의미나 불가피한 발전의 마지막 단계라는 의미보다는 다음의 정의처럼 조금 더 중립적인 의미로 사용한다. "인간과 자연 사이에 존재하고, 인간을 파괴할 수도 있는 적대적 힘의 방어막으로 기능하는 지식, 기술, 도구, 예술, 문학, 법, 종교, 철학의 축적."³ 이러한 정의는 문명을 그와 비슷한 개념인 문화 등과 구별하는 두 가지 결정적 관점을 내포한다.

첫째, 문명은 누적된다. 현재의 문명은 지난 문명을 기반으로 삼아 세워지며, 하나의 문명은 그러한 연속성이 끊어졌을 때 몰락한다. 미노스 문명도 그렇게 사라졌다. 반대로 문명은 그것을 구성하는 문화가 사라지거나 돌이킬 수 없을 만큼 바뀌어도 오랫동안 진화할 수 있다. 1980년의 서유럽은 사회적 관행, 종교적 관례, 물질문화, 정치조직, 기술적 자원, 과학적 이해의 측면에서 1480년의 기독교 국가와는 근본적으로 다르지만, 우리는 이들 모두를 서양 문명으로 인식한다.

직물의 역사는 문명의 축적성을 보여 주며, 문명의 발전과 더불어 식물 재배, 가축 번식, 기술혁신과 측정 표준의 보급, 패턴의 기록과 복제, 화학물질 처리처럼 실질적 기술과 과학 이론이 상호작용했던 흔적을 추적할 수 있게 해 준다. 또한 지식이 한 곳에서 다른 곳으로 확산하는 양상도 보이는데, 때로는 서면 형태로, 대개는 인간관계나 상품 거래의 형태로 퍼지며 문명들이 서로 엮이는 모습을 확인할 수 있다.

둘째, 문명은 생존 기술이다. 문명은 유약한 인류와 자연의 위협 사이에 존재하며 세계에 의미를 부여하는 (설계되거나 진화된, 유형 또는 무형의) 많은 인공 산물로 이루어진다. 보호 기능과 장식 기능을 제공하는 직물도 그중 하나다. 그러므로 직물도 더 나은 씨앗에서 패턴을 짜는 법, 새로운 정보 기록 방식에 이르기까지 혁신에 많은 영감을 주었다.

문명은 감정이 없는 자연의 위험과 불편함에 맞서는 동시에 우리를 다른 인류에게서 지켜 주었다. 이상적으로 보면 직물은 인류를 조화롭게 살 수 있게 해 준다. 18세기의 사상가들은 어떤 상업 도시의 지적·예술적 교양, 사회성, 평화로운 상호작용을 나타낼 때 직물을 언급했다.[4] 그러나 집단적 폭력 없이 존재하는 문명은 없다. 최선의 경우에 문명은 협력을 이끌고 인류의 폭력성을 억제하지만, 최악의 경우에는 폭력성을 촉발해 다른 이들을 정복하고 약탈하며 노예로 삼게 한다. 직물의 역사는 이 두 가지 양상 모두를 보여 준다.

또한 직물은 기술이 전자장치나 기계보다 훨씬 더 많은 것을 의미한다는 사실을 떠올리게 해 준다. 고대 그리스인들은 아테나를 문명의 산물인 공예, 생산적 지식, 책략을 뜻하는 테크네(*techne*)의 여신으로 숭배했다. 아테나는 인간에게 올리브나무, 배, 직조를 선물한 존재이자 이를 수호하는 여신이다. 그리스인들은 자신들에게 가장 중요한 기술인 직기와 돛대를 모두 히스토스(*histós*)로 불렀다. 같은 어원에서 출발해 돛은 히스티아(*histía*)로 불렀는데, 말 그대로 직기에서 나온 생산물이라는 뜻이었다.[5]

직조란 창조이자 발명이고, 가장 단순한 재료에서 기능과 아름다움을 만들어 내는 행위다. 「오디세이아(*The Odyssey*)」에서는 아테나와 오디세우스가 책략을 꾸미는 장면을 두고 "계획을 짠"다고 표현했다. 패브릭(*fabric*)과 패브리케이트(*fabricate*)*는 "솜씨 있게 만들어진"이라는 뜻의 라틴어 파브리카(*fabrica*)에 공통된 어원을 두고 있다. 이와 유사하게 텍스트(*text*)와 텍스타일(*textile*)도 "직물을 짜다"라는 뜻의 동사 텍세레(*texere*)로 이어져 있으며, 이 단어는 테크네라는 단어와 함께 "직물을 짜다"라는 의미가 있는 인도유럽어족의 단어 텍스(*teks*)에서 유래했다. 오더(*order*)는 "날실을 준비하다"라는 의미인 라틴어 오르디오르(*ordior*)에서 유래했고, 프랑스어로 컴퓨터를 의미하는 오르디나퇴르(*ordinateur*)도 이 단어에 뿌리를 두고 있다. 무역이나 공예를 뜻하는 프랑스어 메티에(*métier*)도 직기를 의미하는 단어다.

이러한 연관성이 유럽 언어에만 국한된 것은 아니다. 키체(K'iche')마야어에서 직조 디자인과 상형문자를 쓴다는 의미의 단어는 모두 치바(*tz'iba*)라는 어원에서 유래했다. 현재는 문학적 격언이나 종교 경전을 의미하는 산스크리트어 수트라(*sutra*)

* "위조하다"와 "날조하다", "조립하다", "제작하다" 등의 뜻을 지닌 영어 단어다.

는 원래는 실이나 끈을 뜻하는 단어였고, 힌두교나 불교의 경전을 의미하는 단어 탄트라(*tantra*)는 '날실'이나 '직기'를 뜻하는 산스크리트어 탄트룸(*tantrum*)에서 유래했다. '조직'이나 '정리하다'라는 의미가 있는 중국어 주즈(組織, *zuzhi*)도 직조를 뜻하는 단어이며, '성취'나 '결과'를 의미하는 단어 청지(成績, *chengji*)도 본래는 섬유 다발을 꼰다는 뜻이다.[6]

옷감을 만드는 것도 다른 창조적인 일과 마찬가지로 창조 행위이며, 숙달과 정제의 표현이다. 1742년에 철학자 데이비드 흄(David Hume)은 "물레는 어떻게 만드는지, 직기를 어떻게 사용하는지도 모르는 사람들이 어떻게 한 정부를 잘 이끌어 갈 수 있겠는가?"[7]라고 썼다. 직물을 만드는 데 필요한 지식은 보편적이다. 실을 잣거나 직조를 하지 않는 사람은 거의 없었고, 직물과 관련된 거래를 하지 않았던 사회도 찾아보기 어렵다.

직물의 이야기는 유명한 과학자와 잊힌 소작농들의 이야기이고, 점진적이고 급격한 발전의 이야기이며, 계속되는 발명과 단 한 번뿐인 발견에 관한 이야기다. 그것은 호기심, 실용성, 관용, 욕심의 힘으로 움직여 온 이야기다. 예술과 과학의 이야기이고, 여성과 남성의 이야기이여, 우연한 발견과 계획의 이야기이고, 평화로운 거래와 야만적 전쟁의 이야기다. 그러므로 직물의 이야기는 인류의 이야기 그 자체이며, 모든 곳과 모든 시대에 존재하는 전 지구적 이야기다.

섬세하게 만들어진, 서아프리카의 조각 천(*strip cloths*)처럼, 이 책『패브릭(*The Fabric of Civilization*)』도 각기 다른 조각들이 날실과 씨실을 이루며 엮인 결과물이다.[8] 각 장의 날실은 직물을 향한 여정의 각 단계를 의미한다. 먼저 섬유, 실, 직물, 염료와 같은 생산에서 시작해 직물 그 자체처럼 상인, 소비자로 넘어갈 것이다. 마지막으로 섬유 분야의 새로운 국면을 살펴보며 20세기 직물에 혁신을 일으킨 사람들과 현재 직물로 세상을 바꾸고자 하는 사람들을 만나 보려고 한다. 각 장의 사건은 대략적인 연대순으로 진행된다. 각 장의 제목을 날실로 생각하며 읽어 내려가면 된다.

이 책의 씨실은 직물 원료나 제작자, 시장 등 문명의 특성이나 발전에 큰 영향을 끼친 요소다. 우리는 '천연 재료'로 불리는 섬유 뒤에 가려진 지혜를 탐구하고, 방적기가 어떻게 경제 혁명을 촉발했는지 알아볼 것이다. 직물과 수학 사이의 깊은 연관성과 더불어 염료가 화학적 지식과 얼마나 밀접하게 관련되어 있는지도 살펴보려고 한다. 또한 무역을 가능하게 하는 '사회공학'의 필수적 역할을, 세상을 분열시키는 직물을 향한 욕망을, 직물 연구가 순수 과학자를 매료한 이유를 알아보려고 한다. 이렇게 씨실은 각 장의 역사에 더욱 폭넓은 문맥을 그려넣을 것이다.

켄테 천(*kente cloth*)[*] 한 조각이 하나의 스톨(stole)이 되는

것처럼, 이 책의 각 장도 따로 읽을 수 있다. 하지만 전체를 함께 보면 더 커다란 패턴이 드러난다. 선사시대에서 가까운 미래까지, 이 책은 인류가 엮어 왔고, 아직도 엮어 가는 문명의 이야기다.

*   명주실과 면으로 짠 가나의 전통 천이다.

1장 섬유

야훼는 나의 목자, 아쉬울 것 없어라.
— 시편 23편

스판덱스와 기능성 초미세 합성섬유가 넘쳐나는 지금이지만, 리바이스(Levi's)는 아직도 100퍼센트 면 청바지를 판매한다. 청바지를 자세히 들여다보면 구조를 볼 수 있다. 얇고 긴 실들이 균일하게 엮여 옷감 전체를 이룬다. 중심이 흰색인 푸른 실은 수직 방향으로, 안팎이 모두 흰색인 실은 수평 방향으로 만나며 꼼꼼하게 짜여 있다. 마모된 부분과 안쪽을 보면 데님에 내구성과 자연스러운 신축성을 부여하는 사선 모양의 능직(twill) 패턴을 확인할 수 있다.

폴리에스터나 나일론 같은 합성섬유와 달리, 면은 '천연섬유'라는 가치 판단적 단어로 불린다. 하지만 절대 그렇지 않다. 실, 염료, 천은, 심지어 원료를 제공하는 식물과 동물은 모두 수천 년에 걸친 크고 작은 혁신과 개량의 산물이기 때문이다. 오늘날의 면을 만든 것은 자연이 아니라 인간이다.

면, 울, 리넨, 실크 등 이른바 천연섬유의 생물학적 기원은 자연이지만, 이들은 아주 오래되고 익숙해져 존재조차 희미해진 기술의 산물이다. 섬유의 시작은 식물과 동물이며, 인간은 시행착오 끝에 섬유질이 비정상적으로 풍부해 실을 만들기 좋은 원료를 얻을 수 있게 되었다. 이러한 유전자 변형 유기체는 우리가 그토록 중요하게 여기는 산업혁명의 기계만큼이나 획기적인 기술적 성취였다. 그리고 기계와 마찬가지로 경제, 정치, 문화에 광범위한 영향을 미치기도 했다.

○

우리가 석기시대로 부르는 시기는 사실 끈 시대로 불러도 무리가 없다. 선사시대의 이 두 가지 기술은 말 그대로 서로 엮여 있기 때문이다. 초기 인류는 돌도끼에 끈으로 손잡이를 묶어 도끼와 창을 만들었다.

이렇게 만든 무기의 날은 수천 년을 견뎌 고고학자들에게 발굴되었지만, 손잡이와 날을 이어 주던 노끈은 부식되어 확인할 수 없게 되었다. 그리고 학자들은 점점 더 정교해지는 석기의 발전 단계에 따라 선사시대에 구석기시대(Paleolithic), 중석기시대(Mesolithic), 신석기시대(Neolithic)라는 이름을 붙였다. 리식(*Lithic*)은 "돌이나 석기와 관련된"이라는 의미다. 그 누구도 사라진 실에는 관심을 두지 않았다. 하지만 시간의 흐름을 쉽게 견딜 수 있는 단단한 도구만을 두고 생각하면 선사시대의 삶에 관해, 인류의 독창성이 낳은 최초의 산물에 관해 잘못된 그림을 그리게 될 것이다. 다행히도 오늘날의 연구자들은 끈의 흔적을 찾을 수 있게 되었다.

오하이오 케년 칼리지(Kenyon College)의 잔류물 분석 전문가인 고인류학자 브루스 하디(Bruce Hardy)는 초기의 석기로 다른 재료를 자를 때 남겨진 미세한 파편을 조사했다. 하디는 비교 표본을 만들기 위해, 초기 인류가 활용했을 만한 식물이나 동물을 레플리카로 자른 뒤, 도구를 현미경으로 관찰했다. 그 결과 하디는 덩이줄기 세포와 버섯 포자를, 물고기 비늘과 깃털 조각을 발견할 수 있었다. 그리고 섬유를 발견했다.

2018년, 하디는 마리엘렌 몽셀(Marie-Hélène Moncel)의 파리 연구실에서 일하며 마리엘렌이 프랑스 동남부 아브리 뒤 마라(Abri du Maras)에서 발굴한 유물을 연구했다. 4만 년 전에서 5만 년 전 사이 무렵에 아브리 뒤 마라에서는 네안데르탈인들이 바깥으로 튀어나온 암석을 보금자리 삼아 살고 있었다. 현재보다 지면이 3미터 정도 낮았던 그때의 인류는 재, 뼈, 석기를 남겼다. 하디는 그곳의 도구 일부에서 꼬여 있는 식물섬유 하나를 발견했다. 네안데르탈인이 끈을 만들었을 수도 있다는, 아주 흥미롭고도 기대되는 증거였다. 하지만 섬유 하나를 끈이라고 할 수는 없었다.

그래서 이번에는 2인치 크기 석기에 크림을 조금 발라 보았다. 석기의 모래색 표면에서 무언가를 발견하기는 쉽지 않았지만, 하디는 깜빡이는 네온사인을 보듯 노련한 눈으로 그 흔적을 찾아냈다! 하디는 "보자마자 뭔가 다른 것이 있다는 사실을 바로 알아차렸어요."라고 말했다. "이렇게 생각했죠. '와, 이거야. 드디어 찾았어.'" 하디가 찾은 것은 바로 꼬여 있는 섬유 다발이었다.

하디와 동료들이 조금 더 성능이 좋은 현미경으로 조사하자, 더욱 흥미로운 사실이 발견되었다. 한 방향으로 꼬인 개별 섬유 다발 세 개를 서로 다른 방향으로 엮어 만든 세 가닥 노끈이었다. 네안데르탈인들은 침엽수의 속껍데기에 있는 섬유질로 끈을 만들었다.

증기기관이나 반도체처럼 끈도 수많은 경우에 활용할 수 있는 다용도 기술이다. 초기 인류는 낚싯줄과 그물을 만들 때, 사냥용 활을 만들 때, 불을 피울 때, 작은 동물을 잡기 위한 함정을 설치할 때, 짐을 옮길 때, 음식을 묶어 건조할 때, 아이를 가슴에 묶을 때, 패션 벨트와 목걸이, 가죽을 꿰맬 때 끈을 사용했다. 끈은 인류의 손이 지닌 능력을 확장했고, 지능을 높였다.

하디와 그의 공저자는 "구조가 (여러 개의 끈을 꼬아 만든 밧줄, 밧줄을 엮어 만든 매듭처럼) 점점 복잡해진다는 것은 …… '유한한 재료의 무한한 활용'을 의미하며, 인간이 언어를 사용할 때와 비슷한 정도의 인지 복잡성이 필요하다."라고 썼다. 올가미를 만드는 데 사용했든 물건을 묶는 용도로 사용했든, 끈 덕택에 인류는 식량을 잡고, 옮기고, 저장하는 활동을 좀 더 수월하게 할 수 있게 되었다. 초기의 수렵·채집인이 주변 상황을 유연하게 활용하거나 제어하는 것에도 도움을 주었다. 끈의 발명은 문명으로 향하는 기반이었다.

직물사학자 엘리자베스 웨이랜드 바버(Elizabeth Wayland Barber)는 "사실 이 단순한 끈이 세상을 인류의 의지대로 길들이게 했고, 그 안에 담긴 독창성도 아주 강력하다. 그래서 인류가 지구를 정복할 수 있게 해 준 비밀 무기는 바로 끈이라고 생각한다."[1]라고 썼다. 우리의 선조들은 원시적이었을지 모르지만, 아주 영리하고 창의적이기도 했다. 동굴벽화, 작은 조각상들, 뼈 플루트, 목걸이, 뼈바늘, 그리고 탈착되는 창 촉과 작살 촉을 포함한 복잡한 도구처럼 선조들은 멋진 예술 작품을, 세상을 바꿀 만한 기술을 남겼다. 비록 수천 년이 지난 뒤 흔적만 남았지만, 끈도 이렇게 창의적인 산물의 일부였다.

초기에 끈을 만드는 재료는 나무 속껍데기나 아마, 삼, 모시, 쐐기풀, 황마 같은 식물의 바깥 줄기에서 나오는 인피섬유(*bast fibers*)였다. 나무의 섬유질은 더 거친 데다 추출하기도 힘들었다. 하디는 "나무보다는 아마가 훨씬 빨리 자라니까요."라고 덧붙였다.

그러므로 야생식물에서 섬유질을 수확하는 방법을 발견한 것은 엄청난 발전이다. 그 과정은 쉽게 생각해 볼 수 있다. 식물 줄기가 땅에 떨어지면 바깥층은 이슬이나 비를 맞아 썩어 없어지고, 긴 실처럼 생긴 안쪽이 드러난다. 초기 인류는 그 섬유질을 벗겨 낸 뒤 손가락이나 허벅지로 잡고 꼬아 끈을 만들었을 것이다.

천천히 자라는 나무든 빨리 자라는 식물이든 인피섬유만으로는 실을 풍부하게 생산할 수 없었다. 허벅지로 섬유를 잡고 꼬는 것이 끈을 만드는 유일한 방법이던 시기에, 원형 가방 하나를 만들 실을 제작하기 위해서는 파푸아뉴기니의 전통 공예처럼 현대 노동시간으로 2주가, 즉 60시간에서 80시간이 소요된다. 실을 가방으로 만드는 데도 100시간에서 160시간이 소요된다. 거의 한 달이 걸리는 작업이다.[2]

○

끈은 매우 영향력 있는 기술이었지만, 천이라고 할 수는 없다. 천을 만들 만큼 실을 충분하게 제작하려면 훨씬 많고 예측할 수 있는 원자재 공급이 필요하다. 또한 아마로 가득한 밭을, 양 떼를, 정제되지 않은 엄청난 섬유를 실로 만들 시간이 있어야

한다. 식량에서 섬유로 빠르게 확장되는 농업의 기술적 도약도
필요하다.

이것을 신석기 혁명으로 부른다. 대략 1만 2000년 전, 인
류는 정착지를 꾸리고 작물과 가축을 기르기 시작했다. 사냥
과 채집도 계속되었지만, 더는 주변 환경에서 찾을 수 있는 자
원에만 의지하지 않았다. 번식을 이해하고 통제하면서 인류는
목적에 맞게 식물과 동물을 개량하기 시작했다. 이렇게 식량의
새로운 공급원이 생겨나면서 '천연' 섬유가 개발되었다.

1만 1000년 전, 서남아시아의 어딘가에서는 양이 개와 함
께 최초로 가축이 되었다. 이 신석기시대의 양은 성탄 구유 장면
이나 매트리스 광고, 오스트레일리아 초원이라고 하면 떠올리
는 모습과는 달리 하얀 털로 뒤덮인 동물이 아니었다. 털은 갈색
이었고, 계속 자라지 않았으며, 봄마다 거친 털이 덩어리진 형태
로 빠졌다. 초기의 양치기들은 대부분 양이 어릴 때 도살해 고기
를 얻었다. 가장 우수한 양만 선택되어 번식을 위해 성체까지 길
러졌다. 그렇게 아주 오랜 시간이 흐른 뒤, 인류의 선택으로 양
의 본성은 달라졌다. 몸집과 뿔은 작아졌고, 털은 계속해 자라
더는 고대의 양치기들처럼 양털을 뽑지 않고 잘라 내게 되었다.

그 뒤로 약 2000세대 후에, 즉 5000년 이상이 지난 후에,
또는 오늘날까지 절반 정도 왔을 때 선택적 번식의 결과로 양
은 메소포타미아와 이집트에서 묘사된 것처럼 울을 생산하는

인류가 사육하기 전 원시의 양에 가장 가까운 소이(Soay) 양의 모습. 떨어지는 양털의 모습이 눈에 띈다. 우측은 오늘날 메리노(Merino) 양의 모습이다. (iStock-photo)

동물이 되었다. 흰색을 비롯해 다양한 색의 두꺼운 털을 지니게 되었고, 무거워진 털가죽을 버티기 위해 뼈는 더욱 두꺼워졌다. 시간이 지나며 울의 섬유질은 더욱 우수하고 균일해졌다. 발굴된 뼈들을 보면 양 떼의 구성이 바뀌었음을 알 수 있다. 초기에는 고기를 얻기 위해 도살한 어린 양의 뼈가 대부분이었지만, 이후에는 (거세된 것으로 보이는) 수컷을 포함해 성체까지 자란 양의 뼈도 많이 발굴되었다. 이러한 발굴 결과로 미루어 보아 고대 인류가 울을 생산했음을 알 수 있다.[3]

아마로 불리는 야생화도 비슷했다. 야생에서 자라는 아마는 무르익으면 사방으로 작은 씨앗을 퍼뜨리며 터져 나가므로 채집이 거의 불가능하다. 초기 농부들은 아주 드물게 발견할 수 있는, 터지지 않은 꼬투리를 채집했다. 푸른 눈동자처럼, 터

지지 않는 꼬투리도 열성유전형질이므로 그 자손들의 씨앗 꼬
투리도 터지지 않게 되었다. 수확된 씨앗은 대부분 식용으로,
또는 기름을 짜는 용도로 쓰였지만, 가장 크고 좋은 씨앗은 다
음 계절을 위해 남겨 놓았다. 시간이 흐르며 재배용 식물이 된
아마의 씨앗은 야생 아마의 씨앗보다 더욱 커져 인류에게 유용
한 영양과 기름을 제공하게 되었다.[4]

　이때부터 농업의 선구자들은 또 따른 재배용 아마를 만들
어 냈다. 이들은 가지와 꼬투리가 적고 키가 큰 아마씨를 선택
해 보관했다. 이런 경우 식물 내의 영양이 줄기로 쏠려 섬유질
이 더욱 풍부해진다. 이렇게 섬유질이 풍부한 아마를 대량으로
재배해 충분히 리넨을 만들 수 있었을 것이다.[5]

　하지만 아마 재배만으로는 직조에 필요한 실을 만들 수 없
다. 섬유를 수확한 뒤 가공해야 하는데, 오늘날에도 정교한 기
술이 필요한 작업이다. 먼저 섬유의 길이를 최대한 살리며 뿌
리를 제거한 뒤 줄기를 건조한다. 다음은 침수 작업(*retting*)으
로 불리는, 악취가 심한 과정이다. 섬유질을 감싼 끈적한 펙틴
을 박테리아가 분해할 수 있도록 줄기를 물에 담그는 것이다.
계속 흐르는 개울이 아닌 한, 침수 작업을 할 때의 악취는 하늘
을 찌른다. 레트(*ret*)와 로트(*rot*)의 유사성*은 우연이 아니다.

---

*　각각 "(식물을) 물에 담그다"와 "부패하다"라는 뜻을 지닌 동사다.

고된 아마 생산 작업에서 해방되기를 꿈꾸는 여성의 모습. 1673년 무렵 네덜란드에서 그려진 익명의 그림이다. (Rijksmuseum)

물속에서 줄기를 꺼낼 시간을 판단하는 것은 아주 까다로운 일이다. 너무 빨리 꺼내면 줄기가 단단해 섬유를 분리할 수 없고, 너무 늦게 꺼내면 조각조각 부서지고 만다. 줄기를 물에서 건진 다음에는 완전히 건조하고 두드린 뒤 섬유질을 긁어내는데, 이 작업을 제섬(*scutching*)으로 부른다. 마지막 단계는 빗어 내기(*hackling*)로, 섬유가 빗을 통해 짧고 폭신한 토(tow)로 변하는 작업이다. 이와 같은 작업을 거친 후에야 아마는 실이될 준비를 끝마칠 수 있다.

이러한 모든 노력을 고려해 볼 때 초기 인류는 분명 리넨에 높은 가치를 부여했다. 인류가 언제부터 기름이 아닌 직물을 생산하기 위해 아마를 재배하기 시작했는지는 정확히 알 수 없지만, 농경 초기에 시작되었다는 사실만큼은 분명하다. 1983년, 이스라엘 유대 광야(Judaean Desert)의 사해 근처에 있는 나할 헤마르 동굴(Nahal Hemar Cave)에서 연구 중이던 고고학자들이 아마 실, 섬유와 함께 머리에 쓰는 것으로 보이는 유물의 흔적을 발견했다. 방사성탄소연대측정법으로 분석한 결과 거의 9000년 전의 유물로 밝혀진 이 직물들은 도자기보다도, 심지어 직기보다도 이른 시기에 만들어진 것으로 추정되었다. 발견된 섬유는 직조되었다기보다는 바구니 세공법, 마크라메(macramé),* 코바늘 뜨개질에 사용되는 것과 유사한 꼬기(twining), 매듭 매기(knotting), 고리 짓기(looping) 기술로 만들어졌다.

동굴에서 발견된 직물은 초보적 실험의 결과물이 아니라 자신의 작업이 무엇인지 정확하게 아는 장인들의 작품이었다. 유물을 보면 완벽하게 완성하기 위해 기술이 필요했다는 사실을 알 수 있다. 어느 고고학자는 "꼼꼼한 장인 정신과 함께

---

*   13세기에 서아프리카에서 시작된 매듭 공예의 일종으로, 천의 끝이나 끈에 실로 고리를 걸어 묶는 수예다.

규칙적 패턴과 섬세함이 보이며, 정교함과 훌륭한 장식 감각
이 돋보인다. 마무리로 버튼홀(buttonhole) 스티치나 '스트로크
(stroke)' 스티치를 한 것도 확인할 수 있다."라고 분석하며, 평
행하면서 간격과 길이가 균일한 바늘땀을 관찰했다고 말했다.
사용된 실은 튼튼하고 부드럽게 자아졌으며, 단순히 눈에 보이
는 식물의 줄기에서 섬유를 벗겨 내 손가락으로 꼬아 만든 실
과는 달랐다. 튼튼함을 위해, 완성된 실 두 가닥을 함께 꼬아 만
든 부분도 있었다.[6]

다시 말해 9000년 전 농부들은 이미 섬유질을 얻기 위한
아마 재배 방법뿐 아니라 일련의 과정을 통해 품질이 우수한
실을 만드는 방법, 바느질로 장식용 직물을 만드는 방법까지
알고 있었다. 이렇게 직물의 역사는 인류의 영구적 정착과 농
업의 초기까지 거슬러 올라간다.

양털이나 아마를 원료로 실을 만들기 위해서는 치밀한 관
찰력, 창의력, 인내심이 있어야 한다. 하지만 면을 세계에서 가
장 지배적이고 역사적으로 가장 중요한 '천연' 섬유로 만드는
데 필요했던 상상력과 유전적 행운과는 비교조차 할 수 없다.

○

내 머리 근처 1피트 정도 길이의 나뭇가지 끝에 달린 이것은

고치처럼 생겼고, 성긴 섬유 사이로 흐릿하게 중심 부분이 보인다. 3인치쯤 되는 가느다란 가지에 폭신하고 하얀 거미처럼 매달려 있다. 손으로 떼어 보면 부드럽고 살짝 엉켜 있어, 끈적한 누에고치와는 전혀 다르다. 어두운색을 띠는 중심에는 단단한 씨앗이 자리 잡고 있다. 유카탄반도에서 자라는 이것의 학명은 고시피움 히르수툼(*Gossypium hirsutum*), 즉 면이며, 오늘날 지배적인 상업적 종의 야생 형태다. 본래부터 신축성과 꼬여 있는 형태를 타고난 목화솜을 보고 있으면, 이 필라멘트들의 유용성을 알아보았던 초기 인류의 생각을 이해할 수 있다.

진화생물학자 조너선 웬들(Jonathan Wendel)은 "면이 오늘날의 형태로 완성되기까지는 최소한 네 개의 시기, 네 개의 문화를 거쳤을 것이며, 그 기간은 시기마다 최소 5000년 전으로 거슬러 올라갑니다. 면을 처음으로 발견했던 인류는 오스트레일리아 원주민들이었습니다."라고 말했다. "원주민들은 더디지만 확실하게 면을 무리로 가져와 기름을 얻고, 가축 먹이, 램프 심지, 베개 충전재, 상처 치료 등 놀랄 만큼 다양한 용도로 활용했습니다."

우리는 꼭대기에 온실이 있는 아이오와 주립대학의 한 건물을 찾아갔다. 이곳은 미국의 옥수수 곡창지대로, 의외로 세계 목화 유전학 연구를 이끄는 곳이며, 희귀한 표본에 헌신적인 수집가와 재배자들이 모인 곳이다. 이 온실에는 전 세계에

서 온 20여 가지의 목화 수백 그루가 있으며, 야생 목화인 고시
피움과 가장 가까운 친척 격인 하와이의 코키아(Kokia) 표본과
마다가스카르의 고시피오이데스(Gossypioides) 표본도 자라고
있다. 늘씬한 마라톤 선수이면서, 목화의 기묘한 역사에 관해
열정을 뿜어내는 웬들은 "이곳의 모든 식물은 이야기를 품고
있습니다."라고 말했다.

전 세계에 퍼진 약 쉰 개의 야생 목화종 대부분은 실을 만
드는 데 전혀 쓸모가 없다. 이들 목화의 씨앗에서 나는 솜털은
복숭아보다 적은 수준이었다. 하지만 약 100만 년 전, 한 아프
리카 고시피움 종으로부터 각 섬유질이 꼬여 있어 조금 더 길
고 푹신한 씨앗이 자라났다. 웬들은 "이는 아프리카 종을 통틀
어 단 한 번 벌어진 일입니다."라고 말했다.

연구실에서 웬들은 나에게 작은 야생 고시피움 헤르바케
움(Gossypium herbaceum)의 꼬투리가 들어 있는 봉지를 건네주었
다. 모든 면섬유의 조상인 아프리카 종에 가장 가까운 목화였
다. 거의 씨앗에 가까웠고, 서로 겨우 엉켜 있을 만한 섬유질이
전부였다. 웬들은 "인류가 존재한 것보다 훨씬 전에 자연은 우
리에게 저 씨앗을 주었습니다."라고 말했다. 과학자들은 섬유
가 진화한 이유를 정확히 밝히지 못하고 있다. 어차피 목화씨
를 거의 퍼뜨리지 않는 새들을 유인하는 데는 도움이 되지 않
는다. 물이 충분한 환경에서 단단한 씨앗 껍데기를 부식할 미

생물을 끌어들여 발아에 도움을 받았을 수도 있다. 하지만 알 수 없다. 이유야 어쨌든 독특한 섬유를 생산하는 목화 게놈은 살아남았고, 과학자들은 이를 'A 게놈'으로 부른다.

섬유질을 생산하는 돌연변이는 청바지를 사랑하는 미래의 인류에게는 첫 번째 행운이었다. 그 뒤 얼마 지나지 않아 그보다 더 놀라운 일이 일어났다. 아프리카의 목화씨가 알 수 없는 방법을 통해 바다 건너 멕시코로 전해진 것이다. 이 씨앗은 뿌리를 내리고, D로 불리는 독특한 게놈을 진화시킨 토착종과 교배했다. 전 세계 대부분의 목화 종과 마찬가지로 이 D 목화도 섬유질을 생산하지 못했지만, 새로운 교배종은 섬유를 생산해 냈다. 사실 이 새로운 교배종은 부모격인 아프리카 목화보다도 더욱 많은 섬유질을 지닌 다양한 품종을 만들어 낼 유전적 잠재력을 품고 있었다. 일반적인 경우처럼 부모의 각 염색체를 하나씩 복제한 13쌍이 아니라, 26쌍 모두를 복제해 지니고 있었기 때문이다.(이러한 현상을 배수성(倍數性, polyploidy)으로 부르며, 일반적 성질인 이배성(二倍性, diploidy)과 다르지만, 식물에서는 일반적이다.) 유전학자들은 이 신세계의 교배종을 AD로 부른다.

본래의 아프리카 돌연변이처럼, 바다를 건넌 AD 교배종이 탄생한 것도 단 한 번 벌어진 일이었다. 웬들이 목화를 연구하기 시작한 1980년대에는 A 게놈과 D 게놈이 어떻게 교배하게 되었는지에 관한 두 가지 이론이 경쟁하고 있었다. 첫 번째는 최소 6500만 년 전, 남아메리카와 아프리카가 분리되기 전 하나의 대륙일 때 교배종이 등장했다는 이론이었다. 웬들은 "그 반대편 이론을 지지하던 사람들"이, 인류가 씨앗을 배에 실어 날랐을 것이라고 주장했던 "콘티키스트(Kon-Tikist)였습니다."라고 회상하며, 그래서 그들이 "배수성 목화는 아마도 5000년 전 또는 1만 년 전에 탄생했을 거라고 주장했습니다."라고 말했다.(콘티키(Kon-Tiki)는 고대 인류가 장거리 항해를 했다는 가설을 시험하고자 과학자 토르 헤위에르달(Thor Heyerdahl)이 제작해 1947년에 페루에서 프랑스령 폴리네시아까지 직접 타고 항해했던 발사 나무 뗏목의 이름이다.)

결론적으로 두 이론 모두 정답이 아니었다. 오늘날 유전학자들은 DNA의 배열 순서로 어떤 종의 나이를 추정해 그 종의 염기쌍들이 관련 종과 얼마나 다른지 확인할 수 있다. 돌연변이는 합리적으로 예측할 수 있는 속도로 생겨나는데, 이는 두 종이 공통 조상에서 어느 시기에 갈라져 나왔는지 나타내는 화석 증거로 알 수 있다. 물론 돌연변이 발생 속도에는 차이가 있다. 예를 들면 식물 세계에서 나무는 한해살이식물보다 훨씬 천천히 변화하기 때문이다. 게다가 모든 종의 화석 기록이 남아 있는 것은 아니니 예측이 정확하지 않을 수도 있다. 하지만 대략적 윤곽은 그릴 수 있다. 웬들은 "2배수, 3배수, 4배수 차이

가 날 수는 있지만, …… 10배수, 100배수, 1000배수 차이가 나
지는 않을 겁니다."라고 말했다.

미스터리한 목화 교배종의 경우에는 이 정도 계산으로도
충분하다. 먼저 공룡이 지구상에 있었던 시기에 결합이 이루어
졌다고 보기에는 부모인 A 게놈과 D 게놈, AD 교배종이 너무
비슷했다.(A와 D는 고작 500만 년 전에서 1000만 년 전 사이에 갈라
졌다.) 그리고 인간이 실어 날랐다고 하기에는 A 게놈과 D 게
놈이 교배종과는 너무 달랐다. 웬들은 "그러니까 콘티키 이론
이 정답일 확률도 거의 없습니다."라고 말했다. "배수성 목화는
인류가 지구에 등장하기 전에 형성되었을 겁니다."

우리는 어떻게 씨앗이 바다를 건너 전해졌는지, 또는 서
쪽의 대서양을 건넜을지, 동쪽의 태평양을 건넜을지 전혀 알지
못한다. 화산이 폭발할 때 나오는 부석(浮石, pumice)과 함께 날
아갔을 수도 있고, 허리케인의 영향일 수도 있다. 그 이유가 무
엇이든, 무언가 극도로 벌어지기 어려운 일이 일어난 것만은
확실하다. 웬들은 "아주 드물게 발생하는 사건의 진화론적 의
의라고 할 수 있습니다."라고 말했다.

이런 경우 의의는 진화론적 의의뿐 아니라 상업적 의의로,
문화적 의의로 뻗어 나간다. 인류가 도착한 뒤, 추가적인 유전
적 보완 요소는 아메리카 대륙의 경작자들이 목화를 재배할 수
있는 훨씬 큰 가능성을 선사했다. 웬들은 그 결과에 관해 "인위

선택은 구세계에 자라던 A 게놈보다 더 길고, 더 강하고, 더 우수한 목화를 생산할 수 있게 했습니다."라고 말했다. 산업혁명을 가능하게 하고 우리에게 청바지를 선물한 신세계의 목화, 즉 AD 게놈은 엄청난 행운 덕택에 존재할 수 있었다.

그러나 아무리 풍성한 목화라고 해도, 자연 그대로의 상태라면 천은 고사하고 실도 만들 수 없다. 대서양을 가운데에 둔 양쪽 대륙 모두에서 야생 목화는 희귀하고 드문 식물이었다. 작은 꼬투리 안에 든 씨앗은 너무 두꺼워 발아하기조차 어려울 정도였다. 유전자 변형 생물이라는 개념이 존재하기 아주 오래전, 목화는 이미 인류의 행동을 통해 웬들의 말처럼 '열매가 열리는 기계'가 되었다. 인류의 손을 거쳐 섬유가 풍성하게 열리는 오늘날의 목화로 다시 태어난 것이다.

남아프리카와 인더스 계곡, 유카탄반도와 페루 해변의 농부들은 더 길고 더 풍부한 섬유를 거두기 위해 씨앗을 보관해 두었다. 이들은 단단한 씨앗 외피에 칼집을 넣어 씨앗이 나올 수 있게 하는 방법을 알아냈고, 외피가 아주 두껍지 않은 씨앗을 찾아다녔다. 자연 그대로의 갈색 꼬투리보다 하얀 꼬투리를 더 좋아했고, 비슷한 시기에 빠르게 무르익는 개체들에 보상을 주었다. 이러한 생물학적 조작의 결과로 재배용 목화종 네 가지가 만들어졌다. 두 가지는 구세계에서 자라는 고시피움 아르보레움(*Gossypium arboreum*)과 고시피움 헤르바케움이고, 다른

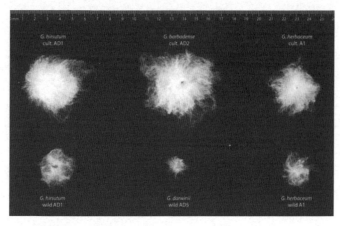

인간이 재배한 목화는 야생 목화보다 더 길고, 더 희고, 섬유질이 더 풍부하다.
(Jonathan Wendel)

두 가지는 신세계에서 자라는 고시피움 히르수툼과 고시피움
바르바덴세(*Gossypium barbadense*)다.

웬들과 공저자들은 목화 재배에 관한 개요에 "이 네 가지
목화 종이 …… 길들지 않은 다년생 관목이자 조악한 섬유질
로 덮인 불투과성 씨앗을 지닌 작은 나무였지만, 점차 변화를
거쳐 쉽게 발아하는 커다란 씨앗에 길고 하얀 섬유를 풍부하게
생산하는 작고 조밀한 한해살이식물이 되었다."[7]라고 썼다.

여기까지는 나쁘지 않다. 하지만 오늘날 가장 중요한 목
화 재배 지역들의 대부분은 수천 년 동안 이 네 종 가운데 아무
것도 재배할 수 없었다. 다시 말해 미시시피 삼각주, 텍사스 고

원, 신장, 우즈베키스탄에서 목화를 재배할 수 없었다는 의미다. 재배용 목화는 서리가 내리지 않는 기후에서만 자랄 수 있는데, 보통 특정한 낮의 길이를 기준으로 꽃을 피우기 때문이다. 목화는 낮이 짧아질 때만 꽃과 씨앗을, 그리고 씨앗을 감싸는 섬유를 생산해 낸다.(기후까지 시원해야 하는 종도 있다.) 그래서 원산지인 열대지방에서 자라는 목화는 12월에서 1월이 되어서야 꽃을 피우고, 이른 봄에 꼬투리를 맺는다. 서리가 내리는 기후에서는 자손을 남길 만큼 오래 살아남을 수 없다.

그래서 맥 마스턴(Mac Marston)은 현미경을 들여다본 자신의 눈을 의심할 수밖에 없었다. 동료였던 UCLA 고고학 전공 대학원생 엘리자베스 브라이트(Elizabeth Brite)는 마스턴에게 어떤 씨앗을 조사해 달라고 부탁했다. 북서부 우즈베키스탄의 아랄해 근처, 이슬람 도래 이전 유적지인 카라테페(Kara-tepe)에서 수집한 씨앗이었다. 기원후 5세기 또는 기원후 4세기의 어느 시기에 그곳에 있던 한 가정에 화재가 발생하면서 집 안에 있던 물건들이 탄화된 채 보존되었고, 그중에는 재배하기 위해 보관한 것으로 추측되는 엄청난 양의 씨앗도 있었다. 브라이트는 그 씨앗들을 물에 띄운 뒤 체로 걸러 겉을 감싼 불순물을 털어 냈다. 그다음에 필름 통 크기의 유리병에 밀봉해 마스턴에게 전달했다. 마스턴이 부탁받은 일은 그 씨앗이 무엇인지 알아내는 것이었다.

"현미경으로 보이는 샘플이 목화씨와 완전히 똑같다는 사실을 깨닫고 충격을 받았습니다." 현재 보스턴 대학에서 일하는 마스턴은 당시를 이렇게 회상했다. 그는 '아니야. 목화일 리가 없어.'라고 생각했다. '뭔가 실수가 있었을 거야. 다른 씨앗이겠지. 목화와 비슷하기는 하지만, 다른 종류일 거야. 목화가 그곳에 있을 리 없으니까.' 그 머나먼 북쪽에서, 게다가 기원후 500년 이전으로 거슬러 올라가는 그곳에서 목화를 발견할 것이라고는 아무도 생각하지 않았다. 하지만 샘플은 훌륭하게 보존되어 있었고, 그 씨앗은 의심할 여지 없이 목화였으며, 우연이라고 보기에는 씨앗의 양이 너무 많았다. 카라테페의 주민들은 목화를 재배했다.

서리라는 문제만 차치하면 이해할 수 있다. 목화가 자라려면 풍부한 햇빛, 더운 날씨, 너무 많지 않은 강수량이 필요하다. 그래서 염분이 많은 토양이 있고 늦여름과 초여름마다 몸집을 불리며 관개용수를 공급하는 강이 있는, 덥고 건조한 날씨의 카라테페에 어렵지 않게 적응했을 것으로 추측할 수 있다. 목화의 생애 주기는 토착 식용작물을 보완했다. 그리고 카라테페의 주민들은 그 씨앗을 얻을 수 있었다.

마스턴은 "이 지역은 인도와 교역했던 곳입니다."라고 말했다. "그러니 지구 반대편에서만 자란 옥수수처럼 그곳에 절대 있을 수 없는 씨앗을 발견한 것은 아닙니다." 하지만 왜 인도 농부들은 카라테페에 옮겨 심으면 자랄 수 있는 목화를 찾아내고 재배했을까? 서리가 내리지 않는 지역에 사는 사람들이 낮의 길이에 민감하지 않은 식물에 관심을 가진 이유는 무엇일까?

이러한 변화는 아마 상업적 경쟁으로부터 시작되었을 것이다. 당신이 인더스 계곡에서 목화를 재배하는 농부라고 가정해 보자. 인더스 계곡은 기원전 5세기 헤로도토스(Herodotus)의 글로 거슬러 올라갈 만큼 오래전부터 면직물 생산지로 유명한 곳이었다. 만약 당신이 기르는 목화가 이웃집 목화보다 빨리 열매를 맺는다면 시장에 좀 더 빨리 판매할 수 있다. 돈도 더 빨리 받을 수 있다. 구매하는 사람이 간절하다면 더 비싼 값을 부를 수도 있다. 즉 목화를 빨리 수확할 수록 농부에게 이득이 된다.

시간이 지나면서, 이윤을 추구하는 재배자들은 낮 길이에 민감하지 않고 꽃이 빨리 피는 목화를 선호하게 되었다. 이들은 이런 특징이 있는 나무에서 얻은 씨앗을 다시 심거나 판매하기도 했을 것이다. 경쟁은 개화 시기를 빠르게 만들었고, 겨울까지 기다려야 했던 수확 시기는 어느새 늦여름에서 초가을로 당겨졌다. 농부들은 목화가 더는 낮의 길이에 민감하지 않게 되었다는 사실을 알거나 신경 쓸 필요가 없었다. 서리도 걱정할 필요가 없었다. 그저 이른 수확을 가능하게 해 주는 개체를 선호하기만 하면 되었다. 이렇게 농부들은 점차 카라테페같은 곳에서도 꽃을 피우는 목화 종을 만들어 냈다. 북쪽 땅에 내리는 서리는 목화를 죽게 하지만, 그즈음이면 수확은 이미 끝나 있었다. 봄에는 새로운 목화를 다시 심어야 했다. 과수원에 있는 나무들과는 달리, 추운 지역에서 자라는 목화는 한해살이 작물이 되었다.[8]

이 마지막 부분을 제외하고는 정확하게 어떤 일이 벌어졌는지 알 수 없다. 하지만 북부 우즈베키스탄에서 목화가 자라려면 어떤 방식이든 그 본성을 인류가 바꾸었어야 했다는 사실은 알 수 있다. 마스턴은 "목화에 이미 일어났던 생물학적·유전적 변화가 없었다면 사람들은 애초에 목화를 가져가지도, 재배하지도 않았을 겁니다."라고 말했다. "그러니 우리가 발견한 표본이 이렇게 유전적으로 새롭게 변형된 작물의 첫 번째 예시는 아닐 겁니다." 나할 헤마르 동굴의 리넨 직물처럼, 카라테페의 목화씨도 이미 확실한 관습으로 자리 잡은 거대한 혁신의 흔적을 보여 준다.

이러한 관습은 이슬람 제국이 새로운 종교와 함께 꽃을 빨리 피우는 목화를 널리 전파하며 더욱 확실히 굳어졌다. 이슬람은 신도들이 천국에서 실크 옷을 입게 될 것이라고 약속했지만, 현세에서는 실크 옷을 입지 못하게 했다. 면으로 지은 옷을 입는 것이 헌신의 증표가 되었고, 개종자가 늘 때마다 면의 수요도 늘어났다. 사학자 리처드 불리엣(Richard Bulliet)은 "새하얀 면은(또는 이집트에서 리넨은) 독실한 이슬람을 상징했으며, 정복자였던 아랍인의 미학을 면으로 만든 옷을 입는 사람이 공유한다는 것을 의미했다."라고 썼다.

불리엣은 무슬림의 영향이 커지며 목화 재배와 무역을 통해 "이슬람 제국에서 가장 생산적이고 문화의 생기가 넘치는 지역"인 이란고원이 등장하게 되었다고 주장했다. 기원후 9세기 초반, 예멘 출신으로 추정되는 아랍인 이주자가 대부분인 무슬림 사업가들이 곰(Qom)과 같은 건조한 지역에 새로운 마을을 건설하기 시작했다. 이들은 '불모지'를 경작지로 바꾼 사람에게 소유권을 준다는 이슬람의 법에 따라 토지를 늘려 갔다. 작물에 물을 대기 위해 이들은 지하 수로인 카나트(qanat)를 건설했다. 건설 비용은 비쌌지만, 1년 내내 주변의 산에서 물을 끌어올 수 있었고, 다른 주요 곡물보다 비쌌던 목화를 기르는 데 아주 적합했다. "보통 겨울작물로 재배하는 밀이나 보리와 달리," 불리엣은 "목화는 길고 뜨거운 기후와 더불어 카나트가 제공할 수 있었던 꾸준한 물 공급이 필요한 여름작물이었다."라고 썼다.

많은 양이 이라크로 수출되었던 목화의 확산은 이슬람의 성장을 이끌었다. 목화가 주는 재정적 보상은 신흥 종교에 충실했던 새로운 마을의 노동자들을 끌어들였다. 많은 사람이 개

종하면서 조로아스터교도 지주들이 소유했던 이주자 노동력
에 관한 권리가 줄어들었고, 고향으로 돌아가는 이주민들도 더
욱 줄어들었다. 불리엣은 "이런 식으로 목화 산업은 아랍의 주
요 통치 중심지 및 주둔군 중심지와 가까운 시골 지역에 이슬
람 세력을 전파하는 데 큰 역할을 했다."라고 관찰했다. 이 새
로운 마을들은 한 세기 만에 급격히 성장해 도시가 되었고, 대
부분 종교학자였던 무슬림 기업가들은 이 과정에서 엄청난 부
를 축적했다.

이란에서 일어난 것과 비슷한 일들이 무슬림 세계 전체에
걸쳐 일어났다. 이슬람이 목화의 수요를 키웠고, 무슬림 경작
자들은 공급량을 늘렸다. 브라이트와 마스턴은 "기원후 10세
기가 되자 …… 목화는 메소포타미아에서 시리아를 거쳐 소아
시아까지, 이집트에서 마그레브를 거쳐 스페인까지 무슬림 세
계 거의 전 지역에서 재배되었다."[9]라고 썼다. 한편 스페인 사
람들은 아메리카 대륙에서 목화를 보자마자 자신들이 무엇을
마주하고 있는지 정확히 알아보았다.

○

멕시코 남부에서 에콰도르에 이르기까지, 목화는 신세계의 보
물이 되었다. 원주민들은 부족 생활, 무역품, 의례에 사용하는

물품으로 섬세하게 엮은 면직물을 활용했다. 면으로 만든 돛은 라틴아메리카의 태평양 연안을 따라 먼바다로 교역을 나가던 발사 나무 뗏목에 동력을 공급해 주었다. 탈지면은 옷을 두껍게 해 주고 아즈텍과 잉카의 전사들이 입던 가죽 갑옷의 완충재가 되었다. 잉카인들이 매듭으로 기록을 남겼던 결승문자의 재료이기도 했다. 전투에서 잉카인들이 처음으로 스페인인들을 마주했을 때, 이들의 면 텐트는 무려 3.5마일까지 펼쳐졌다. 어느 스페인 기록자는 "우리는 수많은 텐트를 보고 겁에 질렸다."라고 썼다. "인디언들에게 그렇게 거대한 영토가 있을지, 그토록 많은 텐트가 있을지 생각조차 하지 못했다."[10]

19세기 초까지 아메리카 대륙의 목화 재배는 대부분 열대 지방에 국한되었다. 고시피움 바르바덴세의 한 종류이자 고급스럽고 긴 섬유를 지닌 해도면(海島棉, Sea Island cotton)은 미국 해안의 몇몇 온화한 지역에서 재배할 수 있었지만, 남부의 나머지 지역에서는 지독한 된서리 때문에 재배하려는 노력이 모두 실패했다. 겨울 서리가 내리기 전에 꽃을 피우는 두 종은 병에 잘 걸렸고, 꼬투리가 작아 수확하고 세척하기가 어려웠다. 농장주들은 초기 공화국의 남서쪽 변경이었던 미시시피 계곡 하류의 비옥한 땅에서 잘 자랄 수 있는 목화를 간절히 바랐다.[11]

그리고 1806년, 월터 벌링(Walter Burling)이 멕시코시티에서 그 바람에 딱 맞는 목화를 찾아냈다.

벌링은 초기 자본가들에게 오명을 씌운 비도덕적 탐험가 부류 중 한 명이었다. 1786년, 20대 초반이었던 벌링은 비밀스럽게 결혼한 여동생이 불명예스럽다는 이유로 결투를 하던 도중에 어린 조카의 아버지를 살해했다. 엿새 후, 인신매매로 벌어들이는 돈에 혹한 벌링은 지금의 아이티섬에서 노예를 데려오기 위해 조합을 결성했다. 1791년, 아이티의 노예들이 아이티 혁명을 일으켰고, 벌링은 허벅지에 총을 맞은 채 보스턴으로 도망쳤다. 1798년, 벌링은 최초로 미국에서 일본으로 가는 항해에 착수했고, 2년 후에 일본 공예품과 자와 커피 등의 화물을 싣고 돌아왔다.

벌링은 보스턴 여성과 결혼한 뒤 변경으로 갔고, 1803년 무렵에 미시시피 내체즈(Natchez)에 정착했다. 몇 년 지나지 않아 그는 또 다른 비도덕적 모험가였던 제임스 윌킨슨(James Wilkinson) 장군의 전속 부관이 되었다. 윌킨슨은 루이지애나 준주 주지사이자 파트너인 에런 버(Aaron Burr)와 손잡고 남서쪽에 독립국을 세우고자 했으며, 스페인의 비밀 스파이이기도 했다. 벌링을 멕시코시티로 보낸 장본인이 바로 윌킨슨이었다. 에런 버의 멕시코 침략을 좌절시키는 대가로 12만 2000달러를 요구하는 윌킨슨의 편지를 스페인 총독에게 전달하고, 미국 정부를 위해 가능한 침공 경로를 알아 오는 것이 벌링의 임무였다. 윌킨슨은 돈만 받을 수 있다면 어느 쪽이든 가리지 않는 사람이었다.

벌링은 돈을 받으러 가지 않았다. 스페인이 윌킨슨에게 이미 충분히 사례했다고 생각했기 때문이었다. 하지만 벌링은 미시시피에서 잘 자랄 수 있을 것 같은 목화 종을 찾아 그 씨앗을 미국으로 밀수했다. 미시시피의 아이들이 오랫동안 학교에서 배웠던 터무니없는 이야기에 따르면 벌링은 스페인 총독에게 씨앗을 가져가겠다고 허락을 구했지만, 수출은 불법이라는 대답만 돌아왔는데도 "벌링은 인형 안에 목화씨를 넣어 될 수 있는 한 많은 인형을 고향으로 가져왔다."라고 한다. 1810년, 벌링은 유언도 없이 엄청난 빚만 남기고 숨을 거두었다.[12] 하지만 그가 발견한 멕시코의 목화는 역사를 바꾸어 놓았다.

이 새로운 목화 종은 미시시피 변경에서 재배하기에 아주 적합했다. 서리를 피해 일찍 무르익었기 때문이다. 비슷한 시기에 꼬투리가 맺혀 효율적으로 수확할 수 있었고, 열매가 큰 데다 넓게 퍼지며 열려 훨씬 쉽게 딸 수 있었다. 농업사학자 존 히브런 무어(John Hebron Moore)는 "이렇게 독특한 특성 덕택에 수확하는 사람들은 이전에 재배하던 조지아 그린 시드(Georgia Green Seed) 목화보다 하루에 서너 배 이상을 수확할 수 있었다."라고 썼다. 씨앗당 섬유 비율도 크게 향상되어 조면* 후 사

---

* 목화송이에서 면섬유를 목화씨나 불순물과 분리하는 공정이다.

용할 수 있는 면의 생산량이 3분의 1 정도 더 증가했다. 멕시코
산 목화는 썩음병(the rot)으로 불린, 해당 지역의 목화를 전멸
시키는 질병에도 면역이 있었다. 1820년대가 되자 미시시피 계
곡 하류의 농부들은 대부분 이 새로운 종을 재배하게 되었다.

농부들은 이 종을 의도적으로, 또 우연히 개량하기도 했
다. 의도치 않게 조지아 그린 시드 종과 타화수분을 하며 우연
히 탄생한 교배종은 멕시코 목화의 장점을 대부분 지니면서도,
즉시 수확하지 않으면 꼬투리가 떨어져 버리는 가장 큰 단점은
나타나지 않았다. 그 뒤 품종 육성자들은 종자를 의도적으로
개량하고자 노력했다. 1830년대 초가 되자 새로운 멕시코 목
화 종을 기반으로 한 교배종 프티 걸프(Petit Gulf)가 미시시피
계곡을 장악했고, 더 먼 동쪽의 붉은 점토 토양에서도 번성하
게 되었다.

벌링의 발견은 "미국 목화의 품질과 생산량을 증가시켜
일라이 휘트니(Eli Whitney)의 조면기처럼 올드 사우스 명예의
전당에 걸려야 할 정도"라고 무어는 주장했다. 1794년에 특허
를 받은 휘트니의 발명품과 더불어, 그보다 몇 년 후에 나와 찬
사는 덜 받았지만 더욱 효과적인 호전 홈스(Hodgen Holmes)의
톱 기반 디자인은 롤러와 브러시를 이용해 린트(lint)**를 분리

** 　목화씨의 표면을 덮은 섬유질을 가리킨다.

하며 이전의 노동 과정을 기계화해 목화의 잠재적 공급량을 크게 늘렸다.[13]

좋은 씨앗을 얻게 되고, 목화를 가공할 새로운 조면 기술이 발명되고, 북부 잉글랜드의 공장에서 목화 수요가 폭발적으로 증가했던 '목화 열풍'이 불며 벌링과 같은 개척자들이 변경으로 쏟아졌다. 어느 경제사학자는 "1860년까지 미국의 목화 수요는 매년 5퍼센트씩 증가했고, 남부는 관개 이전 시대의 가장 이상적인 목화 재배 지역으로 떠올랐다."라고 썼다. "미국의 육지면(陸地棉, upland cotton)은 '섬유의 견고함과 부드러움, 스테이플(staple) 길이의 결합'에서 따라올 수 있는 것이 없다고 알려졌다." 목화가 자라는 변경에서는 큰돈을 벌 수 있었고, 1810년에서 1850년까지 미시시피의 인구는 4만 352명에서 60만 6526명으로 거의 열다섯 배로 증가했다.[14]

미시시피 계곡으로 향한 모든 개척자가 야망 가득한 목화 농장주는 아니었다. 그중 반절이, 노예해방 반세기 전에는 무려 100만 명 정도가 가족과 친구, 익숙한 고향으로부터 강제로 떠나게 되어 노예로 일했던 노동자들이었다. 이 고통스러운 사건은 그 자체로 또 하나의 미국판 아프리카 중간 항로(Middle Passage)*였다. 희생자들은 이때의 경험을 강도 혹은 납치로 기

---

*   흑인 노예들을 아프리카에서 아메리카까지 운송했던 대서양 항로다.

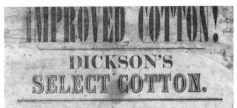

1858년에 게재된 목화씨 광고. 1850년대 농업 관련 간행물에서 이와 같은 광고
를 많이 찾아볼 수 있다. (Duke University Library, Emergence of Advertising
in America: 1850 – 1920 collection)

억했다. "할머니를 고향에서 납치한 뒤 미시시피로 데려가 마스 베리(Marse Berry)에게 팔아넘겼어요." 노예로 지내다 해방된 제인 서턴(Jane Sutton)은 할머니의 말을 이렇게 전했다.[15]

이렇게 비자발적으로 이주를 당한 사람 중에는 노예무역상들에게 납치된 일반 시민도 있었다. 그중 한 사람이 회고록 『노예 12년(Twelve Years a Slave)』을 쓴 솔로몬 노섭(Solomon Northrup)이며, 이 회고록을 기반으로 한 영화가 2013년에 오스카상을 받기도 했다. 하지만 대부분은 동부의 노예 주인들이 빚을 갚고자, 또는 노동력을 공급해 이윤을 얻고자 팔아넘긴 노예였다. 노예무역상들은 이 가엾은 영혼들을 뉴올리언스행 선박에 구기듯 몰아넣거나 한꺼번에 사슬로 묶어 서쪽으로 수천 마일을 행군하듯 걸어가게 했다. 이렇게 두 달에 가까운 여정을 하기 수월한 날씨인 늦여름과 초가을이 되면 사슬에 묶인 노예들의 모습을 길에서 쉽게 볼 수 있었다.

또 다른 노예 이주자들은 주인의 강요로 서부에 배우자와 아이들을 두고 떠나와야만 했다. "사랑하는 딸아, 이 세상에서 너를 한 번 더 볼 수 있다는 희망을 품고 살아왔지만, 이제 그 희망은 영영 사라져 버렸구나." 1835년에 주인이 자신을 노스캐롤라이나에서 미시시피로 보내기 직전에 피비 브라운릭(Phebe Brownrigg)이 노예 신분이 아닌, 자신의 딸 에이미 닉슨(Amy Nixon)에게 쓴 편지 내용이다. 서부 노예가 쓴 희귀한 편지 중 하나였던 이 글은 이렇게 끝난다. "천국에 계신 아버지의 왕좌 앞에서 만날 테니, 그때는 두 번 다시 헤어지지 않아도 될 거야."

미국인들은 노예 없이도 충분히 변경에 정착해 목화를 재배할 수 있었다. 남북전쟁과 노예해방이 일어난 뒤에도 목화 생산량은 빠르게 회복해 이전 수준을 넘어섰고, 작은 농장들도 작물을 엄청나게 생산했기 때문이다. 하지만 변경 생활의 혹독함과 뜨겁고 습한 기후, 질병에 시달리는 환경으로 자발적 이주자들을 끌어들이는 데는 엄청나게 긴 시간이 걸렸을 것이다. 노예노동자들을 강제적으로 이주시킴으로써 목화 농장주들은 더욱 빠르게 새로운 토지를 경작지로 바꿀 수 있었다.

어느 사학자는 "농장주와 노예무역상들이 노예를 들여오는 속도는 백인 개척자들의 이주 속도보다 훨씬 빨랐다."라고 주목했다. "1835년, 미시시피 인구의 대다수는 흑인이 차지하게 되었다." 비옥한 토지와 개량된 씨앗 덕에 노예제는 더욱 확산했고, 이윤도 더욱 커졌다. 노동이 가장 희귀한 자원이었던 나라에서 목화를 재배하는 개척자들은, 그만두지도 못하고 심지어 사고팔 수 있으며 경제적으로 도움까지 되는 노동력을 보유했다.[16]

사람들은 '양키의 창의성(Yankee ingenuity)'과 정반대로 전쟁 전의 남부가 기술적으로 뒤처지고, 안일하며, 보수적인 곳이라고 착각하곤 한다. 목화 조면기마저도 뉴잉글랜드의 발명품이었기 때문이다. 하지만 남부는 실제로는 제조업보다 농업에 집중해 자신들만의 과학적·기술적 야망을 키웠다. 휘트니의 롤러 기반 디자인보다 월등한 톱 기반 조면기를 만든 홈스는 남부의 서배너(Savannah) 출신이었다. 사이러스 맥코믹(Cyrus McCormick)의 기계 수확기가 중서부의 밀밭을 정복하기 전에 나왔던 최초의 수확기도 버지니아의 농장에서 일하던 조 앤더슨(Jo Anderson)이라는 노예의 도움으로 탄생했다.[17] 노예제는 비인간적이었지만, 혁신과 무관하지는 않았다.

남부가 기술적으로 뒤처졌다는 착각은 '기술'과 기계를 혼동하게 만들어 교배종 종자처럼 그와 동등하게 중요한 기술을 인지하지 못하게 했다. 북부 농장주들과 다르게 남부 농장주들은 노동력을 절약하는 기계에 크게 관심을 두지 않았다. 자신들의 땅과 노예의 노동력으로 더 많은 작물을 얻게 해 줄 혁신을 갈망했으므로, 생산량이 더 높은 씨앗을 제공하는 기업가들에게 대가를 지급했다.

1847년, 과학적으로 사고를 했던 미시시피 농장주 마틴 W. 필립스(Martin W. Philips)는 "지난 20년간 또는 지난 30년간 목화는 눈에 띌 만큼 크게 개선되었으며, 이는 전적으로 인간의 선택으로 이루어졌다."[18]라고 썼다. 개선된 종자 덕택에 1800년에서 1860년까지 남부의 노동자 1인당 하루 평균 목화 수확량은 25파운드에서 100파운드까지 네 배로 증가했다.(생산량이 떨어지는 노동자도 있었지만, 실력 좋은 노동자들이 평균보다 훨씬 많이 수확했다.)

더 나은 목화 종을 향한 수요는 혁신과 마찬가지로 미시시피강을 따라 새롭게 자리 잡은 주들에 특히 집중되었다. "기술 대부분은 미시시피 유역에서 발전되었고," 새로운 종자의 효과를 추적하며 수백 건의 농장 수확 기록을 조사한 경제사학자인 앨런 옴스테드(Alan Olmstead)와 폴 로드(Paul Rhode)는 "그 기술들은 조지아나 캐롤라이나, 인도나 아프리카보다 미시시피 유역의 토지와 기후에 훨씬 잘 맞았다."라고 썼다. 생산량이 더욱 늘어나면서, 남부에 집중되었던 목화 재배는 점차 서쪽으로 옮겨 갔다.[19]

영리하게 개선한 목화 재배는 인류와 역사에 엄청난 영향을 미쳤다. 개선된 목화 종은 서쪽으로 뻗어 나갔고, 이를 따라 노예들도 이주하게 되었다. 이는 노예제의 경제적 역할을 더욱 확고하게 하고 노예제 폐지를 찬성하는 북부와 반대하는 남부의 대립도 더욱 심화해 결국 남북전쟁이 벌어지게 했다. 또한 영국과 뉴잉글랜드의 공장으로 향하는 목화 공급량을 증가시켜 역사에서 전에 없을 만큼 생활수준을 끌어올린 산업적 도약 지점으로 기능했고, 미국 목화 생산자들이 인도와 서인도제도를 포함해 그 어느 곳의 농부들보다 우위에 서게 해 주었다.

목화 재배자들이 이러한 지정학적 결과를 염두에 둔 것은 아니었다. 블루스와 재즈도, 윌리엄 포크너(William Faulkner)와 토니 모리슨(Toni Morrison)의 소설도, 20세기 후반에 젊음과 자유의 상징이 된 청바지도 마찬가지였다. 이들은 단지 더 좋은 목화를 더 많이 재배하고자 했을 뿐이다. 하지만 직물은 인간의 삶과 절대 분리될 수 없다. 좋은 쪽이든 나쁜 쪽이든 이들은 문명의 구조에 엮여 있다.

○

누에를 기르고 수확하는 양잠업은 고대에 행해졌던 하나의 예술이었다. 5800년 전에 만들어진 중국 무덤에 안치된 시신들 아래에서 견사 단백질이 발견되었다. 발견된 위치로 미루어 보아 고인은 들누에고치로 만든 직물에 싸여 묻힌 것으로 추정된다. 시간이 흐르며 중국의 재배자들은 야생 누에를 길들여 누에나방(Bombyx mori) 또는 뽕나무 누에로 불리는 종으로 개량하고 그 고치에서 필라멘트들을 수확했다. 지금까지 발견된 것 중에서 최초의 실크 섬유는 약 5500년 전으로 거슬러 올라가며, 누에고치 번데기처럼 생긴 관에 넣기 전에 시신을 감싸는 용도로 사용했다. 상 왕조 시기(기원전 1600년~기원전 1050년)가 되자, 양잠업은 확고히 자리 잡아 점괘의 대상이 되거나 종교

적 제물로 사용되었다.[20]

1000년간 누에나방은 인간의 목적을 위해 길러졌고, 종 전체가 인간의 보호에 의지해야 하는 상태로 변했다. 성체 나방은 날지 못하게 되어 사육이 편리해졌고, 야생에서 생존하는 데 필수적인 보호색도 사라졌다. 실크를 생산하는 재배자들은 누에에게 신선한 뽕잎을 먹이고, 날씨의 영향을 받지 않게 해 주는 사육용 상자에서 누에를 키운다. 성장하는 누에들이 고치를 만들 수 있도록 막대기를 넣어 두고 겨울잠을 자는 과정을 꼼꼼하게 살핀다. "알을 상자에 넣는 날부터," 뽕잎을 따던 한 노파는 송나라의 어느 여행자에게 "우리는 누에들을 신생아처럼 돌본다네."[21]라고 말했다.

나방이 고치에서 나오기 직전이 되면 사육이 끝난다. 농부들은 누에고치를 수확한 뒤 열을 가해 나방을 죽인다. 나방이 나오며 실크가 상하는 것을 방지하기 위해서다. 오직 소수의 나방만 고치 밖으로 나와 번식할 수 있다. 모든 과정은 정확해야 한다. 누에와 뽕잎의 밀도가 적절해야 하고, 온도가 적절해야 하고, 타이밍이 적절해야 한다. 이러한 과정의 점진적 개선은 큰 차이로 나타났다.

송 왕조 시기(960년~1279년)를 지나며 실크의 수요량이 증가했다. 이웃한 왕국들에 평화의 대가인 공물로 주기 위해, 수가 점점 늘어나는 군대에 옷을 입히기 위해, 궁정의 화려함을

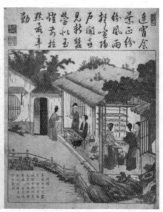

「어제경직전도(御製耕織全圖)」(경작하는 모습과 직조하는 모습을 그린 그림)의 누에 사육 장면, 1696년 작. (Chinese Rare Book Collection, Library of Congress)

유지하기 위해 실크가 필요했던 조정은 세금을 인상했다. 한편 도시의 장인들은 급격히 성장한 지배층의 수요에 맞추어 사치스러운 섬유를 만들기 위해 더 많은 실크를 사들였다. 미국 남부의 목화 농장주들처럼, 누에를 기르던 농장주들도 같은 토지와 노동력으로 더 많은 실크를 얻을 방법을 고민했다. 직물학자 앤절라 유웅 성(Angela Yu-Yung Sheng)은 결국 그들이 "지금 돌아보면 단순하지만 아주 기발한 새로운 생산 방법을 고안해 냈다. 이 새로운 방법으로 시간을 절약하고 생산량을 늘릴 수 있었다."라고 썼다.

농장주들은 중국에서 자라던 두 가지 뽕나무를 하나로 접목하는 방법을 찾아냈다. 잎이 풍성한 '노상(魯桑)'이라는 종과 몸통이 단단한 '형상(荊桑)'이라는 종이었다. 잎이 더 많이 자라게 하는 가지치기 방법도 개발해 냈다. 이 두 가지 개선 덕택에 1년 내내 먹이가 풍족해졌고, 한 해에 여러 번 번식하는 다화성 (*polyvoltine*) 누에를 키울 수 있게 되었다. 누에 수확은 보통 1년에 두세 번이었지만, 최대 여덟 번까지 수확할 수 있는 특수한 종도 있었다.

목화와 마찬가지로 누에가 이상적인 작물이 되려면 비슷한 시기에 성체가 되고, 가공되기 전까지 변질되지 않아야 했다. 그래서 농부들은 여러 번의 수확 사이에 간격을 두고 시기를 조절할 기술적 묘안을 생각해 냈다. 누에알의 부화 시기를 통제하기 위해 온도를 조절하는 방법을 배운 것이었다. 먼저 알들을 두꺼운 종이 위에 펼쳐 놓고, 종이 열 장 정도를 찬물에 담가 점토로 만든 항아리에 넣어 두었다. 농부들은 주기적으로 종이를 항아리에서 꺼내 햇빛에 덥힌 뒤 다시 넣어 주었다. 이 과정은 알들의 부화 시기를 늦추는 것과 동시에 진화론적 효과도 주었다. 성은 "냉기와 바람을 견디는 강한 알만 살아남을 수 있었으므로 …… 이 방법으로 약한 알을 골라낼 수도 있었다." 라고 관찰했다.

알이 부화하고 나면 농부들은 누에에게 뽕잎을 먹였다. 누에를 최대한 빨리 자라게 해 실크 수확을 촉진하려면 따뜻한 환경을 조성해 주어야 했다. 하지만 기온을 덥히는 연료에 뚜렷한 결점이 있어 기술적 딜레마가 뒤따랐다. 나무 연기는 누에를 상하게 할 수 있었고, 거름을 태우는 것은 해롭지는 않았으나 열기가 충분하지 않았다.

한 가지 방법은 이동할 수 있는 난로로 밖에서 나무를 태워 열기를 낸 뒤, 재나 거름으로 덮어 누에를 키우는 방 안에 넣는 것이었다. 대량으로 누에를 키우는 사육자들이 선호했던 또 다른 방법으로는 누에가 자라는 방 안에 구덩이를 파서 마른나무와 거름을 넣고 알이 부화하기 약 일주일 전에 불을 피우는 것이 있었다. 이렇게 피운 불은 알들이 부화하기 약 하루 전까지 유지되었다. 이때가 되면 사육자들은 연기만 날려 보낸 뒤 다시 문을 닫아 누에들이 부화하고 성장할 수 있도록 방을 따뜻하게 유지했다. 이 두 가지 방법에 관해 성은 "송나라의 농부들은 (고치를 짓기 전에 탈피를 반복하는) 누에의 두 번째 성장 단계를 34일 또는 35일에서 29일 또는 30일로, 심지어 25일로 단축했다."라고 썼다.

누에 농부들은 수확할 시기가 되었을 때 누에고치를 소금 안에 넣어 두면 일주일 정도 보관할 수 있다는 사실을 발견하기도 했다. 이 방법 덕택에 누에고치에서 실크를 분리하는, 공이 많이 드는 작업을 시간이 지나도 할 수 있게 되었고, 같은 노동력으로 더 많은 실크를 수확할 수 있었다. 소금이 실크의 품질을 높여 주는 또 다른 장점도 있었다.

따로 떼어 보면 그다지 대단하지 않지만, 이 혁신들이 모여 농부들은 같은 토지와 노동력으로 실크를 훨씬 많이 생산할 수 있었고, 생산량이 늘어난 덕에 이들은 무거운 세금을 버티면서도 새로운 시장에서 이득을 얻을 수 있었다.[22] 미국의 올드 사우스처럼, 중국 송나라 시기 실크의 역사도 기술혁신이 꼭 기계의 발전을 의미하지는 않는다는 사실을 보여 준다.

○

자연에는 인류에게 섬유를 주는 동식물과 이들을 파괴하는 적들이 공존한다. 하지만 그중 미국 남부에서 악명 높았던 목화 바구미처럼 눈에 띄는 위협은 흔하지 않다. 전염병에 관한 인류의 인식에 혁명과 같은 변화를 일으키며 수백만 명의 목숨을 살린 미생물학이 시작된 이유는 바로 실크 생산량을 보호하기 위해서였다.

월터 벌링이 멕시코에서 미시시피로 목화씨를 밀수해 왔던 그 시기에, 탐구심 강한 어느 이탈리아인은 누에들이 떼죽음을 당하는 이유를 조사하기 위해 실험을 시작했다. 소작농의 쌍둥이 아들로 태어난 아고스티노 바시(Agostino Bassi)는 변호사 교육을 받은 뒤 밀라노에서 남쪽으로 약 20마일 떨어진 로

디(Lodi)라는 마을에서 다양한 직책을 맡았다. 하지만 바시가 진심으로 열정을 품었던 분야는 과학과 의학이었다. 바시는 가족 농장을 연구실 삼아 실험을 진행했고, 양 사육, 감자 재배, 치즈 숙성, 포도주 제조 등에 관련된 논문을 출간했다. 그중에서도 바시가 가장 중요하게 생각하고 시간을 많이 투자했던 연구는 바로 누에였다.

1807년 후반, 당시 34세였던 바시는 자신이 64세가 되어서야 끝을 맺을 수 있었던 어느 실험을 시작했다. 말 델 세뇨(*mal del segno*), 경화병, 또는 누에를 죽이는 하얀 가루의 모습을 본떠 칼코(*calco*), 칼치노(*calcino*) 혹은 칼치나초(calcinaccio) 등 다양한 이름이 붙은 질병을 조사하고 그 대처법을 알아내기 위한 연구였다. 이 병에 걸린 누에는 먹이를 먹지 않고 점차 기운이 빠지다가 결국 죽어 버린다. 이렇게 죽은 누에의 사체는 딱딱하게 굳어지고, 이내 하얀 가루에 덮인다. 사육자들은 이 병이 사육 환경의 어떠한 요소 때문이라고 믿었고, 바시도 그 원인을 찾고자 했다.

실험을 시작한 뒤 8년 동안의 결과는 절망스러웠다. 바시는 훗날 이 시기를 다음과 같이 회상했다.

> 나는 무기물과 식물, 동물에서 나온 독극물 등 누에가 가장 괴로워할 다양한 방법을 사용했다. 단순한 물질

과 합성 물질, 자극성 물질과 부패성 물질과 부식성 물질, 산성 물질과 알칼리성 물질, 흙과 금속, 고체와 액체와 가스 등 동물 유기체에 치명적인 것으로 알려진 가장 유해한 물질들로 시험해 보았다. 모두 실패했다. 이 끔찍한 병을 누에에게 발생하게 만드는 그 어떤 화합물과 해충도 발견할 수 없었다.

1816년이 되자 바시의 의지는 크게 꺾였다. 엄청난 노력과 더불어 거의 전 재산을 쏟아부었지만, 연구는 결실을 얻지 못했기 때문이었다. 시력마저 잃어 가고 있었다. "엄청난 우울감에 빠져," 바시는 연구를 그만두었다. 하지만 1년 뒤에 그는 다시 일어났고, "불행을 딛고, 자연이 내 질문에 대답하기 전까지는 절대로 놓아주지 않겠다고 굳게 결심하며 새로운 방법으로 자연을 심문하겠다고" 다짐했다.

바시는 같은 환경에서 같은 먹이를 먹여 키운 인접한 방 누에들에게 서로 다른 결과가 나타났다는 사실을 관찰하며 큰 단서를 발견했다. 이 병은 한 방의 누에를 전부 죽게 했지만, 옆 방의 누에들은 피해를 거의 보지 않았다. 이전의 모든 사람이 독소에 대한 반응으로 발생한다고 믿었던 것과 다르게 바시는 "한 방에서는 칼치노 세균이 많이 발견되었지만, 다른 방에서는 거의 찾을 수 없었다. 말 델 세뇨 또는 경화병은 절대로 자연적으로는 발생하지 않는다."라고 결론을 내렸다.

바시는 실험을 거듭한 끝에 살아 있는 누에는 다른 누에를 감염시키지 않는다는 사실을 알아냈다. 누에의 사체를 덮은 하얀 가루에 의해 전염되는 것이었다. 애벌레, 번데기, 나방 등 살아 있는 누에의 몸으로 들어간 이 가루는 누에가 죽을 때까지 그 몸을 양분 삼아 몇 배로 증식한다. 그렇게 누에가 죽고 나면 다른 개체로 퍼져 나간다. "이 병은 감염된 개체의 생명을 갉아 먹으며 발현하고, 자라고, 번식하지만," 바시는 "열매나 씨앗을 맺지는 않으며, 감염되어 이들의 먹이가 되는 개체의 목숨이 다하기 전까지는 성숙하거나 수정하지도 않는다. …… 오직 감염된 사체만 전염력이 있다."라고 썼다. 그는 감염원이 일종의 곰팡이류라고, 흰 물질은 곰팡이 포자라고 결론을 내렸다.

바시는 감염되어 죽은 누에 사체를 따뜻하고 습한 환경에 두어 미세한 줄기를 눈으로 확인할 수 있을 정도로 곰팡이를 배양할 수 있다는 사실을 알아냈다. 단안 현미경을 이용해 살펴보자, 감염원이 결정체가 아닌 유기체라는 사실을 보여 주는 곡선이 관찰되었다. 1824년, 조반니 바티스타 아미치(Giovanni Battista Amici)가 발명한 복안 현미경을 사용한 바시는 "미세한 가지들과 생식기로 추정되는 부분까지 볼 수 있었다."라고 적었다.

진범을 찾아낸 바시는 누에를 해치지 않고 곰팡이를 죽일

세균 원인설은 아고스티노 바시가 누에를 죽게 만드는 미스터리한 칼치노 질병을 연구하면서 시작되었다. (Wellcome Collection)

방법을 연구했고, 효과가 있는 몇몇 살균제를 발견했다. 또한 모든 누에알에 소독액 뿌리기, 기구를 열탕으로 소독하기, 상자, 책상, 작업복을 소독하기, 누에를 만지는 모든 사람이 소독액으로 손 씻기 등 전염을 막기 위한 위생 수칙을 권고했다.

이러한 병원식 위생 수칙에서 볼 수 있듯이, 바시의 발견은 양잠업을 넘어 다른 분야에도 돌파구를 제시했다. 실제로 우리에게 잘 알려진 루이 파스퇴르(Louis Pasteur)와 로베르트 코흐(Robert Koch)는 바시의 연구를 기반으로 삼아 질병의 세균 이론을 확립했다. 작은 지방의 변호사였지만, 시대를 앞선 과학자였던 것이다.

어느 신문은 바시 탄생 200주년을 기념하며 "인류는 처음으로 질병의 기생충 이론을 정립하게 되었다."라고 말했다. 『소독, 살균, 보존(Disinfection, Sterilization, and Preservation)』의 표준 참조 자료에서는 바시의 연구를 두고 "미생물에서 기원한 동물의 질병을 최초로 입증한 연구"로 칭하며, "바시는 기생충 전염 기원 이론을 감염된 상처, 괴저, 콜레라, 매독, 전염병, 발진티푸스까지 확장했으며, 알코올, 산, 알칼리, 염소, 황 등의 살균제 사용을 제안하기도 했다."[23]라고 언급했다.

1856년에 바시가 숨을 거두고 나서 9년 뒤, 이탈리아인 선배보다 예산도 훨씬 넉넉하게 지원받은 데다 홍보에 훨씬 능숙했던 파스퇴르도 비슷한 문제를 마주했다. 프랑스 정부가 이

유명한 과학자를 고용해 새롭고 더욱 지독한 누에 질병인 미립
자병(*pébrine*) 연구를 의뢰한 것이었다. 연구를 시작할 때 파스
퇴르는 누에에 관해 아무것도 알지 못했고, 동물 질병에 관련
된 일은 한 번도 해 본 적이 없는 상태였다. 파스퇴르의 직전 연
구는 발효와 효모에 관한 내용이었다. 하지만 파스퇴르는 자신
감이 넘쳤고, 빠르게 공부해 나갔다. 이때 그가 활용한 자료 중
에는 바시 연구의 프랑스어 번역본이 있었다.

5년간의 연구 끝에 파스퇴르는 미립자병에 걸리지 않은
알을 감염된 알과 분리할 방법을 발견했다. 이에 더해 이따금
미립자병과 같이 발생하는 또 다른 병인 무름병(flacherie)을 발
견했고, 이 질병이 퍼지지 않게 하는 방법도 알아냈다. 누에 연
구를 통해 파스퇴르는 동물 생물학을 접했고, 과학자로서 경로
를 바꾸는 계기가 되었다. 파스퇴르의 전기를 집필한 면역학자
파트리스 드브레(Patrice Debré)는 "알레스(Alès)의 애벌레는 파
스퇴르를 미생물학에서 수의학과 의학으로 이끌었다."라고 썼
다. 이렇듯 파스퇴르가 발명한 탄저병 백신과 광견병 백신은,
그리고 공공 보건의 승리를 이끌어 인간의 수명을 극적으로 연
장한 그 모든 길은 실크로부터 시작되었다.[24]

○

파스퇴르가 미립자병을 치료할 방법을 찾은 것은 아니었다. 감염된 알을 찾아 제거하는 방법을 알아내 전염을 완화하기는 했지만, 병을 없애지는 못했다. 1860년대 초가 되자 프랑스의 실크 생산량은 10년 전보다 5분의 1가량으로 줄었고, 이탈리아는 무려 반절로 줄었다.

유럽의 실크 산업은 감염되지 않은 알을 찾아 아시아로 눈을 점차 돌렸고, 특히 새로 개국한 일본에 집중되었다. 유럽 시장에서 일본산 누에알은 프랑스산 누에알보다 열 배 이상의 비싼 가격에 판매되었다. 1864년에 에도 막부는 나폴레옹 3세(Napoleon III)에게 외교상 선물로 누에알 1만 5000개를 붙인 잠란지(蠶卵紙)를 선물하기도 했다. 주요 생사(生絲)* 수출국의 자리는 여전히 중국이 차지하고 있었지만, 일본은 중국을 제치고 유럽의 가장 중요한 누에알 공급원으로 자리 잡았다.[25]

유럽 양잠업과 마찬가지로 일본 양잠업의 뿌리도 중국에 있으며, 17세기 초반에 급격히 성장했다. 막부에서 중국 수입품을 금지하고 국내시장을 확장하면서 누에 농부들은 누에알과 누에의 사육에 전문성을 띠게 되었다. 이들은 실험과 꼼꼼함으로 점차 기술을 발전시키며 품질과 생산량을 증진했다. 예

---

* 고치에서 뽑아낸, 가공하지 않고 삶아 익히지 않은 상태의 명주실을 말한다.

를 들어 일본 양잠업자들은 누에의 먹이가 되는 뽕잎을 자를
때 중국의 관습을 따랐다. 하지만 거기서 멈추지 않았다. 일본
농부들은 아주 가는 체를 사용해 작은 조각들은 어린 누에에게
주고 큰 조각은 성체에 주는 동시에 필요하지 않은 잔해를 걸
러냈다.

사학자 테사 모리스-스즈키(Tessa Morris-Suzuki)는 "일본
양잠업자들은 누에의 복지를 위한 모든 방면에 이렇게 세심한
주의를 쏟았다."라고 썼다. "누에가 든 상자는 열기와 냉기로부
터 보호하기 위해 하우스 안의 다른 공간으로 자주 옮겨졌고,
기온 변화에 따라 누에에게 주는 먹이의 양도 달라졌다. 누에
가 들어 있는 상자와 기구는 주기적으로 세척한 뒤 햇볕에 말
렸고, 노동자들이 따라야 하는 위생 수칙도 아주 철저했다."

19세기 초, 나카무라 젠우에몬(中村善右衛門)이라는 누에
농부가 덴마크 온도계를 본뜬 자신만의 온도계를 만들어 실험
을 수행했다. 나카무라는 알 생산과 같은 몇몇 단계는 기온이
낮아야 하는 다른 단계들과 달리 기온이 약간 높아야 한다는
사실을 발견했다. 1849년, 나카무라는 누에 농부들을 위해 삽
화가 그려진 설명서를 출간해 그의 연구 결과를 일본 전역에
알렸다.

일본의 누에들은 미립자병과 경화병을 포함한 다른 병들
에 면역이 없었다.(파스퇴르는 나폴레옹 3세의 선물로 들어온 알 중

에 미립자병에 걸린 개체들을 발견했다.) 하지만 잘 구축된 관습 덕분에 병이 크게 퍼지지 않았다. 일본 누에 사육자들은 건강한 뽕나무에서 수확한 뽕잎만 먹이로 주었고, 한 상자에 너무 많은 누에를 키우지 않았으며, 조금이라도 상태가 좋지 않은 애벌레는 바로 폐기했다. 손을 자주 씻고 옷을 수시로 갈아입기도 했다. 이 모든 관습이 바시가 권고했던 위생 수칙과 같았다.

누에의 품질을 유지하기 위해 일본 양잠업자들은 자신들이 키운 나방에 의지하지 않고 전문가가 기른 알을 받아 왔다. 알 사육자들은 실크의 품질과 양을 증진하기 위해, 특수한 용도로 사용되는 특수한 종을 키우기 위해 새로운 교배종을 개발해 부를 얻었다. 이렇게 개선된 누에 종과 꼼꼼한 사육 기술이 만나 생산량은 극적으로 도약했다.

19세기 초에는 누에가 알에서 부화해 누에고치가 되기까지 40일이 걸렸다. 불과 한 세기 전까지는 같은 과정에 50일이 소요되었다. 누에 한 마리당 실크 생산량은 3분의 1 이상이 증가했고, 19세기 중반이 되면 그보다 40퍼센트가 더 증가했다. 1840년대가 되자 유럽인들은 일본 양잠업의 관습에 주목하기 시작했고, 1848년에는 일본 양잠업 설명서의 프랑스어 번역본이 출간되기도 했다. 모리스-스즈키는 그 책이 "서양으로 수출한 일본의 첫 기술이었을 뿐 아니라, 일본의 문물이 유럽의 언어로 번역된 첫 사례이기도 하다."라고 관찰했다.

1854년에 미 해군 제독 매슈 페리(Matthew Perry)의 흑선이 에도 항구에 도착해 강제적으로 미국을 포함한 다른 서양 국가들과 교역을 시작하게 되었을 때, 일본의 양잠업은 이미 세계시장에 나갈 수준을 갖추고 있었다. 이어진 두 세기 동안 일본은 가치 높은 수출품들을 기반으로 삼아 산업을 크게 키워 냈다. 생사와 누에알로 벌어들인 돈은 일본에 부족했던 철로와 공장을 짓는 재원이 되었다.

또 한 가지 중요한 것은 양잠업자들이 외국에서 들어온 지식을 최대한 활용하고 그보다 더 발전시키는 문화를 만들어 냈다는 사실이다. "중요한 것은 단순히 도쿠가와 시대에 생사의 생산량과 품질이 증진되었다는 사실이 아니라," 모리스-스즈키는 "많은 누에 농부가 실험과 기술 변화를, 심지어 온도계 같은 서양의 아이디어를 생산과정에 받아들여 활용해야 한다는 사실을 인지했다는 것이다."[26]라고 썼다.

1868년에 메이지 유신이 시작되며 일본은 "전 세계에 퍼진 지식을 탐구하자."라는 목표하에 공식적으로 근대화 정책을 폈다. 북부 이탈리아의 새로운 양잠업 연구소로 한 달 동안 유학을 떠났던 일본인 팀은 최첨단 현미경과 습도계를 가지고 돌아왔다. 1872년, 일본 정부는 프랑스에서 수입한 기계를 들여 놓은 첫 방적 공장을 설립했고, 뒤이어 개인 방적 공장들이 생겨났다. 1890년대 중반이 되자 손으로 뽑은 실은 일본 생사 생산량에서 절반 미만을 차지했다.

일본의 실크는 도쿠가와 시대의 시장에 맞게 패션, 정체성, 지위의 단계가 고스란히 담겨 그 양상이 지역적으로 다양했던 탓에 산업적 생산에 문제가 있었다. 어느 경제사학자는 일본의 실크 방적 공장이 "오래도록 너무 많은 종류의 누에고치를 생산했고, 이는 생사의 품질이 불균등해진 가장 크고 유일한 이유였다."라고 썼다.

이러한 관행은 1910년대에 일본 과학자들이 오래도록 사육되던 전통 누에 종에 멘델의 유전법칙을 더해 생산력을 높인 교배종을 발명하면서 바뀌었다. 이 교배종의 누에고치는 기계 방적에 특히 적합했고, 이내 전국을 휩쓸었다. 실질적 기준이 된 이 교배종 덕택에 일본 실크의 품질은 더욱 균일해졌다. 그와 동시에 새롭게 개발된 온도 제어 기술 덕택에 실의 품질도 더욱 높아졌다.

일본은 미국 실크 공장으로 완벽한 생사를 공급했다. 뉴저지('실크 시티'로 알려진 패터슨이 있는 주), 뉴욕, 펜실베이니아 같은 중부 대서양 주의 잉글랜드 이민자들이 구축한 미국의 생사 생산은 유럽과 달랐다. 미국은 빠르게 돌아가는 역직기(力織機)로 비싸지 않고 표준화된 섬유를 많이 생산했다. 대륙 시장을 위해 민주화된 사치품이었다. 손으로 실을 잣는 프랑스와 이탈리아의 장인들과 달리 미국 공장에는 지역별 양잠 문화가 없었고, 중국의 생사는 속도가 빠른 자동 직기에 쓰기에 너무 불규칙했다. 하지만 일본에서 수입된 생사는 완벽했다. 미국과 일본의 실크 산업은 서로에게 의지하며 함께 발전했다. 20세기 초반이 되자 이 두 신흥 주자는 세계시장을 지배하게 되었다.[27]

○

바시가 이탈리아 누에들이 죽어 나가는 원인을 밝힌 지 정확히 200년 뒤인 2009년, 베이 에어리어(Bay Area)의 젊은 과학자 세 명이 미생물과 실크 사이의 관계를 뒤집기 위해 한 회사를 설립했고, 그 과정에서 인류가 섬유를 더욱 효과적으로 제어할 수 있는 기술을 얻었다. 이들이 설립한 회사인 볼트 스레드(Bolt Threads)는 누에를 조그마한 포식자들로부터 보호하려고 애쓰기보다는 미생물을 실크 생산 기계에 접목했다. 실리콘밸리에 있는 몇몇 일류 창업 투자 회사(venture capital firm)의 자금을 받은 볼트는 생명공학 효모를 활용해 세포들이 알코올 대신에 실크 단백질을 분비할 수 있게 했다. 파스퇴르의 첫 경력이었던 발효 연구는 이렇게 19세기 과학자들이 예상하지 못한 방식으로 다시 실크로 되돌아갔다.

　볼트의 연구실로 견학을 갔을 때, 총괄 과학 연구원인 데이비드 브레슬라우어(David Breslauer)는 캐비닛에서 1파운드

74

크기의 병을 꺼내 그 안에 든 하얀 단백질 가루를 보여 주었다. 언뜻 스무디(smoothie)를 만드는 파우더처럼 보였지만, 생각했던 건강식은 아니었다. 이 가루는 아주 튼튼한 거미줄에서 찾은 단백질로 이루어져 있었으며, 수십 년 만에 처음으로 탄생한, 완전히 새로운 섬유의 주원료였다. 영업 최고 책임자 수 레빈(Sue Levin)은 이 병 안에 "한 시기에 한 공간에 있을 수 있는 실크 단백질 파우더 중 가장 많은 양이 있습니다."라고 말했다. 파우더를 실로 만들고자 볼트는 당밀처럼 보이는 혼합물에 가루를 녹여 압출하고 습식으로 방사해, 뜨개질을 하거나 천으로 직조할 수 있는 가늘고 윤기 나는 실을 뽑아냈다.[28]

볼트는 자사를 생물학 기반의 직물 회사로 정의한다. 버섯을 이루는 세포인 균사체로 마일로(Mylo)라는 가죽 대체재를 만들기도 했다. 볼트는 거미줄보다 더 나은 실크를 얻고자 하는 발판으로 '마이크로실크(Microsilk)'로 불리는 실크를 만들었는데, 이는 듀폰(DuPont)의 화학자 월리스 캐러더스(Wallace Carothers)가 나일론을 만들어 중합체 혁명이 시작된 1935년 이후 처음 발명된 새로운 직물이었다. 볼트는 자사가 만든 직물 제품을 '단백질 중합체 초미세 합성섬유'로 불렀다.

단백질섬유가 완전히 새로운 개념은 아니었다. 재생 목재 펄프에서 만든 레이온의 성공에 영감을 받은 1930년대의 과학자들은 단백질로 눈길을 돌렸다. 헨리 포드(Henry Ford)도 자

동차 덮개로 쓰이는 모직의 대체재를 찾으려는 희망으로 콩에
서 유래한 섬유 연구를 후원하기도 했다. 영국의 임페리얼 케
미컬 인더스트리스(Imperial Chemical Industries)는 땅콩을 연구
해 아딜(Ardil)이라는 섬유를 만들었다. 달걀흰자, 옥수수의 제
인(zein) 단백질, 깃털을 이용한 실험도 이루어졌다.

　　가장 성공적인 단백질섬유는 탈지유에서 유래한 이탈리
아의 발명품 라니탈이었다. 자급자족을 장려하는 파시스트 정
부로부터 보조금을 받던 레이온 제조 선두주자 스니아 비스코
사(SNIA Viscosa)도 1937년에 라니탈에 1000만 파운드를 투자
한 것으로 드러났다. 미국판 제품의 제조자는 "라니탈은 인간
이 만든 섬유 중 처음으로 천연 단백질섬유인 울, 모헤어, 알파
카, 낙타 털, 모피와 비교할 만큼 성공한 섬유입니다."라고 자
랑했다. 부드럽고, 따뜻하고, 구겨지지 않고, 우유를 기반으로
한 직물은 울을 충분히 대체할 수 있을 것처럼 보였다. 하지만
크나큰 단점이 있었다. 물에 젖으면 치즈나 상한 우유의 냄새
가 났던 것이다. 어느 이탈리아 디자이너는 그녀의 자매가 라
니탈을 두고 "모차렐라 섬유라고 불렀어요. 다림질할 때마다
치즈가 녹은 것처럼 가는 실들이 붙어 올라왔거든요."라고 기
억했다. 전쟁이 지나가자, 사람들은 다시 울이나 폴리에스터,
나일론, 아크릴 같은 합성섬유로 돌아왔다.[29]

　　볼트는 바로 이런 석유 기반 중합체를 대체하고자 했다.

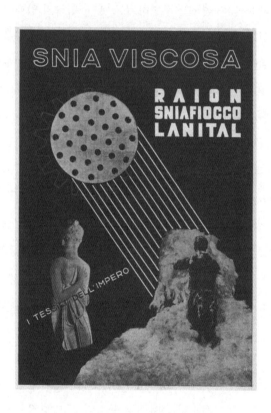

1930년대, 울 수입을 줄이고자 했던 파시스트 정부의 보조금으로 레이온, 그리고 탈지유에서 유래한 라니탈 같은 새로운 직물이 발명되었다. (스니아피오코(Sniafiocco)는 레이온의 스테이플 형태다.) (Author's collection)

최고 경영자 댄 위드마이어(Dan Widmaier)는 볼트가 100개 이상의 결합물로 세상을 바꾸었다고 주장했다. 실제로 단백질을 기반으로 한 중합체들은 훨씬 많은 가능성을 선사했다. 그는 "지구에 있는 모든 생명체의 모든 기능성은 단백질 중합체를 만드는 행위에 기반을 두고 있습니다."라고 말했다. 분자생물 학자들은 DNA 염기 순서가 어떻게 하나의 구조를 이루는지 알기에, 위드마이어는 "거미줄에서 실크를 만들 수 있고, 이 단백질을 만드는 것과 같은 방법으로, 혹은 더 크게 만들 수 있다면, 그 어떤 구조 단백질도 만들어 낼 수 있습니다. 계산에 따르면 그 중합체의 수는 약 10^{106}개에 달합니다."라고 말했다.

볼트는 적합한 아미노산 서열을 채택해 섬유에 특정 성분을 가득 채워 넣었다. 끝이 거의 없는 수많은 배열을 통해 각각 강도, 신축성, 촘촘함, 자외선 차단, 통기성, 방수 등에 특화된 새로운 직물 생산을 계획했다. 계획대로라면 통기성이 우수하며 절대 악취가 나지 않는 운동 셔츠를, 적포도주를 쏟아도 문제없는 흰색 소파 쿠션을 만들 수 있을 것이다. 감염성이 있는 미생물을 죽이는 병원용 시트를, 신축성이 너무 뛰어나 피부처럼 느껴지는 직물을 만들 수도 있다. 캐시미어처럼 부드럽지만, 예민한 피부를 가렵게 하는 가느다란 섬유가 나오지 않는 스웨터 직물도 만들 수 있고, 풀을 전부 뜯어 먹어 몽골에 흙먼지를 일으키는 염소 떼를 대체할 수도 있다. 이 모든 것이 환경친화적 재료로 제작되고, 버려져도 자연스럽게 부패할 수 있을 것이다.

이런 계획이 성공한다면 더는 누에고치에서 실크를 얻을 필요가 없다. 맥주처럼 커다란 통에서 발효되어 만들어질 것이며, 이 과정은 실크 이상의 영향력을 담고 있다. 울도 단백질 중합체다. 캐시미어도 마찬가지이고, 상상도 하지 못할 만큼 수많은 섬유도 단백질 중합체의 범주에 들어간다. 그리고 석유화학 중합체처럼 단백질도 고체 형태와 젤 형태로 만들 수 있다. 볼트는 고체 형태의 실크 단추를 만들어 전체가 실크로 제작된 의류를 만들 수 있다는 이론을 증명하기도 했다.

볼트의 이러한 비전은 아주 매력적이다. 하지만 지금까지 눈길을 끈 제품은 마이크로실크 단 하나뿐이다. 2017년, 볼트는 실크 넥타이와 실크-울 혼방 모자를 소량 판매했다. 비건(vegan) 실크에 흥미를 느꼈던 패션 디자이너 스텔라 매카트니(Stella McCartney)는 볼트의 섬유로 몇몇 런웨이 의상을 만들었고, 뉴욕 현대미술관에 전시할 눈부신 노란색 드레스를 만들기도 했다. 2년 뒤에 매카트니는 셀룰로스 기반 섬유인 텐셀(Tencel)을 혼합해 다시 한번 마이크로실크를 이용함으로써 자신의 쇼케이스에 세울 테니스 드레스를 만들었다. 영국의 란제리 디자이너 스트럼펫 앤드 핑크(Strumpet & Pink)는 로드아일랜드 디자인 학교에서 개최되는 쇼를 위해 성글게 뜬 속바지를

뉴욕 현대미술관에 전시된, 스텔라 매카트니가 볼트 스레드의 생체공학 마이크로실크로 제작한 드레스의 디테일. (Bolt Threads)

만들었다. 또한 볼트의 디자이너들은 고체 실크 단백질로 안경테를 만들고, 마이크로실크로 안경 줄을 만들고, 마일로로 케이스를 만들어 바이오 가공 기술 학회에 전시하기도 했다. 위드마이어는 "이 작품은 멋진 생체 재료를 한데 모아 놓은 캡슐과 같습니다."라고 말했다.

　하지만 이것이 전부였다. 개념에 대한 증명은 훌륭했지만, 디자이너들이 제품으로 만들어 판매할 만한 양의 직물이 생산되지 못했다. 마이크로실크는 판매용으로 사용할 수 없었고, 앞으로도 꽤 오랫동안 판매되기 어려울 것이다.

　처음으로 볼트를 방문하고 나서 4년이 지난 뒤인 2019년,

볼트는 마이크로실크를 수 톤씩 생산할 수 있는 공급망을 마련했다. 하지만 이 공급망도 생산량을 늘리지 못했고, 결국 마일로로 주의를 돌리게 되었다. 잠재적 고객들이 단백질 초미세 합성섬유보다 가죽 대체품에 관심을 더 보였기 때문이다. 위드마이어는 돈의 흐름을 따라가면 "가죽과 비건 가죽으로 만든 액세서리를 찾게 될 겁니다."라고 말한다. 볼트는 사업체이지, 자선 단체가 아니다. 가죽은 직물보다 시장이 작기는 하지만, 이윤이 훨씬 크고 경쟁도 적다.

새로운 섬유에 관한 모든 생각은 직물에 관한 근본적 진실에 부딪힌다. 직물은 아주 오래되고 우리 생활에 만연한 것이라는, 수많은 세대를 지나온 실험들을 구체화한 것이라는 진실이다. 인류는 수천 년에 걸쳐 섬유를 발전시켜 왔다. 심지어 합성섬유조차 80년간 엄청난 개선 과정을 거쳤다. 최고의 직물만이 경쟁에서 살아남을 수 있다. 용설란과 쐐기풀에서 라니탈과 아딜에 이르기까지 많은 섬유가 사라졌다. 오히려 과거에 섬유의 주축이었던 울과 아마 등이 오늘날 틈새시장을 점령하고 있다.

최근까지 활용할 수 없었던 과학적 지식과 기술적 도구를 사용할 수 있게 되면서, 볼트는 자사가 희박한 확률을 뚫을 수 있을 것으로 믿고 있다. 볼트가 기대를 거는 두 가지 요소는 점점 커지는 환경 문제를 향한 관심이고, 기능적 가능성이다. 단백질을 미세하게 조정함으로써, 볼트의 과학자들은 수천 년간 이어져 온 섬유 재배를 단 며칠 만에 대체할 수 있게 되었다. 위 드마이어는 "우리는 아이디어와 샘플 제품을 그 어느 때보다 빠르게 생성할 수 있게 되었습니다."라고 말한다. 그다음으로 실행할 묘책은 상업적 잠재력이 가장 큰 제형을 찾아내는 것이 다. 천연도 합성도 아닌 생체공학 단백질 중합체 섬유는 선별 적 재배로 시작된 섬유 발전 과정의 다음 단계가 될 수 있다.[30]

2장 실

아담이 땅을 고르고 이브는 실을 자았으니,
어떻게 둘 중 누가 더 낫다고 할 수 있겠는가?
─ 잉글랜드 격언

암스테르담 국립미술관 1층에는, 렘브란트(Rembrandt)와 페르메이르(Vermeer)의 작품들보다 두 층 아래에 있는 그곳에는 네덜란드 예술의 개화를 일구어 낸 부를 보여 주는 16세기의 그림 한 쌍이 걸려 있다. 이 두 쌍의 초상화에 그려진 사람은 젊은 부부로, 피터르 헤리츠 비커르(Pieter Gerritsz Bicker)와 그의 아내인 아나 코더(Anna Codde)로 알려져 있다. 1529년에 마르턴 판헤임스커르크(Maarten van Heemskerck)가 그린 이 부부 그림은 네덜란드 초기 시민들의 초상화 중 하나다.

이전 시기의 화풍인 옆모습이 아니라 세련된 4분의 3 각도로 묘사된 두 주인공은 이름이 알려지지 않은 누군가가 아니라 분명 특정한 인물이었다. 창백한 백발에 몽환적 눈빛, 이마에 살짝 주름이 있는 여성은 흑발에 총명한 표정, 뚜렷한 광대뼈를 지닌 그녀의 남편과 아주 잘 어울린다.

아나 코더와 피터르 비커르로 추정되는 어느 부부의 초상화. 마르턴 판헤임스커르크의 1529년 작품. (Rijksmuseum)

이들은 아나와 피터르로, 실존 인물이다. 하지만 자신들이 교역하던 물건들과 함께 그려진 부부의 그림은 비유적으로 설명되기도 한다. 아나는 물레 앞에 앉아 있고, 왼손은 방추로 뻗어 나가는 섬유 더미에서 실을 뽑고 있다. 피터르는 왼손에 장부를 들고, 오른손으로 동전을 세고 있다. 부부의 손 위치는 서로 거울을 보는 듯하다. 오른손으로 아나는 물레의 손잡이를 쥐고 있고, 피터르는 동전을 잡고 있다. 왼손으로 아나는 실을 잡고 있고, 피터르는 장부를 쥐고 있다. 네덜란드의 번영에 가장 중요한 요소들인 산업과 상업을 의인화한 그림으로 설명되

기도 한다.[1]

오늘날 우리는 산업이라고 하면 굴뚝을 연상한다. 하지만 굴뚝은 19세기 산업의 상징일 뿐이다. 르네상스가 시작된 이후부터 산업의 이미지는 물레를 돌리는 여성이 되었으며, 성실함, 생산성, 필수적 요소를 상징했다.

오늘날의 비평가들은 그 시대의 실 잣는 여성들 이미지에 암시된 가정성과 순종적 모습에 주목한다. 어느 예술사학자는 "피터르 비커르는 대담하고 기민한 사업가로 묘사되어 있지만, 그의 아내는 도덕적인 가정주부를 상징하는 물레를 돌리는 모습으로 그려졌다."[2]라고 관찰했다. 이런 관점은 시민으로서 걸맞은 독립적 모습을 한 남성 상인과 대조적으로, 물레를 돌리는 여성을 수동적인 존재로, 경제적으로 의존적인 존재로, 문화적으로 열등한 존재로 바라본다. 또한 회계는 중요한 사업으로 생각한 반면에, 물레를 돌리는 일은 성 베드로(Saint Peter)를 나타내는 열쇠처럼 하나의 상징으로 취급하며 '도덕적인 가정주부'를 대표하는 이미지로 사용했다.

사실 판혜임스커르크가 그린 물레는 회계장부만큼이나 현실적인 존재였고, 경제적으로 필수적인 존재였다. 퍼트리샤 베인스(Patricia Baines)는 1977년에 발표한, 자신의 권위 있는 연구 『물레, 실 잣는 사람, 실잣기(*Spinning Wheels, Spinners and Spinning*)』에 "한 손을 사용해 긴 섬유로 실을 자아내는 모

습을 이 그림보다 더 명확하게 보여 준 작품은 없었다."라고 썼
다. "여성들은 엄지와 검지를 사용해 실을 뽑았고, 엄지와 검지
가 만든 구멍과 중지 사이에 끼워 팽팽하게 잡았으며," 이 구멍
을 통해 새롭게 만들어진 실이 실패로 감겨 올라갔다. "그림을
보면 엄지가 검지에 완벽하게 닿았고, 새로운 섬유를 꺼내기
전에 실을 매끄럽게 정돈하기 위해 손목을 꺾은 것을 볼 수 있
다."[3] 아나는 자세를 그냥 취한 것이 아니었다. 실을 잣는 방법
을 알고 있었다.

방적을 생산적 산업이 아닌 집안일의 상징으로 낮추어 본
관점은 고대부터 방적이 왜 여성의 미덕으로 숭배되었는지, 산
업혁명이 왜 방적기계로부터 시작되었는지 그 이유를 제대로
보지 못한다. 실을 생산하는 일이 유익한 노동이 아닌 것처럼
치부된 까닭은 지난 200년 동안 실이 풍족했기 때문이다. 인류
의 역사를 돌아볼 때, 천을 만들 만큼 실을 풍족하게 생산하려
면 시간이 너무 많이 소요되므로, 필수 재료인 실의 공급이 부
족했던 때가 대부분이었다. 실을 얻고자 하는 수요로 말미암
아 세계에서 가장 중요한 기계 혁신 중 하나가 시작되었고, 궁
극적으로 전 세계의 생활수준을 높인 대호황 시기를 이끌었다.
실의 역사는 어떻게 노동을 절약해 주는 기술이 잠깐의 혼란을
이겨 내며 풍요를 만들어 냈는지, 어떻게 사람들의 시간을 좀
더 경제적으로 가치 있는 일과 개인적 만족을 위해 쓸 수 있게

해 주었는지 보여 준다.

○

가락바퀴(*spindle whorl*)*는 언뜻 대수롭지 않은 물건처럼 보인다. 그것은 작은 깔때기, 원반 또는 구체이며, 돌, 점토 또는 나무 등으로 만들어졌고, 중앙에 구멍이 뚫려 있다. 박물관들에 보관된 가락바퀴는 수천 개에 달하지만, 대중에게 공개된 것은 아주 일부다. 그나마 장식용 그림이나 각인 덕분에 선택된 소수의 가락바퀴도 화려한 꽃병, 그릇, 크리스털 조각상에 밀리기 일쑤다. 어느 연구자는 "가락바퀴는 고고학자들이 발견한 유물 중에 아주 눈에 띄는 편은 아니다."라고 인정했다.[4] 하지만 가락바퀴는 인류의 기술 중 가장 오래된 것인 동시에 아주 중요한 것이며, 간단한 장치이지만 적은 양의 끈을 시작으로 천을 만들 만큼 많은 양의 실까지 생산할 수 있어 농업에 필수적 요소였다.

　엘리자베스 바버는 손짓으로 내게 설명하며 "방추는 최초의 바퀴입니다."라고 말했다. "무게를 지탱할 수는 없었지만,

---

* 회전속도를 높이고 유지하기 위해 방추의 막대 부분인 물렛가락에 장착된 물체다.

가락바퀴, 왼쪽 위부터 시계 방향으로 출처, 재료, 제작 연도: 수메르, 세라믹, 기원전 2900년~기원전 2600년/ 미노스, 마노, 기원전 2200년~기원전 2450년/ 키프로스, 테라코타, 기원전 1900년~기원전 1725년/ 로마, 유리, 1세기~2세기; 페루 북부 해안 추정, 세라믹과 색소, 1년~500년/ 멕시코, 세라믹, 10세기~16세기 초.(Metropolitan Museum of Art)

회전의 원리를 활용했습니다." 전문 언어학자이자 방직이 취미인 바버는 1970년대에 고고학 문헌 곳곳에 흩어진 직물의 흔적을 알아차렸고, 9개월 정도를 투자하면 그 흔적들을 모을 수 있을 것으로 생각했다. 하지만 바버가 계획했던 작은 프로젝트는 무려 10년이 걸렸고, 직물사학 분야를 획기적으로 발전시킨 연구가 되었다. 바버는 "직물 생산은 도자기나 금속공학보다 역사가 깊으며, 심지어 농업이나 목축보다 오래되었을 가능성도 있다."[5]라고 썼다. 그리고 직물을 생산하려면 실이 있어야 한다.

우리가 이후에 알아볼 실크를 제외하면, 최고라고 여겨지는 식물섬유와 동물섬유들은 모두 짧고, 약하고, 다루기 쉽지 않았다. 아마 섬유는 1피트 또는 2피트까지 자랄 수 있었지만, 울은 6인치 정도밖에 자랄 수 없다. 면섬유는 보통 8분의 1인치였고, 최고급 종도 2.5인치를 넘지 못한다. 방적은 일반적으로 스테이플(*staple*)로 알려진 이 짧은 섬유를 추출해 함께 꼬아 섬유들이 서로 비벼지는 마찰력으로 나선을 이루게 해 튼튼한 실을 만드는 과정이다. 어느 생체역학 연구자는 "세로 방향으로 강하게 잡아당길수록 섬유들이 세로로 더 강하게 압축된다."라고 설명한다.[6] 또한 방적을 통해 원료가 되는 스테이플사의 길이를 늘여 실제로 몇 마일까지 늘어날 수 있는 실을 만들 수 있다.

가락바퀴는 두 부분으로 나뉜 기계장치의 내구재이며, 중국에서 말리, 안데스, 에게해에 이르기까지 많은 곳에서 많은 사람에 의해 조금씩 다르게 발명되었다. 중앙에 난 구멍으로 막대기가 들어갔으며, 가락바퀴는 막대의 한쪽 끝에 있었다. 실을 만들기 위해서는 실 잣는 사람이 깨끗한 울, 아마, 면섬유에서 섬유를 조금 떼어 늘여 내 섬유 가닥들이 같은 방향으로 갈 수 있게 한다. 그다음 꼬아 놓은 섬유를 막대에 약간 감고, 기계를 돌리면서 가락바퀴가 달린 장치를 아래로 떨어뜨린다.

기원전 460년 무렵의 그리스 꽃병. (Yale University Art Gallery)

가락바퀴가 돌아가며 무게를 더하고 방추의 각운동량을 증가
시켜 중력에 의해 실이 아래로 늘어남에 따라, 실을 잣는 사람
이 회전을 유지하면서 새로운 섬유를 계속 더할 수 있게 해 준
다. 땅에 닿지 않게 들 수 없을 정도로 실이 길어지면, 실을 잣
는 사람은 계속해 섬유를 꼬며 새로운 실을 막대에 감는다. 뽑
기(*drafting*), 꼬기(*twisting*), 감기(*winding*)의 세 단계가 합쳐진
것이 실을 잣는 과정이다.

숙련된 사람이 잘 정돈된 섬유로 실을 자으면 이 작업은 어렵지 않게 느껴진다. 마치 실이 스스로 자라나는 것처럼 보이기도 한다. 하지만 방적은 꽤 어려운 작업이다. 끊어지지 않을 만큼 가늘고 균일하게 새로운 섬유를 공급하면서도 적절한 팽팽함을 계속 유지해야 하며, 동시에 꾸준히 같은 속도로 회전시켜야 한다. 여섯 시간에 걸친 방적 워크숍에서 나는 그나마 엄청나게 도움을 받아 울퉁불퉁한 두 가닥 모직 실 10야드를 완성할 수 있었다. 만약 이만큼이 많다고 생각했다면, 지름 1인치의 공을 떠올리면 된다. 매듭용으로는 괜찮다. 하지만 천을 만들기에는 터무니없이 적다.

하지만 한 번만 감을 잡으면 실잣기는 물 흐르듯 자연스러워진다. 취미로 실을 잣는 사람들은 방적이 스트레스를 완화해준다고도 말한다. 방적을 하는 실라 보즈워스(Sheila Bosworth)는 "처음 시작할 때는 아무도 방적을 하면서 휴식을 취하고 안정감을 받을 수 있을 거라 생각하지 못하지만, 한번 몸에 익으면 방적의 리듬은 명상처럼 느껴집니다."라고 말했다. 보즈워스는 방추(drop spindle)를 어디든 가지고 다니며 줄을 설 때, 식당에 앉아 있을 때, 차를 탈 때 언제든 실을 잣곤 한다.[7]

보즈워스의 이런 습관은 필요에 의해 실을 자았던 수많은 세대의 생활과 비슷하다. 방추를 사용함으로써 산업화 이전의 방적공들은 아이를 보며, 양을 치며, 얘기하거나 장을 보며, 냄비 속 요리가 끓기를 기다리며 실을 자았다. 이들은 실내와 실외에서, 사람들과 함께 있을 때와 혼자 있을 때, 좁은 장소와 넓은 장소에 관계없이 실을 자을 수 있었다.

휴대성이 아주 좋지는 않지만, 날이 좋을 때 밖으로 가지고 나갈 만큼은 가벼웠던 물레도 있었다. 르네상스 시기의 피렌체는 공공 벤치에 모여 실을 잣는 행위를 금지했다. 17세기 말에 서퍽과 노퍽을 여행한 작가 실리아 파인스(Celia Fiennes)는 여성들이 "거리에 물레를 가져다 놓고 통로 하나를 차지하고 있었다."라고 기록했다. 북유럽에서는 실을 잣는 사람들이 공동체 '실 잣는 벌(spinning bee)'을 만들어 자신들의 도구를 가져다 놓거나 온기와 불빛을 나누고, 때로는 시끌벅적하게 겨울밤을 함께 나며 동료애를 쌓기도 했다. 1734년에 어느 독일 농부의 아내는 이러한 모임을 금지한 시 당국에 항의하며 "혼자서는 불을 밝힐 돈을 감당할 수 없습니다."라고 말했다. 이러한 모임은 동료애라는 측면에서 사람들을 더욱 끌어들였고, 모인 여성들에게 젊은 남성들이 추파를 던지는 일도 빈번했다.[8]

직물 생산의 다른 단계들과 달리, 방적은 늘 여성들의 몫이었다. 1350년, 인도의 역사가이자 시인인 압둘 말리크 이사미(Abdul Malik Isami)는 "항상 차르카(*charkha*)로 일하는 저 여자만이 바람직하다."[9]라고 기록했다. 영어 단어 디스태프(*distaff*)는 실을 감는 실패라는 뜻에 더불어, 어머니 쪽이나 아내쪽의 가족을 뜻하는 의미를 지닌다. 스핀스터(*Spinster*)도 실을 잣는 사람과 독신 여성을 동시에 뜻하는 단어다.

고대 그리스의 도자기에 나타난 방적은 좋은 아내의 상징이기도 했지만, 매춘부가 하는 일의 상징으로 사용되기도 했다. 어느 예술사학자는 "매춘부가 성관계를 통해 이익을 얻는 것처럼 직물을 만드는 일도 마찬가지였다."라고 썼다.[10] 16세기와 17세기의 유럽 예술품에서도 비슷한 맥락을 찾아볼 수 있다. 값비싼 예술품인 아나 코더 초상화를 보면, 방적은 가내 공업과 미덕의 전형적 예시로 기능한다. 유명한 그림 속에서도 성적 의미가 담긴 방적의 모습을 종종 볼 수 있다. 1624년에 만들어진 네덜란드의 판화에는 젊은 여성이 남근 형상이 연상되는 커다랗고 실이 가득 감긴 실패를 오른쪽 팔 밑에 둔 모습이 그려졌다. 여성의 왼손은 섬유 다발을 어루만지고 있으며, 붙잡고 있는 불룩한 실패의 끝부분은 비현실적일 만큼 여성의 얼굴과 가깝다. 실을 자을 섬유를 뽑아낸다기보다는 섬유에 입을 맞추려는 모습처럼 보인다. 그림에 덧붙여진 글을 보면 방적이 성적 은유를 내포한다는 사실을 알 수 있다.

> 나는 길게 뻗어 있으며, 하얗고 연약합니다. 가장 윗부분인 머리 쪽은 살짝 큽니다. 내 여주인은 내가 늘 한결같기를 바라고, 나를 무릎에 앉히거나 자신의 옆에

앉힙니다. 그녀는 매일같이 자신의 손으로 나를 몇 번이고 안습니다. 그녀는 거친 바닥에 무릎을 꿇고 내 윗부분에 바짝 붙습니다. 그리고는 다시 잡아당기고, 다시 제자리에 놓습니다.[11]

고결함과 성적 매력, 둘 중 하나를 택해 보자. 남성이 여성에게 바랐든 여성이 스스로 바랐든, 방적은 이 두 가지 이미지를 모두 내포한다. 사회적 역할을 고정하기 위해서였든 성적자극을 위해서였든, 이 유명한 이미지들은 현실적인 일상생활을 드러낸다. 산업화 이전의 여성들은 대부분 태어나서 죽을 때까지 실을 자았다. 직조, 염색이나 양 기르기와는 달리, 방적은 요리나 청소처럼 보편적인 생활 기술보다도 전문성이 덜한 일이었다. 가난한 여성은 하녀로 고용될 수도 있지만, 어릴 때부터 물레질을 배우므로 방적으로 돈을 벌 수도 있었다. 실은 늘 수요가 있었기 때문이다.

아즈텍에서는 여아가 겨우 네 살이 되었을 때 방적 도구를 받는다. 그리고 여섯 살이 되면 첫 실을 만든다. 만약 게으름을 피우거나 실이 엉망으로 나오면 어머니는 아이의 손목을 따끔한 가시로 찌르거나, 막대기로 때리거나, 매운 연기를 강제로 들이마시게 하며 체벌했다. 이러한 체벌의 가혹함을 보면 방적 기술을 익히는 것이 아즈텍 사회에서 얼마나 중요했는지 알 수 있다.

아즈텍 여성들은 가족이 생활하는 데 필요한 실 외에도 제국 통치자가 각 부족에 요구했던 많은 양의 면사를 만들어야 했다. 예를 들어 치코악(Tzicoac)에 정복된 다섯 개 마을은 6개월마다 빨간색, 파란색, 초록색, 노란색의 패턴이 들어간 흰 면 망토만 해도 6000장을 바쳐야 했고, 비슷한 수량의 속옷, 크고 하얀 면 망토, 여성복을 세금으로 바쳐야 했다. 어느 직물사학자는 "대대로 미친 듯이 실을 자아낸 방적공만이 이 어마어마한 공물의 양을 채울 수 있었다."[12]라고 관찰했다.

아즈텍의 어머니들, 피렌체의 오스페달레 델리 인노첸티(Ospedale degli Innocenti)* 소속 고아들, 남인도의 과부들, 조지 시대** 잉글랜드 시골의 아내들 할 것 없이 전 시대의 여성들은 실을 자으며 인생을 보냈고, 물레방아가 더는 곡물을 갈지 않는 시대가 오자 이런 현상은 더욱 뚜렷해졌다.[13] 산업화 이전의 여성들은 세금 때문에, 판매 때문에 또는 가정의 필요 때문에 끊임없이 엄청난 양의 실을 자아냈다. 이에 비해 오늘날 우

---

*   초기 르네상스 건축물 중 하나로 건축가 필리포 브루넬레스키(Filippo Brunelleschi)가 디자인했다. 당대에는 병원과 고아원으로 쓰였다.

**   영국의 시대구분으로, 빅토리아 시대 이전인 1714년에서 1830년대까지 약 120년간을 가리킨다. 명칭은 이 기간에 재위한 왕 네 명의 이름이 '조지(George)'였던 것에서 비롯되었다.

리는 이렇게 사치스러운 실을 당연한 듯이 누리고 있다.

청바지를 생각해 보자. 과거에는 제국에 공물을 바치기 위해 면실을 자아냈던 멕시코인들은 청바지를 현재 평균 일곱 벌을 소유하고 있으며, 미국인은 평균 여섯 벌을, 인도인과 중국인들은 평균 세 벌을 갖고 있다. 청바지 한 벌을 만들려면 6마일 이상 또는 10킬로미터에 가까운 면실이 필요하다.[14] 전통적인 인도 차르카를 사용하는 방적공이 하루에 여덟 시간을 일한다고 하면, 이 정도 양의 실을 만드는 데 무려 12일하고도 반나절이 걸린다. 그나마 섬유를 세척하고 빗어 내는 시간은 제외한 것이다. 면실을 손으로 만들어야 했다면, 아무리 저렴한 임금을 지급한다고 해도 청바지는 사치품이 될 것이다.[15]

하지만 이와 같은 예도 방적에 얼마나 많은 노동이 필요했는지 보여 주기에는 턱없이 부족하다. 먼저 청바지는 인치당 약 100가닥의 실이 필요해 상대적으로 성기게 엮여 있고, 천의 크기도 크지 않아 필요량이 그렇게 많은 편이 아니다. 그러나 다른 생필품을 만들기 위해서는 이보다 천이 훨씬 많이 필요하다. 250수짜리 트윈 침대 시트를 생각해 보자. 트윈 사이즈 시트를 만들려면 실이 약 29마일 정도 필요한데, 이는 샌프란시스코 시내에서 스탠퍼드 대학까지, 혹은 교토에서 오사카까지 이를 수 있는 거리다. 퀸 사이즈 시트에는 실이 약 37마일 정도 필요하며, 이는 워싱턴 기념탑에서 볼티모어까지, 혹은 에펠탑

에서 퐁텐블로까지의 거리와 비슷하다.[16]

덧붙여 더 큰 바퀴를 사용해 회전 한 번으로 방추를 더 많이 돌릴 수 있는 차르카는 손을 사용하는 방적 중 가장 빠른 방법이었다. 청바지 한 장을 만드는 데 필요한 양과 비슷한 전통 에웨족 여성복을 만들려면 서아프리카의 물레로 17일간 실을 자아야 했다. 산업혁명이 일어나기 직전인 18세기에 최첨단 족답 물레를 사용하던 요크셔 울 방적공들이라면 같은 양을 만드는 데 14일이 걸렸을 것이며, 그나마 울은 면보다 실을 잣기 쉬운 편이다.[17]

울과 알파카 섬유로 실을 잣던 안데스 방적공들은 한 시간에 약 98야드 길이의 실을 생산했다. 방적 워크숍에서 나를 가르친 페루인들의 추측에 따르면 안데스 방적공들이 1제곱야드의 천을 만드는 데는 일주일이면 충분했을 것이다.[18] 이렇게 몇 주를 계속하면 청바지 한 벌을 만들 수 있는 천이 생산된다. 하지만 당연하게도 오늘날 안데스 방적공들은 공장에서 만든 바지를 사 입으며, 직접 만든 실을 일상적으로 사용하는 일은 훨씬 드물어졌다.

이런 예만 해도 시간이 아주 많이 걸리는 과정이지만, 고대의 몇몇 방법보다는 빠른 편에 속한다. 청동기시대에 쓰였던 방추의 재현품을 숙련된 방적공들이 사용하면 실의 가늘기에 따라 울 실을 시간당 34미터와 50미터 사이 정도 만들 수 있다.(더 작은 가락바퀴를 사용해야 하는 가는 실일수록 시간이 오래 걸린다.) 그러므로 바지 한 벌을 만들려면 최소 200시간, 즉 한 달 정도가 필요하다.[19] 게다가 이 시간에는 실을 잣기 전에 울을 씻고 건조하며 빗어 내는 시간과 더불어 직조, 염색, 바느질을 하는 시간은 포함되지 않았다.

이러한 관점으로 보면 우리는 왜 로마의 토가처럼 단순한 의류가 높은 신분의 상징이 될 수 있는지 이해할 수 있다. 파티에 자주 등장하는 토가 코스튬의 인상과 달리, 토가의 크기는 침대 시트를 넘어 안방에 가까운 약 20제곱미터(24제곱야드)였다. 사학자 메리 할로(Mary Harlow)는 센티미터당 20수로 추정하며, 토가 한 벌에는 울 실이 약 40킬로미터(25마일) 정도 필요할 것으로 계산했다. 이는 센트럴 파크에서 코네티컷 그리니치까지 닿을 수 있는 거리다. 이 정도 양의 실을 자으려면 약 900시간을, 즉 4개월간 하루에 여덟 시간씩 일주일에 6일을 일해야 한다.

고대의 그리스와 로마를 연구하는 학자들이 직물을 주의 깊게 보지 않는다면 고대 사회가 마주했던 가장 중요한 경제적·정치적·조직적 문제를 보지 못할 위험이 있다고 할로는 경고했다. 천은 단순한 옷감이 아니다. 할로는 "복잡한 사회일수록 직물이 더 많이 필요했다."라고 썼다.

> 예를 들어 로마군을 유지하려면 엄청난 양의 직물이 필요했다. …… 함대 하나를 만들기 위해서는 장기적인 계획과 더불어 방대한 원료와 시간이 소요되는 직물 돛이 있어야 한다. 직물을 얻으려면 원료인 양을 기르고 풀을 먹이고 수확하고 실을 잣기 전에 필요한 과정을 거쳐야 한다. 그러므로 직물 생산은 가정을 넘어 더욱 광범위한 필요를 위한 것이었고, 시간과 계획이 필요한 작업이었다.[20]

바이킹들의 유명한 배를 보면 확실히 알 수 있다. 바이킹 시대의 정사각형 돛은 길이가 100미터에 달했고, 154킬로미터(60마일)의 실이 필요했다. 이 시기의 방적공이 이 정도 규모의 돛을 만들려면 무려 385일 동안 하루에 여덟 시간씩 무거운 가락바퀴를 돌리며 상대적으로 성긴 실을 만들어야 했다. 양의 털을 뽑고 실을 잣기 위한 과정을 거치려면 또 600일이 소요되었다. 시작에서 마무리까지 바이킹의 돛을 만드는 것은 배를 만드는 것보다 더 많은 시간이 필요했다.

돛의 크기는 배에 따라 다르지만, 제작에 필요한 전반적인 천과 실의 양은 믿기 어려울 정도였다. 11세기 초에 크누트(Canute) 왕의 북해 제국은 돛 크기만 100만 제곱미터에 달하는 함대를 유지했다. 이를 위한 돛을 만들려면 실을 잣는 작업

	필요한 실의 양	차르카, 면 (100m/h)	물레, 울, 중간 짜임 (91m/h)	인데스, 울 (90m/h)	바이킹, 울, 성긴 짜임 (50m/h)	로마, 울 (44m/h)	에예, 면 (37m/h)	청동기시대, 울, 세밀한 짜임 (34m/h)
청바지/바지	6마일 = 10킬로미터	100시간 = 13일	110시간 = 14일	111시간 = 14일	200시간 = 25일	227시간 = 28일	270시간 = 34일	294시간 = 37일
트윈 시트	29마일 = 47킬로미터	470시간 = 59일	516시간 = 65일	522시간 = 65일	940시간 = 117일	1068시간 = 134일	1270시간 = 159일	1382시간 = 206일
퀸 시트	37마일 = 60킬로미터	600시간 = 75일	659시간 = 82일	667시간 = 83일	1200시간 = 150일	1364시간 = 171일	1621시간 = 203일	1765시간 = 221일
토가	25마일 = 40킬로미터	400시간 = 50일	440시간 = 55일	444시간 = 56일	800시간 = 100일	909시간 = 114일	1081시간 = 135일	1176시간 = 147일
돛	60마일 = 154킬로미터	1540시간 = 193일	1692시간 = 211일	1711시간 = 214일	3088시간 = 385일	3500시간 = 438일	3621시간 = 453일	4529시간 = 566일

이 표는 특정 기술로 특정 길이의 실을 잣는 데 소요되는 시간을 비교한 것이다. 보편적 운율을 비교하기 위함이며, 합리적 추정치이지만 정확히 듣기는 아니다. 섬유의 종류도 고려돼지 않았으며, 대개 면은 울보다 방적 난도가 높다.

각 추정값은 하루 여덟 시간 노동으로 계산되었다.

만 해도 1만 년이 넘는 시간이 필요했을 것이다.[21]

　우리 현대인들은 대수롭지 않게 여기며 실패나 물레를 잡은 여성의 그림을 집안일이나 순종의 상징으로 깎아내릴지 모른다. 하지만 선조들은 삶의 기본적 진실을 가르쳐 준다. 이렇게 끊임없는 노동이 없다면 천도 존재할 수 없다는 사실이다.

○

전 세계적으로 고대인들은 방추와 가락바퀴를 이용해 실을 만드는 방법을 고안해 냈다. 아주 훌륭하지만 단순한 기술이었고, 휴대할 수 있으면서도 주변에 있는 원료를 활용할 수 있었다. 전문가의 실력이 더해지면 놀랄 만큼 강하고 가늘며 균일한 실이 탄생했다. 존경받는 엘리트를 위해 만든, 잉카의 콤피(qompi) 튜닉은 수직 방향 날실만 해도 센티미터당 80수에서 무려 인치당 200수에 달하기도 했다. 하지만 섬세하고 뛰어난 작품인 만큼 손으로 사용하는 방추의 속도는 느린 편이었다. 콤피 하나에 필요한 실을 만들려면 실을 약 400시간 자아야 했다.[22]

　그래서 우리는 전 세계의 방적공들이 작업 속도를 높일 방법을 찾지 않았을까 생각해 볼 수도 있다. 하지만 이런 발전이 일어났던 곳은 실크의 탄생지인 중국이 유일했다. 오직 중국에서만 몇몇 총명한 사람이 벨트와 바퀴를 더해 작업 속도를 높일 방법을 고안해 냈다.

하지만 모순되는 점이 있었다. 실크는 스테이플사와는 대척점에 있는 필라멘트로 알려진, 길고 끊임없이 이어지는 가닥으로 이루어지는 유일한 생물학적 섬유다.(폴리에스터나 나일론과 같은 합성섬유도 압출되어 필라멘트 형태로 생산된다.) 하나의 누에고치에서 나오는 필라멘트는 수백 야드까지 늘어나므로, 훨씬 짧고 약한 섬유들과 같은 방법으로 실을 자을 필요가 없다. 그런데도 방적에서 처음으로 기계적 발전이 시작된 섬유는 바로 실크였다.

누에고치를 실로 만드는 첫 번째 단계는 고치를 따뜻한 물에 담가 각 섬유 가닥을 붙잡고 있는 점성 물질을 녹이는 것이다. 작업자는 주로 여성이었으며, 엄청난 섬세함과 주의를 기울여 붓, 젓가락, 손가락 등으로 두어 개의 고치에서 필라멘트를 분리해 낸다. 작업자가 물속에서 고치를 흔들며 뽑아낸 섬유는 네 개의 면으로 된 커다란 바퀴에 감기고, 조력자 한 명은 바퀴를 계속해 돌린다. 필라멘트가 균일하게 나올수록 실의 품질이 좋아진다. 하나의 누에고치에서 실크를 다 뽑아내면, 작업자는 다른 하나를 잡아 끝과 끝을 합쳐 실을 이어 간다.

물에 젖고 살짝 끈적한 실크가 평평하게 이어지며 다른 실과 붙지 않게 하려면 수백 야드도 충분히 수용할 수 있는 바퀴

이탈리아의 실크 생산지인 피에몬테 지역의 고보네(Govone) 성을 위해 제작된, 18세기 중국 벽지에 그려진 실크 실켜기. 이 장면은 전통적이지만 외국 관객을 위해 인물의 특징을 유럽화했다. (Author's photo)

에 실을 감아야 한다. 이렇게 실켜기가 끝나고 잘 말린 뒤, 실은 실패에 감기거나 더욱 강하고 윤기 있는 실과 함께 꼬아진다. 이렇게 실을 꼬는 과정을 연사(撚絲)라고 부른다.

바로 이것이 실을 만드는 최소한의 절차이자 가장 이상적인 단계이며, 르네상스 시기의 베네치아 사람들이 '진정한 실크'라고 부르던 품질 높은 실을 생산하는 방법이었다. 하지만 모든 실크 필라멘트가 균일하고 끊어지지 않은 상태로 생산되는 것은 아니다. '부잠사(副蠶絲, Waste silk)'*도 가치가 있었으며, 일반 실과 똑같이 중요하게 여겨졌다. 부잠사는 부화해 알을 낳은 나방의 고치나 고치 바깥쪽의 곱슬곱슬한 섬유에서, 또는 실켜기가 끝난 냄비 바닥에서 나왔다. 어디서 나왔는지와 관계없이, 부잠사는 매우 유용하고 풍부하다. 그러나 16세기의 베네치아 본토에서 생산되는 부잠사는 전체 실크 생산량의 4분의 1 정도였으며, 대부분 그냥 버려졌다. 제대로 모았다면 다른 스테이플사처럼 활용할 수 있었을 것이다.[23]

여기에서 우리는 모순의 답을 찾을 수 있다. 실크는 필라멘트이면서 스테이플사다. 중국의 작업자들은 필라멘트를 켜기도 하고 부잠사로 실을 잣기도 했으며, 이 두 가지 실은 모두 실패에 감아야 했다. 이렇게 다양한 경험을 통해 역사가 디

---

* 끊어져 토막이 나거나 부스러기가 된 실크를 가리킨다.

터 쿤(Dieter Kuhn)이 15세기 이전에 "실을 생산하기 위해 개발된, 최초이자 유일한 노동력 및 시간 절약 장치"라고 선언한 기술이 탄생했다. 이는 바로 수동 회전 물레(수요방차(手搖紡車), *spindle wheel*)였고, 섬유를 뽑아 꼬아 내는 방적의 첫 두 단계를 기계화한 기기였다.(15세기 유럽에서 발명된 플라이어(flyer)는 실을 실패에 감아 공정을 연속적으로 만들었다.)

수동 회전 물레가 발명된 곳은 상하이와 베이징 사이의 중간 정도에 있는 실크 생산 중심지 산둥으로 추정된다. 중력에 의지해 실을 잣던 사람들과 달리, 수동 회전 물레를 발명한 사람은 아마 오랜 시간을 수평 기계장치로 실을 켜는 일을 해 왔을 것이다. 발명자는 똑같은 원리를 방추에도 적용했고, 그것을 옆으로 눕혀 가로로 된 지지대에서 바퀴가 계속해 회전할 수 있게 했다. 그다음에는 가락바퀴 윗부분에 실로 된 벨트를 감고, 더 큰 바퀴로 갔다가 다시 돌아오게 했다. 실크 섬유가 실패에 감긴 모습에서 영감을 받은 이 발명은 후대의 기계에 필수 부품이 되는 구동 벨트(drive belt)의 기원이 되었다. 이 물레를 사용하면 큰 바퀴를 한 번만 돌려도 작은 가락바퀴가 여러 번 회전했다.

이 모든 과정은 기원전 5세기 또는 기원전 4세기에 진행되었으며, 이는 중세 유럽에 퍼진, 인도에서 처음으로 나타난 수동 회전 물레보다 약 1000년 전의 것이라고 쿤은 설명한다.

쿤은 여러 가지 증거를 제시한다. 먼저 주 왕조(기원전 1046년~기원전 256년) 시기와 한 왕조(기원전 206년~기원후 220년) 시기의 가락바퀴 발굴물이 급격히 줄어들어 다른 방적 기술이 채택되었음을 알 수 있고, 한 왕조의 세공품에서는 돌아가는 수동 회전 물레를 볼 수 있으며, 꼬여 있거나 이중으로 제작된 실크 직물 발굴물이 크게 증가했다.[24]

하지만 아직도 우리는 수동 회전 물레가 언제부터 실을 만드는 용도로 사용되었는지 알지 못한다. 직물을 생산하는 기술은 용도가 매우 다양하기 때문이다. 발굴된 직물 유물에서 볼 수 있듯이, 수동 회전 물레는 한 번에 두세 개의 실에 꼬임을 줄 수 있었다. 뽑아낸 실크 실을 실패에 감는 작업인 퀼링(*quilling*)도 할 수 있었고, 중국의 문헌 자료에는 무려 기원전 1세기에 이 기술을 사용했다는 기록이 남아 있다. 또한 부잠사와 같은 스테이플사로 실을 자을 수도 있었다. 쿤은 한 왕조 시기에 세공된 어느 작품의 이미지를 보고 부잠사를 수동 회전 물레로 꼬는 모습으로 해석하기도 했다.

수동 회전 물레가 한 왕조 이전에 도입되었다고 보았던 네 번째 이유는 수요의 증가다. 당시 중국의 방직공들은 발판으로 작동하는 직기를 사용해 아마 직물을 하루에 3미터 정도 생산할 수 있었다. 실을 충분히 공급하지 못한다면, 속도는 더 빠르지만 더 복잡한 기술을 채택하는 것은 별 의미가 없다. 방추를 사용해 직기에 실을 공급하려면 스무 명에서 서른 명 정도의 방적공이 필요했을 것으로 추정된다. 그러나 수동 회전 물레를 사용하면 약 세 배 정도로 작업 속도가 빨라져, 같은 양을 생산하는 데 일곱 명에서 열 명의 방적공이면 충분했다. 중국의 직물 노동자들은 이미 실에 꼬임을 주거나 실을 실패에 감아 주는 기계를 사용하고 있었으므로, 이들이 이 두 기계를 연결했을 것으로 추측할 수 있다.

최초의 목적이 무엇이었든, 수동 회전 물레는 기술적 이정표다. 먼저 수동 회전 물레는 이후 수많은 용도로 쓰이게 된 구동 벨트의 시작이었다. 또한 기계의 힘으로 실 생산 속도를 획기적으로 증진할 수 있다는 사실을 증명하며 천을 생산하는 데 가장 큰 장애물을 제거했다. 이러한 통찰이 세상을 바꾼 기계로 나타나기까지는 수 세기가 흘렀을 것이다. 그리고 그 역사 또한 실크에서 시작한다.

○

쌍둥이 탑과 난간이 있는 필라토이오 로소(Filatoio Rosso)는 언뜻 궁전처럼 보인다. 하지만 1678년에 건설된 이 인상적인 건축물은 사실 유럽 최초의 공장 중 하나였다. 약 250년 뒤인 1930년대까지 필라토이오 로소에서는 수력으로 움직이는 기

계와 숙련된 노동자들이 실을 생산했다. 현재 이곳은 피에몬
테 실크 공장 박물관(Museo del setificio Piemontese)이라는 이름
으로 불리며, 과거 피에몬테의 실크 생산을 기리는 기념관으로
바뀌었다. 북서이탈리아에 있는, 토리노와 니스 사이의 작은
마을 카랄리오(Caraglio)에 자리 잡은 이 기념관에는 현대 산
업을 일으켰지만 지금은 잊힌 발명품들의 재현품이 전시되어
있다.

기념관에서 가장 유명한 볼거리는 두 개의 거대한 회전 연
사 기계다. 이 기계가 회전하며 작동하는 모습은 마치 코페르
니쿠스의 우주를 연상케 한다. 2층 정도의 높이에 대부분이 목
재로 만들어진 이 두 기계는 기둥들이 지지하는 지름 16피트
의 수평 방향 고리 모양의 층들로 이루어져 있다. 고리들은 거
대한 축 주위를 회전하며, 이 축은 아래쪽 지하에 숨겨진 물레
바퀴로 이어진다. 각 고리의 가장자리에는 분당 수천 번 회전
하는 수백 개의 실패가 수직 방향으로 달려 있다. 17세기 피에
몬테 시골의 소작농들에게 이 기계는 다른 세계의 문물처럼 보
였을 것이다.

첫 번째 기계에서는 거의 보이지 않을 정도로 얇은 실크
실이 시계 방향으로 함께 꼬이면서 살짝 오목한 수평 방향 실
패 고리에 감겨 올라간다. 두 번째 기계는 이렇게 꼬인 가닥들
을 시계 반대 방향으로 꼬며 실을 두 배로 강하고 튼튼하게 만

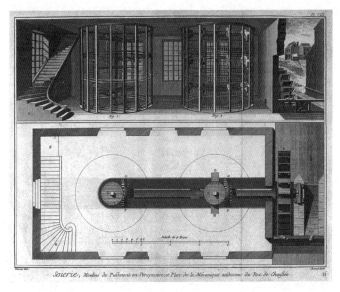

18세기 『백과전서』에 묘사된 피에몬테의 실크 연사 기계. (Wellcome Collection)

든다. 두 번째 기계의 안쪽에 있는 가로 2피트의 X 자 실패는 실을 감아 타래로 만든다. 이렇게 완성된 생산품은 날실이 되며, 이탈리아어로 오르간치노(organzino), 프랑스어와 영어로는 오르건젠(*organzine*)으로 불린다. 실을 두 배로 튼튼하게 만드는 작업은 아주 중요한데, 날실은 계속해서 팽팽하게 당겨져 있는 데다 직기가 움직일 때 충격을 받아 쉽게 끊어질 수 있으므로 아주 강력해야 하기 때문이다. 날실에 수직으로 엮이는 씨실은 그보다 강도가 약해도 된다.(쉽게 기억하려면 씨실은 왼쪽에서 오른쪽으로 향한다고 생각하면 된다.* 현대에는 잘 쓰이지 않고 문학작품에서만 가끔 볼 수 있는 오래된 단어 우프(woof)도 씨실과 같은 의미다.)

21세기의 관점으로도 인상적인 이 기술은 당시에 경외심을 불러일으킬 정도였다. 1481년, 볼로냐의 인문주의자 베네데토 모란디(Benedetto Morandi)는 자신이 사는 도시의 산업에 자부심을 보였고, 이 두 개의 방적기를 두고 "사람은 그저 실크가 생산되는 것을 보기만 하면 된다."라며 찬사를 보냈다. 하루 열두 시간을 손으로 실을 잣는 한 명의 방적공은 방추 하나 정도의 실을 생산할 수 있다. 그에 비해 수력으로 돌아가는 기계는 윤활을 담당하는 사람과 끊어진 실을 이어 줄 관리자 두세 명만 있다면 같은 시간에 수천 개의 방추를 채울 수 있다. 필라토이오 로소의 재건축을 감독한 플라비오 크리파(Flavio Crippa)는 "이는 생산성의 어마어마한 도약이었습니다."라고 말했다. 그는 이 연사 기계가 "크게 주목받지 못했지만, 아주 중요한 구조적 변화의 조상 격이라고 할 수 있습니다."라고 주장했다.

물리학자로서 교육받았던 크리파는 현대 실크 산업계에서 경력을 쌓으며 기계장치를 발전시키고, 특허를 등록했다.

---

*   영어로 씨실은 'weft'이고 왼쪽은 'left'여서 스펠링이 비슷하다.

20년이 넘는 세월에 걸쳐 그는 잃어버린 과거의 기술을 복원하고 되찾는 데 자신의 재능을 쏟아부었다. 필라토이오 로소도 크리파의 노력을 증명하는, 이탈리아 전역의 박물관 중 하나다. 필라토이오 로소는 제2차 세계대전을 거치며 심하게 손상되었지만, 크리파는 남아 있는 흔적을 조사했고, 스스로 "오류는 최대 2센티미터나 3센티미터일 겁니다."라고 말할 정도로 정확하게 기계의 위치와 크기를 계산해 냈다. 크리파는 현대의 기술 덕택에 재건축은 2년밖에 걸리지 않았다고 웃으며 말했다. 건물을 지었을 당시에 소요된 것과 같은 시간이었다.

볼로냐에서 시작되었지만, 수력으로 움직이는 연사 기계는 이탈리아 북부인 피에몬테, 롬바르디아, 베네치아 공화국처럼 물과 생사가 풍부하고 오르건젠이 부족한 곳에서 번성했다. 17세기 후반 동안에 부유한 이탈리아 실크 무역가들과 프랑스 실크 제조사들이 거대한 자본을 투자해 알프스 산기슭에 공장 125개를 지었다. 이 커다란 공장들에서 생산되는 어마어마한 양의 실은 유럽 실크의 중심인 리옹의 직기를 채웠다.

볼로냐의 공장들은 최첨단 기계와 동시에 새로운 조직 구조를 채택했다. 누에고치 수확부터 마지막 실타래를 만들기까지 모든 생산과정을 한곳으로 가져오는 것이었다. 크리파는 "카랄리오 공장은 이전의 그 어떤 곳보다 완성도 높은 실크 실을 만드는 공장이 되었습니다."라고 말했다. "그곳은 필라토이

이탈리아 아바디아 라리아나의 몬티 시민 실크 공장 박물관(Civico Museo Setificio Monti)에 현존하는 1818년의 연사 기계를 클로즈업한 사진. (Author's photographs)

오(연사 기계)로 불렸지만, 사실은 세티피초(견사 공장)였습니다. 이곳은 실크 연사 작업만 하는 것이 아니라 누에고치부터 연사까지 모든 과정을 담당했기 때문입니다."[25] 카랄리오가 있던 주변 지역의 공장들도 모두 같은 모델을 받아들였다.

하나의 세티피초, 즉 견사 공장은 노동자 수백 명을 고용해야 했다. 공장이 돌아가려면 실크 실을 켜는 일에 관해 전문 지식과 경험이 풍부한 마에스트라(maestra: 우리에게 좀 더 익숙한 마에스트로(maestro)의 여성형)들, 만들어진 실을 실패에 감을 아이들, 연사 기계를 관리하는 사람, 기계를 수리할 목수와 대장장이 등이 필요하다. 필라토이오 로소 안에는 심지어 수녀원도 함께 있었고, 이곳은 수녀들이 생활하는 공간으로, 동시에 먼 타지에서 온 여성 노동자들의 숙소로 사용되기도 했다.

이러한 수직적 통합은 과거의 가내수공업을 대체하게 되었다. 독립된 작업장을 운영하며 실을 켜는 사람들도, 가정에서 실을 켜 실패에 감는 여성들도 사라졌다. 공장의 엄격한 관리와 표준화를 거쳐야만 수력으로 돌아가는 연사 기계를 사용해 끊기지 않고 버티는 강력한 실을 계속해 생산할 수 있었다.

피에몬테의 공장들은 일정한 얼레 규격을 설정했고, 금속 실패의 규격을 제정했으며, 각 기계에 최적화된 규격을 계산했다. 바 에 비에네(va e viene: 오고 가다)로 불리는, 실을 얼레에 균등하게 분배해 품질을 높이는 메커니즘을 개발하기도 했다.

표준 실의 길이당 무게를 기준으로 순도를 측정하기 시작했고,(오늘날에도 여전히 사용하는 개념이다.) 신속하게 테스트 샘플을 측정할 수 있는 기계를 도입했다. 이들의 기술, 표준화, 꼼꼼하게 관리되는 노동력이 더해지며 어느 경제사학자는 실크 연사 공장이 "대영제국 산업혁명 시기의 면 공장이 등장하기 두 세기 전에 공장 시스템을 확립했다."라고 말했다.[26]

피에몬테의 공장들은 이내 오르건젠의 유럽 표준이 되었고, 가장 비싼 값을 받았으며, 증가하는 수요를 맞추기 위해 공장을 확장했다. 필라토이오 로소를 지은 가문은 실크 실을 팔아 엄청난 부를 얻어, 사보이아(Savoy) 가문의 왕이 공장 책임자에게 세습할 수 있는 백작 작위를 줄 정도였다. 기념관 1층을 둘러보며 크리파는 유리 바닥 밑으로 보이는 지하 발굴지에 관해 설명했다. 이 유물들을 보면 석탄으로 물을 따뜻하게 유지해 주는 시설이 있었던 실켜기 공장이 1678년 열 곳에서 1720년 스무 곳으로 두 배로 늘어난 이유를 알 수 있다. 공장에서 두 명의 여성이, 대개는 어머니와 딸이 함께 일하며 숙련이 덜 된 쪽이 얼레를 감았고 숙련된 쪽이 누에고치로부터 섬세하게 필라멘트를 뽑아냈기 때문이었다.

가까운 곳에 지어졌던 몇몇 라이벌 공장에 비하면 3층짜리 필라토이오 로소는 작은 편이었다. 필라토이오 로소가 문을 열기 1년 전, 프랑스 상인들은 북동쪽으로 차를 타고 한 시간 정도 거리에 있는 라코니지(Racconigi)에 6층짜리 공장을 건설해 150여 명의 노동자를 고용했다. 4년 뒤, 이들은 11층짜리 두 번째 공장을 설립하고 노동자 300명을 고용했다. 1708년이 되자 작은 지역이었던 라코니지에는 무려 실크 공장 열아홉 곳이 설립되었고, 노동자는 2375명에 달했다.

하지만 경영, 크기, 기계가 전부는 아니다. 마에스트라들은 최첨단 장비와 같은 역할을 했으며, 공장의 성공에 필수적 요소였다. 이들은 섬유 크기의 미세한 차이를 구별할 수 있었으므로 각기 다른 천연 필라멘트들을 서로 맞추어 실을 최대한 균일하고 튼튼하게 만들었다. 피에몬테의 마에스트라들은 서로 다른 용기에 담긴 두 종류의 필라멘트의 물을 짠 뒤 교차해 조금 더 균등하고 탄력 있는 실을 만드는 독특한 기술을 개발하기도 했다. 다른 곳의 마에스트라들과 달리, 이들은 한 번에 이 두 가지의 필라멘트만 작업하며 시장에서 가장 품질 높은 실을 만들었다. 양보다 질을 우선하기 위해 마에스트라들은 생산한 실의 양만큼이 아닌 일별로 보수를 받았다.

이는 아주 힘든 데다, 숙련된 기술, 집중력, 경험, 끊임없는 자기 발전이 필요한 일이었다. 마에스트라가 되기 전, 젊은 여성들은 얼레를 감으며 수년 동안 과정을 지켜보고, 섬세한 필라멘트를 다루는 지식을 흡수한다. 어느 직물사학자는 "저임금을 받는 오랜 견습 기간에 규칙, 행동 양식, 실켜기라는 예술을 구성하는 모든 수작업이 실켜기 장인들에게서 얼레를 감는 견습생에게 전해진다."라고 기록했다. 이 희귀한 전문 지식은 전수하기가 쉽지 않았으므로 마에스트라들은 수요가 많은 고용인이었고, 남성 노동자들보다 높은 임금을 받았다.

1776년에 스페인 기업가들이 무르시아의 도시에 실크 공장을 세웠을 때, 이들은 테레사 페로나(Teresa Perona)라는 이름의 피에몬테인 마에스트라를 고용하며 그녀의 남편에게도 일을 주었다. 오늘날의 '뒤쫓아 온 배우자(trailing spouse)'*와 같은 개념이다. 여성의 일은 남성의 일보다 힘들었고, 남성이 일주일에 6일을 일할 때 여성은 7일을 일했다. 급여도 50퍼센트 이상 높았다.

아직 대부분이 소작농 사회였던 당시, 산업 분야에서 마에스트라들은 귀족과 같았다. 18세기 중반, 합스부르크 정부는 오늘날 이탈리아와 슬로베니아의 국경 사이에 있던 고리치아노(Goriziano)의 도시에 거대한 공장단지를 건설했다. 필라토이오 로소와 마찬가지로 이곳에는 자체적으로 운영하는 캠퍼스와 주거 지역, 성당이 있었다. 높은 보수와 이전에 없던 혜택 덕분에 여기저기에서 노동자가 몰려들었다. 그중에서도 마에

---

* 배우자의 새로운 근무지를 따라 자기 일을 그만두고 이주하는 사람을 가리킨다.

스트라들에게 주어지는 보상이 너무 좋았던 나머지, 지역 주민들이 불만을 품기도 했다. 머리에 실크 스카프를 두른 마에스트라 그룹이 걸어갈 때면 질투에 찬 주민들이 돌을 던지는 바람에 당국이 나서 중재해야 할 정도였다.

경제사학자 클라우디오 차니에르(Claudio Zanier)는 수력으로 움직이는 북이탈리아의 공장들이 "미래 산업의 요구에 완벽하게 적응할 수 있는 거대한 여성 노동력"을 키워 냈다고 주장했고, 이러한 모습을 일본의 실크 산업에서도 발견했다. 19세기에 연사 공장이 모여 있던 지역은 이탈리아 산업의 중심이 되었고, 그 명성은 지금까지 이어진다. 차니에르는 "이러한 공장은 특수한 기술을 지닌 장인들 외에도 일주일에 7일간 끊임없이 교대하며 품질 좋은 생산물을 만들기 위해 고강도 노동을 이어 갔던 잘 훈련된 노동력을 대량으로 생산해 냈다."라고 관찰했다. "이들은 효율적인 현대 공장 시스템의 필수 전제 조건이 되었다."[27]

하지만 이들의 기술과 조직적 성취에도 불구하고, 이탈리아의 수력 실크 공장들은 서양이 부유함을 얻게 된 과정을 다룰 때 거의 언급되지 않는다. 사학자 존 스타일스(John Styles)는 "1750년대에 북이탈리아 알프스 부근에는 약 400개의 수력 공장이 있었습니다. 1800년대 랭커스터에 있던 수력 공장보다 더 많습니다."라고 말했다. "그러니 이 시기도 산업혁명이라고 해야 합니다. 이 당시에도 실크는 사치품이었기 때문입니다."[28]

실크로는 돛을 만들지도 않고, 가방을 만들어 상품을 포장하지도 않고, 붕대를 만들어 상처를 감지도 않고, 오두막집을 장식할 커튼을 만들지도 않고, 일할 때 입는 옷을 만들지도 않는다.(실크로 병사들의 제복을 만들었던 중국에서도 평민들은 아마로 지은 옷을 입었다.) 기계 혁신이 소수의 엘리트를 위한 직물에만 영향을 미치는 한, 그 혁신이 아무리 명망 있고 유익하다고 할지라도 그 경제적 영향력은 제한될 수밖에 없다. 울, 리넨, 그리고 점차 대중성을 얻어 가던 면처럼 일상생활에 쓰이는 스테이플사로 실을 잣는 작업은 아직도 노동력이 엄청나게 소요되는 일이었다. 하지만 실 생산이 기계화되고 가내공업에서 공장형으로 바뀌면서, 연사 공장들은 산업혁명의 전조가 되었다.

○

1768년, 리버풀과 맨체스터 사이에 흐르는 머지강의 중간에 자리 잡은 잉글랜드 도시 워링턴은 7년 전쟁 후 이어지던 경제 침체에서 거의 벗어나고 있었다. 전 세계에 분쟁이 이어지던 때만큼 돛을 만드는 천의 수요가 크지는 않았지만, 방직공 300명을 계속해 고용할 만큼은 회복했고, 마대를 만드는 천을 짜던 방직공도 150명이 고용되어 있었다.

하지만 방직공들은 전체 직물 노동력의 아주 작은 일부에 지나지 않았다. 방직공 한 명이 직물을 짜려면 방적공 스무 명이 필요했으므로, 약 9000명의 방적공이 체셔 시골 지역에 흩어져 있었다. 농학자이자 여행작가로 6개월간 북부 잉글랜드를 여행하며 이 지역을 방문했던 아서 영(Arthur Young)은 "방적공들이 일이 없어 쉬는 일은 없었다. 그들은 원하면 항상 일을 받을 수 있었다. 하지만 방직공들은 이따금 실이 없어 놀 때도 있었다."라고 썼다.

여행 후반부에 영은 "구멍이 끊임없이 뚫려 있는" 유료 도로를 따라 아주 불편한 여행을 한 끝에 맨체스터에 도착했다. 그는 이곳에서 내수용과 더불어 북아메리카와 서인도제도로 수출할 상품을 생산하며 번창하는 직물 산업을 목격했다. 일자리도 풍부했다. 영은 "의지만 있다면 누구든 계속해 일할 수 있을 것이다."라고 기록했다. 옷감, 모자, 장식이나 붕대처럼 작은 상품을 만드는 많은 노동자에 더해 "맨체스터의 내부와 외부에서 고용된 방적공의 수가 어마어마했다."라고 기록하기도 했다. 방적공 3만 명이 시 내부에서 일했고, 시 외부에서 일하는 방적공도 5만 명에 달했다.

영이 살던 시기에 방적은 영국 산업에서 가장 큰 비중을 차지했다. 어느 경제사학자의 추정에 따르면 "울, 리넨, 대마 방적을 모두 합해 1770년대에 고용되었던 기혼 여성은 150만

명 정도"였으며, 이때 잉글랜드 전체 노동력은 약 400만 명 정
도였다.(이 계산은 방적에 종사하는 기혼 여성의 수가 미혼 여성보다
적다고 가정한 것이다.)

　방적공의 보수는 변변치 않았다. 일주일에 9실링을 받는
남성 방직공이나 5실링을 받던 여성 방직공과 달리, 돛을 만드
는 천에 쓸 아마 실을 만들던 워링턴 여성들은 일주일 내내 일
해도 겨우 1실링을 벌었다. 맨체스터 지역의 성인 면 방적공은
일주일에 2실링에서 5실링을 받았지만, 어린 여성들은 1실링
이나 0.5실링을 받았다. 반면에 방직공들은 직물 종류에 따라
3실링에서 10실링을 벌 수 있었다.[29]

　언뜻 보면 방적공들이 부당한 처사를 받는 것 같다. 사학
자 데버라 밸런제(Deborah Valenze)는 "잉글랜드의 경제에서 필
수적 역할을 하는데도, 실을 잣는 여성들의 임금은 노동과 비
교하면 너무 적었다."라고 썼다. 그녀는 저임금의 원인이 성차
별에 있다고 주장했다. "방적은 여성의 일로 낙인찍혔으며, 방
적공들은 실의 수요와 전혀 상응하지 않는 임금을 받았다."[30]

　억압되는 여성 노동자에 관한 이 단순한 도덕적 이야기는
직물 생산량에서 빼놓을 수 없는 계산을 놓쳤다. 물론 실은 매
우 중요하지만, 완성된 직물이 아주 비싸지 않은 경우라면 방
적 작업 한 시간의 가치는 상대적으로 높지 않다. 마에스트라
들이 보통 남성들보다 더 높은 임금을 받았던 것은 이들이 작

업했던 직물이 값비싼 실크였기 때문이다. 밸런제는 인과관계를 뒤바꾸어 생각한 것이다. 방적공의 임금이 적었던 것은 이들이 여성이어서가 아니라 사용할 만큼 충분한 실을 만들기까지 시간이 너무 오래 걸려서다. 한 시간 노동의 생산량은 정확히 그만큼의 가치가 아니었다. 여성들은 남성보다 직업 선택의 폭이 넓지 않았으므로 임금이 적은 일을 선택할 수밖에 없었다. 당시 존재했던 억압은 방적공의 임금이 아니라 여성들이 대체할 수 있는 직업의 부재였다.

　이렇게 적은 임금을 받았지만, 직물 무역을 하는 사람들에게 방적은 저렴한 노동이 아니었다. 오히려 천 생산에 필요한 다른 단계들보다 돈이 더 들었다. 1771년, 한 의회 보고서에는 35실링에 팔리는 울 직물 표준 제품의 제조 비용이 기록되었다. 가장 큰 비용이 드는 것은 재료가 되는 울 자체로, 12실링이었다. 방적공들의 임금이 11실링 11.5펜스로 비슷하게 2위를 차지했다.(1실링은 12펜스다.) 방직 비용은 그 반절인 6실링이었다. 제조업자는 2실링 5펜스의 이윤을 얻었다.

　이 울의 비용 비율만 비정상적인 것은 아니었다. 두꺼운 모직 브로드클로스의 경우에 방적 비용은 종종 방직의 두 배에 달하기도 했다. 경기가 좋았던 1769년에는 직물 25야드를 만들 수 있는 실을 생산하려면 17실링 11펜스가 필요했고, 이는 8실링 9펜스였던 방직 비용의 두 배를 넘는다. 5년 후 브로드

클로스의 가격이 내려가면서 이 비율은 더 기울어져, 방적공들이 15실링 9펜스를 받을 때 방직공들은 7실링을 차지했다.[31]

형편없는 임금과 높은 방적 비용은 산업화 이전 직물 생산의 기초 경제를 그대로 보여 준다. 직물을 만들기 위해서는 실이 어마어마하게 필요하고, 실을 잣는 일은 시간이 엄청나게 소요된다. 가늘고 탄탄하게 꼬아진 균일한 실을 만들려면 시간이 더 걸렸다. 직기에 올라가는 실 중 가장 사치스러운 재료가 아닌 나머지는 아주 낮은 값을 받았다. 그렇지 않으면 아무도 직물을 살 수 없게 되기 때문이다.

방적은 직물 생산의 병목이었고, 해결책이 필요한 문제였다. 17세기 후반, 발명가들은 더 적은 노동으로 더 많은 실을 생산하는 방법을 연구하기 시작했다. 오늘날 우리가 저렴하고 친환경적인 에너지를 찾는 것처럼, 당시에 방적기계는 확실한 해결책으로 여겨졌다. 1760년에 영국의 예술, 제조, 상업 학회는 "한 사람의 힘으로 한 번에 울, 아마, 면, 실크 등의 실타래 여섯 개를 만들 수 있는 기계" 부문의 상을 만들기도 했다.

이 상을 받은 사람은 아무도 없지만, 몇 년 뒤에 제임스 하그리브스(James Hargreaves)는 제니 방적기(spinning jenny)를 발명했다. 이 방적기는 수평 방향 기계로 "한 손은 바퀴를 돌리고 다른 한 손은 실을 뽑아내며, 한 번에 열여섯 줄 이상의 실을 자아낼" 수 있었다. 경제사학자 베벌리 러미어(Beverly Lemire)는

제니 방적기를 두고 "방적공 한 명이 방추(*drop spindle*) 여러 개
를 돌리며 실을 생산할 수 있게 해 주는 최초의 기계"라고 평가
했다. 가내공업에 특화되어 있고 어린이도 사용할 수 있었던
제니 방적기 덕분에 방적의 속도와 결과물의 일관성이 증진되
었고, 생산량도 증가했다. 실의 생산량이 증가하자 직물과 편
물로 만든 양말의 생산량도 늘어났다.[32]

하지만 영국 직물 제조사가 마주한 문제는 생산량뿐만이
아니었다. 목화는 섬유가 짧아 실을 잣기 어려운 원료였다. 제
니 방적기와 기존의 물레 중 어떤 것을 사용하더라도 잉글랜드
의 방적공들은 직기의 팽팽함을 계속해 견딜 만큼 탄탄한 날
실용 면실을 충분히 만들어 낼 수 없었다. 짧은 스테이플을 잣
는 데 시간이 너무 많이 걸려 결과물이 지나치게 비싸졌다. 결
과적으로 실제 영어에서 '면'은 면섬유가 느슨하게 꼬아져 좀
더 거친, 리넨을 날실로 면을 씨실로 사용해 만든 퍼스티언(*fus-tian*)이라는 직물을 지칭하는 말이 되었다.

소비자들이 진정으로 원하던 것은 세계 제일의 면 방직공
들이 있는 인도의 세련된 순면 제품이었다. 하지만 영국 울 산
업계의 강력한 반대로 의회는 1774년까지 인도 제품의 수입을
금지했고, 심지어 잉글랜드 제조사가 자체적으로 생산한 순면
제품 캘리코(*calico*)까지 금지했다. 영국 동인도회사는 퍼스티
언보다 인도의 면제품이 훨씬 인기 있던 북아메리카 식민지에

인도의 차르카로 실을 잣는 모습. 1860년 무렵, 케하르 싱(Kehar Singh)의 작품. (The Cleveland Museum of Art)

엄청난 양의 인도 수입 제품을 판매했다. 이를 목격한 잉글랜드 직물 제조사들도 아메리카 시장의 한 부분을 차지하고자 했다. 이를 위해서 그들은 단순히 양뿐 아니라 품질도 향상된 면실을 만들어야 했다. 스타일스는 "방적은 병목일 뿐 아니라 품질 향상에 필수 불가결한 요소였다."라고 관찰했다.

이런 문제의 해답은 이탈리아의 연사 공장에서 간접적으로 찾을 수 있었다. 이야기는 직물의 역사에서 자주 나타나는 산업 스파이 사례에서 시작한다. 1700년대 초, 어느 잉글랜드 공장의 소유주였던 토머스 럼(Thomas Lombe)은 기술적 재능이 있는 동생 존 럼(John Lombe)을 이탈리아로 보내 피에몬테 실크 연사의 비밀을 알아 오게 했다. 존은 뇌물로 한 신부를 매수해 리보르노의 실크 공장에 기계공으로 취직했다. 낮에는 기계를 정비하며 설계를 기억했고, 밤에는 종이 위에 옮겨 적으며 원사 더미에 설계도를 숨겨 고국으로 들여올 계획을 세웠다. 1716년, 존은 이탈리아인 전문가 몇 명과 함께 잉글랜드로 돌아왔다. 두 형제는 몰래 복제한 설계도를 이용해 더비의 한 마을에 5층 높이의 실크 연사 공장을 설립했고, 1722년에 문을 열었다. 존은 공장이 문을 연 해 오랜 투병 끝에 사망했는데, 이탈리아인 자객에게 독살당했다는 소문이 돌기도 했다.

불법이기는 했지만, 최첨단 기술을 수입해 온 자국민을 기리기 위해 정부는 토머스에게 연사 기계 특허를 내주었다. 특허는 1732년에 만료될 예정이었으나, 토머스는 연장 신청서를 제출했다. 의회는 특허를 연장해 주지 않고, 그 대신에 다른 사람들이 따라 할 수 있도록 설계도와 더불어 연사 기계의 '완벽한 모델'을 공개하는 조건으로 1만 4000파운드(당시 중산층 가족의 평균 연봉이 100파운드 정도였고, 부유층은 500파운드였다.)라는 엄청난 금액을 제시했다.[33]

그 뒤 얼마 지나지 않아 망명한 어느 프랑스인 물리학자의 아들이었던 루이스 폴(Lewis Paul)이 이전에 있던 기계의 원리를 이용해 면실을 만드는 방법을 개발했다. 인간의 기술을 기계에 적용한 폴의 기계에는 이전보다 빠르게 돌아가는 롤러가 여러 개 장착되어, 가지런히 빗어 정리한 섬유를 뽑고 꼬아 실로 만들었다. 스타일스는 "중앙에 원형 구동축이 있던 폴의 기계는 럼의 이탈리아 실크 연사 기계와 놀라울 정도로 비슷했다."라고 썼다. 폴은 자신의 친구이자 저명한 작가인 새뮤얼 존슨(Samuel Johnson)을 통해 만난 투자자의 도움으로 기술 허가를 받았다.

폴의 기계는 북부 잉글랜드의 몇몇 공장에 들어가게 되었고, 노샘프턴의 어느 공장에는 각각 방추 쉰 개가 있는 기계 다섯 대가 설치되었다. 하지만 기계적 결함도 발견되었고, 그다지 큰 성공은 거두지 못했다.(해당 공장의 경영 문제가 있기도 했다.) 하지만 롤러 방적기는 다른 이들에게 영감을 주었다. 랭커셔의 이발사이자 가발 제작자, 술집 주인이었던 리처드 아크라이트(Richard Arkwright)는 "롤러 방적기를 연구하려고 분해했던 사람들도 있었다."라고 인정했다. 그가 살아온 환경은 기계와는 거리가 멀었지만, 그 대신에 아크라이트는 다른 사람의 발명을 개선하는 데 천재적 재능이 있었고, 노력 끝에 해결책을 찾아냈다. 아크라이트는 원형 프레임 대신에 롤러 여러 쌍을 줄 세워 배치했고, 방적공의 손가락을 대신해 제일 위쪽에 있는 롤러에 무게를 주어 섬유를 단단하게 잡을 수 있게 함으로써 꼬아진 실이 거꾸로 올라가는 것을 방지했다. 결과적으로 아크라이트의 기계는 날실로 사용할 만큼 단단하게 꼬인 실을 균일한 품질로 생산할 수 있게 해 주었다.

1768년, 아크라이트는 양말 뜨기의 중심이었던 노팅엄으로 이사해 사업 파트너들을 모집했으며, 이후 수력방적기(water frame)로 알려진 기술의 특허를 신청했다. 아크라이트의 첫 방적 공장은 1772년에 문을 열었고, 이 공장에서 생산된 실은 양말 공장으로 가거나, 미국 시장에 수출하는 순면 캘리코의 원료가 되었다. 아크라이트의 파트너들은 의회에 로비하는 데 성공해 캘리코 금지를 폐지하며 영국에서 제작할 수 있는 이 인기 있는 소재가 합법적으로 나라 전체에 유통될 수 있게 했다. 스타일스는 수력방적기를 두고 하나의 기능을 훨씬 넘어서는 결과를 야기한 "최고의 거시적 발명"이라고 칭했다.[34]

몇 년 지나지 않아 수력방적기 공장은 북부 잉글랜드 전역에 퍼지며 이전에는 상상도 할 수 없을 만큼 많은 면실을 저렴하게 생산해 냈다. 시간이 지나며 아크라이트는 기계 방적을 수력으로 발전시켜 실의 품질을 증진했고, 섬유를 가지런히 정리하는 소면(梳綿, carding) 작업과 정리한 섬유를 균일한 두께로 늘이는 조방(粗紡, roving) 작업을 하나의 과정으로 통합했다. 러미어는 아크라이트의 기계를 정비했던 사람들에 관해 "이들은 최초의 엘리트 산업 노동자가 되었다. 높은 보수를 받았으며, 이들이 활용하는 기술은 엄청난 권위를 가져다주었

19세기의 방적 공장. (Yale University Art Gallery)

다."라고 썼다.

하지만 최소한 단기적으로 보았을 때, 이득을 본 것은 이들만이 아니었다. 1788년, 새뮤얼 크럼프턴(Samuel Crompton)은 뮬 방적기를 개발했는데, 아크라이트의 디자인과 제니 방적기의 실패를 결합했으므로 이렇게 불렸다.(노새(mule)는 말과 당나귀의 혼종이며, 암컷 당나귀를 제니로 불렀다.) 영국의 제조사는 뮬 방적기 덕분에 처음으로 손으로 만든 인도의 면사만큼이나 균일하고 튼튼한 실을 생산할 수 있게 되었다. 생산량이 급격하게 많아지는 바람에 방직공들이 새로운 병목현상을 야기할 정도였다.

러미어는 이 시기를 두고 "직조 산업은 호황을 누렸으며, 높은 보수에 원하는 만큼 일을 할 수 있었다."라고 썼다. 하지만 호황은 오래가지 않았다. 세기가 바뀔 때쯤 역직기가 들어와 전설적인 러다이트 운동이 시작되었고, 어제의 승자는 경제적 약자가 되었다. 역사의 아이러니 중 하나는 생계를 위협하는 직기들을 부수며 새로운 기술에 대한 저항의 대명사가 되었던 방직공들이 그보다 더 일찍 벌어진 더 파괴적인 진보에 자신들의 위태로운 삶을 의지했다는 것이다.

실제로 아크라이트가 초기에 개발한 '특허 기계'는 기계에 반대하는 반발에 부딪혔다. 시위자들은 기계를 부수고 정부의 구호를 요구했다. 의회의 대처가 늦어지자, 위건의 도시 주민들은 수력이나 마력으로 움직이는 모든 면 연사 기계와 방적기계의 사용을 중단했다. 의회에 제출된 탄원서에는 "문제는 특허 기계와 엔진 등으로 불리는 기술의 도입이 육체노동의 자리를 심각하게 위협하고 있다는 것입니다. …… 수천 명의 노동자와 …… 그들의 가족이 간절히 일자리를 원하고 있습니다."라고 쓰여 있었다.

의회는 보고를 의뢰했지만, 조처는 하지 않기로 결정했다. 보고서는 "특허 기계의 사용 덕택에 본국은 가치 높은 캘리코를 생산할 수 있게 되었다."라는 내용으로 마무리되었다. 새로운 기술은 이렇게 분열과 혼란을 겪으며 새로운 일자리를 창조하고 국가에 큰 이득을 가져다주었다.

「면 제조업에서 기계의 사용에 관한 고찰. 해당 제조업에 종사하는 노동계급과 빈곤층을 대상으로(*Thoughts on the Use of Machines in the Cotton Manufacture. Addressed to the Working People in That Manufacture and the Poor in General*)」라는 너무 길지만 명확한 제목이 붙은 소논문에는 음악 스트리밍, 자율 주행 자동차, 드론 배달 등 로봇이 인간의 일자리를 빼앗을 수 있다는 두려움이 드러난다.

> 오래 다니던 직장에서 쫓겨난 사람들은 새로운 직장을 찾거나 다른 기술을 배울 것이다. 노동에 비해 보수가 적어진 이들은 조금 더 이득이 되는 곳을 찾아갈 것이다. 새로운 발명으로 인해 불균형한 보수를 받게 된 이들은 경쟁자가 너무 많아 이내 분명 자신의 조건을 낮출 것이다. …… 사실상 면 제조업은 새로운 국면을 맞았다. 우리가 만들어 내는 직물의 품질은 놀라울 정도로 바뀌었다. 기계가 없었다면 현재 생산되는 다양한 천들이 이렇게 많이, 저렴하게 판매될 수 없었을 것이다.[35]

개인의 운명에 관해 지나치게 낙관적이기는 했지만, 이 저자가 그린 큰 그림은 정확했다. '특허 기계'들이 실을 풍부하게 만들어 내며 세상을 바꾸었기 때문이다. 옷에서 돛까지, 침대 리넨에서 밀가루 포대까지 생필품의 가격이 갑자기 저렴해지고, 종류가 다양해졌으며, 쉽게 구할 수 있게 되었다. 여성들은 방추와 실패로부터 해방되었다. 이 시기가 바로 경제사학자 디어드리 매클로스키(Deirdre McCloskey)가 말했던 '대풍요(the great enrichment)'의 시작으로, 전 세계의 생활수준이 향상되었던 한 세기 동안의 경제적 도약이었다. 끈이 초기 인류에게 세상을 정복할 기회를 주었던 것처럼, 풍부한 실은 인간 삶의 거의 모든 부분에 파급 효과를 일으켰다.[36]

○

인구 약 1만 명 정도인, 조지아의 제퍼슨은 애틀랜타에서 주간 고속도로 제85호선을 타고 북동쪽으로 한 시간 거리에 있으며, 확산하는 도시의 풍경이 숲과 목초지로 변하는 곳이다. 불과 몇십 년 전까지만 해도 이 작은 남쪽 마을은 전 세계의 실과 직물의 대부분을 공급했다. 쉬지 않고 돌아가는 직물 산업이라는 바퀴에서 이들은 뉴잉글랜드와 북부 잉글랜드의 직물 공장단지를 이어받았다. 현재 이 지역의 직물 공장은 대부분 문을 닫

왔으며, 인건비가 저렴한 중국이나 동남아시아의 공장단지로 대체되었다. 가장 강한 경쟁자만이 살아남는 법이다.

나는 그중에서도 살아남은 엘리트이자 애틀랜타 최첨단 산업박람회에 갓 참여한 불러 퀄리티 얀 코퍼레이션(Buhler Quality Yarns Corp.)에 방문했다. 이곳은 자사를 '미국 고급 세번수(細番手)* 공급의 대표 주자'로 정의하는 기업이다. 장섬유인 슈피마 코튼(Supima cotton: 장섬유의 대명사이자 보통은 피마(pima)로 알려진 미국산 고시피움 바르바덴세종)으로 자아 만든 이곳의 실은 보통의 고지대 목화(세계시장을 점유하고 있는 고시피움 히르수툼종)보다 섬유질을 약 30퍼센트 더 함유하고 있다. 더욱 길고 풍부한 섬유질 덕택에, 생산된 직물은 더욱 부드럽고, 윤기가 흐르며, 찢어지거나 보풀이 생기는 현상도 덜하다. 하지만 이러한 장점 덕택에 가격은 아주 비싸다. 불러의 판매 부문 부사장 데이비드 서소(David Sasso)는 "최고가 아니면 만들지 않습니다."라고 말한다. 가장 저렴한 제품을 원하는 고객이라면 불러가 아닌 다른 기업의 제품을 찾아야 할 것이다.

불러를 방문하면서 나는 8달러짜리 티셔츠를 입었다. 보통 아무리 편하게 가는 비즈니스 미팅 자리라도 절대 입지 않았을 복장이지만, 오늘은 초대자를 향한 감사의 표시였다. 아

---

* 천을 만드는 데 쓰는, 굵기(번수)가 가는 실을 가리킨다.

주 부드러운 장섬유인 피마 면에 호화로운 셀룰로오스 기반 섬유인 모달(modal)을 섞어 만든 이 티셔츠가 이 공장에서 생산되었을 가능성이 크기 때문이다. 불러는 내가 이 티셔츠를 구매한 대형 할인점에 상품을 공급하고 있다. 서소는 가격과 브랜드가 내가 입은 티셔츠와 같은 상품을 보여 주며 "이 티셔츠가 시장에서 가장 좋은 제품입니다."라고 자랑스럽게 말했다. "와퍼(Whopper) 햄버거 두 개 가격이면 살 수 있죠. 효율적 공급망은 이렇게 운영됩니다. 8달러면 시장에서 가장 비싼 직물을 살 수 있어요."

전 세계 방적 시장에 비하면 불러는 작은 기업이다. 하지만 20세기 중반 산업 건축의 표본을 보여 주는 듯한, 창문이 거의 없는 단층 건물의 외부는 경량벽돌로 만들어 애틀랜타의 붉은 점토와 대비되고, 내부는 방추 3만 2000대가 들어갈 만큼 넓은 공간이 펼쳐진다. 이 공장에는 120명의 직원이 4교대로 근무한다.

어딘가에 분명 서른 명 정도의 직원이 일하고 있을 테지만, 공장은 거의 빈 것처럼 보인다. 화물을 놓는 공간에는 지게차 운전자들이 500파운드 무게의 캘리포니아 목화 꾸러미를 줄지어 늘어놓고 있다. 기계 팔은 서른 번째 줄에서 꾸러미 두 개 넓이로 계속 움직이며 섬유를 한 층씩 벗겨 내 위쪽의 통로로 빨아들인다. 이 통로로 들어간 섬유는 세척 과정을 거친 뒤

가지런히 정리되어 연사 과정으로 넘어가게 된다.

모든 과정은 거의 전부 자동화되어 있다. 이따금 보이는 여성 직원들은 (목화를 다루는 공장은 덥고 습하므로) 오렌지색 티셔츠에 청반바지를 입고 있으며, 각각 실로 채워진 600개의 방추를 마주본 상태로 실패를 모으는 일을 한다. 오렌지색 귀마개를 목에 걸고 벨트에 워키토키를 찬 관리자들은 주변을 둘러보며 걸어 다닌다. 공장은 꽤 시끄럽지만, 귀가 먹먹할 정도는 아니다. 내 티셔츠에 파편이 조금 묻기는 했지만, 생산과정 중에 생기는 잔해들은 대부분 진공 시스템을 통해 걸러진다.

방적은 아주 오랫동안 인류와 함께했으므로 기술이 완전히 발전했을 것으로 생각하기 쉽지만, 절대 그렇지 않다. 서소는 "현대의 공장들을 보면 직원의 수는 과거와 달라지지 않았지만, 생산량은 두세 배로 늘었습니다."라고 말한다. 서소는 에어제트(air-jet) 방적으로 불리는 새로운 시스템을 내게 보여 주었다. 이 시스템은 목화를 꼬아 실을 만드는 것이 아니라 목화 표면에 공기를 쏘아 바깥쪽 섬유가 뒤쪽으로 말리게 한다. 이 새로운 기계는 이전 방식보다 소음도 덜하고 속도도 빠르다.

서소는 "우리 공장의 제조 부분에는 120명이 고용되어 있고, 매년 실 700만 파운드를 생산합니다."라고 말한다. "공장에 120명을 고용하고 새로운 기계를 도입하면 900만 파운드에 가까운 생산량이 나올 겁니다." 서소의 계산에 따르면 1400만 장

에 지나지 않았던 여성용 티셔츠 생산량을 1800만 장까지 늘
릴 수 있다. 또는 과거의 방적공들로 예를 들면 이전의 기계로
는 각 직원이 매년 6만 파운드씩, 새로운 기계로는 7만 5000파
운드씩 생산해야 한다. 아나 코더가 300년에 걸쳐 자아야 하는
양이다.[37]

3장 직물

> 뇌가 깨어나며 정신도 함께 돌아온다. ……
> 두뇌는 마법에 걸린 직기가 되고 수백만 개의 번쩍이는 북이
> 유의미하지만 지속하지 않는 무늬를 계속해 엮어 간다.
> — 신경생리학자 찰스 셰링턴(Charles Sherrington) 경,
> 『인간과 그 본성(*Man on His Nature*)』, 1940년)

질리언 포헬상-이스트우드(Gillian Vogelsang-Eastwood)는 제자 여섯 명에게 대나무 꼬챙이 두 개, 색이 다른 실뭉치 두 개, 양 끝에 못이 줄지어 박힌 작은 나무틀을 나누어 준다. 그리고는 "이제 우리는 효율적으로 작동하는 직기를 만들 수 있는 재료를 모두 갖고 있고, 직기는 산업혁명의 시작이기도 합니다. 자, 시작해 봅시다."라고 말한다.

받은 재료들로 직기를 만드는 일은 생각보다 훨씬 어렵다. 일단 줄지어 박힌 못에 실을 세로로 감은 뒤 대나무 하나를 끼워 씨실 한 줄을 완성하는 것까지는 비교적 쉽다. 하지만 그다음에는? 처음에 끼워 넣은 막대는 날실을 그 자리에 고정하는 역할을 한다. 그렇다면 두 번째 씨실과 세 번째 씨실은 어떻게 짜야 할까? 30분 후, 우리는 아무도 좋은 방법을 찾지 못한 나머지 손으로 직접 날실 아래위로 씨실을 엮고 있었다.

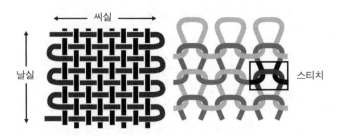

기본 직조 구조 및 뜨개질 구조. (Olivier Ballou)

저명한 고고학자이자, 레이던에 있는 네덜란드 대학 도시의 직물 연구 센터(Textile Research Centre) 설립자인 포헬상-이스트우드는 우리의 모습을 보고 즐거워하며 방법을 알려 준다. 그녀는 첫 번째, 세 번째, 다섯 번째, 일곱 번째, 아홉 번째 날실에 각각 고리 모양 매듭을 만들어 고리 사이로 막대 하나를 통과시키고, 짝수 순번 날실에도 똑같은 작업을 거친다. 그다음에 막대 하나를 들어 씨실 한 줄을 엮고, 다른 막대를 들어 반대 방향으로 엮었다. 씨실이 날실에 멋지게 엮인다. 1차원인 실로 2차원인 천을 만들기 위해서는 3차원으로 사고해야 한다.

포헬상-이스트우드의 말에 따르면 10년 넘게 학생들을 가르치면서 이 문제를 해결한 사람은 단 두 명뿐이었다. 한 명은 이미 원리를 알던 사람이었고, 다른 한 명은 엔지니어였다고 한다. 그녀는 날실을 들어 올리는 줄인 '잉아(heddle)'를 만든

고대인을 '천재'라고 평가했고, 우리 모두 그 말에 동의했다.[1]

방적은 손에 익히는 기술이지만, 직조는 머리를 써야 한다. 직조는 음악처럼 매우 수학적이다. 직물을 짜는 사람들은 비율을 이해해야 하고, 소수를 찾아내야 하며, 면적과 길이를 계산해야 한다. 날실을 조작하는 작업은 실을 줄로, 줄을 무늬로 바꾸는 것이며, 점에서 선을, 선에서 면을 만드는 작업이다. 직조는 인류 초기의 알고리즘이자 형상화된 코드다.

수리과학이 탄생한 시기보다 훨씬 이전에 직조는 직각과 평행선의 개념을 일상에 들여놓았다. 고고학자 칼리오페 사리 (Kalliope Sarri)는 "직물의 무늬는 자유로운 자연을 보여 주지는 않지만, 꼭 맞는 대칭을 보여 줍니다."라고 말했다. "직조공들은 디자인을 재현할 뿐입니다. …… 하지만 그러려면 수를 세고 나누고 더할 수 있어야 하고, 원의 중심과 선의 중간을 찾을 수 있어야 하며, 이를 통해 얼마나 많은 색을 사용할지, 염료는 얼마나 필요할지, 천의 무게와 결과물의 경제적 가치가 어느 정도일지 가늠할 수 있어야 합니다." 신석기시대 에게해 부근의 직물에 나타난 무늬를 보며 사리는 "기하학적 모양을 계산하고 개념화해 표현하고, 그 모양의 체계를 만들거나 크기, 부피, 가치를 가늠했던 직조공들의 능력을 볼 수 있다."[2]라고 말했다.

직조보다는 근래에 도입된 뜨개질도 3차원 물체를 만들

3D 형태를 재현할 수 있는 뜨개질의 잠재성에서 수학적 특성을 엿볼 수 있다. 2009년, 어느 학술 잡지에 「모든 위상 표면은 뜨개질로 재현할 수 있다: 그 증명」이라는 제목의 논문이 실렸다. 저자는 클라인 병, 직교 이중 구멍 원환면, (15,6) 원환면 연환과 원환면 링크를 직접 짠, 위상 그래프 이론가 세라마리 벨카스트로(sarah-marie belcastro)다. (ⓒ sarah-marie belcastro)

수 있다는 점에서 특히 수학적이다. 2009년, 어느 학술 잡지에 「모든 위상 표면은 뜨개질로 재현할 수 있다: 그 증명」이라는 제목의 논문이 실렸다. 뜨개질을 하는 두 수학자는 "거의 모든 뜨개질 작업에는 줄과 코를 세는 산수뿐만이 아니라 이론 수학을 이용해야 제대로 이해할 수 있는 구조적 문제들이 숨어 있다."라고 썼다.[3]

인류학자 캐리 브레진(Carrie Brezine)은 "정교한 기계를 개발해 천을 만들든, 혹은 머릿속의 복잡한 계산으로 지능적 틀을 짜 천을 만들든, 천의 존재는 곧 유형 세계에 수학이 작용한 다는 증거다."[4]라고 관찰했다. 손 짜기 애호가들이 모인 저녁 식사 자리에서 직조와 수학의 상관관계에 관해 질문을 던져 보 았다. 두 사람이 일제히 "전부 수학이에요."라고 대답했다.

○

최초의 천은 끈을 감고 매듭을 지어 만든 그물 같은 모습이었 을 것이다. 그 이후에는 놀빈딩(*nålbinding*)이라는 기술이 개발 되었는데, 엄지손가락을 감싸는 고리로 뭉툭한 바늘을 통과시 켜 뜨개질하는 방법이다. 놀빈딩으로 만든 직물은 뜨개질과 비 슷하지만, 과정은 꽤 다르다. 뜨개질할 때는 하나의 실이 여러 고리로 만들어져 코를 이루고, 고리들이 서로 통과하며 직물이 만들어진다. 놀빈딩은 이와 반대로 각 고리를 통과할 때 마찰 과 함께 융합되는 짧은 실을 사용하며, 각 고리를 통해 실 전체 를 당긴다. 길게 이어지는 실이 필요하지 않으므로 기존 실보 다 방적이 어렵지 않고, 고리 하나가 끊어져도 직물이 풀리지 않는다. 고고학자들은 이스라엘의 나할 헤마르 동굴, 중국 북 서부의 타림 분지처럼 멀리 떨어진 곳에서도 이와 같은 직물을 발견했다.[5]

실들이 직각으로 교차하며 맞물리는 직조는 만들 수 있는 패턴의 수가 방대한 개념적 혁신이다. 무늬의 형태는 놀랄 만큼 다양하지만, 모든 직기가 하는 일은 두 가지뿐이다. 날실을 계속해 팽팽하게 당겨 주고, 직조공이 원하는 대로 날실을 들거나 낮추어 씨실과 북이 지나갈 수 있는 셰드(*shed*)를 만들어 주는 것이다. 직조는 최소 2400년 전에 탄생한 최초의 이진법이다. 씨실-날실, 아래-위, 온-오프, 1-0을 생각해 보면 알 수 있다.[6]

직조의 가능성은 천문학적이다. 실을 느슨하게 엮을 수도, 탄탄하게 엮을 수도, 혹은 두 가지를 조합할 수도 있다. 날실과 씨실이 같은 비율로 드러나게 할 수도 있고, 한쪽이 훨씬 많이 드러나게 할 수도 있다. 실의 색상, 질감, 원료도 다양하다. 직조하는 사람이 어떤 날실을 들어 올리는지에 따라 완성된 천의 모양과 구조적 품질이 달라진다. 직조하는 어느 예술가는 "아무리 오래 살아도 그 끝을 알 수 없는 것이 직조입니다."[7]라고 말했다.

잉앗대(*shaft*) 두 개에 각각 홀수 순번과 짝수 순번의 실을 매지 않고, 그 대신에 잉앗대 세 개를 사용해 각각 첫 번째, 네 번째, 일곱 번째, 열 번째 실을, 두 번째, 다섯 번째, 여덟 번째, 열한 번째 실을, 세 번째, 여섯 번째, 아홉 번째, 열두 번째 실을 묶을 수도 있다. 이렇게 천을 짜면 단순히 씨실이 아래위로 엮이는 평직(*plain weave*: 태비(*tabby*)로도 불린다.)이 아닌 비스듬한 능직 무늬가 나온다. 잉앗대를 내리거나 높이는 순서에 따라 헤링본 무늬나 다이아몬드 무늬 등으로 더욱 다양한 변화를 줄 수 있다. 잉앗대의 개수를 늘리면 순열(順列)의 가능성은 더욱 커지고, 색을 달리하면 그보다 더 늘어난다.

새틴(satin)의 매끄러운 표면은 어떻게 하면 능직처럼 비스듬한 모양이 되지 않게 하면서 날실과 씨실의 교차점을 숨길 수 있을지처럼 스도쿠 같은 퍼즐을 풀어내며 탄생했다.[8] 세 가지 기본 구조인 평직, 능직, 새틴은 따로 또는 같이하며 수없이 많은 디자인을 낳는다.

직조공은 씨실이 날실에 걸리기 전에 천의 구조와 무늬를 정해야 한다. 가장 기본인 평직도 사전 계획이 필요하다. 실 하나만 교차하게 할 것인가? 서로 다른 색이나 질감으로 줄무늬, 체크무늬, 격자무늬를 만들 것인가? 날실이 두 개의 층으로 나뉘는 이중직(double weave)으로 짤 것인가? 날실과 씨실이 균등하게 드러나게 할 것인가, 한쪽이 더 많이 드러나게 할 것인가? 이러한 질문들이 어떤 소재를 사용할지, 잉아를 어떻게 꿸 것인지, 날실의 위치를 어떻게 조정할 것인지, 씨실을 얼마나 탄탄하게 짤 것인지 결정한다. 여기에 능직과 새틴을 더하면 선택지는 더 많아진다.

'한때' 수학자였던 톈 추(Tien Chiu)는 "직조에서 예술은 대부분 수학의 영역입니다. 무늬를 이해하고, 구조를 이해해야

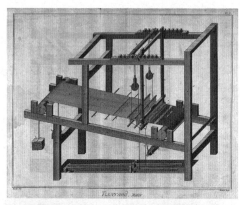

18세기 『백과전서』의 어느 예상도에 나온 유럽의 족답 직기를 보면 날실이 기둥 여러 개에 감겨 있고, 잉앗대는 도르래와 연결되어 발판으로 움직일 수 있게 되어 있다. 직조공이 앉는 직기의 앞면은 예상도의 오른쪽에 표현되어 있다. 가나의 켄테 천을 만든 직조공들은 코코넛 껍데기로 만든 발판으로 잉아 두 세트를 바꾸어 가며 실을 엮어 독특하게 교차하는 블록 무늬를 만들었다. 이런 모양의 천을 만들기 위해서는 실들이 엮여 하나의 천이 되었을 때 어떤 무늬를 이룰지 예상하는 능력이 있어야 한다. (Wellcome Collection, Philippe J. Kradolfer)

하니까요."라고 말했다. 그녀는 대학원을 중퇴하고 실리콘밸리에서 프로젝트 매니저로 일했으며, 현재는 직조공으로서 예술가의 길을 걷고 있다. 추는 새틴을 엮을 때 던져야 하는 수학적 질문이 체스의 '여덟 퀸 문제'와 비슷하다는 사실을 관찰했다. 여덟 퀸 문제란 여덟 개의 퀸을 같은 열, 행, 사선으로 겹치지 않게 보드 위에 배치해 서로를 잡지 않게 하는 방법을 찾는 것이다. 이 문제를 새틴에 대입하면, 퀸은 날실과 씨실이 교차하는 곳이다. 추는 직물 구조를 시각화한 것이 "추상대수학을 시각화한 것과 다르지 않습니다."라고 말한다.[9]

현대의 최신 기술 전문가들은 19세기에 조제프 마리 자카르(Joseph-Marie Jacquard)가 어떻게 펀치카드를 이용해 날실을 골라냈는지, 이 발명이 어떻게 컴퓨터의 선도자인 찰스 배비지(Charles Babbage)의 분석 엔진에 영감을 주었는지 이야기하기를 좋아한다. 에이다 러브레이스(Ada Lovelace)는 "자카르 직기가 꽃과 잎을 직조하듯이, 분석 엔진은 '대수적 무늬'를 '직조'합니다."라는 유명한 말을 남기기도 했다.('대수적 무늬'와 '직조'는 원문에서 강조된 부분이다.) 컴퓨터 기술에 능숙한 사람이라면 모두 아는 직물 역사의 한 조각이다.[10]

그러나 자카르도 후발 주자에 지나지 않았다. 자카르가 카드를 사용한 직기의 부가 장치를 발명했을 때, 직조공들은 이미 수천 년 동안 그 기저에 있는 수학을 활용하며 복잡한 이분

법 무늬들을 상상하고 기억하며 기록해 오고 있었기 때문이다.

안데스의 여성들은 전통적으로 리클라(lliklla)라는 망토를 입어 왔으며, 주로 아이를 업을 때 사용했다. 리클라를 만드는 방법을 배우는 것은 통과의례로 여겨졌다. 보통은 수년 동안 얇은 벨트를 만들다가 아이를 가지면 조금 더 넓은 직기로 옮기게 된다. 1976년, 미국인 에드 프랑케몽(Ed Franquemont)은 안데스 지역의 직조를 배우고 기록하기 위해 페루의 마을 친체로에 정착했고, 그의 첫 번째 리클라 직조는 아주 특별한 도전이었다.

리클라는 빈틈없이 꽉 찬 다양한 색상의 줄무늬가 특징인 직물이다. 이러한 디자인을 만들기 위해서는 알맞은 색상 순서대로 날실을 정확한 개수만큼 걸어야 하며, 이 작업은 숙련된 직조공들만 할 수 있었다. 프랑케몽이 리클라를 만들 때는 직조 장인인 베니타 구티에레스(Benita Gutiérrez)가 케스와(k'eswa)와 로레이푸(loraypu)로 불리는 디자인으로 날실을 감아 주었다. 하지만 보통의 리클라 직조공과 달리, 프랑케몽은 전통 무늬를 배우기 위해 수년을 보내지는 않았다. 그는 다이아몬드 형태 안에 S 자 형태를 짜 넣는 로레이푸는 알았지만, 지그재그 모양인 케스와는 한 번도 짜 본 적이 없다고 고백했다.

프랑케몽은 "베니타는 잠깐 저를 빤히 쳐다보더니, 갑자기 웃음을 터뜨렸습니다."라고 회상했다.

"로레이푸는 아는데 케스와는 모른다고요?' 베니타는 다시 한번 묻더니 지나가는 이웃들을 불러 제가 한 말을 전했습니다. 곧 열 명쯤 되는 여성분이 저를 둘러싸고 웃었고, 베니타의 손가락이 로레이푸 안쪽에 있는 케스와를 따라가는 모습을 깔깔거리며 바라봤습니다."

알고 보니 로레이푸는 케스와와 그것의 좌우 반전 이미지가 결합해 만들어진 무늬였다. 프랑케몽은 완성된 문양만 보고 본질적 무늬를 인지하지 못했다. 기저에 깔린 수학이면서, 디자인을 기억하고 재생산하며 장식하는 비결인 대칭을 놓쳐 버린 것이다. 프랑케몽은 이후 안데스 지역의 방직공들에 관해 "직조를 배우는 것은 직기를 사용하는 기술과 과정을 익히는 것뿐 아니라, 상대적으로 단순한 정보로부터 복잡한 구조를 만들어 내는 대칭의 원리를 습득하는 것이기도 하다."[11]라고 기록했다.

1988년, 어느 영향력 있는 잡지에서 수학자 린 아서 스틴(Lynn Arthur Steen)은 자신이 연구하는 분야이자 기하학과 산수에 뿌리를 둔 전통적인 '공간과 숫자에 대한 학문'의 정의를 확장하는 주장을 발표했다. 그는 "수학은 패턴에 관한 학문이다."라고 썼다.

수학자는 수, 공간, 학문, 컴퓨터, 상상력 안에 있는 패

안데스 지역에서 쓰이던 요기를 사용해 무늬를 그려 넣으려면 대칭을 이해해야 한다. (iStockphoto)

턴을 찾는다. 함수, 고차 함수, 연산자, 사상과 같은 수학적 이론들은 하나의 패턴을 다른 패턴과 엮어 내 영구적인 수학적 구조를 구축하며 패턴들 사이의 관계를 설명한다. 수학은 이러한 패턴을 이용해 이 패턴에 맞는 자연현상을 '설명'하고 예측한다. 패턴들은 다른 패턴을 연상시키며, 종종 패턴의 패턴을 발생시키기도 한다. 수학은 이런 식으로 학문에서 나온 패턴으로 시작해 최초의 패턴에서 파생된 모든 패턴을 더해 그림을 완성하는 독자적 논리를 따른다.[12]

수학이라는 단어는 패턴에 관한 과학적 탐구와 패턴의 본질 그 자체를 의미한다. 안데스 지역의 직조에서 볼 수 있는 대칭은 수학적 구조다. 이러한 구조를 설명하는 그룹 이론이 수리과학이다. 이 두 경우 모두 "패턴이 다른 패턴과 패턴의 패턴을 연상하게" 한다. 인지하지 못한 채 산문체를 구사하던 몰리에르(Moliere) 작품 속 무슈 주르댕(M. Jourdain)처럼, 모든 방직공은 수학을 한다. 하지만 행성들의 움직임이 그랬듯이, 이 추상적 패턴을 처음으로 인식하고 설명하기 위해서는 천재적 수학자가 필요했다.

○

엘렌 하를리치우스-클뤼크(Ellen Harlizius-Klück)는 서부 독일에서 살던 어린 시절에 직물과 수학, 미학과 논리에 매료되었다. 대학에 진학하고 난 뒤에는 이 두 가지 관심사를 하나로 모아 예술과 수학을 모두 공부해 교사가 되고자 했다.

하를리치우스-클뤼크가 공부한 분야 중 하나는 기하학으로 잘 알려져 있으며 수학적인 정의와 증명을 다루는 고전적 학문인 에우클레이데스(유클리드(Euclid))의 『원론(*Elements*)』이었다. 이 수업에서는 모든 학생이 한 분야를 맡아 발표해야 했는데, 그녀는 가장 인기 없는 분야인 산수를 할당받았다. 하를리치우스-클뤼크는 "그때는 이렇게 말했어요. '세상에, 나는 기하학을 공부하고 싶었다고. 대체 누가 산수에 흥미를 갖겠어?'"라고 회상했다.

하지만 산수야말로 에우클레이데스의 논리적 증명 체계의 기반이라는 교수의 말이 그녀의 머릿속에서 떠나지 않았다. 교수는 산수가 조명을 덜 받는 이유는 역사학자들이 그 발달 이유를 알아내지 못했기 때문이라는 말도 덧붙였다.(산수의 개념 대부분은 기원전 300년 무렵에 기록을 남겼던 에우클레이데스보다 먼저 생겨났다고 여겨진다.) 기하학은 현실 세계에 적용할 수 있는 학문이다. 하지만 산수는 단순한 숫자 놀이처럼 보인다. "홀수를 원하는 만큼 더했을 때 덧셈에 사용한 숫자들의 수가 짝수라면, 덧셈의 총합도 짝수다."나 "어떤 홀수가 임의의 숫자와 공약수가 1밖에 없는 경우, 임의의 숫자에 2를 곱해도 해당 홀수와 공약수는 1뿐이다."와 같은 명제를 보면 알 수 있다.[13] 그 정확함과 나름의 아름다움에도 불구하고, 『원론』의 산수 부분은 별 의미가 없어 보인다. 왜 초기 수학자들은 홀수, 짝수, 소수에 그토록 관심이 많았을까? 왜 숫자들이 공통의 인수를 공유하는지에 그렇게까지 관심을 쏟았을까?

하를리치우스-클뤼크는 "이는 숫자들이 친구가 될 수도 있고 친척이 될 수도 있는 것과 마찬가지입니다."라고 말했다. "그리고 그 이유는 이 숫자들의 생성과 관련이 있기도 하죠. 그래서 소수는 친구도, 친척도 없습니다." 대체 이 말은 어떤 의미일까?

플라톤에서 현재에 이르는 수학자들은 고대 그리스의 산수를 두고 외부의 자극 없이 오직 내부의 논리에서 영감을 받은 순수 과학이라고 말한다. 하지만 하를리치우스-클뤼크는 이러한 견해에 회의적이며, 역시 수학자인 그녀의 남편도 같은 입장을 공유한다. 그녀는 "고대의 수학자들이 그 모든 개념을 발명해 책을 쓰고, 모두가 '와, 굉장하다.'라고 말하지는 않았을 겁니다. 우리는 그 이면에 다른 무언가가 있다고 확신합니다." 라고 말했지만, 그 무언가가 무엇인지는 알지 못했다.

그렇게 에우클레이데스 수업을 받은 지 20년 뒤인 1990년대 후반, 하를리치우스-클뤼크는 손 짜기를 배우며 한 아이디어를 떠올렸다. 그녀는 "직조를 할 때 정사각형, 직사각형, 원 등 기하학무늬를 만들어 내려면 이 도형들을 먼저 산수의 형태로 변환해야 한다는 사실을 깨달았습니다."라고 말했다. "실의 개수를 생각해야 하니까요."[14] 직조는 마치 고대의 산수처럼 홀수와 짝수, 비와 비율이 전부다. 화가와 달리 직조공은 패턴을 그리지 않는다. 이들은 스크린에 픽셀로 그림을 그리듯 실한 줄 한 줄을 쌓아 올린다. 이러한 작업을 하기 위해서는 『원론』에서 찾을 수 있는 수적 관련성을 반드시 이해해야 한다.

소수와 배수를 이해하는 것은 고대 그리스 도자기에 묘사된 날실-추 직기를 사용할 때 특히 중요하다. 날실-추 직기의 날실들은 윗부분을 가로지른 천의 가장자리에 고정되며, 아래쪽에 달린 점토나 돌로 팽팽하게 당겨진다. 위쪽 가장자리에 있는 천은 단순히 날실을 매듭지어 고정하는 역할로 사용할 수도 있다. 하지만 고대 인류는 조금 더 인상적인 방법으로 이 천을 활용했다. 이들은 먼저 완성될 천의 너비에 맞추어 폭이 좁은 조각들을 엮었다. 그리고는 씨실을 양쪽에 탄탄히 끼워 넣지 않고 그 대신에 한쪽을 완성될 천의 길이만큼 길게 늘였다. 가장자리 천이 완성되면, 이들은 그 천을 90도로 돌려 직기 맨 위쪽에 고정했다. 이렇게 가장자리 천의 씨실은 완성될 천의 날실이 된다.

직조공은 보통 씨실의 수를 세지 않지만, 날실-추 직기에 사용하는 가장자리 천을 만들 때는 수를 정확히 세어야 한다. 날실로 전환할 씨실의 개수가 소수라면, 반복되는 패턴은 완성될 천에 균등하게 표현될 수 없다. 반대로 예를 들어 가장자리 천 자체가 여덟 개의 씨실로 깔끔하게 반복되는 패턴이라면 완성될 천에 두 번째, 네 번째, 여덟 번째, 열여섯 번째 실처럼 그 배수나 공약수만큼 반복되는 패턴을 표현할 수 있다.[15]

직조는 고대 그리스 사회에 널리 퍼져 있었다. 생활에 필수적인 공예를 넘어 그 문화를 정의하는 관습이었고, 의식과 예술로 이를 기리기도 했다. 호메로스의 스물일곱 개 구절에는

기원전 550년 무렵과 기원전 530년 무렵 사이에 레키토스(lecythos) 또는 향유
병에 그려진 고대 그리스의 날실-추 직기(왼쪽)와 태블릿 직조(tablet-weaving)
로 만든 가장자리에 이중직을 더한 천이 걸려 있는, 엘렌 하를리치우스-클뤼크
가 소유한 실제 크기의 날실-추 직기. (Metropolitan Museum of Art; © Ellen
Harlizius-Kluck, 2009)

직조에 관련된 이야기가 등장하며, 그중에는 페넬로페가 구혼자들의 청혼을 물리치기 위해 라에르테스에게 바칠 장례용 천을 짜고 다시 풀기를 반복하는 유명한 일화도 있다. 그리스의 시인들은 시나 노래를 지을 때 종종 직조를 은유로 활용했다. 하를리치우스-클뤼크의 박사 논문 주제였던 플라톤의 『정치가(Politikos)』는 이상적 통치자를 직조공에 비유하며, 용감하고 온건한 시민들을 통합하는 것을 튼튼한 날실과 부드러운 씨실이 엮이는 직기로 설명했다.(이 대화에는 울 생산의 단계에 관련된 논의도 등장한다.)[16]

매년 판아테나이아 축제가 열릴 때, 아테네 여성들은 실제 크기의 아테나 여신상에 사프란색, 파란색, 보라색으로 이루어진 로브(robe) 페플로스(peplos)를 새로 짜 입혔다. 파르테논에 있는 아테나의 기념 조각상도 4년마다 남성들이 직조한 새로운 페플로스를 입는다. 페플로스는 바퀴가 달린 실제 크기의 배에 실려 의식에 등장하고, 의식이 끝난 뒤에는 조각상 뒤의 벽에 걸린다. 각 페플로스에는 신과 거인들의 전투 장면이 나타나 있다. 다양한 크기의 이 특별한 천은 현재 대영박물관 파르테논 신전 전시관에서 가장 중요한 작품으로 전시되며 아테네 폴리스의 통합을 상징한다.[17]

그러므로 추측이기는 해도 초기의 그리스 수학자들이 기하학에서 토지측량의 아이디어를 얻었듯이, 논리학에서 직조의 영감을 얻었을 것이라는 생각은 일리가 있다. 에우클레이데 스『원론』을 직조라는 렌즈를 통해 보면 갈수록 더 많은 연결 점을 찾을 수 있다.

에우클레이데스의 저서 제7권의 첫 번째 명제를 생각해 보자. "두 개의 같지 않은 숫자를 고른 뒤, 둘 중 작은 수를 큰 숫자에서 뺀 값이 원래의 작은 수보다 더 작아지면 큰 수와 공 약수는 1뿐이다." 이 명제를 조금 더 쉽게 풀어 보면 큰 수에서 작은 수를 계속해 빼다가 남은 값이 작은 수보다 작아졌을 때, 큰 수는 남은 값으로 나누어떨어지지 않는다는 의미다. 이러한 상호 뺄셈(reciprocal subtraction)은 '모든 알고리즘의 할아버지' 로 불린다.[18] 이 개념은 컴퓨터 프로그래밍에 적용되기도 한다. 하지만 왜 고대 그리스인들이 이 개념을 연구했던 것일까? 직 조는 우리에게 그 답을 알려 준다.

19수마다 반복되는 다이아몬드 능직 무늬를 만든다고 가 정해 보자. 우리가 만들 천은 너비 40인치이며, 날실은 인치당 25수이고, 날실의 총 개수는 1000개다. 이 무늬는 딱 나누어떨 어질까? 아니라면 날실을 얼마나 더 많이 추가해야 할까? 오늘 날의 힌두-아라비아 숫자 체계를 활용하면 계산은 어렵지 않 다. 하지만 그리스인들은 알파벳을 기반으로 삼아 조금 더 투 박한 수 체계를 사용했다. 로마 숫자를 이용해 M을 XIX로 나 누어 보면 어떤 느낌인지 알 수 있다.

이 문제의 답을 찾기 위해 직조공이 사용할 수 있는 가장 쉬운 방법은 양쪽에서 한 번에 실 열아홉 개를 묶어 가며 가운데에 실 열두 개가 남을 때까지 세는 것이다. 그렇게 하면 모자란 일곱 개의 날실을 더해 전체 실 개수를 19로 나누어떨어지게 할 수 있다. 현재에는 편리한 십진법과 전자계산기가 있지만, 손 짜기를 하는 사람들은 촉각과 시각으로 정확하게 결과를 알 수 있어 오늘날에도 손으로 수를 계산한다. 이러한 관행이 바로 브레진이 말하던 "실제 세상에서 작용하는 수학의 증거"다. 하지만 이렇게 일상적이고 실용적인 방법을 추상적으로 일반화하려면 과학적 상상력이 더해져야 한다.

○

현재와 과거에 만들어진 섬유 대부분은 평직물이다. 평직물을 만들기 위해서는 계획을 짜야 하고, 직기에 실을 세심하게 배열해야 하며, 특히 다양한 색상을 사용할 때는 신경을 더 써야하지만, 엄청난 집중력이 필요한 것은 아니다. 무늬를 넣는 작업은 더욱 힘들다. 단순한 능직을 만들 때도, 정교한 양단(洋緞, brocade)을 만들 때도 직조공들은 더욱 복잡한 실 배열을 사용해야 하며, 서로 다른 잉앗대 여러 개를 사용하는 경우도 빈번하다. 직조가 진행되면 직조공은 무늬를 만들기 위해 다음에는 어떤 작업을 해야 하는지 생각해야 하고, 이전에는 어떤 작업을 했는지 기억해야 한다. 정신을 똑바로 차리지 않으면 길을 잃고 만다. 무늬가 복잡할수록 더욱 주의를 기울여야 하며, 이전 작업과 이후 작업을 기억하는 일도 어려워진다.

손 짜기를 하는 오늘날의 직조공들은 모눈종이를 사용하거나 컴퓨터 프로그램의 도움을 받아 패턴을 기록한다.(산업용 직기는 컴퓨터 구동식이다.) 이러한 도표이자 도안(*draft*)은 네 가지 부분으로 구성된다. 잉아를 어디에 맬지 나타내는 그래프, 완성될 직물의 계획도,(검은색 정사각형은 날실이 위에 오는 곳을, 하얀색 정사각형은 씨실이 위에 오는 곳을 의미한다.) 어떤 잉앗대가 함께 올라가야 할지 그리고 발판이 달린 직기라면 어떤 잉앗대가 같은 발판에 묶여야 할지 나타내는 그래프, 각 줄에 이러한 조합이 어떤 순서로 사용되어야 하는지 나타내는 그래프다.

하지만 종이를 마음껏 사용할 수 있게 된 것은 비교적 최근의 일이고, 복잡한 직조 패턴의 역사는 1000년 이상을 거슬러 올라간다. 직조공들은 대를 이어오며 다양한 연상 기호와 정보를 저장할 기술을 발전시켜 왔다.

한 가지 일반적인 방법은 프랑케몽이 페루에서 배웠던 것처럼 모듈화된 패턴과 이들 사이의 관계, 패턴을 만들어 내는 규칙을 암기하는 것이다. 브레진은 이와 같은 알고리즘을 두고 "복잡한 암산을 위한 지적 프레임워크(framework)"라고 언급했다. 안데스 지역의 직조공들은 부분적으로 짜인 조각을 보고도 실수를 찾아내고, 다음에 무엇이 와야 하는지 알아차린다.

호메로스의 그리스에서 현대의 아프가니스탄까지 몇몇 문화에서는 실의 수를 노래로 만들어 기억했다. 「오디세이아」에 등장하는 키르케(Circe)와 칼립소(Calypso)는 직물을 짜며 노래를 부르고, 그 노래를 들은 폴리테스(Polites)는 보지 않고도 키르케가 직기 앞에 앉아 있다는 사실을 알아차린다. 이 이야기를 보면 키르케가 불렀던 노래가 상식처럼 통했다는 것을 알 수 있다. 어느 유럽인 여행자의 기록에 나온 19세기 중앙아시아의 러그 직조공들은 "실의 개수와 함께 새로운 패턴에 어떤 색상이 들어가야 하는지를 기묘한 노래로 만들어 불렀다"고 한다.

아프가니스탄의 직조공들은 비행기, 쌍둥이 빌딩, 미국 국기가 포함된 선전 전단에서 영감을 받아 '전쟁 러그'를 만들었다. 어떻게 이러한 이미지를 새로운 패턴으로 만들었느냐는 질문에 어느 직조공은 "저는 그 전단을 사진으로 보지 않습니다. 그것을 숫자로 보고 노래를 만들었죠."라고 대답했다. 인도유럽어족 문화를 연구하는 어느 고고학자는 "직물의 무늬 생산과 관련된 계산 시스템과 노래들은 직물의 리드미컬한 구조의 근원이거나, 그 구조에 최소한 엄청난 영향을 주었을 것이다."라고 주장했다.[19]

정보를 저장하는 데 사용되었던 가장 흔한 방법은 직물 그
자체였다. 여전히 사용되는, 동아시아의 전통 직기를 조사하던
연구진은 직조공들이 오래된 직물의 무늬를 참고하는 모습을
종종 목격했다. 후난성 남서쪽의 어느 직조공은 이미 모든 수
를 외웠는데도 참조할 샘플을 자신의 직기 앞에 붙여 놓고 작
업을 이어 가기도 했다.[20]

직물은 옮겨지고 거래되면서 여러 패턴을 이곳저곳에 전
달했다. 서아프리카의 직조와 더불어 켄테 천을 탄생시킨 문화
교류를 연구하는 어느 직물학자는 직조공들이 "숫자 능력이
우수하고, 시각적 훈련이 된 사람들입니다. 다른 직물 전통의
특성을 배우기 위해 다른 지역의 직조공들과 물리적으로 접촉
하지 않아도 되며, 그저 다른 지역의 직물을 받아 볼 수만 있어
도 충분합니다."[21]라고 말했다.

시간만 충분히 주어진다면 숙련된 장인들은 고대의 직물
도 분석할 수 있다. 고대 직물 분석 분야에서 일하던 페루인 직
조공들은 실제로 15세기 후반에 종교 제물로 희생된 잉카인
소녀인 미라 후아니타(Juanita Mummy)가 입고 있던 정교한 직
물을 재현했다.[22] 직물학자 낸시 아서 호스킨스(Nancy Arthur
Hoskins)는 파라오 투탕카멘(Tutankhamun)의 튜닉, 벨트, 윗옷
깃에 나타난 기하학무늬를 분석하고 재현해 고대 직조공들이
무늬를 디자인할 때 날실보다 씨실을 많이 사용했다는 사실을

밝혀내기도 했다.[23]

약 1000년 전 이슬람 시대의 이집트가 최초였다고 알려진 뜨개질은 훨씬 최근의 기술이다.[24] 뜨개질 역시 현대의 숙련된 기술자들이 과거의 유물을 분석하고 재현해 그 구조를 이해할 수 있게 되었다. 사진을 찍는 일을 하면서 편물공이기도 한 앤 디모인(Anne DesMoines)은 무려 20년을 쏟은 끝에, 1562년에 사망한, 코시모 1세 데 메디치(Cosimo I de' Medici)의 아내 엘레오노라 디 톨레도(Eleonora di Toledo)의 무덤에서 나온 복잡한 무늬가 그려진 스타킹을 재현해 냈다. 디모인은 네다섯 개의 미완성본을 거쳐 실제와 완전히 똑같은 복제품을 완성했다. 오늘날의 편물공들과 달리, 이 스타킹을 만든 사람은 뒷면의 무늬를 대칭으로 만드는 것에는 주의를 별로 기울이지 않았다. 게다가 디모인은 "두 번째 스타킹이 첫 번째 스타킹과 같지 않으므로 이 스타킹들을 공방에서 만들었다는 사실을 알 수 있습니다."라고 말했다. 실제로 각 스타킹은 아홉 조각으로 이루어져 있지만, 뒤편을 보면 서로 다른 위치에 연결되어 있다.[25]

재현에 착수하기 전, 디모인과 호스킨스는 수십 년 동안 뜨개질과 직조에 종사하며 복잡한 무늬를 분석할 전문성을 쌓은 상태였다. 디자인 보존을 직물 자체에만 의지하다 보면 위험이 따른다. 이는 새로운 견습생이 생길 때마다 직물에 새겨진 코드를 실제 작업으로 알려 줄 선생님이 있다는 사실을 가

정한 방법이다. 무늬를 만드는 방법은 공동체 내부에 남아 있어야 한다.[26]

그러므로 마르크스 치글러(Marx Ziegler)가 한 일은 아주 급진적이라고 할 수 있다. 남부 독일 울름의 직조 장인이었던 치글러는 울름의 직물 상인들이 도시에서 가장 인기 있는 리넨의 수요를 저 멀리 네덜란드에 의지한다는 사실을 알고 매우 낙담했다. 울름의 직조공들이 17세기에 유행했던 무늬 있는 식탁보, 침대 커튼, 창문용 커튼을 만들지 못해서였다.

치글러는 "가끔은 우리가 다른 사람들보다 지능이 뛰어나지 못해 이러한 직물을 직접 만드는 것이 불가능하다고 여겨지는 것 같다."라고 한탄했다. 하지만 치글러는 섬세한 리넨부터 두터운 러그까지 다양한 종류의 직물을 만들어 냈고, 최대 서른두 개의 잉앗대가 필요할 만큼 복잡한 패턴도 완벽하게 익혔다. 또한 자신의 이웃들에게 진취성이나 재능이 부족하다고 생각하지도 않았다.

치글러가 진단한 문제점은 열의 있는 울름 직조공들이 무늬를 만드는 법을 배울 기회가 없다는 것이었다. 노하우를 아는 전문가들이 기술을 숨기고 알려 주지 않았기 때문이었다. 치글러는 "직조라는 예술을 이해하면서도 이기적이게도 그 기술을 공개하지 말아야 한다고 생각하는 사람들이 있다."라고 관찰했다. 그래서 치글러는 직업적 금기를 깨고 사용 안내서를 집필했다. 그렇게 1677년에 발표된 『직조의 예술과 매듭에 관한 책(*Weber Kunst und Bild Buch*)』은 패턴을 짜는 법에 관한 최초의 도서가 되었다.

치글러가 자신의 직조 노하우를 출판하려면 직업적 대담함이 필요했다. 이에 더해 짜인 직물의 패턴을 해독할 수 있는 도표로 설명할 코드도 있어야 했다. 소리를 음표로 표현한 악보처럼, 치글러도 선과 모눈종이를 이용해 어떻게 직기에 실을 묶는지, 어떤 잉아를 들어 특정한 무늬를 만들어야 하는지 설명했다. 치글러의 도안은 물리적 실천과 순수수학 사이에 존재하는 추상화된 층이었다. 오늘날의 모든 직조 도안은 치글러의 표기법으로부터 내려온 것이다.

치글러의 책은 유용한 지식을 공유하고자 하는, 당시에 점점 커지던 사회적 신념을 보여 준다. 그리고 이러한 태도는 한 세기 후 정점에 달해 가발을 만드는 기계, 점판암 채굴 기계, 다양한 직조 기계 등 여러 기계를 그림과 함께 꼼꼼하게 설명한 드니 디드로(Denis Diderot)의 『백과전서(*Encyclopédie*)』로 나타난다. 치글러는 "출판사만 충분하다면 다양한 분야에서 더욱 많은 예술가가 탄생할 수 있다고 생각한다."라고 썼다.[27] 과학 이론가들과 실용적 장인들은 점차 치글러의 뒤를 따랐고, 서로의 능력을 나누며 양쪽의 지식에 더욱 수월하게 접근할 수 있게 되었다. 그러므로 치글러가 수행한 역할은 경제사학자 조엘

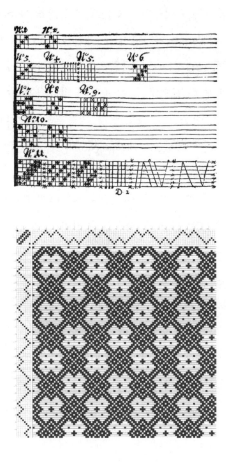

마르크스 치글러의 직조 안내서 원본 중 한 페이지와 안내서 속 패턴 11에 기반을 둔 현대의 직조 도안. (Handweaving.net)

모키르(Joel Mokyr)가 말했던 산업적 계몽이라고 할 수 있다.[28]

직조공들은 오랫동안 자신만의 표기법을 이용해 패턴을 기억했다. 치글러는 이러한 동료 장인들의 태도를 비판하며 "비밀스럽게 전해지는 책들은 공인기와 족답 직기를 사용하는 직조공들에게 꼭 필요하다. 이런 책이 없다면 아무도 직조를 배울 수 없기 때문이다."라고 썼다. 치글러의 책이 나오기 전, 이러한 도안들은 비밀스럽게 거래되었다. 직조공이 아닌 사람도 이해할 수 있는 부호로 책이 출판된 후에야 직조에 열정이 있는 사람들이 도안의 예시를 배우거나, 이전에는 닫혀 있던 영역에 자신만의 창의력을 적용할 수 있었다.

치글러의 책과 더불어 이 시기에 출판된 비슷한 설명서들을 두고 하를리치우스-클뤼크는 "치글러는 직조라는 예술을 대중에게 가져다주었고, 직조에 사용되는 표기법이 더욱 일반화되고 표준화될 수 있게 했다. 기계에 더욱 적합한 표기법이 만들어지며 직조공이 아닌 사람들도 패턴 도안과 직기 부품 사이의 상호작용을 점차 이해하게 되었고, 엔지니어와 발명가들이 자동 직조기를 만들 수 있게 한 발판이 되어 주었다."[29]라고 기록했다.

○

부아캄 펭믹사이(Boukham Phengmixay)는 직기의 발판을 밟아 날실이 연결된 잉아들을 고정하는 잉앗대를 들어 올린다. 오른손으로는 붉은 실크로 만든 북을 잡고 날실들 사이로 통과시킨 뒤 왼손으로 잡아낸다. 그다음에 미세한 수직 막대들이 날실을 순서대로 잡은, 빗처럼 생긴 리드(reed)를 쥐고 앞쪽으로 밀어 씨실을 제자리에 위치시킨다.

부아가 이런 식으로 작업을 계속하면 붉은 씨실에 검은 날실로 짜인 평직 실크 직물을 얻을 수 있다. 하지만 그녀가 엮는 직물은 하얀색, 붉은색, 검은색, 초록색, 황금색으로 복잡한 기하학무늬를 넣어 패턴이 훨씬 복잡하고 색상도 다채롭다. 보기에는 자수와 비슷하지만, 이 직물은 양단으로, 직조공이 씨실을 추가로 넣어 디자인을 만든다. 붉은색과 검은색의 평직과 달리, 바탕(ground)이라고 부르는, 추가된 씨실은 구조적 역할을 하지 않는다. 추가된 씨실을 걷어 내도 직물에는 아무 손상이 없다. 바탕은 대부분 양단에 가려지며, 원료를 탄탄하게 잡아 주는 역할을 한다.[30]

직조공이 날실을 하나하나 골라야 하므로 양단을 디자인하고, 계획하고, 기억하고, 직조하는 작업은 상상 이상으로 어렵다. 수 세기 동안 양단은 가장 귀하고 값비싼 직물의 자리를 지켜 왔으며, 베르사유 궁에서 자금성에 이르기까지 수많은 궁전에서 사랑받았다. 하지만 부아의 고향인 라오스에서는 오래

전부터 평범한 시골 여성들이 양단을 만들어 왔으며, 보통 집 안을 장식하는 용도로 사용했다. 이들이 이렇게 화려한 직물을 가질 수 있는 이유 중 일부는 자신들이 직접 누에를 키우고, 실을 잣고, 염색해서다. 하지만 진정한 비결은 패턴 기호를 창조하고 보관하는 천재적 기술이다.

부아의 직기 뒤편에는 흰색 나일론 실로 만들어진 얇은 그물이 걸려 있다. 화려한 색상을 지닌 양단의 해골 유령처럼 보이지만, 이 그물은 패턴을 통제하는 소프트웨어 역할을 한다.

그물의 세로줄은 길이가 긴 특수한 잉아 역할을 한다. 바탕천을 직조할 때 사용하는 잉아와 달리, 이 세로줄은 줄이 바뀔 때마다 같은 실들을 한 번에 들어 올리는 잉앗대에 걸려 있지 않다. 그 대신에 각 날실이 개별적으로 올라가거나 낮추어지게 되어 있다. 이 특수한 잉아는 아주 길어서, 수평으로 된 나일론 실들이 이들을 통과하며 엮일 수 있는 공간을 만들어 준다. 이 잉아 뒤쪽에 엮인 나일론 실들은 각 추가 씨실(*supplementary weft*)을 통제하며, 추가 씨실에 엮이는 날실을 바탕천의 날실과 분리한다.

붉은색 평직 한 줄을 추가한 다음, 부아는 아래쪽 수평 나일론 실의 끝을 잡는다. 그 뒤 실을 앞으로 당겨 앞에 있는 잉아를 다른 잉아에서 분리한 뒤, 분리된 잉아를 왼손으로 잡아 잉아와 연결된 날실을 들어 올린다. 그다음에는 들어 올린 날실 아래, 바탕 직물의 잉아와 긴 잉아 사이로 위빙 소드(weaving sword)로 불리는 평평하고 넓은 막대기를 오른손으로 잡아 집어넣는다. 그리고는 위빙 소드의 날을 세워 선택된 날실들을 들어 올린다. 이제 손이 자유로워졌으니, 패턴이 될 씨실을 추가할 준비가 되었다.

부아는 빠른 손놀림으로 은빛 실크 실을 몇몇 날실 위로 당겨 내고, 들어 올려진 날실 밑으로 넣은 뒤 옆으로 꺼내, 짜고 있는 직물 위에 올린다. 그다음에 두 손을 왼쪽으로 옮겨 같은 동작으로 또 다른 추가 실을 엮고, 또 다른 실을 엮고, 이따금 새로운 실을 가져오기도 하고, 이전에 짜던 줄에서 한 줄을 확장하기도 한다. 숙련되지 않은 나 같은 사람이 보면 그냥 매듭을 묶는 것 같다. 마침내 줄 끝에 다다르면, 부아는 리드를 앞쪽으로 밀고, 날을 세웠던 위빙 소드를 평평하게 되돌린다. 날실이 들어 올려졌던 곳을 보면 살짝 오목한 검은색과 붉은색의 바탕을 볼 수 있으며, 이 공간에는 색실이 들어오게 된다. 부아는 다시 발판을 밟아 새롭게 붉은 줄을 더해 디자인을 자리 잡게 해 줄 바탕을 짠다. 이제 부아는 나일론 그물에서 새로운 실을 골라 잉아를 다르게 배치할 수도 있고, 위빙 소드의 날을 세워 이전의 패턴을 반복할 수도 있다. 색상도, 무늬도 그녀의 선택에 달렸다.

이전의 직물을 그대로 따라 하든 새로운 디자인을 만들든,

라오족 직기의 뒤에서 패턴을 만드는 나일론 그물을 통해 보이는 직조공. 오른쪽 사진에서 새롭게 만들어진 직물을 볼 수 있으며, 직조공이 앉는 의자는 오른쪽에 있다. 직기 측면 사진에서 위빙 소드가 맨 왼쪽의 패턴 잉아와 바로 오른쪽에 있는 바탕 잉앗대 사이에 있는 검은색 날실 일부를 들어 올리는 모습을 확인할 수 있다. 리드는 맨 앞쪽에 있다. (Author's photos)

라오족 양단의 줄로 만든 샘플을 창조하려면 수개월이 소요된다. 각각의 추가 씨실 줄을 만들기 위해서는 먼저 부아와 같은 직조 장인이 원하는 날실을 골라 뾰족한 막대기로 들어 올려야한다. 그다음으로 이 날실들에 묶인 긴 잉아들 뒤쪽에 고리처럼 매듭지은 실 한 줄을 넣고 직기 양쪽에 있는 기둥에 매단 다음에 이 과정을 반복하며 실들을 수직으로 쌓아 나가야 한다. 이러한 작업을 하려면 컴퓨터 프로그래밍처럼 기술과 집중력이 있어야 한다. 하지만 일단 템플릿이 만들어지면 직기에 익숙한 직조공은 누구든지 사용할 수 있다. 패턴을 바꾸고 싶어지면 이전의 그물은 창고에 넣어 보관하고 새로운 그물을 만들면 된다.[31]

장식용 씨실(혹은 날실)을 추가하는 관습은 최고 5000년 전으로 거슬러 올라갈 정도로 오래되었으며, 스위스 알프스 지역의 어느 습지에는 신석기시대 직조공들의 유물이 보존되어 있다.[32] 요기(腰機, backstrap loom)*를 이용한 잉카의 세련된 직물처럼, 많은 직조공이 직물을 짜면서 패턴용 실을 골라냈다. 하지만 패턴 보관용 메커니즘을 만든 것은 라오족 직조공뿐만이 아니었다. 중국의 먼 북동부 산지에 거주하는 마오난족은 직조가 진행될 때 함께 회전하는 배럴(barrel) 모양 대나무 패턴줄을 활용했다. 중국 광시성 남부 좡족의 직조공들도 비슷한 도구를 사용했으며, 농부들이 시장에 돼지를 내다 팔 때 사용한 우리와 비슷하다는 의미에서 '돼지 바구니'로 불리기도 했다.[33] 라오족의 그물처럼, 이들이 만든 패턴도 저장과 재사용이 가능했다.

양단용 실을 골라내는 메커니즘 중 가장 영향력이 큰 것은

---

*   직조공의 허리에 고정된 막대에 실을 두르고 체중으로 장력을 가하는
     직기.

바로 공인기(空引機, *drawloom*)다. 중국에서 유래한 것으로 추정되며, 점차 서쪽으로 전파되면서 인도, 페르시아, 유럽에서 각각의 지역적 다양성을 얻게 되었다. 대부분의 문직기(紋織機)와 달리, 공인기는 직물 몇 야드만 직조하는 가정용이 아니라 사치스러운 직물을 대량으로 직조하는 대형 작업장용으로 설계되었다. 공인기는 새틴, 능직, 평직의 바탕이 되는 직물을 만들어 냈다. 무엇보다 큰 장점은 용도가 다양하다는 것이었고, 섬세하면서 선명한 패턴을 직조할 수 있었다.

동아시아에서 아직도 사용되는 전통 직기를 기록한 연구자 에리크 부도(Eric Boudot)와 크리스 버클리(Chris Buckley)는 "중국식 공인기는 색상이 들어간 복잡한 디자인을 만들 수 있는 최초의 기계장치였으며, 같은 시기에 사용되었던 목판인쇄보다도 이른 시기에 발명되었다."라고 썼다.[34] 라오족 직기가 「미즈 팩맨(*Ms. Pac-Man*)」이라면, 공인기는 「그랜드 테프트 오토(*Grand Theft Auto*)」라고 할 수 있다.

공인기는 부아가 사용하던 직기를 훨씬 커다란 2인용 기계로 만든 것이라고 생각하면 된다. 중국식 공인기에는 뒤쪽의 실 그물 대신에 날실 위 높은 탑과 더불어 직조를 돕던 소년 혹은 소녀가 앉을 좌석이 마련되어 있고, 높은 곳에 패턴용 매듭고리들이 걸려 있다. 탑 위에 앉은 조수는 부아의 주먹과 위빙 소드처럼 패턴용 실을 당기고 고정하는 역할을 한다. 이렇게

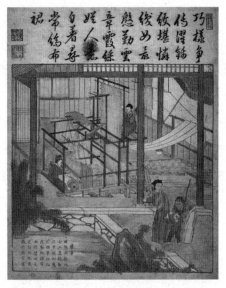

중국식 공인기. 조수 역할을 하는 소녀가 위쪽에서 패턴 줄을 조작하고 있다.
(Rare Chinese Books Collection, Library of Congress)

기계장치를 배치한 덕택에 공인기는 라오족 직기보다 더욱 많은 패턴 줄을 수용할 수 있어 더욱 세심하고 다양한 디자인을 만들어 냈다. 숙련된 직조공이라면 공인기를 이용해 거의 모든 패턴을 만들어 낼 수 있다.

부도와 버클리는 "이러한 유연성을 위한 대가는 높은 기술 수준, 직조공과 조수의 집중력이었는데, 작업을 자주 멈추며 끊어지거나 꼬인 실을 해결해야 했기 때문이다. 따라서 공인기로 만든 직물은 아주 비쌌고, 가장 사치스러운 직물을 만드는 용도로만 사용할 수 있게 되었다."[35]라고 기록했다. 이렇게 귀한 양단은 제단과 사제들로부터, 궁전과 왕들로부터 사랑받았다. 평범한 사람들이 공인기로 만든 직물을 소유하는 것은 거의 불가능했다. 제작하는 과정이 너무 복잡하고 어려웠기 때문이다.

18세기 프랑스의 부유한 귀족과 왕족들을 위해 비르투오소 디자이너들은 공인기를 예술의 경지까지 끌어올렸다. 루이 14세(Louis XIV)의 통치가 저물어 가던 시기, 이들은 금속 실을 이용해 이국적인 파인애플같이 자연물을 본뜬 황금 양단을 만들어 냈다. 이러한 패턴들은 자연사 분야에서 가장 최근의 발견물이기도 하며, 곡선을 만들었던 직조공들의 능력을 보여 준다.

수십 년이 지나며 디자인은 가벼워지고 색상은 화려해졌다. 직조는 황금의 화려함보다 조금 더 섬세하고 은근한 부와 권력의 상징이 되었다. 리옹의 직물 박물관 관장 클레르 베르토미에(Claire Berthommier)는 "디자이너들은 18세기를 온통 꽃으로 뒤덮었습니다."라고 말한다. "왜일까요? 꽃은 실크에 직조하기가 아주 어렵기 때문입니다. 실로 대상을 수채화처럼 표현하려면 고도의 기술이 필요합니다."[36] 디자이너와 직조공은 현실감 있는 꽃 무리를 표현함으로써 색실을 다루는 자신들의 기술을 뽐냈고, 고객에게 그의 부와 취향을 드러낼 수 있는 새로운 방법을 제시했다. 프랑스의 양단은 신석기시대 직물에 대

한 고고학자 칼리오페 사리의 관찰을 뒤집어 '자유로운 자연'
이라는 환상을 직기의 직각 기하학 안에서 표현해 냈다.

이 세기에 가장 뛰어난 업적을 남긴 직물 디자이너는 필
리프 드 라살(Philippe de Lasalle: 1723년~1804년)이었다. 실크의
라파엘로로 칭송받은 라살은 비즈니스 지향적인 레오나르도
다빈치에 가까웠다. 라살은 리옹과 파리에서 예술가로 훈련받
으며 화가의 기술, 공인기 기능에 대한 깊은 이해, 발명가 정신,
힘들게 익힌 직물 정치의 인식을 결합했다. 1750년대에 라살
은 실크에 인쇄하는 데 쓸 밝고 오래가는 염료의 공식을 발명
했지만, 리옹 상공회의소는 인쇄업계와의 경쟁이 양단 산업에
해가 될 것이라는 이유로 그의 노력을 좌절시켰다.

그때부터 라살은 자신의 예술적·기업가적·발명가적 에너
지를 모두 양단에 쏟았다. 어느 동시대인은 라살의 디자인에
다음과 같은 찬사를 보냈다.

> 그의 직물은 우아한 물줄기와 초목의 자연스러운 움
> 직임을 담고 있다. 그림 같은 디자인에 활기를 불어넣
> 는 곤충과 새의 순수한 형태, 싱그러운 배경은 우리의
> 산업이 이 지능적 예술의 인도로 무엇을 창조할 수 있
> 는지 보여 준다.

공인기로 자연적 디자인을 표현한 필리프 드 라살의 능력을 보여 주는 예시. 새틴 바탕에 양단으로 장식된 실크와 셔닐사, 1765년 무렵 작품. (Los Angeles County Museum of Art)

스케치 하나를 실로 표현하려면 실크 디자이너는 우선 미
장카르트(*mise-en-carte*)를 만들어야 한다. 미장카르트는 모눈종
이를 크게 만든 것으로, 각 정사각형이 날실과 씨실의 교차를
의미한다. 이 작업에서 어려운 점은 아름다운 그림을 그리는
것이 아니라 거대한 디자인이 어떻게 고운 실크에 표현될지 예
측하는 것이다. 디테일이 너무 많으면 명확성이 떨어진다. 색
상 그러데이션이 적으면 우아함을 잃고 만다. 라살은 비슷한
색상을 이용해 명암을 표현하고 다양한 실의 질감을 두드러지
게 만들며 양단에 현실성과 깊이를 불어넣었다.

종이 위에 표현하려면 패턴은 직기의 언어로 기호화되어
야 하며, 이는 시간이 아주 오래 걸리고 까다로운 작업이다. 실
크 양단 하나에서 반복되는 패턴 하나를 만드는 것에는 인치당
날실 300수까지, 씨실은 수백 수에서 수천 수까지 필요할 수
있다. 새로운 디자인을 만들기 위해서는 석 달 정도가 소요되
며, 그동안 직기는 직조에 사용할 수 없다.

프랑스식 공인기를 사용할 때 (대개 여성인) 조수는 날실
위쪽에 앉지 않는다. 패턴을 만들 때 리죄즈(*liseuse*), 즉 리더는
한 줄 한 줄 실의 색을 소리 내어 말하고, 두 번째 노동자는 이
색에 맞는 컨트롤 줄인 심플(*simple*) 또는 셈플(*semple*)에 매듭을
만든다. 각 매듭은 추가 씨실이 묶인 잉아를 들어 올린다. 조수
가 하는 일은 집중력과 근력이 모두 필요하다. 수백 개의 잉아

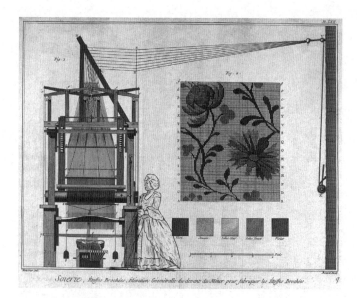

프랑스식 공인기와 수직 코드, 미장카르트의 예시. 조수 역할을 하는 여성이 (일할 때 이런 아름다운 옷을 입지는 않았지만) 직기 옆에 서 있다. (Wellcome Collection, iStockphoto)

를 들어 올리면서 각 줄이 서로 꼬이거나 부딪히지 않게 하려면 근력과 인내심이 있어야 했고, 몇몇 사람과 팀을 이루어 작업해야 했다.

이러한 시스템에는 커다란 상업적 결점이 있었다. 각 단계의 줄들을 바로 옆에 이어 묶었으므로 미래에 사용할 패턴을 보존할 수 없었기 때문이다. 하나의 양단이 완성되면 새로운 디자인을 만들기 위해 매듭들을 모두 풀어야 했다. 만약 어느 고객이 이전의 패턴을 주문하면 디자인 과정을 처음부터 다시 시작해야 한다. 그래서 직조공은 두 개의 패턴을 하나의 천에 쉽게 조합할 수 없었다. 결과적으로 프랑스 양단의 크기와 패턴의 다양성에 한계가 있을 수밖에 없었다.

직기를 개선할 많은 방법을 고안했던 라살은 바로 이 문제를 해결하기로 마음먹었다. 9년 동안 시도와 실패를 거친 끝에 라살은 주어진 패턴을 미리 묶을 수 있고, 탈부착할 수 있으며, 필요한 만큼 교체할 수 있는 심플을 개발해 냈다. 라살의 발명품 덕에 판매 대리인(agent)들이 주문을 받는 동안 작업장에서는 새로운 시즌을 위한 심플을 준비할 수 있게 되었다. 유행에 민감한 시대였으므로 제품 생산까지 걸리는 시간을 줄이는 것은 큰 이득이 되었다. 탈착할 수 있는 심플이 발명되자 경제적 가치가 높은 더욱 크고 다양한 패턴들이 만들어졌고, 라살은 디자이너이자 뛰어난 발명가로 명성을 얻었다.

라살은 최초의 직조 초상화로 엄청난 대중적 성공을 거두었다. 라살은 루이 15세(Louis XV)를 포함해 그의 손자인 프로방스 백작 등 왕족을 주인공으로 설정했고, 그의 작품에는 고대 로마 건물에 적힌 글처럼 라틴어 대문자로 "LASALLE FECIT"*이라는 글귀를 새겨 넣었다. 볼테르(Voltaire)의 집에 걸려 있던, 라살이 제작한 예카테리나 2세(Catherine the Great)

의 초상화는 러시아 군주에게서 의뢰를 받는 계기가 되기도 했다. 어느 사학자는 "예카테리나 2세가 목에 건 보석을 표현한 기술은 매우 섬세해 뒷면을 보아야만 자수가 아닌 양단이라는 사실을 확신할 수 있을 정도였다."라고 기록했다.[37] 탈착할 수 있는 심플처럼, 라살의 직조 초상화는 현재 유명한 직조 프로그램의 전조였다.

○

하지만 가장 유명한 직조 초상화는 라살이 아니라 리요네의 직조공인 미셸마리 카르키야(Michel-Marie Carquillat)의 작품이며, 그림을 바탕으로 제작되었다. 이 작품에는 양단으로 장식한 의자에 살짝 구부정한 자세로 앉아 있는 남성이 표현되어 있다. 목공용 도구와 직기 부품에 둘러싸인 남성은 손에 든 컴퍼스를 구멍이 뚫린 판지 조각에 고정하고 있다. 그 옆에는 작은 직기가 있고, 뒤쪽에는 구멍이 뚫린 카드가 섬유처럼 뒤쪽에 감겨 있다. 의자에 앉은 남성은 당연하게도 조제프 마리 자카르다.

금이 간 창문과 아주 얇은 커튼처럼 섬세한 디테일을 자랑

---

*   '라살 작(作)'이라는 표기로, 라살이 만든 작품이라는 뜻이다.

미셸마리 카르키야가 직조한 조제프 마리 자카르의 초상화. (Metropolitan Museum of Art)

하는 카르키야의 작품은 카메오 같은 라살의 초상화보다 훨씬 복합적이다. 메트로폴리탄 미술관의 웹사이트에는 "자카르 직기(*Jacquard loom*)가 발명된 이후에야 이렇게 고도의 디테일을 표현한 작품이 나올 수 있었다."라는 평가가 나와 있다. 이 사진은 마치 판화처럼 보인다. 찰스 배비지는 자신의 회고록에서 웰링턴 공작과 왕립 예술원(Royal Academy of Arts)의 회원 두

명이 직조 그림을 판화로 오해했었다고 밝히기도 했다.[38]

자카르의 발명품은 라살의 탈착할 수 있는 심플보다 패턴을 더욱 유동적으로 만들면서도 쉽게 보존할 수 있게 해 주었다. 가장 중요한 점은 조수가 더는 필요하지 않게 되었다는 것이다. 카드나 구멍 뚫린 종이를 이용해 직조를 통제했던 이전의 발명을 활용하기는 했지만, 자카르의 발명은 최초로 상업적 실용성을 겸비한 디자인이었다. 독학으로 기술을 배웠던 자카르는 직조공으로서 자신의 경험을 활용해 문제를 해결했다. 19세기의 어느 관찰자는 "그러므로 자카르의 장점은 발명가의 지식이 아니라 직조를 했던 작업자의 경험이다."라고 썼다. "그는 이전에 있었던 기계에 부착된 최고의 부품들을 모아 하나로 만들었고, 실제로 사용될 수 있을 만큼 실용적인 방식을 최초로 발명해 냈다."[39]

자카르의 발명은 다음과 같다. 양쪽 끝에 고리가 달려 있으며 각 잉아를 통제하는 줄이 바닥 쪽에 고정되어 있다. 이 고리는 중앙에 구멍이 있고 한쪽 끝에는 스프링이 있으며 다른 한쪽 끝에는 날카로운 날이 있는 얇은 수평 막대 또는 니들(needle)을 통과한다. 위쪽 고리는 그리프(griffe)로 불리는 위쪽 막대에 걸려 있다. 1905년 판 『브리태니커 백과사전(Encyclopaedia Britannica)』은 "이 기계의 기능은 고리들을 순서대로 풀어 씨실이 들어갈 자리를 만드는 것이다."[40]라고 설명한다.

바로 여기에서 그 유명한 펀치카드가 등장한다. 수평 니들의 뾰족한 부분 반대쪽에는 구멍 뚫린 직사각형 나무 상자가 있다. 이 상자는 양옆이 평평하지만 실린더로 불리며, 이전에는 실제로 원통형이었던 장치를 자카르가 개선한 것이다. 실린더 양옆의 크기는 씨실 한 줄을 표현한 카드 한 장이 딱 맞게 되어 있다. 이 카드들이 벨트처럼 이어지며 전체 패턴을 만든다.

직조공이 직기의 발판을 밟으면 실린더는 뒤쪽으로 움직여 회전하며 다음 카드를 앞쪽으로 밀어낸다. 그 뒤에는 다시 니들 쪽으로 돌아온다. 니들이 구멍 안으로 들어가면 위쪽 고리는 움직이지 않는다. 구멍이 없는 경우에는 줄이 밀리면서 뒤쪽의 스프링을 누르고, 그리프에 고정된 고리가 밀리며 살짝 빠진다. 이렇게 되면 그리프가 위로 올라가며 고리가 따라 올라가고, 아래에 고정된 해당 날실이 들어 올려진다. 직조공이 씨실을 통과시키고 나면 그리프는 제자리로 돌아온다. 이렇게 자동화된 시스템 덕택에 직조공은 조수의 도움 없이도 모든 날실을 개별적으로 통제할 수 있게 되었다.

자카르가 디지털 패턴이나 보관 방법을 개발한 것은 아니다. 이들을 자동화할 방법을 찾은 것이다. 과학 작가 제임스 에신저(James Essinger)는 "자카르가 개척한 정말 중요한 부분은 펀치카드를 직기에 적용하며 시스템을 자동화해 직기가 스스로 다음 줄을 짜는 데 필요한 정보를 계속해 소화할 수 있게 한

182

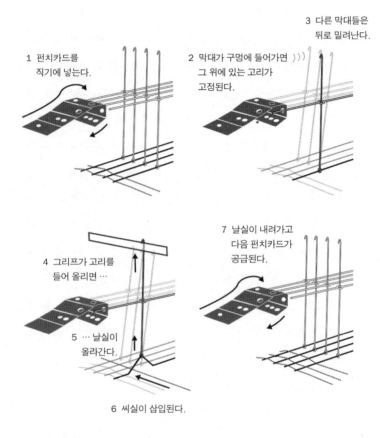

1 펀치카드를
직기에 넣는다.

2 막대가 구멍에 들어가면
그 위에 있는 고리가
고정된다.

3 다른 막대들은
뒤로 밀려난다.

4 그리프가 고리를
들어 올리면 …

5 … 날실이
올라간다.

6 씨실이 삽입된다.

7 날실이 내려가고
다음 펀치카드가
공급된다.

자카르의 펀치카드 기반 메커니즘 작동 방식. (Olivier Ballou)

것이다."라고 썼다. 1804년에 자카르의 기계가 특허를 받았을 때, 에신저는 "이것은 명백하게 세상에서 가장 복잡한 메커니즘이다."라고 썼다. 이 기계를 사용하려면 허용 오차를 줄이도록 설계된 부품들이 있어야 했기 때문이다.

이 복잡한 메커니즘은 직조 과정을 크게 단순화했고, 추가 씨실이 필요하지 않은 직물 생산도 마찬가지였다. 더는 바탕천이나 일반 천을 짜기 위해 잉아와 잉앗대를 따로 조절할 발판들을 사용하지 않아도 되었다. 카드가 모든 일을 대신해 주었다. 이제 직조공이 해야 할 일은 발판 하나로 카드를 움직이고, 실을 당겨 나는 북(flying shuttle)을 지면에 고정하고, 씨실을 제자리에 고정하는 것이었다. 이 과정을 보며 프랑스 리요네 지역에는 직기를 표현하는 의성어인 비스탕클라크(bistanclac)가 탄생하기도 했다. 자카르의 발명으로 생산량이 어마어마하게 치솟았고, 화려한 패턴이 쏟아져 나왔다. 옛 공인기를 사용하면 조수의 도움을 받아도 하루에 양단 1인치를 겨우 만들었지만, 이제는 직조공 한 명이 하루에 2피트 이상을 생산할 수 있게 되었기 때문이다.

카드의 개수에 제한이 없었으므로 패턴은 디자이너가 원하는 만큼 반복될 수 있었다. 자카르의 초상화도 세로 55센티미터, 가로 34센티미터로 제작되었다. 초상화 한 장에 씨실 한 줄을 표현하는 카드 2만 4000장이 사용되었고, 각 카드에 뚫린 구멍은 1000개 이상이다. 일반적인 양단에 필요한 카드는 이 작품의 10분의 1 수준이며, 각 카드에 뚫린 구멍도 몇백 개 정도였다.

하지만 당연하게도 카드에 프로그래밍을 하는 사람은 따로 있다. 한 작품을 만들기 위한 카드를 제작하려면 수개월이 소요된다. 그렇다고 해도 기계로 카드에 구멍을 내어 미장카르트 하나를 만드는 데는 리더 한 명이면 충분했다. 이전에는 리더인 리죄즈와 매듭을 묶는 파트너 두 명이 해야 했던 일이다. 한 번 만들고 나면 카드들은 라벨로 분류되어 선반에 간편하게 보관할 수 있었고, 작업장에서는 순서대로 작업을 처리할 수 있게 되었다. 만약 배비지 같은 사람이 자카르 초상화의 복사본을 주문하면 작업장에서 그 수요를 맞출 수 있게 된 것이다. 또한 필요한 경우에 각 카드를 새로 배치하거나 대체할 수도 있었다.[41]

리옹의 직조공들은 이렇게 이점이 분명했는데도 직업을 잃을 수 있다는 두려움에 이 새로운 기기를 거부했다. 시위자들은 노동 재판이 열릴 때면 이따금 폭력적으로 변해 광장에서 기계를 부수기도 했다. 이 때문에 나폴레옹(Napoleon)이 내린 상에 수당까지 받는 발명을 한 자카르는 도시 밖으로 몇 번이나 도망쳐야 했다.

그러나 리옹의 직조공들은 결국 새로운 기술을 받아들였

다. 이 기계의 다양한 용도 덕에 잉글랜드, 이탈리아, 독일을 상대로 프랑스 혁명 이후로 쇠락했던 실크 제조 분야에서 경쟁 우위를 차지할 수 있었기 때문이다. 이 2층짜리 기계를 들여놓기 위해 직조공들은 론강과 손강 사이 가파른 크루아루스 언덕에 있는, 천장이 높은 새 작업장으로 옮겨 갔다.

1812년이 되자 어느 사학자는 리옹의 실크 산업에 '진정한 혁명'이 일어났다고 말했다. 점점 더 많은 부분이 개선되며 생산 속도는 올라가고 비용은 반으로 줄어들었다. 도시의 고용률을 떨어뜨릴 것이라는 초기의 예상과 달리 자카르의 발명은 리요네 실크의 새로운 황금기를 만들어 냈다. 그리고 19세기 말, 크루아루스 언덕은 직기 2만여 개가 내는 '비스탕클라크' 소리로 가득 차게 되었다. 자카르가 만들어 낸 돌파구는 직조공들의 짐을 덜어 주고, 직물의 품질을 증진했으며, 중산층 고객으로 시장을 확장했다. 이 카드 구동 시스템은 곧 리본, 울, 카펫의 제조자에게도 퍼져 나갔다.[42]

국제적 규모의 박람회에 전시되고 전 세계에 전파되면서, 자카르의 기계는 직조용 부호를 대중화해 일반인들도 이해하고 영감을 받을 수 있게 했다. 이 시기에 선박 회사들은 자동 리베팅 기계*를 통제하는 비슷한 시스템을 개발해 새로운 철갑

---

* 강철판, 형강 등 금속재료를 영구적으로 결합하는 데 사용되는 일종

을 만들어 내기도 했다. 현재 우리가 사는 디지털 시대와 가장 크게 공명하는 직조의 이진법 구조는 배비지와 그 후계자들의 상상력을 사로잡았다. 컴퓨터 과학자 프레더릭 G. 히스(Frederick G. Heath)는 1972년에 "현대 컴퓨터의 표준인 서브루틴 양식과 편집 시스템의 많은 부분은 19세기 직물 패턴용 카드에서 고안되었다."라고 기록했다.

> 어떠한 패턴을 짜기 위해 직조용 이진 배열을 만드는 것은 하나의 포트란(Fortran) 프로그램으로 컴퓨터에 적합한 프로그램용 이진법 코드를 만드는 것과 같다.
> 사실 직조와 컴퓨터 시스템 디자인 사이의 연결성은 매우 높다. 컴퓨터의 배선 장치나 거대한 집적회로를 확대한 모습을 본 사람이라면 이들의 모습이 직물의 패턴과 아주 많이 닮았다는 사실을 알아챌 수 있을 것이다.[43]

컴퓨터가 발명되고 난 뒤 처음 몇십 년 동안, 고대부터 이어진 직물의 코드 그리고 정보 기술의 미래 지향성 사이의 연결성은 눈에 보이는 구체적 형태로 자리 잡았다.

의 못인, 막대 모양의 리벳을 박고 죄는 기계다.

○

2018년 4월, 로빈 캉(Robin Kang)은 퀸스에서 브루클린으로 스튜디오를 이사하면서, 사용하던 자카르 직기에 묶인 3520개의 잉아를 모두 옮기기 위해 무려 4개월을 소비했다. 예술가용으로 디자인된 캉의 직기는 컴퓨터로 통제되는 날실과 손을 사용하는 씨실이 합쳐진 장치다. 캉의 직기는 크렘린 같은 고객을 위해 하루에 벨벳을 몇 센티미터씩 생산하던 옛 스타일의 베네치아식 직기를, 같은 양을 몇 초 만에 완성하는 컴퓨터 기반 산업용 직기와 연결한다.

서부 텍사스에서 태어난 패기 넘치는 금발 소녀였던 캉은 포토샵(Photoshop)이 처음 개발되었던 1990년대에 디지털 판화 제작자로 경력을 시작했다. 캉이 직조를 배운 곳은 대학원이었다. 디지털 이미지 만들기처럼, 캉은 직조에 녹아 있는 알고리즘에 매료되었다. 캉은 "직조는 컴퓨터와 매우 비슷합니다."라고 말한다. "직조 도안은 제가 흥미를 느꼈던 컴퓨터 알고리즘 그 자체였습니다. 매개변수를 설정하면 값이 산출되죠." 캉에게 직조는 자신이 매료된 디지털, 직물을 향한 애정, 예술가의 손을 하나로 합칠 이상적 수단이었다.

캉은 컴퓨터의 초기 역사에 경의를 표하는 의미로 나란히 배치한 검은색 날실과 금속 소재, 강렬한 색을 띠는 씨실을 사용한 작품을 만들었다. 파란색부터 녹색까지 음영 처리된 그리드로 가득한 캥의 작품 「라소 루미노소(Lazo Luminoso)」를 살펴보자. 교차점마다 고리가 걸려 있고, 황금색 실이 원 안쪽과 모서리를 구불구불 흐르며, 대각선에서 십자형으로 만날 때는 하트 모양 같은 패턴을 만들어 낸다. 이 작품은 마치 직조 자체를 직조한 것처럼 보이며, 어떤 면에서는 그렇기도 하다.

이 이미지는 1970년대 초에 실리콘 메모리 칩이 개발되기 전까지 약 20년 동안 컴퓨터 저장 장치로 사용되었던 자기 코어 기억장치(magnetic core memory)에서 영감을 받았다. 각 코어 메모리 평면은 하나의 비트(bit)를 나타내는 작은 페라이트 구슬(ferrite bead)이 교차점마다 달린 구리 선으로 표현된다. 연필 끝보다 작은 크기에 나사받이처럼 생긴 비드는 코어(core)로 불린다. 코어로 강력한 전류를 흘려보내면 시계 방향이나 시계 반대 방향으로 흐르는 자기장이 형성된다. 여기서 다시 임곗값보다 높은 전류를 반대로 흘려주면 자기장의 방향이 뒤집힌다. 이 두 가지 상태는 0과 1을 상징한다. x 좌표인 '씨실'에 반절 정도의 전류를 보내고, y 좌표인 '날실'에 나머지 반절을 보내면 이 시스템은 특정한 비드를 인식해 바꿀 수 있다. 대각선 주위에 있는 구리 선들이 신호를 읽기 때문이다.

캥이 내게 보여 준 예시 중에는 허리까지 오는 4인치 정사각형 아흔여섯 개로 이루어진 메모리 배열이 있었는데, 각각의

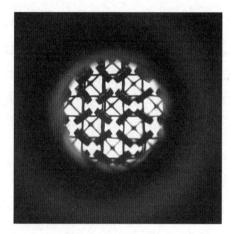

예순 배로 확대한 자기 코어 기억장치. (Author's photo)

정사각형이 수직 방향의 '날실' 전선 예순 개와 수평 방향 '씨실' 전선 예순네 개로 구성되어 있었다. 컴퓨터가 발명된 초기에 여성들은 현미경을 이용해 손으로 이 그리드를 전부 엮어야 했다. 1960년대 중반, 디지털 이큅먼트 코퍼레이션(Digital Equipment Corporation)이 첫 번째 미니컴퓨터를 발명한 뒤 기계들이 x 전선과 y 전선들을 처리할 수 있게 되었지만, 여전히 직조공들이 대각선 방향을 엮어 주어야 했다. 캥은 "이는 문자 그대로 직조이며, 어떤 면에서는 직기이기도 합니다."[44]라고 말한다.

아폴로 우주 계획의 경우, 소프트웨어를 사용하기 위해 유

형이 다른 메모리가 장착되었다.[45] 맨 처음에는 프로그래머들
이 펀치카드를 이용해 코드를 작성했다. 하지만 코드가 완성
되고 디버그가 끝난 다음에는 조금 더 탄성이 있고 가벼운 소
재로 교체해야 했고, 이때 탄생한 것이 바로 로프 메모리(*rope
memory*)다. 로프 메모리에서 전선 하나가 자성을 띤 비드를 통
과하면 1을 의미하고, 전선이 비드를 통과하지 않고 돌아가면
0을 의미한다. 기술사학자 데이비드 민들(David Mindell)은 "아
폴로에 사용된 소프트웨어는 실체가 있었다. 손에 쥘 수도 있
었고, 무게도 느낄 수 있었다."라고 기록했다.

　NASA는 로프 메모리 생산을 레이시언 컴퍼니(Raytheon
Company)에 맡겼다. 매사추세츠 월섬에 자리한 레이시언은 방
위산업체이자 오래전부터 직물과 시계를 제조했던 회사다. 어
느 기자회견에서 레이시언의 관리자는 "우리가 근본적으로 만
들어야 했던 것은 직조기였습니다."라고 설명했다. 고정밀기
계와 직물에 익숙했던 월섬의 노동력은 이 과제에 아주 적합했
다. 민들은 "공장으로 해당 프로그램을 보내고, 공장에 근무하
는 여성들은 말 그대로 소프트웨어를 엮어 코어 로프 메모리를
만들었을 겁니다."라고 말한다. 머리카락처럼 가는 전선 수천
개를 하나의 프로그램으로 엮으려면 수개월이 걸렸지만, 민들
은 그 결과 "절대 손상되지 않고, 말 그대로 로프에 단단히 연
결된 메모리가 완성되었다."라고 기록했다.[46]

레이시언은 직기를 떠올렸지만, 자기 코어 기억장치를 만든 엔지니어들이 직조를 떠올린 것은 아니었다. 획기적 발명을 이루어 낸 IBM의 연구원 프레더릭 H. 딜(Frederick H. Dill)은 "직조 문제로 '코어 엮기(stringing cores)'에 관해서는 들어 본 적이 없다."라고 하면서도 "코어를 통과하는 전선들이 어떠한 전기 신호를 전달하는지 관찰했다."[47]라고 말했다. 코드를 구현하기 위해 컴퓨터의 선구자들은 자신도 모르게 직물을 모방했다. 메모리 기기의 형태는 직조의 근본에 자리한 수학에서 탄생했기 때문이다.

○

1000년이 넘는 지배 끝에 직물 세계를 지배하던 직조의 시간은 끝났다. 뜨개질이 쿠데타에 성공했기 때문이다. 이 글을 쓰는 지금, 청바지를 제외한 속옷, 셔츠, 스웨터, 양말, 운동화까지 내가 입은 모든 것이 뜨개질, 즉 편물로 만들어졌다. 편물은 일반 직물과 비교하면 거의 2대 1의 비율로 팔리고 있으며, 의류의 경우 이 비율은 더욱 크게 기울어진다.[48]

그 이유 중 하나는 편안함이다. 애슬레저(athleisure)* 스타

---

*　'운동(Athletic)'과 '여가(Leisure)'의 합성어로, 운동복으로도 일상복

일이 인기를 얻으면서 편물의 신축성이 일반 직물의 뻣뻣함에 비해 두각을 나타냈다. 하나의 그리드에 고정되는 일반 직물과 달리, 편물의 실은 직물을 위아래로 관통해 엮이므로 신축성이 있다. 초기에는 이런 신축성 때문에 모양이 뒤틀린 스웨터가 만들어지기도 했지만, 현재는 스판덱스를 혼합해 만든 스냅백(Snapback) 모자까지도 생산되고 있다. 편직물의 유연한 구조 덕택에 더욱 편안하고 안정감 있는 의류를 만들 수 있기 때문이다.

편물이 직물 시장을 정복하게 된 이유가 패션뿐만은 아니다. 산업 편물 기계는 매듭지을 잉아가 필요 없어 직기보다 훨씬 빠르게 설치할 수 있다. 새로운 색상이나 질감으로 교체할 때도 단 몇 분이면 충분하다. 또한 2차원인 일반 직물과 달리 편물은 3차원 결과물을 만들 수 있다. 맨 처음으로 대중적이 된 편물 의류는 스타킹과 모자였고, 네 개 혹은 그 이상의 바늘에 바늘 코가 나선형으로 이어지는 '원형 뜨기(knitting in the round)' 방법으로 만들어졌다. 중세 후기의 한 예술품은 동정녀 마리아(Virgin Mary)가 바로 이 방법으로 아기 예수(Christ Child)를 위한 옷을 만드는 장면을 보여 준다.

1589년, 셔우드 숲 근처에서 풀을 뜯는 양 떼의 길고 가

으로도 입을 수 있는 스타일을 가리킨다.

베르트람 폰 민덴(Bertram von Minden)의 1395년 무렵에서 1400년 무렵 사이
작품으로 추정되는 「북스테후데 제단(Buxtehude) 제단」 중 뜨개질하는 마돈나.
(Bridgeman Images)

는 털에 영감을 받았을 것으로 보이는, 25세의 영국인 보좌신부 월리엄 리(William Lee)가 스타킹을 제작하는 기계를 발명해 냈다. 스타킹 프레임(*stocking frame*)으로 불리는 이 기계는 한번 통과하면 한 줄을 짤 수 있었는데, 새로운 줄이 이전 줄에 엮일 때 이전 줄의 매듭을 그대로 유지해 주는 '수염 바늘(bearded needles)'이라는 특수한 장치를 사용했다.

프레임워크 뜨개질(*framework knitting*)은 한 세기 동안 개선을 거치며 마침내 편물 생산의 중요한 형태로 자리 잡았지만, 손뜨개질도 고유의 품질과 유연함으로 가치를 인정받고 있다. 18세기 중반이 되자 영국에는 1만 4000여 개의 스타킹 프레임이 가동되었다. 각 프레임에는 2000개가 넘는 부품이 사용되었으며, 그중에는 미세한 바늘들이 포함되어 있어 프레임을 만드는 대장장이들이 애를 먹기도 했다. 스타킹 프레임은 오늘날의 산업용 기계보다는 소형 족답 직기에 가깝다. 하지만 기본 개념은 비슷하다.

최초의 스타킹 프레임은 스타키넷(stockinette) 스티치라는 방법만 사용해 평직물을 만들어 냈다. 1758년, 더비의 제데디아 스트럿(Jedediah Strutt)이 이와 대비되는 안뜨기(*purl stitch*)를 더해 골이 진(ribbed) 스타킹을 짜는 방법을 발명했다. 이 눈에 띄는 스타일 덕택에 기계로 만든 스타킹의 매력이 더욱 돋보이게 되었다. 특허를 받은 뒤 이 '더비 립(Derby rib)' 기계는 큰 이

1750년의 프레임워크 뜨개질 작업장. (Wellcome Collection)

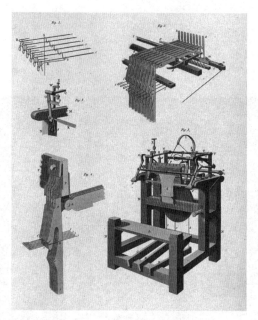

스타킹 프레임 기계에는 2000개가 넘는 부품이 사용된다. (Wellcome Collection)

윤을 창출하며 산업혁명에서 자신만의 역할을 했다. 리처드 아크라이트가 자신의 첫 방직 공장을 설립하기 위해 노팅엄으로 향했을 때, 스트럿과 그의 파트너가 재정을 투자하기도 했다. 이 새로운 면실을 처음으로 사용한 제품 중 하나가 바로 스타킹과 같은 양말류다.[49]

21세기에 더비 립은 새로운 화신을 맞이했다. 비댜 나라야난(Vidya Narayanan)은 자신이 대학원생으로 재학 중인 곳이자 로봇 공학 연구소로 유명한 카네기 멜런 대학(Carnegie Mellon University)의 직물 연구소 견학을 도와주며 그 모습을 우리에게 보여 주었다. 형태는 익숙하지만, 외관은 익숙하지 않은 봉제 토끼였다. 스탠퍼드 버니(Stanford Bunny)라는 이름으로 불리며, 3D 컴퓨터 렌더링을 테스트하기 위한 표준 모델인 이 버전은 귀에서 꼬리까지 옅은 파란색(light-blue)으로 골이 지게 짠 스웨터와 유사한 재질로 덮여 있다.

컴퓨터 엔지니어링과 컴퓨터 과학을 전공한 나라야난은 뜨개질을 하지 못한다. 피츠버그에 오기 전에 뜨개질을 해 본 적이 있느냐는 나의 질문에 그녀는 "전혀 없어요."라고 대답했다. 나라야난은 그래픽과 가공에 관심이 있었고, 전직 게임 디자이너이자 현재 직물 연구소를 이끄는 짐 매캔(Jim McCann)은 평상형 뜨개질 기계가 3D 프린터처럼 부드러운 물체들을 다룰 수 있다고 나라야난을 설득했다. 매캔은 "기계 뜨개질은 아주 흥미로운 영역입니다."라고 말한다. "현재 기계 뜨개질은 세기가 바뀔 때 3D 인쇄가 있었던 위치에 아주 가까워졌습니다." 매캔의 말처럼 산업용 뜨개질 기계들이 확고히 자리를 잡았고, 개인용 기계도 등장하고 있다.

산업용 편물 대부분은 계속해 이어지는 나선형 바늘 코를 이용해 원형으로 빠르게 돌아가며 한 시간에 수백 야드를 생산하는 기계로 만들어졌다. 이렇게 만들어진 편물은 알맞은 크기로 재단된 뒤 바느질을 거쳐 최종 생산물이 된다. 평상형 기계는 이러한 기계보다 느리지만 융통성은 뛰어난데, 바늘 수백 개를 독립적으로 움직일 수 있기 때문이다. 베드(bed) 두 개에 바늘 700개가 달린 비교적 작은 기계도 다른 색상이나 질감을 추가하지 않아도 이론적으로 1조 개 이상의 서로 다른 직물을 만들어 낼 수 있다. 원형 기계와 달리 평상형 기계는 더욱 섬세한 3차원 의류를 만들어 낼 수 있다.

뜨개질 베테랑이자 기계 분야와 의류 시장 분야에서 모두 경력을 쌓은 마이클 시즈(Michael Seiz)는 평상형 기계에 관해 "최선을 다해도 한 시간에 짤 수 있는 분량은 5야드 정도이지만, 형태는 완전히 갖춰질 겁니다. 한 시간에 스웨터 하나를 완성할 수도 있습니다."라고 말한다. 재단도 바느질도 필요 없고, 낭비되는 직물과 실도 없다.

일본의 제조업체인 시마 세이키(Shima Seiki)는 1990년대 중반에 솔기가 없는 뜨개질 의류를 시장에 도입했지만, 일본의 의류업계가 이 기술을 받아들인 것은 디지털 기계 컨트롤이 발전한 지난 10년간에 지나지 않는다. 현재의 평상형 기계를 사용하면 운동화 제조사는 고무 밑창을 뺀 신발 전체를 만들 수 있다. 뜨개질 구조가 바뀌며 하나의 조각으로 발바닥 아치를 지지하고, 발꿈치 부분을 만들고, 끈을 맬 수 있는 부분을 생성해 낸다. 신발을 만드는 마지막 조립 작업을 할 때는 그저 살짝 구부려 주거나 풀을 붙여 주면 된다. 이렇게 생산과정이 간편화되었으므로 제조사는 수요가 증명된 모델을 제조해 위험성이 낮은 공급품으로 신발 재고를 대체할 수 있다.

하지만 3D 뜨개질 분야에는 아직 넘어야 할 기술적 장애물이 있다. 값비싼 전용 소프트웨어를 운용하려면 특화된 전문가가 필요하다는 사실이다. 직조공과 마찬가지로 편물공도 바늘 코를 상징하는 정사각형을 이용해 자신들의 패턴을 기록한다. 이렇게 코드를 기록함으로써 디자인이 시간과 공간을 넘어 전파될 수 있다. 하지만 이 코드를 해석하려면 뜨개질을 할 줄 알아야 하고, 무엇보다 2차원인 코드를 어떻게 3차원으로 나타내는지 알아야 한다. 이는 손뜨개질과 컴퓨터 뜨개질의 공통점이기도 하다. 나라야난과 공저자는 "편물 프로그래머들은 80년 전에 하던 일을 똑같이 하고 있다."라고 썼다. "캠(cam) 실린더에서 카드 체인, 종이테이프, 플로피디스크, 플래시 드라이브, FTP 서버로 매체는 변화해 왔지만, 프로그래머들은 여전히 캐리지(carriage)가 통과할 때마다 각 바늘이 무엇을 해야 하는지를 기계에 주입한다."

그 어느 때보다 발전한 바늘과 컨트롤로 기계는 빠르게 개선되고 있지만, 소프트웨어는 그 뒤를 따르지 못하고 있다. 보이는 것이 그대로 나오는 디스플레이가 익숙해진 이 시대에 산업 뜨개질 시스템은 여전히 고성능 모눈종이 코드를 사용하는 셈이다. 패션 디자이너들이 자신들만의 3D 소프트웨어로 새로운 스타일을 스크린에 나타낼 때, 누군가는 프로그램으로 각 의류 디자인을 한 땀 한 땀 2차원에서 3차원으로 변환해야 한다. 디지털 뜨개질의 효율이 점차 강력해지면서 의류 회사는 이와 같은 한계에 좌절했다. 이들에게는 3차원으로 디자인할 수 있는 프로그램이 필요했다.

이 문제에 해답을 제시한 것이 바로 그 골이 진 무늬로 짠 토끼 인형이다.

편물로 덮인 인형의 외부는 나라야난과 동료들이 개발한 오픈 소스 비주얼 프로그래밍 시스템을 활용한 산업용 평상형 기계로 제작한 것이다.(속을 채우는 과정은 수작업으로 완성했다.) 뜨개질로 어떤 물체를 만들 때 디자이너는 컴퓨터로 디자인한 패턴을 이 시스템에 넣어 실제 기계 뜨개질을 할 수 있는지 확인하거나, 시스템 속 3D로 구현된 망에 바늘 코를 넣어 새로운 패턴을 만들 수 있다. 이 시스템을 활용하면 골이나 3D 형상과 더불어 레이스 같은 질감과 다양한 색상을 구현할 수도 있다.

즉, 디자이너들이 뜨개질 기계처럼 생각하게 하지 않고 자신이 만들고자 하는 것에 집중할 수 있게 해 주었다. 나라야난은 "우리는 이 시스템을 통해 뜨개질 전문가가 아닌 사람도 영감을 얻을 수 있기를 바랍니다."라고 말한다. "2D 공간이 아니

카네기 멜런 대학의 직물 연구소에서 개발한, 3D 뜨개질과 소프트웨어로 만든 스탠퍼드 버니. 왼쪽 토끼는 기본적인 스타키넷 기법을 사용했고, 오른쪽은 조금 더 발전한 기법으로 무늬를 넣었다. (Vidya Narayanan, James McCann, Lea Albaugh)

라 3D 공간에서 작업할 수 있습니다." 역설적이게도 이 프로그램은 코드를 숨김으로써 마르크스 치글러의 유산을 뛰어넘었고, 현재의 장인들보다 뛰어난 직물을 만들 힘을 주었다.

가장 필요한 것은 그 어떤 기계에도 사용할 수 있는 표준 파일 포맷이다. 카네기 멜런 연구실에서는 니트아웃(Knitout)으로 불리는 오픈 파일 포맷을 개발했다. 매캔은 "사실 원리는 아주 간단합니다."라고 말한다. "이 프로그램이 하는 일은 기계가 여러분이 원하는 일을 원하는 순서로 수행하도록 목록을 작성해 주는 것뿐입니다." 나라야난과 동료들이 개발한 디자인 프로그램은 사용자만 적합하다면 시마 세이키의 기계에서도, 그 라이벌인 독일 뜨개질 기계 슈톨(Stoll)에서도, 소규모 생산을 위한 기계에서도 똑같은 결과물을 만들어 낼 수 있다.

카네기 멜런의 연구는 여러 대학이 함께한 계획 사업의 일부로, 직물의 디지털 디자인을 크게 발전시켰다. 게임 산업과 영화 산업이 이끄는 이 시도는 직물이 실제 그대로 스크린에 나타날 수 있도록 직물과 섬유의 특징과 반응을 정밀하게 표현하는 알고리즘을 만드는 작업에서 시작했다. 목표는 모든 섬유의 특징을 암호화해 스크린에서 각 섬유의 반응을 정확하게 모방하는 알고리즘에 입력하는 것이다. 더 나은 애니메이션을 만들고자 시작했던 작업이 지금은 의류 회사의 경영진들에게 긍정적 설렘을 불어넣고 있다. 이들은 이 프로그램에서 시행착오 샘플링을 제거하고, 리드 타임(lead time)을 4분의 3까지 줄여 실의 특성을 살린 옷 전체를 디자인하는 그날을 기다린다.

편물 엔지니어 시즈는 "이 프로그램의 비용 절감과 환경 보호 효과는 상상할 수 없을 정도입니다."라고 말한다. 치글러를 떠올리며, 시즈는 패턴을 암호화하고 전송하는 이 새로운 기능이 가져올 공동의 번영을 보았다. "모든 사람이 이것을 공유할 것이며, 모두가 이 번영을 나누어 갖게 될 겁니다."[50]

4장 염료

눈에 보이는 모든 것은 색으로 구분되고, 가치가 부여된다.
— 장바티스트 콜베르, 『울의 염색과 제조에 관한 지침
(*General Instruction for the Dyeing and Manufacture of Woolens*)』, 1671년

6000년 전, 메소포타미아의 도시 우르가 건국된 것과 비슷한 시기의 북부 페루 해안, 오늘날 우아카 프리에타(Huaca Prieta), 즉 검은 언덕으로 불리는 의식 장소에 누군가가 면을 찢어 흩뿌렸다. 세월이 지나 의미는 알 수 없는 그 의식에서 천의 주인은 천 조각들을 모아 소금물에 담근 뒤에 그 소금물을 담았던, 장식된 박을 깨트렸다. 그렇게 수 세기가 지났지만, 북부 페루 해안의 건조한 기후 덕택에 수백 갈래로 찢어진 천 조각과 깨진 박의 흔적은 고스란히 보존되었다.

1만 4000년 이상 사람이 거주했던 우아카 프리에타와 그 주변은 세계 최초의 경제적·문화적 복합 정착지 중 하나이며, 실제로 인류의 최초 정착지일 가능성도 있다. 바다와 강, 습지, 사막, 평지가 한데 모여 있어 풍요로운 바로 이곳에서 초기 인류는 영구적 보금자리를 만들고, 음식을 저장하거나 교환하고,

독특한 의식과 예술을 발전시켰다. 이들이 남긴 인공물은 농경과 도예가 필연적으로 함께한다는 오랜 고고학적 가정을 정면으로 부정한다. 이 고대 인류는 작물을 키웠지만, 도자기를 만들지는 않았기 때문이다. 풍부한 해상 생물과 아보카도, 칠리, 목화 등 열대식물이 가득한 이 지역에서 사람들은 도자기 없이도 박, 그물, 바구니, 천을 주요 도구로 사용하며 복합적인 삶의 방식을 발전시켰다.

우아카 프리에타의 유물들을 보면 오늘날 우리와 마찬가지로 직물이 이들에게 그저 기능적 인공물 그 이상이었다는 사실을 알 수 있다. 발견된 천 조각은 단순히 이 지역에서 자라는 목화의 황갈색을 띠지 않았다. 이 조각들에는 푸른 줄무늬가 있었다.[1] 실용성 하나만으로는 푸른 천을 만들기 위해 들어간 수많은 노력을 설명할 수 없다.

연구실에서 과학적 방법으로 색을 입힌 직물에 150년간 익숙해진 현대인은 염료를 당연하게 여긴다. 하지만 염료는 우리의 생각보다 훨씬 복잡하다. 15세기 피렌체의 어느 염색공은 "그 어떤 잡초도 염료가 될 수 있다."라고 말하곤 했다. 하지만 이 말은 노란색, 갈색, 회색처럼 관목과 나무에 흔한 플라보노이드와 타닌으로 만들 수 있는 염료에만 적용된다. 붉은색과 푸른색의 염료는 아주 복잡하고 희귀했으며, 녹색은 거의 불가능할 정도였다. 엽록소는 염료로 쓸 수 없기 때문이다.[2]

단순하게 식물을 뜨거운 물에 넣어 염료를 추출한 뒤 직물을 염색할 수 있는 경우는 아주 드물다. 예를 들면 양파 껍질처럼 쉽게 색을 낼 수 있는 식물은 많지 않으며, 세탁을 한 번이라도 견디는 염색을 하려면 대부분은 화학물질의 도움을 받아야 한다.

다행히 염색의 결과는 명확하다. 약학이나 마법과는 달리, 마치 금속공학처럼 염색의 결과는 성공하거나 실패하는 두 가지뿐이다. 변수를 조절하며 결과를 관찰할 수도 있다. 실수는 성공과 완전히 다른 결과로 나타난다. 시간이 지나며 기술이 향상되고, 사람들은 자신들이 사용하는 물질이 지닌 패턴을 이해하게 되었다. 초기에 염색을 담당했던 사람들은 기저에 있는 화학을 모른 채로 염료의 느낌, 냄새, 맛, 반응을 보며 산, 염기, 소금 등을 분류하는 방법을 체득했다. 이들은 연수인 빗물이 경수인 우물물과 다르다는 사실을, 그 둘 사이에 강물이 있다는 사실을 알았다. 쇠로 만든 염료 통이 구리 염료 통이나 도자기 염료통과 다른 색을 만들어 낸다는 사실도 발견했다.

화학자이자 고대 색료 분석 전문가 즈비 코렌(Zvi Koren)은 "고대의 염색공들은 아주 수준 높은 경험주의 화학자였다."라고 썼다. 코렌의 관찰에 따르면 오래 지속되는 색상을 만드는 이들의 방법은 다음과 같았다.

고대의 염색공들은 이온 결합, 공유 결합, 분자 간 결합, 복합체 조정, 효소의 가수분해, 광화학 색소 생산성 전구체 산화, 무산소성 세균 발효 감소, 산화 환원 반응 등 수준 높은 화학적 주제에 기반을 둔 염색 방법을 찾아내 익혔다.

고대의 염색공들이 이러한 개념들을 알았던 것은 아니다. 18세기가 되어서야 우리는 분자 수준에서 어떤 일이 일어날 가능성이 있는지 짐작이라도 할 수 있게 되었고, 19세기가 되어서야 분자가 실제로 존재한다는 사실을 알게 되었다. 프랑스 사학자 도미니크 카르동(Dominique Cardon)은 식물학, 화학, 천연염료의 역사에 관련된 그녀의 기념비적 저서에 "모든 인간 활동을 통틀어 식물을 활용한 염색은 경험적으로 습득한 전문 지식의 효율성을 가장 잘 보여 주는 예시 중 하나다."[3]라고 기록했다.

염료에는 인공물에 아름다움과 의미를 불어넣으려는 인류의 보편적 탐구 정신과 더불어 이러한 열망이 불러일으킨 화학적 독창성과 경제적 진취성이 담겨 있다. 염료의 역사는 곧 화학의 역사이며, 근본적 이해 없이 시행착오를 겪는 실험의 힘과 한계를 함께 드러낸다.

○

우아카 프리에타의 천에 물든 푸른색은 세계에서 가장 유명한
식물 염료인 인디고에서 왔다. 인디고의 전구(前驅) 화합물*인
인디칸(*indican*)은 다양한 기후와 토양에서 자라는 여러 식물
에서 발견된다. 유럽에서 전통적으로 푸른색을 낼 때 사용했던
대청(大靑, *woad*)은 양배추에서 추출한 염료다. 유럽에서 '진정
한 인디고'로 알려진 남아시아 식물 낭아초(*Indigofera tinctoria*)
와 더불어 아프리카와 아메리카가 원산지인 인디고 종들은 모
두 콩과 식물이다. 일본의 인디고인 쪽(요람(蓼藍), *tadeai*)은 마
디풀과에 속하며, '염색공의 마디풀'로 불리기도 한다. 이처럼
인디칸을 함유하며, 고대 세계의 인류가 아름다운 푸른색 염료
를 발견할 수 있었던 식물 중 크게 다른 종은 별로 많지 않다.[4]

　오늘날 우리는 식물에서 유래한 색에 '천연'이라는 이름을
붙여 연구실에서 화학적으로 만든 염료와 구분하며, 화학적으
로 성분이 같은 인조 인디고도 예외 없이 천연과 구별된다.[5] 하
지만 인디고를 만들기 위해서는 '천연'이라는 말의 의미보다
훨씬 인공적인 노력이 필요하다. 인디고의 원료는 야생에서 자

---

*　어떤 화학반응 등에서 최종적으로 얻는 특정 물질이 되기 전 단계의
　물질.

전 세계 인류는 서로 다르지만 같은 화학물질을 지닌 여러 식물에서 인디고 염료를 얻었다. 왼쪽부터 유럽의 전통적 푸른색을 냈던 대청(이사티스 팅크토리아(Isatis tinctoria)), 일본 인디고(페르시카리아 팅크토리아(Persicaria tinctoria) 또는 폴리고눔 팅크토리움(Polygonum tinctorium)), 단순하게 인디고로 불리는 남아시아의 인디고페라 팅크토리아(Indigofera tinctoria). (New York Public Library Digital Collections; Library of Congress; Wellcome Collection)

라지만, 이 식물의 잎을 염료로 만들어 천을 푸르게 물들이려면 엄청난 기술과 솜씨가 있어야 한다. 고고학자이자 직물 전문가이고, 우아카 프리에타 분석을 지휘했던 제프리 스플릿스토저(Jeffrey Splitstoser)는 "현대에 사는 우리는 이따금 고대 인류가 세상에 대한 이해력이 떨어지는 원시인이라고 생각하곤 합니다."라고 말한다. "하지만 그 시대를 살아가려면 꽤 영리해야 했습니다."[6]

인디고 염료를 만들기 위해서는 먼저 잎을 물에 담가야 한다. 시간이 지나면 세포들이 분해되며 특정한 효소와 함께 인디칸을 방출한다. 이 효소는 인디칸을 당분과 인독실(*indoxyl*)이라고 불리는 고반응성 분자로 분리하는 촉매로 작용한다. 인독실은 물속에 있는 산소와 빠르게 결합해 인디고로도 불리는 푸른 색소 인디고틴(*indigotin*)을 형성한다. 물에 용해되지 않는 인디고틴은 용기 바닥에 슬러리 형태로 모이게 된다.

이제 우리는 안정적 색소를 얻었다. 이 색소는 물감이나 잉크로 사용하기에는 적합하지만, 용해되지 않으면 직물을 염색할 수는 없다. 염료로 사용하려면 나뭇재처럼 강한 알칼리성(염기성)을 띠는 물질을 물에 넣어 수소이온농도지수(pH)를 바꾸어 주어야 한다. 처음부터 알칼리성 물을 사용해도 되고, 색소 슬러리를 분리해 새로운 통에 넣어 사용하고 남은 잎을 제거해 주어도 된다.

인디고틴은 염기성(알칼리성)이 강한 환경을 만나면 류코-인디고(*leuco-indigo*) 혹은 화이트 인디고로 불리는, 용해 가능한 화합물로 바뀐다. 카르동은 "인디고로 염색하려면 색소를 파괴해야 한다. 용해가 가능하지만 색은 거의 찾아볼 수 없는 다른 물질로 변화한 후에야 섬유에 스며들 수 있다."[7]라고 설명한다.

인독실과 마찬가지로 류코-인디고도 산소와 결합해 인디고틴으로 변한다. 이러한 결합과 용액을 유지하려면 물속의 산소 수준을 낮추어 주어야 한다. 염색공들은 전통적으로 인디고

화합물	해당 화합물을 발견할 수 있는 곳
인디칸	잎
인독실	잎에서 나온 효소가 있는 용액
류코-인디고	저산소 알칼리성 용액
인디고틴('인디고')	인독실이 산소에 노출될 때

잎에 있는 박테리아를 사용하거나 대추, 겨, 꿀 등의 음식을 첨가하는 방법을 사용했다. 이들은 박테리아나 산소의 존재는 물론이고 이들이 어떻게 상호작용을 하는지도 알지 못했다. 그저 통하는 방법을 찾을 때까지 여러 재료를 시도해 본 것뿐이었다. 하지만 기본이 되는 화학반응은 같았으므로 여러 가지 다른 첨가물로도 원하는 결과를 얻을 수 있었다.

인디고 학자 제니 밸푸어-폴(Jenny Balfour-Paul)은 "세계 곳곳에서 염색 물질의 효과적인 환원제와 발효제로 밝혀진 물질들은 매우 화려한 기념 케이크의 재료처럼 보인다. 대부분 '달콤'한 맛이 나기 때문이다."라고 썼다.

> 옛 염색공들은 대추, 포도, 야자당, 당밀, 이스트, 포도주, 쌀로 만든 술 찌꺼기, 지역 리큐어, 맥주, 루바브 즙, 무화과, 오디, 파파야, 파인애플, 생강, 꿀, 재거리(jaggery), 헤나 잎, 밀기울, 밀가루, 차지게 익힌 쌀과

타피오카, 꼭두서니(madder), 결명자, 참기름, 녹색 바
나나, 사이잘 잎, 가루로 만든 빈랑나무 열매, 타마린
드 주스를 첨가했고, 부패한 고기처럼 먹음직스럽지
않은 재료도 있었다.

18세기에 들어 화학 지식이 발전하면서 염색공들은 염료
를 만들 때 산소와 결합해 녹 형태로 침전하는 철 화합물을 산
소를 줄이는 용도로 사용하기 시작했다. 재료와 관계없이 인디
고 염료를 만들기 위해서는 활성산소가 적고 염기성이 높은 용
액이 필요했기 때문이다.[8]

류코-인디고가 용해되기 시작하면 표면 아래의 용액은 부
동액처럼 기묘한 황록색으로 변한다. 염료 통 위쪽에는 보는
각도에 따라 색이 변하는 보랏빛의 푸른색 거품이 생기는데,
이는 인독실이 공기 중에 있는 산소와 결합하고 있다는 신호
다. 이 단계가 되면 원하는 섬유, 실, 직물을 넣어 염색할 수 있
다. 물에 용해된 류코-인디고는 섬유의 미세한 틈과 구멍에 침
투해 초록빛 색조를 띠게 한다. 그다음으로 염료 통에 담갔던
섬유를 꺼내 공기에 노출시키면 류코-인디고는 산소와 결합해
인디고틴을 형성하게 된다. 이때 섬유는 마법처럼 푸른색으로
변한다. 염료 통에 담갔다가 꺼내는 작업을 반복하면 인디고틴
분자가 겹쳐지며 더욱 짙은 색을 낼 수 있다.

피에르 포메(Pierre Pomet)의 『약품의 역사(*L'Histoire Générale des Drogues*)』(1694)에 수록된, 인디고를 제작하는 과정. 장면의 배경이 인도인지 서인도제도인지는 확실하지 않다. (Internet Archive)

인디고는 만든 뒤 전부 사용하지 않아도 된다. 인디고 슬러리는 축축한 페이스트 상태나 공 모양으로 만들어 잎과 함께 보관했다가 이후에 복원할 수 있었는데, 이는 대청을 썼던 유럽과 쪽을 썼던 일본의 역사에 공통으로 나타나는 관습이다. 또는 말린 빵처럼 만들기도 했으며, 이러한 형태로 만든 인디고는 가볍고 튼튼하며 운반하기 쉬워 장거리 무역에 적합했다. 16세기 초, 유럽 상인들은 인도에서 빵 형태의 인디고를 들여

와 인디고라는 이름을 붙였고, 이 염료는 색소 농도가 낮았던 토착 대청 염료를 점차 대체했다.[9]

그러나 아름다운 결과물만 보다 보면 이 모든 인디고 화학의 가장 큰 단점을 간과하기 쉽다. 바로 엄청난 악취다. 생전 처음 인디고 염색에 도전했던 누군가는 "꽤 시간이 흐른 뒤에야 공기 중에 떠다니는 고약하고 축축한 야외 화장실 냄새의 근원이 막힌 변기가 아니라 거대한 염료 통이라는 사실을 깨달았다."라고 썼다. 대청을 발효하는 냄새가 너무 고약했던 나머지 엘리자베스 1세(Elizabeth I)는 자신의 모든 궁 반경 8마일 내의 인디고 염색을 모두 금지했다. 오염은 산업혁명 이전에 이미 시작되었다.

로스앤젤레스의 어느 인디고 염색 작업장에서 직물 디자이너 그레이엄 키건(Graham Keegan)은 응집된 슬러리 통을 지나며 모두에게 냄새를 맡아 보라고 권했다. 우리는 하나둘씩 숨을 들이마셨다. 어떤 학생은 "세상에,"라고 탄식을 내뱉는다. "향이 오래가네요." 키건은 포도주 전문가 흉내를 내며 올해의 빈티지가 작년보다 덜하다고 말한다. "부패한 향이 강하고, 대변과 소변의 노트도 풍부하네요. 완벽해요."[10]

이렇게 심한 냄새가 나는 화학 마법의 결과물은 바래지 않는 염료다. 이 과정을 거쳐 완성된 푸른색은 빨래해도 빠지지 않고, 햇빛에 바래지도 않는다. 밸푸어-폴은 "바이외 태피스트리(Bayeux tapestry)에 선명하게 남은 단 하나의 색은 대청으로 염색한 울에 물든 인디고 블루 뿐이다."라고 썼다. 또한 대부분의 식물 염료와 달리 인디고는 면이나 리넨 같은 셀룰로스 섬유에도 쉽게 스며든다. 우아카 프리에타에서 발견된 직물도 면이었고, 약 4400년 전 이집트인들은 염색되지 않은 리넨에 섬세한 인디고 줄무늬를 넣어 미라를 감쌌다. 인디고로 염색한 청바지를 보면 알 수 있듯이, 인디고 색은 여러 번 입으면 닳아 없어지기도 한다. 하지만 오랜 과거에 존재했던 문명 속 뛰어난 인류가 증명한 것처럼 인디고는 수천 년간 그대로 보존될 수도 있다.[11]

카르동은 "인디고 염색에 완전히 숙달되기까지는 필연적으로 여러 실험을 거쳐야 했겠지만, 고고학적 발견에 따르면 지리적으로 멀리 떨어져 있는 여러 선사시대 문명에서 이미 이러한 기술을 습득했던 것으로 나타난다."라고 기록했다.[12]

이러한 기술은 우연히 발생한 사건을 주의 깊게 관찰하면서 시작되었을 것으로 추측된다. 누군가 이른 서리를 맞은 인디고 잎이 푸른색으로 변하는 장면을 보았거나, 인디고를 함유한 식물의 잎이 여름 폭풍에 떨어져 나와 젖은 채로 모닥불에 떨어진 것을 관찰했을 것이다. 천연 염색으로 작품을 만드는 키건은 "이 식물은 손상을 입으면 푸른빛을 띠게 됩니다."라고 말한다. "인디고가 비바람에 날려 물웅덩이로 떨어진다면 웅

덩이의 물은 푸른빛을 띠는 초록색으로 바뀝니다. 그리고 염료 통 가장 위 표면에 생기는 보랏빛 구리색 막이 그 물웅덩이 위에도 똑같이 형성되었을 겁니다."[13]

이 주장을 검증하기 위해 나는 신선한 인디고 잎을 두 다발로 나누자고 키건에게 제안했다. 한쪽은 평범한 수돗물에 담그고, 다른 한쪽은 대나무 꼬챙이를 태워 만든 재를 섞은 물에 담가 놓았다. 내 주방 조리대에 하루 동안 이 두 가지를 두고 관찰했지만, 아무 일도 일어나지 않았다. 내가 추측한 문제점은 온도였다. 물과 집 내부의 온도가 너무 시원했기 때문이다.

나는 잎과 재를 따뜻한 물에 담갔고, 히터로 기온을 따뜻하게 유지할 수 있는 작은 욕실로 옮겼다. 아니나 다를까 다음 날 푸른빛을 띠는 작은 조각들이 수돗물 위로 떠올랐다. 재를 넣은 물은 구릿빛으로 바뀌었다. 이틀이 지나자 초록빛이 약간 더해졌다. 흰 천을 몇 차례 담가 보았더니 천에 옅은 청회색 물이 들었다. 키건이 만든 염료 통에서 일어나는 일처럼 놀라운 변화는 아니지만, 요점은 증명할 수 있었다. 나는 원시의 물웅덩이를 재현한 것이다.

○

페니키아의 전설 중에는 티리언 퍼플이라는 염료의 기원에 관한 이야기가 있다. 어느 날 티레의 수호신인 멜카르트(Melqart)가 그의 정부와 반려견과 함께 해변을 걷고 있었다. 멜카르트의 개는 물속에서 바다 고둥을 잡아 입에 물고 뜯기 시작했다. 반려견이 고둥을 물자, 입가가 보라색으로 변했다. 멜카르트는 이 광경을 보고 자신의 연인에게 줄 튜닉을 어떻게 염색할지 영감을 받았고, 티레에 이 비밀 염색 재료를 선사해 도시를 부유하게 했다.[14]

이 이야기를 듣고 자란 페니키아인들은 현재의 레바논 지역인 자신들의 모항부터 저 멀리 스페인이 있는 대서양 해안까지 배를 타고 나아갔던 고대 지중해의 훌륭한 항해자이자 상인이었다. 이들은 향나무, 유리 꽃병, 티리언 퍼플과 같은 화물과 함께 전 세계 알파벳 대부분의 기원이 된 문자를 전파했다.

전설이 말해 주듯이, 아주 유명한 고대의 색상이 어떻게 발견되었는지를 추측하는 것은 어렵지 않다. 페르시아 왕족의 로브, 히브리 사제의 옷, 로마 황족의 토가에 아름다운 보라색을 입힐 수 있었던 것은 식물 덕택이 아니라 해양 생물 덕택이었다. 지중해 전역에 걸쳐 발견된, 버려진 껍데기 무덤을 보면 작업을 한 번 할 때마다 고둥 수천 개가 사용되었을 정도로 염색이 한때 중요한 산업이었다는 사실을 알 수 있다. 고대 인류는 엄청난 노력과 창의력을 발휘해 조개류에서 보라색을 얻어 냈고, 이는 색 그 자체를 향한 사랑과 함께 사회적 지위를 나타내는 사치품에 대한 욕망을 보여 준다.

염색공들은 서로 다른 종 세 개에서 색소를 추출했으며, 각각을 따로 사용하거나 서로 조합해 다른 색상을 만들었다. 가시염료뿔고둥인 볼리누스 브란다리스(*Bolinus brandaris*)와 붉은입바위달팽이인 스트라모니타 하이마스토마(*Stramonita haemastoma*)로 붉은빛을 띠는 보라색을 만들어 냈다. 줄무늬가 있는 고둥 헥사플렉스 트룽쿨루스(*Hexaplex trunculus*)는 더욱 다양한 용도로 사용되었다. 이 고둥의 체액은 푸른색, 푸른빛을 띠는 보라색, 붉은빛을 띠는 보라색으로 바뀔 수 있기 때문이다. 현대 과학자들은 이 속에 담긴 화학적 성질을 알아냈다. 푸른색은 앞서 알아보았던 인디고틴 성분이었고, 푸른빛 보라색은 브롬 원자가 첨가된 것이며, 붉은빛 보라색은 두 개의 브롬 원자를 함유한 것이었다. 하지만 고대의 염색공들이 어떤 방법으로 원하는 결과를 얻을 수 있었는지 연구자들은 아직도 논쟁을 벌이고 있다. 고둥의 변종, 성별, 환경의 영향으로 결과가 달라진 것일까?[15]

로마 시대의 작가 대(大) 플리니우스(Pliny the Elder)의 글을 통해 우리는 고대의 보라색 염색에 관해 알 수 있다. 기원후 77년과 기원후 79년 사이에 출판된 플리니우스의 백과사전적 저서 『박물지(*Natural History*)』에는 보라색 염료를 사용한 염색 과정이 묘사되어 있다. 그러나 꼼꼼해 보이는 플리니우스의 묘사에는 가장 중요한 정보인 시간의 흐름을 찾아볼 수 없다. 예를 들어 플리니우스는 같은 종이라고 해도 해초, 부패한 점액, 진흙을 먹고 자란 개체를 구분했고, 산호 또는 자갈에서 채집한 종을 구분했다. 고대 염색공들에게 이러한 정보는 의미 있는 범주였고, 각 범주에서 얻을 수 있는 색에 관한 단서가 되었다. 하지만 오늘날 그 단서는 미스터리로 남아 있다.

게다가 고대의 염료와 색소를 재현하는 어느 예술가는 "플리니우스는 지식의 전달자였지, 염색공은 아니었다. 그렇기에 플리니우스는 과정을 제대로 이해하지 못한 채 기록을 남겼다."라고 관찰했다. 현대의 실험자들은 화학적 원리를 이용해 이 과정이 어떻게 이루어졌을지 알아내려고 노력해 왔다.[16]

플리니우스는 뿔고둥을 이렇게 설명했다.

> 뿔고둥의 식도 중앙에는 로브를 염색할 때 사용되는 유명한 보라색 중추가 있다. 이 부분에 있는 하얀 정맥에는 어두운 장밋빛의 귀중한 염료가 아주 조금 들어 있는데, 이 정맥을 제외한 다른 부분에서는 아무것도 나오지 않는다. 이 염료가 배출되면 고둥이 죽으므로, 사람들은 고둥을 산 채로 잡으려고 노력한다.

이 연체동물이 살아 있을 때는 체내에 무색 형태의 인독실을 지닌다. 고둥이 죽으면 체내의 혼합물을 산소와 결합하게 하는 효소가 방출되며 색을 띠는 액체가 만들어진다.(혼합물의 종류에 따라 햇빛이 추가로 필요한 때도 있다.) 색소가 바다로 빠져나가는 것을 막기 위해 고대의 수확자들은 살아 있는 고둥을 잡아 통에 넣어 보관했다. 염색이 이루어졌던 고고학 유적지 주변에는 이따금 독특한 구덩이 속에 들어 있는 고둥 껍데기들을 볼 수 있다. 비좁은 곳에 많은 고둥을 넣어 보관하며 적절한 먹이를 주지 않아 나타난 결과였다. 먹이가 없던 고둥들은 산을 함유한 기관을 이용해 서로의 껍데기에 구멍을 뚫어 살을 뜯어 먹을 수밖에 없었다.[17]

고둥을 충분히 잡고 나면 염색공들은 껍데기를 열어 색소가 든 분비샘을 분리해 냈다. 이 분비샘은 너무 작아 분리하는 과정 도중에 자꾸 으깨지곤 했다. 그다음으로는 분리한 분비샘, 분비물, 으깬 고둥을 물통에 넣어 끓이지 않은 채 따뜻한 온도를 유지했다. 그리고 이 혼합물에 플리니우스가 라틴어로 소금을 뜻하는 살렘(Salem)으로 부른 물질을 첨가했다. 그 뒤 3일 동안 혼합물이 깊이 스며들도록 기다려 농축된 용액을 만들었다. 플리니우스의 기록에 따르면 염색공들은 이 용액을 금속 가마솥에 옮겨 물을 첨가한 후 고둥의 잔여물을 걸러내고, 용액을 9일 동안 끓인 뒤 양털을 이용해 염색할 준비가 끝났는지 시험했다.

플리니우스가 언급한 살렘은 현대 화학자들을 어리둥절하게 만들었다. 평범한 소금을 구성하는 안정적 혼합물인 염화나트륨은 염색 과정에 도움이 되지 않기 때문이다. 카르동은 "연체동물과 소금 이외에 다른 재료가 전혀 없었다는 사실은 매우 놀라웠다."라고 썼다. 보라색 염색을 했던 염색공들도 인디고 염색에 사용했던 알칼리성 용액처럼 분명 무언가를 첨가했을 것이다. 카르동은 염색공들이 알칼리성 재를 얻을 수 있는 석회나 도자기 가마를, 고고학자들이 보라색 염색 작업장 근처에서 자주 발견했다는 사실에 주목했다.[18] 물론 가능성이 있는 주장이지만, 플리니우스가 재료를 제대로 기록했을 가능성도 배제할 수 없다.

우리는 합성염료의 밝은색에 익숙하기에 고대의 보라색도 밝은색일 것으로 짐작하기 쉽다. 하지만 은과 같은 값으로 여겨졌던 티리언 퍼플은 렉스 해리슨(Rex Harrison)이 율리우스 카이사르(Julius Caesar)로 등장한 1963년 영화 「클레오파트라(Cleopatra)」 배경의 테크니컬러(Technicolor)*와는 달랐다.[19] 플리니우스는 이 색을 "응고된 혈액과 같은 색이며, 앞쪽에서 보면 어두운색을 띠고, 또 어떤 각도에서 보면 밝은 빛이 반사되기도 한다."라고 묘사했다. 후기 라틴어는 이 색을 블라타

---

*   천연색영화 제작 기법 중 하나로 20세기 초중반에 널리 쓰였다.

(blatta)로 부르는데, 이는 혈전을 뜻하는 단어다. 가장 귀중하게 여겨졌던 고대 염료이지만, 현재 우리의 관점에서는 그다지 매력적인 색으로 느껴지지 않는다.

보라색 염료 역시 냄새가 고약했고, 이는 염색 과정만의 문제는 아니었다. 플리니우스와 동시대를 살았던 젊은 풍자 시인 마르티알리스(Martial)는 "티리언 염료에 두 번 담근 울"의 지독한 냄새에 관해 장황하게 늘어놓으며 부유한 여성이 보라색 옷을 입는 이유는 염료의 냄새로 자신의 악취를 가리기 위해서라고 조롱했다. 플리니우스는 못마땅해하며 "염료로 사용될 때는 해로운 냄새가 나고, 분노한 바다의 우울한 색채를 닮은 보라색 껍데기가 엄청난 가격을 호가하는 것은 대체 무엇 때문인가?"라고 말했다.

구매자들이 이 값을 내는 이유는 사회적 위치 때문이었다. 살 수 있는 사람이 많지 않았기에 티리언 퍼플을 소유하는 자체로 특별해질 수 있었다. 기원후 6세기 초, 로마의 정치인 카시오도루스(Cassiodorus)는 티리언 퍼플을 두고 "소유한 자를 다른 모두와 구별하는 핏빛 암흑"이라고 기록했다. 이 희귀한 색상은 군중 속에서도 단연 눈에 띄었다. 마르티알리스는 자신의 짧은 풍자시 「훔친 크리스피누스의 망토 위에서(On the Stolen Cloak of Crispinus)」에서 다음과 같이 썼다.

크리스피누스는 욕실에서 옷을 갈아입고 토가를 입은 뒤 누구에게 자신의 티리언빛 옷을 건네주었는지 알지 못한다. 옷을 가진 자가 누구이든, 나는 당신이 그의 어깨에 영예를 되돌려 주기를 기도한다. 당신에게 이러한 요구를 하는 것은 크리스피누스가 아니라 그의 망토다. 보랏빛 염료에 담근 옷은 누구나 입을 수 있는 것이 아니며, 그 색은 부유한 자에게만 어울리기 때문이다. 만약 전리품과 부도덕한 이익을 향한 사악한 갈망이 당신을 사로잡는다면, 토가를 가져가라. 토가는 당신을 배신하지 않을 것이다.

심지어 이 보랏빛 염료의 악명 높은 악취마저 권위로 여겨졌다. 값싼 식물 염료로 모방한 색이 아닌 진짜 티리언 퍼플을 의미했기 때문이었다.[20]

판매자들이 제시하는 비싼 값은 염료를 생산하기 위해 얼마나 많은 노동이 필요한지, 혐오스러운 냄새를 견뎌야 하는지를 나타낸다. 2001년 여름, 고고학자 데버라 러실로(Deborah Ruscillo)는 이 과정을 배워 보았다. 동물 흔적 분석 전문가인 러실로는 고고학 유적에서 발견된 엄청난 양의 고둥 껍데기에 흥미를 느꼈고, 고대의 염색에 얼마나 많은 고둥이 필요한지 궁금했다. 그래서 그녀는 대학원생 조수 한 명과 함께 플리니우스의 안내서를 직접 따라 해 보기로 했다.

먼저 러실로는 지역 어부들이 버린 생선으로 줄무늬 고둥들이 축제를 벌이는 크레타의 한 해안에 미끼를 넣은 덫을 설치했다. 곧 덫은 물과 함께 빠르게 차올라 들기 어려울 정도로 무거워졌다. 덫 안에는 반갑지 않은 짐도 함께였다. 러실로는 "뱀장어와 더불어 쏨뱅이같이 바닥을 기어 다니는 어류가 들어왔는데, 이들은 바구니나 통을 들어 올리는 잠수부들에게 위협이 될 수 있는 생물들이다."라고 기록했다. 좋은 소식은 그녀가 놓은 미끼가 주변의 다른 생물보다 고둥을 더 많이 유인했다는 것이다. 그렇게 러실로와 그녀의 조수는 한 시간 만에 다양한 생물들과 함께 고둥 수백 마리를 잡을 수 있었다. 고고학적 유물을 관찰하면 고둥을 잡았던 사람들이 덫을 사용하는 동시에 손으로도 고둥을 잡았다는 사실을 알 수 있다. 손으로 고둥을 잡았던 사람들이 남겨 두었을 작은 고둥이, 덫에 잡혔을 리 없는 죽은 고둥들과 함께 껍데기 무덤에서 발견되었기 때문이다.

바닷물이 든 양동이 안에 800마리가 넘는 고둥을 담은 두 연구자는 "현대적인 마을과 아주 멀리 떨어진" 장소로 걸음을 옮겼다. 러실로는 고대의 염색 작업장들이 보금자리와 멀리 떨어져 있다는 사실을 알았고, 실험을 시작하자마자 그 이유를 깨달았다.

하지만 이들은 먼저 껍데기를 까야 했다. 러실로는 이후 인터뷰에서 "세상에, 거의 불가능한 수준이었어요."라고 회상했다. "바위처럼 딱딱했어요." 그녀는 고대 유물에 남은 구멍에서 단서를 얻어 단계를 두 개로 나누었다. 먼저 놋쇠 송곳으로 나선형 껍데기에 작은 구멍을 뚫고, 그 구멍을 비틀어 껍데기를 열었다.

다음은 아주 중요한 작업이었다. 이들은 분비샘을 잘라 낸 뒤 나머지를 버리며 한 가지 중요한 차이를 제외하고는 고고학자들이 발견했던 고대 유적지의 고둥 껍데기 무덤을 비슷하게 재현해 냈다. 고대 유적지의 껍데기들과 달리, 이들이 만든 언덕에는 부패하는 고둥의 살코기도 섞여 있었다. 러실로는 "우리는 곧바로 우리를 쏘아 대는 커다란 말파리와 말벌들에 둘러싸였습니다."라고 말했다.

이들은 잘라 낸 분비샘을 물이 담긴 알루미늄 냄비에 넣어 뚜껑을 덮어 두었고, 개수가 늘어날수록 물의 색은 생생한 보라색으로 바뀌었다. 하지만 뚜껑을 단단히 덮어 두어도 파리들은 이 끈적한 혼합물에 계속해 알을 낳았다. 러실로는 "커다란 파리들이 냄비 가장자리에 앉아 유충과 알을 뚜껑 밑으로 밀어 넣었습니다."라고 회상했다. "놀라울 정도였어요." 염료를 망치지 않고 구더기를 죽이기 위해 러실로는 용액을 끓기 직전의 온도로 유지해야 했다.

　　고대 염색공들은 수백 리터가 넘는 큰 통을 사용했지만, 러실로는 590밀리리터의 작은 냄비들을 사용해 가로 6인치, 세로 8인치의 샘플을 염색할 수 있을 정도의 양만 만들었다. 이렇게 작은 규모였지만, 러실로는 그 유명한 염료의 악취를 경험할 수 있었다. 그리스의 지리학자 스트라본(Strabo)은 티레에 관해 "염색 작업장이 수없이 많아 불쾌한 냄새가 진동했지만, 주민들의 뛰어난 기술이 더해져 도시를 부유하게 하기도 했다."[21]라고 기록했다.

　　"불쾌한"이라는 수식어는 이 악취를 아주 심각하게 과소평가한 것이다. 러실로는 "50미터 떨어진 곳에서 점심을 먹던 인부들이 냄새 때문에 불평할 지경이었어요."라고 말했다. 악취를 견디기 위해 러실로와 동료는 마스크를 착용해야 했다. 고대의 염색 작업장에서 풍기던 압도적 악취는 아마 수천 배 이상이었을 것이다. 또한 이 작업은 작업자들의 손에 아무리 씻어도 지워지지 않는 보라색 얼룩을 남겼다. 러실로는 이 끔찍한 작업을 해야 했던 사람은 분명히 노예들이었을 것으로 결론지었다.

　　러실로는 울, 면, 생사, 가공된 실크로 시험을 거친 뒤 울과 가공된 실크에 색이 가장 잘 물든다는 결론을 얻었다. 염색용 용액을 만들 때는 고대 직물 전문가들이 추천한 재료를 사용했다. 러실로가 사용한 원료는 각각 해수, 담수, 해수와 소변, 해

수와 미네랄 소금인 백반(*alum*), 해수와 식초였다.

러실로는 플리니우스가 보라색 염색을 단 한 번도 해 보지 않았을 것이라는 사실을 금세 깨달았다. 플리니우스의 기록을 따라 3일, 9일로 나누어 열을 가하자 형편없는 회색에 언뜻 보라색이 비치는 염료가 나왔다. 그녀는 9일 동안 열을 가하는 단계를 생략하기로 했다. 그 대신 각 혼합물의 온도를 3일 동안 섭씨 80도로 유지했고, 그 뒤 고둥 잔여물을 걷어 낸 다음에 직물 샘플을 담가 염료와 함께 천천히 식도록 놓아두었다. 여섯 번째 실험에서는 담가 두는 작업을 하지 않고 해수를 사용했다.

사용된 고둥의 개수와 직물을 담가 두는 시간에 따라 결과물은 옅은 분홍색에서 검은빛 보라색까지 다양했다. 러실로는 "모두 매우 아름다운 색이었습니다."라고 말했다. 실크에 물든 생생한 색조는 현대인의 취향에 조금 더 가까웠고, 고대인들은 울에 물든 어두운색을 더 선호했다. 울을 염색할 때는 염료가 더 많이 필요하기도 했다. 러실로는 "울은 염료를 스펀지처럼 즉각적으로 흡수하며, 씻어 낸 후에도 짙은 색이 빠지지 않는다."라고 기록했다. 자연히 악취도 그대로였다. 거의 20년이 지난 뒤에도, 강력한 세제로 세탁한 뒤에도 냄새는 없어지지 않았다.

놀랍게도 러실로는 모든 용액에서 근본적으로 같은 결과

를 얻었다. 소변이 든 용액에서 더욱 선명한 보라색이 나오기
는 했지만, 전반적으로 "같은 시간, 같은 농도, 같은 양의 물이
있었을 때 추가로 첨가한 재료는 색조에 큰 차이를 주지 않았
다."라고 러실로는 말했다.(담수보다는 해수에서 작업한 염색이 물
빠짐 없이 더 오래갔다.)

화학적 이론과 무관하게, 플리니우스가 기록한 재료들은
어떤 면에서 적절하게 기능했다. 소금과 해수가 결과적으로 고
둥의 부패를 막았기 때문이다. 어쩌면 고대의 염색공들은 알칼
리성 용액을 만들지 않고 해수만으로 염색했을지도 모른다. 중
간 정도의 수소이온농도지수가 7pH라면 해수는 8.3pH 정도
를 띠고 있어 어떻게 보면 알칼리성이라고 할 수도 있다.[22]

가장 놀라운 발견은 러실로가 장난에 가까운 실험으로 염
료를 넣지 않은 해수를 용액으로 사용했을 때 찾아왔다. 샘플
을 단 10분 동안 적시고 난 뒤 그녀는 이렇게 기록했다.

> 하얗고 끈적거리는 샘플이 아름다운 푸른빛으로 물들
> 었다. 이 실험으로 재현한 것은 '성경의 푸른색(Biblical
> Blue)' 혹은 테케레트(*tekhelet*)로 알려진 색상이며, 고
> 대에서 현재에 이르기까지 유대교를 믿는 지역에서
> 신성한 색으로 여겨진다. 이 신성한 푸른색은 바다 달
> 팽이로 만든다고 알려져 있다. 유대교에서 남성들이

아침 기도를 할 때 입는 기도복 탈리트(talit)나 결혼식
에 사용하는 옷에는 전통적으로 바다 고둥으로 염색
한 푸른 술을 달아야 했다.

인디고로 염색한 옅은 청바지의 색과 비슷한 이 그윽한 푸
른색은 러실로가 전혀 예상하지 못한 결과였다.

러실로의 실험은 고대에 보라색이 왜 그렇게 값비싸고 희
귀했는지 그 이유를 보여 준다. 러실로는 "힘겨운 고둥 염색 작
업을 제외하더라도, 옷 한 벌을 만드는 데 들어가는 노동시간
은 어마어마했다."라고 기록했다. 그녀는 장식 부분이나 가벼
운 의류를 염색하는 데만 해도 고둥 수백 마리가 필요했을 것
이라는 사실을 알아냈다. 그러므로 크리스피누스에게 훔친 그
망토처럼 커다란 울을 염색하려면 수천 마리가 필요했을 것이
고, 고둥을 잡는 데만 수백 시간이 소요되었을 것이다.

러실로의 연구를 특히 더 주목해야 하는 이유는 고대 염색
공들이 시도했을 방법에 관한 화학적 이론으로 연구를 시작하
지 않았기 때문이다. 오히려 러실로는 평범한 재료를 사용하며
결과를 관찰했다. 고대 염색공들이 의지했던 시행착오를 통한
배움을 현대 과학의 엄격한 실험으로 재정리한 것이다. 그 과
정은 체계적이고 과학적이었지만, 완벽하게 실증적이었다. 그
리고 이 연구의 경우에는 이론 기반의 추정이 놓친 결과를 입

증하기도 했다.[23]

역사의 대부분에서 염색은 화학보다 요리에 가까웠다. 화학반응이 일어나기는 했지만, 염색공들이 이러한 반응을 이해했던 것은 아니었다. 서로 다른 사람들이 서로 다른 방법을 사용했고, 중요한 기술의 많은 부분이 기록되지 못했다. 염색 기술은 스승에게서 제자에게로 실제적 경험을 통해 전수되었다. 온도나 수소이온농도지수를 측정하는 표준 측정 장치가 없었으므로, 좋은 결과물을 만들기 위해서는 색, 냄새, 맛, 질감, 심지어 소리까지 예민하게 관찰해야 했다. 같은 색상을 얻는 데도 여러 가지 방법이 있었을 것이다. 그래서 몇몇 보라색 염색공은 알칼리성 첨가물을 사용하고 누군가는 그렇지 않았으며, 몇몇은 해수를 사용하고, 또 몇몇은 소변, 식초 혹은 또 다른 비밀 재료를 사용했을 가능성이 크다. 이렇게 관습적으로 사용하던 재료 중 일부는 결과에 영향을 미쳤지만, 일부는 사실 아무 영향도 미치지 않았다. 결과물은 염색공마다 달랐고, 평판도 매우 중요했다.

○

도메니코 기를란다이오(Domenico Ghirlandaio)는 여러 피렌체 성당의 벽에 프레스코화를 그릴 때 저명한 시민들을 등장시키며 이들을 성스러운 의식의 목격자로 묘사했다. 이 그림들을 통해 우리는 15세기의 인문주의자와 은행가의 가족들을 볼 수 있다. 그리고 이들이 붉은 옷을 좋아했다는 사실도 알 수 있다.

수도복을 입지 않은 거의 모든 남성은 붉은 망토를 걸치고 있으며, 그에 맞는 모자를 쓴 사람도 많다. 여성들은 붉은 소매가 달린 옷이나 분홍색 드레스를 입고 있다. 침대 커버나 커튼도 붉은빛을 띤다. 「동방박사의 경배(*Adoration of the Magi*)」에 직접 그려 넣은 자화상에서 기를란다이오 본인도 진홍색 옷을 입고 있다. 루브르에 전시된 유명한 그림 속에 나오는, 코가 사마귀로 뒤덮인 할아버지와 머리카락이 담황색인 손자도 마찬가지다. 르네상스 시대에 빨간색은 고귀한 보라색을 제치고 부와 권력의 상징이 되었다.

그렇기에 조안벤투라 로세티(Gioanventura Rosetti)라는 베네치아인이 1548년에 출판한 최초의 전문 염색 설명서에서 붉은색을 만드는 방법이 서른다섯 개나 되었던 것도 놀랄 일은 아니다. 검은색은 스물두 개로 그 뒤를 따랐다.

『플릭토(*The Plichto*)』라는 제목으로 출판된 로세티의 책에는 16년의 노력이 담겨 있었으며, 그중 많은 시간은 분명 비밀을 밝히기 꺼리는 장인들에게 정보를 캐내는 데 소비했을 것이다. 로세티는 염색공이 아니었지만, 기술이 전파되어야 한다고 믿는 사람이었다. 그는 이후에 향수, 화장품, 비누를 주제로 비

1560년에 출판된, 조안벤투라 로세티의 저서 『플릭토』의 한 페이지. (Getty Research Institute collection via Internet Archive)

숫한 책을 출판했다. 『플릭토』를 "공공의 이익을 위해 전하는 자선적 작품"이라고 말한 로세티는 염색 비법이 "비밀을 손에 쥐고 놓지 않는 독재자들 때문에 수년 동안 갇혀 있었다."라며 불만을 털어놓기도 했다.

한 세기 뒤에 출판된, 마르크스 치글러의 직조 안내서와 마찬가지로 『플릭토』는 최첨단 기술과 관행을 기록하고 대중화한 지식 혁명의 첫 단계를 대표한다. 로세티는 제조 방식을 분석하거나 향상하지 않고 그저 정보에 쉽게 접근할 수 있게 해 다른 사람들도 염색을 배울 수 있도록 도왔다.

로세티는 염색이란 "예리한 지성인들에게 걸맞은 독창적 예술"이라고 말했다. 그의 기록을 보면 화학적 지식이 충분하지 않더라도(혹은 아예 없어도) 순수한 실증적 방식을 통해 염색 방법이 얼마나 발전할 수 있었는지 알 수 있다. 또한 그는 아메리카에서 건너온 착색제가 유럽에 완전히 정착하기 전에 염색이 전환기를 맞았다는 사실도 포착해 냈다.

"울이나 천을 빨간색으로 염색하기"라는 단순한 이름이 붙은 제조법을 살펴보자.

울 1파운드당 로슈 명반(roche alum)* 4온스를 넣고

---

* 프랑스의 로슈 절벽에서 유래한 이름이다.

한 시간을 끓인 다음에 깨끗한 물에 꼼꼼히 헹구어 준
다. 잘 씻은 뒤 울 1파운드당 꼭두서니 물감 4온스를
준비하고 깨끗한 물을 끓인다. 물이 끓기 시작하면 물
감을 넣고, 그다음으로 울을 넣은 뒤 약 30분 동안 계
속 저어 준다. 빨간색으로 잘 물들면 꺼내 씻는다.[24]

이 제조 방법에는 역사적으로 가장 중요한 염료가 등장
한다. 루비아 팅크토룸(Rubia tinctorum)의 뿌리이자 꼭두서니
라는 이름으로 더 잘 알려진 식물이다. 널리 재배되는 이 종은
"염료의 역사에서 최고의 자리를 차지하고 있으며, 그 이유는
이 염료를 단독으로, 혹은 다른 염료와 함께 사용해 놀라울 만
큼 다양한 색을 얻을 수 있기 때문이다."라고 카르동은 기록했
다. 기원후 73년의 유대교 반란군 집단 자결로 잘 알려진 사막
의 궁전 요새 마사다(Masada)에서 발굴된 직물 조각들은 밝은
빨간색, 담홍색, 짙은 버건디(Burgundy), 보라색, 보랏빛 검은
색, 붉은빛 갈색을 띠는데, 모두 꼭두서니를 사용한 것이다.[25]
꼭두서니의 다양한 용도는 염색공들의 전통적 비법을 활
용한 화학에서 비롯되었으며, 이는 두 유형으로 나뉜다. 첫 번
째는 식물학이다. 꼭두서니의 뿌리에는 색을 내는 두 가지 화
학 성분이 들어 있다. 알리자린(alizarin)은 오렌지빛 붉은색을
내고, 푸르푸린(purpurin)은 보라색 색소를 만든다. 이 두 성분

의 비율은 변종, 토질, 수확 당시 식물의 나이에 따라 달라진다. 염색공들은 이런 차이를 잘 활용해 다양한 색을 만들어 낼 수 있었다.

또한 염색공들은 여러 가지 첨가물을 넣어 색을 바꿀 수 있다는 사실도 알고 있었다. 르네상스 시대 염색공들은 꼭두서니에 푸른색을 더하고 경수를 연수로 만들기 위해 물에 겨를 며칠간 담가 산성을 띠는 물을 만들었다.(『플릭토』를 비롯한 여러 자료를 이용해 르네상스 시대의 기술을 재현했던 어느 연구자는 제대로 만든 쌀 또는 보릿겨 물(*bran water*)에서 "토사물 냄새가 난다."라고 말했다.) 포도주가 발효되는 과정에서 나오는 침전물인 하얀 주석(*white tartar*)은 붉은색에 오렌지빛을 더해 준다.[26]

가장 중요한 첨가물은 "깨물다"라는 의미의 라틴어 모르데레(mordere)에서 유래한 매염제(媒染劑, *mordant*)였다. 매염제는 주로 금속염을 사용했으며, 꼭두서니를 비롯한 천연염료가 섬유에 단단하게 붙을 수 있게 해 준다. 그래서 『플릭토』에 나오는 방법의 첫 단계에 매염제가 등장한다. 염색을 시작하기전에 직물을 매염제에 담가야 하는데, 이 경우에는 백반이 사용된다. 백반은 섬유와 결합해, 울이 염료 통에 잠겨 있을 때 섬유와 염료가 결합할 수 있도록 도와주는 다리 역할을 한다. 우리는 이곳에서도 다시 한번 시행착오를 거친 실증주의가 적용되었다는 사실을 알 수 있다. 오늘날까지도 화학자들은 섬유

분자, 매염제, 염료가 정확히 어떻게 상호작용을 하는지 토론을 이어 나가고 있기 때문이다.[27]

매염제가 달라지면 색도 달라진다. 예를 들어 철 화합물은 색을 흐리고 짙게 만든다. 마사다에서 발견된 붉은 갈색빛 직물에는 꼭두서니와 철분이 사용되었고, 기원전 14세기의 이집트인들도 식물에서 추출한 철분 매염제와 타닌을 활용해 갈색과 검은색을 만들었다. 로세티가 기록한 검은색 제조 방법 중 일부도 이와 같으며, 나머지는 오배자 열매에 함유된 타닌을 매염제로 이용해 짙은 색을 냈다.[28]

가장 중요한 매염제는 『플릭토』에 등장하는 백반이다. 백반은 칼륨 백반(또는 암모늄 백반) 성분으로 이루어져 있으며, 색을 밝게 만들어 줄 뿐 아니라 물이 빠지지 않게 해 준다. 사막이나 화산 지대에는 순수한 백반 결정이 자연스럽게 형성되므로 선사시대부터 백반을 사용했다는 사실이 설명된다. 하지만 고전고대(classical antiquity)*에 이르자 백반을 대량으로 사용해야 했고, 사람들은 화산 지대에서 발견되는 광물질인 명반석에서 백반을 추출하는 방법을 알아내야 했다. 명반석에서 백반을 얻으려면 먼저 가마에 명반석을 넣어 열을 가하고, 반복적으로

---

* 서양사에 큰 영향을 미친 고대 그리스 시대와 고대 로마 시대를 묶어 부르는 통칭이다.

그 위에 물을 부어 반죽 형태로 만들어야 한다. 그다음에 반죽을 끓여 용해되지 않는 화합물을 분리한 뒤 남은 용액을 옮겨 부으면 순수한 백반 결정이 된다.

로세티가 살던 시기에 백반의 채굴, 생산, 무역은 큰 사업이자 최초의 국제 화학 산업이었다. 예를 들어 1437년, 피렌체의 무역상인들은 비잔티움 제국에서 가루 형태의 백반 200만 파운드를 사들이는 5년짜리 계약을 체결했다. 16세기의 어느 작가는 "울과 모직물을 염색하는 사람들에게 백반은, 인간에게 빵이 필요한 만큼이나 중요한 재료다."[29]라고 말했다.

로세티의 제조법 중 하나는 "색채가 가득한 오렌지색"을 약속한다. 이 제조법에는 백반 20파운드와 함께 유럽산 안개나무에서 추출한 노란색 염료 푸스테트(fustet)와 더불어 꼭두서니, 브라질 소방목(Brazilwood), 아주 작은 곤충 수천 마리를 갈아 만드는 값비싼 진홍색 염료 그라나(grana)까지 세 가지 붉은 염료가 사용된다.[30] 말 그대로 색채가 가득하다.

바로 이 지점에서 우리는 전환기를 맞은 유럽의 염색업을 볼 수 있다. 특정한 몇몇 나무의 붉은 심재에서 얻을 수 있는 염료인 브라질 소방목은 한때 베네치아 무역상인들이 들여온 아시아 소방목으로 만들었기에 매우 희귀한 염료였다. 하지만 로세티가 살던 시기에는 아메리카의 열대지방에서 소방목을 풍부하게 들여올 수 있게 되었다. 예술사학자 마리-테레 알바레스(Mari-Tere Álvarez)의 기록에 따르면, 스페인은 1529년의 단한 달 동안 신세계 영토에서 소방목을 무려 6000톤이나 수입해 왔다고 한다.

브라질에는 국가 이름의 유래가 된 붉은 나무가 아주 풍부했으며, 아시아의 소방목보다 품질이 좋고 훨씬 저렴했다. 실제로 값이 너무 저렴한 나머지 알바레스는 학자들이 소방목을 소중하게 여기지 않는다고 불평하기도 했다. 알바레스의 말에 따르면 예술사학자들에게 브라질 소방목은 '색소계의 코스트코(Costco)'라고 한다. 염료로서 브라질 소방목은 개선해야 할 점이 많다. 빛을 받으면 빠르게 바래며 흐릿한 벽돌색으로 변하기 때문이다. 하지만 조금 더 오래 유지되는 색소에 브라질 소방목을 사용하면 깊이를 더해 줄 수 있다. 로세티가 기록한 방법에서는 브라질 소방목을 주로 꼭두서니나 그라나의 보조제로 사용한다.[31]

『플릭토』의 번역자는 "기록된 제조법이 대부분 숙련된 염색공들에게서 나왔으므로, 1540년 즈음에는 브라질 소방목이 케르메스(kermes: 그라나)와 꼭두서니와 함께 붉은색을 내는 주요 염료가 되었다고 합리적으로 추측해 볼 수 있다. 이렇게 브라질 소방목이 상업 염색에 광범위하게 활용될 수 있었던 이유는 품질이 매우 떨어져 가격이 아주 저렴했기 때문이다."[32]라고 기록했다.

그러나 신세계에서 값싼 붉은색 염료만 공급한 것은 아니었다. 1500년의 유럽에서 가장 가치 있는 붉은 염료는 유럽 참나무에서 자생하는 아주 작은 벌레로 만든 케르메스였다. 50년 뒤, 그 자리는 노팔(nopal) 선인장이나 가시 선인장에 붙어 자라는 멕시코산 코치닐(cochineal)로 대체되었다. 이 작은 벌레의 건조된 사체는 마치 식물이나 곡물처럼 보였으므로, 유럽 염색공들은 두 염료를 모두 '그라나'*로 불렀다. 번역자는 로세티가 그라나라는 단어를 썼을 때 이것이 케르메스를 의미한다고 생각했지만, 확신할 수는 없다. 로세티가 연구를 진행하던 시기에 유럽 염색공들은 원료를 바꾸고 있었기 때문이다.[33]

케르메스의 열 배에 달하는 색소를 함유한 코치닐은 신세계의 가장 큰 축복이자 멕시코 농부들에게 바치는 헌사다. 야생에서 자라는 케르메스와 달리, 토착민들은 수 세기 동안 코치닐을 길러야 했다. 누에를 가축화한 중국인들처럼, 멕시코인들은 코치닐과 선인장에 세심한 주의를 기울였다. 스페인인들이 멕시코에 도달했을 때, 멕시코인들은 선택 번식 방법으로 "유럽 사람들이 보았던 완벽한 빨강에 가장 가까운 색"을 만들어 냈다고 에이미 버틀러 그린필드(Amy Butler Greenfield)는 자신의 책에 기록했다.[34]

---

*　이탈리아어로 곡물(grain) 또는 그 알갱이를 가리킨다.

Fig. 200. — Cactus-Nopal portant des cochenilles.

노팔 선인장에 붙어 자라는 코치닐과 확대해 묘사한 코치닐의 모습. (Internet Archive)

염료로서 코치닐은 케르메스보다 색이 밝고, 물이 덜 빠지며, 사용법도 쉬웠다. 가벼운 데다 값도 비싸 무역품으로도 이상적이었다. 스페인이 멕시코를 점령하기 전까지 경쟁 상대였던 틀락스칼텍과 아즈텍의 상인들은 이 색소를 전역에 판매했다. 16세기 중반까지 코치닐은 누에바에스파냐(New Spain)에서 가장 값나가는 수출품이었다.

이전에 멕시코를 지배했던 아즈텍인들과 마찬가지로, 스페인 당국은 공물 명목으로 코치닐을 거두어 들였다. 하지만 세금만으로는 유럽의 수요를 감당할 수 없었다. 코치닐 농사는 곧 이익을 크게 얻을 수 있는 상업으로 떠올랐고, 그 기세는 사회 상황을 뒤집을 정도였다.

1553년, 틀락스칼라의 통치 의회는 소작농들이 코치닐로 벌어들이는 돈이 너무 많아 자급적 농업이 상품작물로 바뀌는 현실을 우려하고 있었다. 자신들이 소비할 작물을 직접 재배하지 않고 시장에서 구매하는 바람에 가격이 올라갔기 때문이다. 식민지 이전 시대의 엘리트이기도 했던 통치 의회 의원들은 코치닐로 벼락부자가 된 사람들의 과시적 소비를 개탄했다. 의회는 "선인장 농장주와 코치닐 상인 중 일부는 면으로 만든 매트 위에서 잠을 자고, 이들의 아내는 화려한 치마를 입으며, 엄청난 돈, 카카오, 옷을 소유하고 있다."라고 불만을 표시했다. "이들이 손에 쥔 부는 이들을 자만하고 으스대게 할 뿐이다. 코치닐이 알려지기 전, 모두가 코치닐 선인장을 기르던 때에는 이렇지 않았다."[35] 물론 코치닐은 수 세기 전부터 알려져 있었다. 달라진 것은 거대한 해외시장이었다.

코치닐 수출 시장은 시간이 갈수록 성장했고, 16세기 후반이 되자 매년 평균 125톤에서 150톤이 거래될 정도로 거대해졌다. 하지만 연간 수출량이 극적으로 변화할 때도 있었다.

1591년의 선적량은 175톤이었고, 1594년에는 163톤으로 살짝 떨어졌다가 1598년에는 반절로 곤두박질쳤다. 유럽 직물 생산자들은 매년 누에바에스파냐에서 함대가 몇 대나 들어올지, 올해 코치닐의 가격은 얼마일지 긴장하며 소식을 기다렸다. 아주 작은 단서라도 사업에는 아주 귀중한 정보가 되었다. 어느 역사가는 이렇게 기록했다.

> 유럽의 모든 무역 센터는 사실을 기반으로 그해에 거래할 수 있는 그라나의 양에 관한 추정값, 보고서, 추측을 발표했다. 브뤼셀은 '코치닐 함대'의 최신 소식을 1565년에 로마에서 전달받기도 했고, 항구도시 안트베르펜은 화물 총 1580개가 들어온다는 추정치를 발표했으며, 멕시코에서 날아온 한 편지에는 1586년에 항해했던 어느 코치닐 화물선에 관한 이야기가 등장한다.

1600년에 신세계에서 자라는 이 곤충은 아주 중요한 염료였다. 베네치아의 케르메스 상인들은 암스테르담과 안트베르펜을 거쳐 흘러들어 오는 스페인산 수입품 코치닐에 최고급 붉은 염료의 자리를 빼앗겼다. 1589년에서 1642년까지 암스테르담에서 판매하는 코치닐의 가격은 무려 네 배로 상승했다.[36]

스페인은 외국 선박에 코치닐을 싣지 못하게 하며 독점을 빈틈없이 유지했고, 여러 해적과 밀수업자는 이 강력한 속박을 끊기 위해 발버둥을 쳤다. 엘리자베스 1세 시대의 잉글랜드가 스페인과 냉전을(이따금은 열전을) 벌이면서, 잉글랜드 사략선* 들은 코치닐을 실은 선박을 목표로 삼았다. 가장 큰 수확은 엘리자베스 1세가 가장 총애했던 제2대 에식스 백작 로버트 데버루(Robert Devereux)가 가져왔는데, 1597년에 스페인 선박 세 척을 포획해 코치닐 27톤을 잉글랜드로 들여왔다. 그 뒤 얼마 지나지 않아 그려진 초상화 속 에식스 백작은 신세계의 염료로 물들인 것이 분명한 화려한 진홍색 로브를 입은 채 자세를 취하고 있다.[37]

○

유럽 염색공들은 아메리카에서 새로운 염료의 원천을 얻었고, 인도와 무역하며 경쟁 상대와 영감을 얻었다.

16세기에 인도에 도착한 포르투갈 선박은 유럽에서 찾아볼 수 없는 독특한 직물을 가지고 돌아왔다. 세탁해도 빠지지

---

* 교전국의 선박을 공격할 수 있는 권한을 정부로부터 받은 민간 무장 선박으로, 국가 공인 해적이나 다름없었다.

않는 풍부한 색으로 장식된 가벼운 면직물이었다. 섬세하게 제작된 인도의 면직물은 그 자체로 경이로웠으며, 부드럽고 시원하고 세탁까지 가능해, 까끌까끌한 리넨, 세탁하기 어려운 양모, 값비싼 실크를 대체할 기적의 직물이었다.

놀라운 색감도 빼놓을 수 없었다. 염료 대부분은 셀룰로스 섬유인 면에 스며들지 못한다. 하지만 인도인들은 빨간색, 파란색, 분홍색, 보라색, 갈색, 검정색, 노란색, 초록색 같은 무지갯빛 색조 염색에 숙달되어 있었다. 직조하거나 수를 놓아 디자인한 유럽의 직물과 달리, 인도의 면직물은 다양한 색상으로 그려지거나 찍힌 디자인이 두드러졌다. 친츠(*chintz*), 캘리코, 앵디엔(*Indienne*) 등으로 알려지게 된 이 직물의 등장은 거의 계시에 가까웠다.

영국 동인도회사 소속 사제 존 오빙턴(John Ovington)은 1689년에 서부 인도로 떠난 여행에서 "어떤 면에서 인도의 예술가들은 유럽의 독창성을 뛰어넘는다. 치테(Chites)나 캘리코에 그려진 그림을 보면 유럽과 비교할 수 없는 밝은 색상과 지속성을 볼 수 있다."라고 기록했다. 이 여행에서 동인도회사는 1년 만에 100만 장이 넘는 캘리코를 들여왔는데, 이는 전체 캘리코 무역의 3분에 2에 달하는 양이었다.

유럽인들은 이 새로운 직물을 끊임없이 원했다. 아시아에서 건너온 날염 직물과 경쟁하고자 국내 염색공들은 실력을 향

18세기의 색칠된 팔람포르(palampore). 인도에서 제작되어 스리랑카 시장으로 판매되었다. 아주 귀하게 여겨지는 이 같은 직물들은 벽 장식용이나 식탁보로 사용되기도 했다. (Metropolitan Museum of Art)

상해야 했고, 기존 과정을 개선하며 새로운 기술을 익혔다.[38]

바로 이러한 흐름에서 루이 14세 시기의 힘 있는 재무 장관이자 프랑스 통제경제계획의 아버지인 장바티스트 콜베르(Jean-Baptiste Colbert)는 염색 산업을 더욱 엄격하게 통제해야 한다고 주장했다. 그는 1671년에 왕에게 바치는 글에 "실크, 울, 실 제조업이 상업을 유지하고 이익을 창출할 수 있게 해 준다면,"이라며 다음과 같이 썼다.

> 이들에게 자연에서 볼 수 있는 다양하고 아름다운 색을 입히는 염색은 육체가 없는 영혼입니다. …… 직물 산업이 번성하기 위해서는 염료의 색이 아름다울 뿐 아니라 좋은 품질로 생산되어 염색된 직물에 오래도록 남아 있어야 합니다.

콜베르는 효율적 제조법을 대중화하고, 연구에 투자하고, 통일된 표준을 시행했다. 염색공들이 가장 잘 알려진 관습을 따라야 한다는 콜베르의 요구는 언뜻 합리적으로 보였지만, 모순적이었다. 이 정책은 새로운 방법들과 더불어 기술적 개선을 이룬 염색공들이 받을 수 있는 보상을 막았다. 어느 과학사학자는 "실험으로 거둔 결과는 보상받았지만, 실험 그 자체는 불법으로 치부되었다."라고 관찰했다.[39]

18세기의 『백과전서』에 묘사된 고블랭 염색장의 작업 모습. 원래 고블랭(Gobe-lin) 가문이 소유했던 염색 작업장과 주변 부지는 1662년에 콜베르의 지휘하에 프랑스 국가에 매입되었고, 궁정 납품과 염료 제조법 및 기술 증진 연구에 사용되었다. (Wellcome Collection)

콜베르가 만든 프로그램에서는 시행착오를 거치는 방법
을 탐탁지 않게 여겼지만, 인도 염색공들은 이런 시행착오를
통해 그들만의 방법을 개발해 왔다. 수 세기가 지나며 이들은
의심할 여지 없는 진전을 이루어 냈다. 하지만 과학적 토대가
없었으므로 어떻게 해야 그 이상의 진전을 이룰지, 현재 위치
는 어디인지, 현재 사용하는 재료 중 필요 없는 것은 무엇인지
알지 못했다. 하지만 유럽의 캘리코 돌풍은 과학으로서 화학의
발전과 함께 맞물려 일어났다.

1737년, 프랑스 정부는 가장 뛰어난 화학자를 염색 작업
감독관으로 임명하기 시작했는데, 이는 명칭에서 알 수 있는
것보다 훨씬 더 권위 있는 직책이었다. 어느 지망생은 이 자리
가 "과학자들에게 최적"이라고 말하며 낙담하기도 했다.[40] 보
수도 넉넉했고, 화학 연구를 아낌없이 지원해 주기도 했다. 이
자리에 임명된 과학자들은 실험을 진행하고 강단에 서며, 어째
서 특정 물질이 섬유에 색을 입히는지, 어째서 어떤 염료는 오
래가고 어떤 염료는 빠지는지, 각각을 구별하는 방식은 무엇인
지에 관한 책을 집필했다. 염색은 화학적 과정일까, 아니면 물
리적 과정일까? 염색은 아이작 뉴턴(Isaac Newton)의 광학 이론
과 어떤 관련이 있을까? 염료는 섬유에 물감이나 유약처럼 작
용하는 것일까, 아니면 다른 방법으로 작용하는 것일까? 후대
감독관들은 이러한 문제들에 관해 자신만의 이론을 내놓으며

선대 이론의 허점을 발견해 냈다.

이렇게 화학이 발전하던 초기에는 과학이 새로운 염료를 만들어 낼 가능성보다 염료 공정이 화학 실험에 더 많은 영감을 줄 가능성이 컸다. 염색 작업장에서 일하는 것은 과학적 사고의 최첨단에 서 있는 것과 같았기 때문이었다. 바로 이런 이유로 당시 20세였던 장미셸 오스만(Jean-Michel Haussmann)은 화학 분야를 잠시 경험한 뒤 약학 공부를 그만두고 독일에서 직물 날염 공장에 근무하던 형과 함께 일하기 시작했다. 형이 업무에 전념할 때, 장미셸은 염색을 익혔다. 1774년, 형제는 루앙에 자신들만의 날염 공장을 설립했고, 다음 해에 이들은 공장을 프랑스로 옮겨 알자스의 로젤바크(Logelbach)에 자리를 잡았다.

장미셸은 곧바로 자신의 화학적 기량을 시험하는 문제에 부딪혔다. 이전 공장에서 밝은 색상을 만들어 냈던 염색 과정이 새로운 공장에서 흐릿한 색으로 나타났기 때문이었다. 꼭두서니로 염색한 면직물은 생기 넘치는 진홍색이 아닌 칙칙한 갈색빛 빨간색을 띠고 있었다. 손님들이 절대 좋아하지 않을 색이었다. 장미셸은 원인을 찾기 위해 실험을 거듭했고, 마침내 가장 중요한 변수가 이 지역의 물이라는 사실을 알아냈다. 로젤바크의 물은 광물질의 함량이 너무 낮았다. 장미셸은 루앙의 물에 함유된 석회 물질이 붉은색을 흐릿하게 만드는 물질을 없앴을 것으로 결론지었다. 그리고는 로젤바크의 물에 석회암 물질을 더해 이전과 같은 밝은색을 얻을 수 있었다.

루앙의 어느 지역 기록지는 "오스만은 과학을 산업에 적용해 엄청난 이득을 얻었다."라고 판단했다. "그는 화학적 지식으로 아름다운 색을 입혀 매력적인 시누아즈(chinoise)* 면직물을 만들어 냈다."[41] 하지만 이러한 차이를 만든 것은 화학적 이론이 아니라 실습이었다. 오스만처럼 젊은 화학자는 체계적 실험을 진행하는 방법, 결과에 영향을 줄 수 있는 변수를 통제하는 방법을 알고 있었다. 하지만 화학자들은 여전히 어떤 결과가 나올지 흐릿한 예측만 할 수 있을 뿐이었다.

칼슘은 1804년까지 하나의 원소로 정의되지 않았고, 원소와 화합물이라는 개념 자체도 새로운 것이었다. 화학자들은 여전히 염색을 색소 분자들과 섬유 구멍 사이의 물리적 상호작용으로, 또는 모든 가연물에 존재한다고 믿었던 물질 플로지스톤(phlogiston)과 염료의 상호작용으로, 혹은 이 둘 사이의 어디쯤으로 설명했다.

장미셸이 로젤바크에서 염색 결과를 조사하고 있을 때, 그의 동포인 앙투안 라부아지에(Antoine Lavoisier)는 화학계에 혁신을 불러올 실험을 진행하고 있었다. 그는 연소가 플로지스톤

---

*　근세 유럽의 미술과 건축 등에서 유행했던 중국풍을 가리킨다.

과 아무 관련이 없다는 사실을 알아냈다. 연소는 어떤 물질이 새롭게 발견된 어떤 통기성 가스와 결합할 때 일어나는데, 잉글랜드 과학자 조지프 프리스틀리(Joseph Priestley)는 이 가스를 '순수한 공기(pure air)'로 불렀고, 라부아지에는 '산소(oxygène)'라는 이름을 붙였다.

1789년에 라부아지에는 『화학 원론(*Traité elémentaire de Chimie*)』이라는 획기적 저서를 출판했다. 『화학 원론』은 원소, 화합물, 산화의 개념과 함께 오늘날까지 사용되는 화학적 화합물 명명 체계를 소개했다. 이를 두고 미국 화학회는 "교과서로서 『화학 원론』은 현대 화학의 기초를 통합했다."라고 말했다.

> 『화학 원론』은 화학적 반응에 열이 미치는 영향, 가스의 본질, 염분을 형성하는 산과 염기의 반응, 화학 실험에 사용하는 기구 등을 설명했다. "…… 모든 화학 반응에서 반응 전 물질과 반응 후 물질의 총 질량은 같다."라는 문장으로 질량보존의 법칙이 최초로 정의되기도 했다. 『화학 원론』에서 가장 놀라운 부분은 그 당시에 알려진 원소들의 최초 현대식 목록인 '홑원소물질표(Table of Simple Substances)'다.[42]

라부아지에를 열정적으로 지원했던 초기 지지자 중에는

염색 작업 감독관으로도 일했던 클로드 루이 베르톨레(Claude
Louis Berthollet)도 있었다. 1791년, 베르톨레는 새로운 화학식
을 염색에 적용한 자신의 대표작을 출간했다. 직물사학자 한
나 마르틴센(Hanna Martinsen)은 "베르톨레는 화학 문제와 같
은 방법으로 염색에 접근했고, 염료의 화학 성분을 염색 물질
의 특성과 관련지어 분석했다."라고 기록했다. "이러한 접근은
베르톨레의 관점을 대표하며, '직물 염색을 전통 제조법과 우
연한 개선에 기반을 둔 공예에서 과학적 지식과 체계적 개선에
기반을 둔 현대적 기술로 변화시켰다.'"[43](작은따옴표 안은 원문
에서 강조한 문장이다.)

   하지만 이것은 어디까지나 이상에 지나지 않았다. 사실 이
전에 출판되었던 『플릭토』처럼 베르톨레의 책에는 이론적 기
반이 없는 제조법이 많았다. 화학은 여전히 초기 수준에 머물
러 있었고, 많은 것이 밝혀지지 않은 상태였다. 예를 들어 베르
톨레는 산소에 관한 화학적 연구의 부산물로 염소 표백제를 발
명했고, 이는 수개월 동안 천을 잿물(염기성)과 버터밀크(산성)
에 반복적으로 담가 풀밭에 널어놓는 과정을 크게 발전시켰다.
그러나 베르톨레는 염소가 산소화합물이 아니라 독립적 원소
라는 사실을 알지 못했다.[44]

   이렇게 많은 부분이 베일에 가려져 있었지만, 이 새로운
화학반응은 염색공들이 오랫동안 혼란스러워했던 현상을 설

명해 주었다. 마침내 염색공들은 인디고가 푸른색에서 거의 투명해졌다가 다시 푸른색을 띠는 이유를 알게 되었고, 인디고 염료 통의 윗부분에 왜 푸른색 거품이 생기는지도 이해하게 되었다. 베르톨레는 "인디고는 정도가 다른 탈산 과정을 …… 거치는 것으로 보이고,"라며 다음과 같이 기록했다.

> 이로 인해 용액이 다른 색을 띠는 것으로 추정된다. 가장 진전된 상태의 인디고 용액은 투명하다. 산화가 적으면 용액은 노란색이 되었다가 초록빛을 띤다.
>
> 인디고가 용해되는 동안 공기와 만나는 일부 인디고는 산소를 흡수해 결합하는 동시에 재생하며, 자신을 붙잡는 경향이 있는 산소를 포화해 표면을 푸른색으로 만든다. 그 뒤 초록색이 되었다가 푸른색이 되는 거품을 플뢰레(fleurée)로 부르는데, 이런 거품은 잘 형성된 용액 통을 휘저었을 때 확인할 수 있다.[45]

베르톨레는 분자구조 개념을 알지 못했으므로 인디고 염색의 복잡한 변화 과정을 완전히 이해하지 못했다. 하지만 라부아지에의 원칙들은 최소한 올바른 길을 걷고 있었다. 염료화학자들은 어째서 염료가 특정한 색을 만들어 내는지처럼 답을 얻는 데 양자역학이 필요한 문제에 집중하지 않고, 물질의

반응에 집중하기 시작했다. 뉴턴이 라부아지에에게 길을 내어
주고 분자구조 모형이 플로지스톤의 뒤를 따르며, 화학은 과거
의 염색공들이 꿈꾸기만 했던 힘을 선사했다. 한 세기 만에 연
구소에서 생산된 새로운 염료가 너무 많아 이름을 나열하는 것
도 어려울 정도였다.

○

실루엣이나 기원으로 보았을 때, 박물관에 전시되어 있는 이
실크 태피터 드레스는 딱히 특별해 보이지 않는다. 이 드레스
는 목선이 높고, 치마는 종처럼 부풀어 있으며, 슬림한 허리 라
인으로 1860년 패션의 특징을 보여 준다. 앞쪽은 버튼다운으
로 되어 있어 가정부의 도움 없이 옷을 입었다는 사실을 알 수
있고, 자세히 보면 겨드랑이 부분에 있는 땀 얼룩을 확인할 수
있다. 재봉사는 드레스를 깔끔하게 다듬고 가두리 장식을 넣었
지만, 디자인 자체는 최신 스타일이나 고급 여성복과는 거리가
멀다. 또한 이 드레스를 만든 사람은 재봉틀을 사용했다.

　하지만 이 평범한 옷은 역사박물관이 아니라 패션 기술 박
물관에 전시되어 있으며, 뉴욕 공과대학은 이 옷에 "패션을 앞
으로 나아가게 한 옷"이라는 헌사를 바쳤다. 색의 역사를 다룬
전시회에서 이 옷을 보았을 때, 나는 바로 그 이유를 알아차렸

다. 이 드레스는 이전의 그 어떤 옷에서도 찾아볼 수 없었던 강렬한 검은색과 보라색의 줄무늬가 있기 때문이다. 이 드레스 한 벌에 세상을 바꾼 합성염료의 시작이 뚜렷하게 나타나 있다. 누구라도 이렇게 깊은 검은색과 생생한 보라색을, 혹은 강렬한 분홍색(hot pink)과 말라카이트그린을 본다면 시각적 기대치는 완전히 달라질 것이다.

흑백 삽화 때문에, 은은하게 색을 넣은 판화 때문에, 빅토리아 여왕(Queen Victoria)이 입었던 과부의 검은 옷 때문에 우리는 19세기 유럽 여성들의 옷은 칙칙하고 우울한 색이었을 것으로 생각하곤 한다. 하지만 직물과 염료를 제조하는 회사의 샘플 도서에는 장마다 가득한 화려한 색상들을 볼 수 있다. 1890년 11월에 《데모레스트 패밀리 매거진(*Demorest's Family Magazine*)》은 "보통 상품마다 최대 193가지의 색상이 있었고, 색상마다 특성이 다른 …… 네 개에서 여섯 개의 음영이 있었다."라고 실었다.

흑백 판화에 그려진 타탄(tartan)* 무늬 블라우스는 실제로 강렬한 검은색 바탕에 분홍색, 파란색, 노란색, 흰색의 실을 사용해 만들어졌다. 보일 듯 말 듯한 워킹 스커트(walking skirt)의

---

* 본래는 스코틀랜드 씨족의 상징으로, 선의 굵기가 서로 다른 서너 가지 색을 바둑판처럼 엇갈려 놓은 격자무늬가 있는 직물이다.

소용돌이 문양도 실제로는 가장 깊은 검은색과 대조되는 생생한 분홍색, 초록색, 보라색이었을 것이며, 이는 모두 근대 화학의 업적이다. 이전에는 내기 어려웠던 초록색도 흔하게 사용되었다.《데모레스트》1891년 4월호에는 수를 놓은 옅은 초록색(light-green) 벵갈린(bengaline) 스커트를 포함한 앙상블, 초록색 실크 능직에 철 구슬로 장식한 상체 부분과 어두운 초록색(dark green) 벨벳으로 만든 소매를 더한 실크와 면의 조합이 실리기도 했다.

《데모레스트》는 색의 대조를 강조하며 독자들에게 다음과 같이 권유했다. "거의 모든 색의 모든 음영을 검은색과 함께 활용할 수 있으며, 그중에서도 특히 청록색이 인기를 끌고 있다. …… 회색과 밝은 노란색, 오래된 분홍색과 밝은 빨간색, 바랜 듯한 장미색과 밝은 장미색, 파란색과 금색, 분홍색과 금색, 황갈색과 줄기색(stem green)이 특히 좋은 조합이며, 갈색은 오래된 장미색(old rose)이나 양치류색(fern-green), 밝은 프랑스풍 파란색(French blue)이나 금색과 잘 어울린다."[46] 가장 사치스러운 실크 벨벳부터 검소한 면까지, 19세기 후반의 직물들은 전에 없던 풍성하고 다양한 색을 자랑했다.

이러한 직물들은 단순히 패션의 역사가 아니라 기술의 역사에서 가장 중요한 발전 중 하나를 담고 있다. 바로 근대 화학 산업을 낳은 합성염료였다. 1850년대 초반, 새로운 직물 색상을 추구하면서 여러 세대의 화학자들이 고용되었다. 염료를 향한 수요는 출세하는 길이 되었고, 어려운 문제를 던져 주었으며, 이 시대의 가장 창의적인 사람에게 잠재적 부를 선사했다. 오늘날 정보 기술이 사람들을 끌어들이는 양상과 유사하다. 염색화학에서 태어난 혁신들은 정치, 경제, 군사의 균형을 바꾸고, 최초의 신약을 만들어 냈으며, 우리에게 플라스틱과 합성 섬유를 선사했다.

어느 과학사학자는 "19세기 후반에 …… 합성색소는 과학 지식과 산업 지식을 통합했고, 연구소와 현대 기업을 하나로 만들었다. 염료 제조사는 사진용품, 살충제, 레이온, 합성고무, 수지(樹脂, resin), 고정 질소, 제약 등으로 다각화되었다."[47]라고 기록했다. 염료는 현대 세계를 만들어 냈다.

그리고 이 모든 것은 산업폐기물을 만들어 냈다.

19세기에는 석탄 가스가 가정과 회사, 거리를 밝혔다. 벌집처럼 생긴 오븐에 정제한 석탄으로 만든 코크스는 강철과 철의 용광로에 동력을 공급했다. 석탄을 이용해 이 농축된 연료를 만들고 나면 끈적한 점성이 있는 부산물인 콜타르(*coal tar*)가 남았다. 여러 탄화수소가 모인 슬러지(sludge) 형태를 한 이 쓸모없는 부산물은 질소를 함유한 유기농 화합물을 조사하던 독일인 대학원생인 아우구스트 빌헬름 호프만(August Wilhelm Hofmann)의 관심을 끌었다.

식물과 동물에 이어 콜타르에서 발견된 화합물들은 19세기 화학자들을 당황하게 했다. 이들은 화합물에 함유된 원소를 정확히 알아낼 수 없었는데, 포함된 원소들이 같았기 때문이었다. 이 여러 화합물에서는 탄소, 수소, 산소, 이따금 질소, 황, 인이 발견되었다. 그렇다면 같은 원소로 구성된 어떤 화합물을 다른 화합물과 달라지게 하는 것은 무엇일까? 왜 어떤 물질의 원소는 고정되어 있고, 어떤 물질의 원소는 쉽게 대체되는 것일까? 1850년대 후반, 아우구스트 케쿨레(August Kekulé)가 사슬 모양이나 고리 모양을 형성하는 탄소 원자에 관한 이론을 출간하기 전까지 화학자들은 분자구조를 이해하지 못했다. 이전까지는 단순히 독특한 화합물을 확인하는 것만 해도 아주 어려운 일이었다.

1843년에 출간된 첫 과학 논문에서 호프만은 콜타르에서 파생한 알칼로이드가 이전에 발견된 세 개의 화학 성분과 동일하다는 사실을 증명해 냈다. 하나는 벤젠에서 만들어진 물질이고, 하나는 콜타르의 산물이었으며, 식물 인디고에서 추출한 두 개의 성분이 있었다. 각기 다른 것으로 추정되는 이 네 가지 물질은 실제로 하나의 화합물이었다. 이 물질은 탄소 원자 여섯 개, 수소 원자 일곱 개, 질소 원자 한 개로 구성되었으며, 다른 말로 하면 아미노 그룹(수소 두 개와 질소 한 개) 한 개와 더불어 탄소 원자 여섯 개, 수소 원자 다섯 개로 이루어진 독특한 조합을 포함했다. 호프만은 이 화합물에 아랍어로 '인디고'를 의미하는 아닐린(*aniline*)이라는 이름을 붙였다.

호프만의 발견은 실용적 잠재력을 품고 있었다. 식물에서 발견되는 것과 똑같은 화학물질을 산업용 탄화수소로 만들 수 있다는 사실을 증명했기 때문이다. 의사들은 모르핀과 키니네처럼 중요한 약물을 식물성 알칼로이드에 의지하고 있었고, 호프만이 결과물을 내놓자 충분한 실험을 거친다면 화학자들이 이 필수 물질을 합성하는 방법을 알아낼 수도 있다는 희망이 생겼다. 호프만은 아닐린을 자신의 '첫사랑'이라고 말하며, 삶의 대부분을 아닐린이 다른 화합물과 어떻게 관련되는지 이해하려고 노력하며 보냈다.[48]

1845년, 이 젊은 화학자는 런던에 새롭게 설립된 왕립 화학 대학의 첫 관리자 직책을 수락했다. 왕립 화학 대학은 미래에 의사, 변호사, 엔지니어가 될 학생들을 위해 화학을 가르치는 곳이 아니라, 전문 화학자를 양성하는 기관이었다. 이때는 유기화학 분야에서 많은 발견이 급격하게 이루어졌지만 아직 많은 부분이 미지수로 남아 있던 약동의 시기였다. 게다가 이 화학 교육기관에 들어가기가 쉽지 않았으므로, 야망 있는 젊은 이들은 더욱 간절히 이곳에 입학하기를 원했다.

이 새로운 자리에서 호프만은 열의 가득한 학생들에게 독일의 선구적 실험 기술을 가르쳤다. 아직 20대였던 호프만은 단번에 사랑받는 멘토가 되었고, 누군가는 그가 "제자들을 완전히 쥐고 흔들었다."라고 회상했다.

> 호프만의 규칙은 이러했다. …… 일과 중 각 학생을 두 번씩 보며 아직 서툰 초심자를 끈기 있게 이끌거나, 자기가 그랬던 것처럼 우수한 학생이 기쁜 마음으로 배움이 더딘 학생을 도울 수 있게 한다. 그렇게 되면 이 우수한 학생은 교사가 지정해 준 연구를 진행하며 각 단계가 논리적으로 이어지는 것이 독창적 연구를 이루어 낸 훌륭한 교사의 능숙한 유도를 따랐기 때문이 아니라, 자신이 이미 얻은 연구 기술이 낳은 결과라는 믿음에 교묘하게 빠져들어 갈 것이다.[49]

호프만의 정신에 매료된 그의 가장 유명한 런던 출신 제자는 한 가지 일화를 기억했다. 어느 날 호프만은 평소처럼 제자들을 돌아보다가 어느 학생의 성공적인 실험 결과물을 조금 떼어 자신이 가지고 다니던 시계접시에 놓은 후 가성 알칼리를 첨가했다. 이 화학물질은 즉각적으로 "아름다운 진홍색 소금"으로 변했다. 자신의 주위에 모여든 학생들을 열정적으로 올려다보던 호프만은 "여러분, 지금 새로운 물질들이 공중에 떠다니고 있습니다."라고 외쳤다.

화학의 아름다움에 도취되었던 호프만은 개인적으로 순수 과학을 선호했다. 하지만 여전히 호프만의 지지자와 화학 대학의 지지자들은 학교에서 진행된 연구에서 실용적 돌파구가 탄생하기를 희망했다. 초기에 나온 결과들은 실망스러웠다. 호프만은 1849년에 후원자들에게 "이 화합물 중 실생활에 적용할 방법을 찾은 것은 아무것도 없습니다. 우리는 이들을 캘리코 염색에도, 질병 치료에도 사용할 수 없습니다."라고 시인했다. 그러나 학생들의 실험 덕택에 이러한 상황은 몇 년 만에 급격하게 뒤바뀌었다.[50]

윌리엄 퍼킨(William Perkin)은 겨우 15세였던 1853년에 화학 대학에 입학했으며, 이내 호프만의 자랑스러운 화학 영재 중 한 명이 되었다. 비록 퍼킨의 첫 번째 프로젝트였던 콜타르 연구는 실패로 돌아갔지만, 호프만은 그의 실험 기술을 인상 깊게 보고 자신의 연구조수로 임명했다. 화학에 열정이 남달랐던 퍼킨은 자신의 집에 작은 연구실을 꾸려 학교에 가지 않을 때도 연구에 매진했다. 그리고 1856년의 부활제 방학을 지나며 퍼킨은 세상을 바꿀 발견을 해 냈다.

다른 유기화학자들과 마찬가지로, 퍼킨도 열대 나무의 껍질에서 추출한 말라리아 치료제 키니네를 합성해 만들고자 했다. 화학자들은 구성 요소를 알았지만, 키니네를 만들어 내지는 못했다. 퍼킨은 이후에 "화합물의 내부적 구조에 관해서는 알려진 사실이 거의 없었으므로 어떤 화합물이 다른 화합물로 만들어질 수 있다는 방법에 관한 개념은 필연적으로 매우 조악할 수밖에 없었다."라고 설명했다.

키니네를 만들기 위한 퍼킨의 첫 시도는 실패로 돌아갔다. 첫 실험에서 그는 원래 만들고자 했던 무색 화합물이 아닌 "지저분한 붉은빛 갈색 침전물"만 얻었다. 지적 호기심이 가득했던 퍼킨은 실험을 다시 진행하기로 결심했고, 이번에는 호프만이 발견한 아닐린을 더해 보았다. 하지만 이번에도 키니네가 아닌 검은색 침전물만 나왔다. 퍼킨은 이 침전물이 무엇인지 궁금해하며 이 새로운 물질을 변성 알코올에 용해해 보았다. 그러자 용액은 놀랍게도 보라색으로 변했다. 갑자기 이 실험에 실용성이 생긴 것이다. 약물이 아니라면 이 화합물은 염료일 수도 있었다.

다른 시기와 다른 공간에 살던 젊은 화학자였다면 실패한 실험 결과를 폐기하거나 침전물 그 자체를 이루는 구성 요소를 조사했을 것이다. 염료라는 생각이 떠오르지 않았을 것이라는 의미다. 하지만 19세기 영국에서 직물은 가장 중요한 산업이었고, 염료 역시도 큰 사업이었다. 화려한 색을 띠는 용액은 자연스럽게 염료가 주는 이익을 떠오르게 했으며, 이 경우에는 이 특정한 색이 많은 인기를 얻고 있었으므로 더욱 그러했다. 퍼킨은 이 수수께끼의 용액에 천을 담가 보았다. 퍼킨은 이후에

262

청소년 때 최초의 합성염료를 발명해 낸 윌리엄 퍼킨(왼쪽)과 그의 스승이자 인디고 식물과 콜타르에 함유된 화합물 아닐린이라는 중대한 발견을 해 낸 아우구스트 빌헬름 호프만. (Wellcome Collection)

"나는 이렇게 얻은 색소에 관한 실험에서 이 물질이 오래도록 염색하기 어려웠던 실크를 아름다운 보라색으로 물들여 주는 아주 안정적인 화합물이라는 사실을 알아냈다."라고 기록했다.

이 물질을 합성하는 방법은 알게 되었지만, 퍼킨은 실제로 자신이 만들어 낸 아닐린 퍼플을 제대로 이해하지 못했다. 아닐린 퍼플의 구조는 물론이고 분자식도 아직 알지 못했기 때문이다. 하지만 퍼킨은 재빨리 용도를 찾아냈다. 어느 과학사학자는 "퍼킨은 실험 결과를 해석하는 대신 활용법을 고안하며 최초의 돌파구를 만들어 냈다."라고 관찰했다. "사실 이것은 1858년과 1865년 사이에 원자가와 구조 이론이 발전하기 전까지 유기화학이 실험실 밖에서 유용하게 활용될 수 있는 유일한 길이었다."

추후 실험을 거친 뒤 퍼킨은 스코틀랜드의 어느 회사에 연락해 색소의 상업적 가치를 증명했다. 사주의 아들은 "당신이 발견한 물질이 제품 단가를 너무 높이지 않는다면,"이라고 말하며 다음과 같이 회신했다.

> 이것은 분명 정말 오랜만에 등장한 아주 가치 있는 발견입니다. 그동안 많은 물품에 이 색을 입히고자 수많은 시도를 했지만, 실크에는 물들일 수 없었고, 면직물에 염색하려면 비용이 많이 들었습니다. 여기 우리 공장에서 제작한 최선의 라일락색 염색 면직물을 동봉합니다. 이런 색상을 생산할 수 있는 곳은 영국에서 단한 곳뿐이지만, 이곳조차도 완벽하게 물들이지 못하고, 당신이 발견한 염료가 거친 테스트에 통과하지 못하며, 공기에 노출되면 쉽게 바래집니다. 실크 염색은 매번 실패합니다.

그해 가을, 퍼킨은 자신이 재발견한 티리언 퍼플을 상업적으로 이용할 수 있는 상품으로 만들기 위해 대학을 떠났다.

다른 기업가들처럼 퍼킨도 무지함의 도움을 받았다. 만약 사업이 얼마나 어려운지 미리 알았다면 쉽게 시작하지 않았을 것이다. 실제로 호프만은 그에게 경고하기도 했다. 퍼킨은 "이 때 나와 내 친구들 모두 실제로 작용하는 화학물질의 내부를 들여다보지 못했고, 나는 모든 지식을 책에서만 배웠을 따름이 었다."라고 시인했다. 산업 생산용으로 규모를 키우는 것은 실험실에서 소량의 염료를 만드는 것보다 훨씬 어려운 일이었다.

염료를 대량으로 합성할 때, 염료의 재료인 아닐린과 더불어 벤젠에서 아닐린을 만드는 데 필요한 화학물질을 제조하기 위해서는 새로운 산업용 장비가 필요했다. 퍼킨은 "필요한 기구의 종류와 기구를 이용한 작업의 성질은 기존의 것과 완전히 달라 참고할 자료가 거의 없었다."라고 회상했다.

실크는 퍼킨의 염료로 염색할 수 있었지만, 면은 그렇지 못했다. 게다가 면 염색과 날염에는 특히 더 큰 비용이 들었다. 그 뒤로 몇 년이 지나자 염색공들이 다른 색을 침범하지 않고도 퍼킨의 염료를 면에 물들이는 방법을 찾아냈다. 퍼킨은 시간을 들여 고객들을 직접 방문해 자신의 염료를 면에 염색할 수 있는 새로운 기술을 개발하고 가르쳤다.

이러한 그의 노력은 빛을 발했다. 1859년이 되자 프랑스어인 '모브(mauve)'라는 이름으로 유명해진 이 염료는 엄청난 성공을 거두었다. 풍자 잡지 《펀치(*Punch*)》에서도 "모브 열병 (mauve measles)"이라는 기사를 실을 정도였다. 다른 화학자들은 앞다투어 퍼킨을 따라 하며 그의 염료를 복제하거나,(퍼킨은 영국에만 특허를 등록했다.) 자신만의 염료를 만들고자 했다. 사이먼 가필드(Simon Garfield)는 모브의 역사에 관한 자신의 책에서 퍼킨의 성공에 관해 "화학적 야망이 담긴 힘이 해방되었다."[51]라고 기록했다.

　　그러나 몇 년 지나지 않아 모브의 유행은 끝나고 프랑스인이 발명한 푸크신(*fuschine*)과 영국인이 발명한 마젠타(*magenta*)라는 아닐린 염료가 인기를 얻었다. 순수하게 학문만 연구하던 과학자인 호프만도 결국 염료 시장에 뛰어들어 이후 '호프만의 보라색'으로 알려진 여러 아닐린 색소를 발명해 특허를 얻었다. 화학적 색소를 향한 탐구가 심화하자 이 새로운 화학 산업이 성장하기 시작했으며, 특히 독일에서 발달했다. 아닐린과 벤젠처럼 염료를 만드는 데 필요한 중간물질의 수요도 함께 커지며 새로운 가공 공장이 생겨났고, 공급이 안정되자 이러한 화학물질들을 쉽게 사용할 수 있게 되면서 순수 연구도 늘어났다. 1893년에 퍼킨은 염료 산업이 "화학자들의 발견물을 활용하고, 그 대가로 이 새로운 발견을 적용한 새로운 제품들을 화학자들에게 제공하며, 이 제품들은 더욱 발전된 작업의 재료 역할을 한다."[52]라고 말했다.

염료 연구는 케쿨레가 밝혀낸 분자구조 모형을 활용하며 계속 이어졌다. 화학자들은 한때 자연에서만 얻을 수 있었던 분자를 합성하거나 바꿀 수 있게 되었다. 1870년대 독일 기업의 연구소에서 탄생한 분자 클론은 꼭두서니의 자리를 차지했고, 19세기 말에는 인디고를 대체했다. 이 주요 상품들을 만드는 데 오래도록 사용되었던 다양한 생물들은 단번에 쓸모가 사라져 버렸다. 이 시기를 지나며 프랑스의 꼭두서니밭은 모두 포도원으로 바뀌었다.

인도에서 이 과도기는 특히 갑작스럽게 시작되었다. 정점이 끝나던 1895년까지 영국령 인도는 인디고 염료를 9000톤 이상 수출했다. 10년 후 인디고 수출량은 74퍼센트나 폭락했고, 수입도 85퍼센트나 떨어졌다. 그 이유는 1897년에 들어온 합성 인디고 때문이었다. 어느 정부 보고서는 "이 수치들은 중요하게 여겨졌던 과거 산업의 쇠퇴를 보여 주는 우울한 기록이다."라고 기록했다. "식물성 인디고는 합성 인디고와 경쟁하는 과정에서 강제로 가격이 폭락했다. 벵골의 인디고 농장은 10년 전과 비교하면 반절 이하로 줄었으며, 이 시기에 인도 전역의 인디고는 그 양이 66퍼센트 감소했다." 1914년이 되자 감소량은 90퍼센트에 달했다. 화학은 식민지의 지정학적 힘을 빼앗았다. 독일이 부상했고, 세계는 완전히 달라졌다.[53]

○

칼리드 우스만 카트리(Khalid Usman Khatri)는 쪼그려 앉아 한 줄로 늘어선 일곱 개의 물통 중 하나에 기다란 천을 담근 다음, 콘크리트 블록의 평평한 표면 위에 젖은 천을 올려 손으로 주무른다. 흥미로운 작업은 지금부터 시작된다. 카트리는 천의 한쪽 끝을 잡고 어깨 위로 들어 올려 딱딱한 표면에 내려놓는 행동을 반복한다. 철썩, 철썩, 철썩, 철썩. 천을 콘크리트에 치댄 뒤에는 인쇄용 목판 위에 천을 놓고 두드려 너무 많이 묻은 염료를 털어 내는 작업을 세 번 정도 반복하며 복잡한 흑백 디자인을 만들어 낸다.

'아즈라크(ajarkh)'로 불리는 인도 예술의 대가인 카트리는 전통 기술을 기발하게 이용해 인쇄용 목판을 만들며, 예로부터 이어진 디자인에 현대적 느낌을 더한다. 작업장을 운영하는 그는 평소에 천을 직접 세탁하지 않는다. 하지만 이번 주에는 소마이야 칼라 비댜(Somaiya Kala Vidya) 디자인 학교에서 외국인 아마추어들에게 목판 날염 시범을 보인다. 이른 아침, 내가 식중독으로 고생하는 바람에 카트리는 새로운 디자인을 만들 자유 시간을 얻었다. 그는 세상을 놀라게 했던 다채로운 색 대신에 철분을 기반으로 만든 단색으로 실험했고, 물을 아주 많이 사용했다.

일주일 동안 인도 염색을 배우면서 대야를 씻는 일은 염료, 매염제, 목판 깎기만큼이나 중요한 과정이었다. 헹구어 내고 뒤엎고, 헹구어 내고 뒤엎었다. 대야를 뒤집을 때마다 마당에 물이 소용돌이쳤다. 가뭄에 익숙한 로스앤젤레스 주민인 내게도 불편할 정도로 갈증 나는 작업이었다. 어쨌든 우리는 중앙인도의 극서에 있는 쿠치(Kutch)주의 사막 지역 아디푸르(Adipur)에 있었기 때문이다. 사실 물은 남부 캘리포니아가 더 풍부하다. 카트리가 사용하는 천연염료는 자연과 가까워지고자 하는 사람들에게 사랑받지만, 염색 과정은 자원 보존에 딱히 도움이 되지 않는다.[54]

환경을 중요하게 생각하는 요즘, 많은 사람은 산업혁명 이전의 삶이 환경친화적이었을 것으로 쉽게 짐작한다. 하지만 우리가 목격했듯이 염색 과정은 늘 엉망진창이다. 물과 연료를, 냄새가 고약한 재료들을 엄청나게 사용해야 한다.(인디고는 소변 냄새를 풍긴다. 잿물에서는 토사물 냄새가 나고, 달팽이 잔해에서는 부패한 냄새가 진동한다!) 수천 년 동안 염색의 이 부정적 부작용을 피하는 최선의 전략은 작업장을 마을 반대편으로, 지구 반대편으로 멀리 떨어뜨리는 것이었다. 사람들은 아름다운 결과물을 원했지만, 염색 작업장 옆에 살고 싶어 하지는 않았다.

그래서 나는 님비를 거의 공식 모토로 삼은 로스앤젤레스에 거대한 염색 및 직물 완성 공장이 들어선 것을 보고 매우 놀랐다. 물이 희귀한 이곳은 대기오염을 엄격하게 제한하며, 세금을 제외하고도 전기와 인건비가 비싸다.

그런데도 스위스텍스 캘리포니아(Swisstex California)의 소유주 중 한 명인 키스 다틀리(Keith Dartley)는 "우리는 방법을 찾아냈고, 아주 잘 나아가고 있습니다."라고 말한다.(나머지 소유주 세 명은 스위스인이며, 그 때문에 회사 이름을 스위스텍스로 지었다.) 1996년에 설립된 이 회사는 로스앤젤레스와 멕시코에 있는 자체 의류 브랜드의 하청 회사로 시작했다. 소매업자들은 마침내 값싼 물건만 사들이는 것이 아니라 품질에 관한 기준을 세우기 시작했고, 하청업체는 물이 잘 빠지지 않고 구겨지거나 뒤틀리지 않는 천을 들여와야 했다. 기존 공급업체들이 이 변화를 따라가기 버거워할 때, 스위스텍스는 새로운 기준을 충족하는 첨단 시설을 설립했다.

현재 스위스텍스의 원래 시장은 거의 사라지거나 아시아 쪽으로 옮겨 갔다. 아직 남아 있는 분야는 호황을 맞은 스포츠 의류 시장이다. 스위스텍스는 염색 공정과 마감 공정 외에도 나이키(Nike), 아디다스(Adidas), 언더아머(Under Armour)와 같은 스포츠 의류 브랜드에, 더불어 티셔츠와 후디(hoodie)를 만들고 주문 제작 염색을 하는 회사에 편물을 납품한다. 2019년, 스위스텍스는 로스앤젤레스 본사와 엘살바도르 자매 공장의 생산 능력을 40퍼센트 확장했다. 로스앤젤레스 공장은 현재 하루에 섬유 약 14만 파운드의 염색 공정과 마감 공정을 할 수 있으며, 이를 실로 환산하면 약 30만 야드에 달한다. 엘살바도르의 생산량은 뉴욕의 약 3분의 2 정도다. 어쨌든 티셔츠를 매우 많이 만들 수 있는 양이다.[55]

염색 공장은 어마어마한 대기오염, 물과 전력의 소비, 화학물질 누출을 야기하기도 한다. 이는 모두 산업형 염색 작업장의 악명 높은 산물들이다. 다음 시즌에 유행할 색으로 물든 아시아의 강들은 언론의 시금석이었고, 2017년에 《힌두스탄 타임스(*Hindustan Times*)》는 뭄바이 교외의 떠돌이 개가 근처 강에서 헤엄친 뒤 푸른색으로 변해 가는 사진을 실었다. 이 폭로는 당국을 움직였고, 염색 공장은 문을 닫아야 했다.[56] 구자라트주 서쪽에 있는 인도 직물의 중심 수라트의 작은 공장에서 열린 어느 행사의 주최자는 나에게 석탄 연소 보일러에서 나오는 미세한 입자를 잡아 땅 위에 쌓는 최신 대기오염 방지 장비를 보여 주었다. 이 장비로 해당 지역의 규제를 충족할 수는 있겠지만, 한 번 나온 오염 물질은 되돌릴 수 없다.

스위스텍스는 캘리포니아의 엄격한 기준에 따르기 위해 대기오염을 최소화하는 장비를 사용해 석탄이 아닌 천연가스를 태운다. 마지막 단계에서는 섬유를 말리면서 나오는 배기가스를 열 산화기라는 기계로 보낸다. 열 산화기는 배기가스를 화씨 1200도*로 가열하며, 섬유에서 침출된 탄화수소를 이산화탄소와 증기로 분해한다. 이렇게 되면 대기오염 규제를 충족하지만, 아직 끝이 아니다. 이 입자들은 실제로 기계를 돌리는 연료로 사용되며 천연가스 사용량을 줄인다. 또한 이 시스템은 분해된 증기를 가두어 염색에 사용되는 물을 예열한다. 다틀리는 "실온 정도의 물을 가열해 사용하는 것이 아니라, 이미 데워진 물을 사용합니다."라고 말한다. "바로 여기서 에너지를 많이 절약합니다." 회사 측에 따르면 스위스텍스는 미국의 기존 염색 공장에 비해 섬유 1파운드당 에너지 소비량이 반절 정도이며, 해외에 있는 공장과 비교하면 그보다 더 적게 소비한다.

　　이렇게 스위스텍스는 살아남았다. 실제로는 생존을 넘어 더욱 번창했다. 강박적일 정도로 효율을 중시하는 소유주들이 물, 전기, 가스, 노동력을 끊임없이 줄여 나갔기 때문이다. 천장에 채광창을 달아 전기 요금을 줄였고, 동시에 창을 열어 뜨거운 공기를 내보냈다. 소금이나 공업용 탄산소다를 녹인 물도 미리 준비해 대기 시간을 줄였다. 또한 컴퓨터로 로봇을 정교하게 통제해 직물을 동일한 염료 로트(lot)**에 정렬해 비틀림과 낭비를 최소화했다. 그 밖의 기계나 과정 조정은 방문자들이 볼 수 없다. 다틀리는 "한계를 초월하기까지 25년이 걸렸습

---

*　　우리에게 익숙한 섭씨로 변환하면 649도 정도다.

**　　같은 조건에서 제조하거나 조립해 특성이 같은 제품의 묶음 또는 수량으로, 고유한 로트 번호를 통해 제품을 식별하고 추적할 수 있다.

니다."라고 말했다. "처음으로 한계를 마주했을 때, 이 상황에서 빠져나가게 해 줄 장비는 미국에 없었습니다." 그의 설명을 들으며 나는 스위스텍스의 점진적 개선을 이해할 수 있었다.

물 소비량을 생각해 보자. 10년 전에 스위스텍스는 직물 1파운드를 염색할 때 물 5갤런 정도를 사용했다. 이는 인상적일 정도로 적은 양이며, 아디푸르에서 사용한 대야 하나에 들어가는 양보다도 적고, 일반적인 산업 공정보다 현저하게 낮은 비율이다. 제대로 운영되는 염료 공장에서도 25갤런은 우습게 넘어가며, 75갤런까지 사용하는 곳도 있다. 더욱 인상적인 점은 지난 10년 동안 스위스텍스가 물 사용량을 5갤런에서 3갤런까지 40퍼센트가량을 줄였다는 사실이다. 다틀리는 의기양양하게 "우리는 전 세계 그 어느 공장보다 물을 적게 사용합니다."라고 말했다. 이러한 성취는 단 하나의 돌파구나 새로운 장비가 아니라, 더 나은 기계, 더 나은 염료, 정교한 컨트롤 등 전 공정에 걸쳐 수백 개의 작은 개선이 모인 것이다.

다틀리는 "종종 파트너 중 한 명이 스톱워치를 들고 이곳을 돌아다니는 모습을 볼 수 있을 겁니다. 말 그대로 초 단위로 시간을 재며 어느 공정에서 시간을 줄일 수 있을지 확인하는 겁니다."라고 말했다. 1990년대 초, 설립자들이 다른 염색 작업장에서 함께 일했을 때는 짙은 색을 염색하는 데 열두 시간이 걸렸지만, 현재는 네 시간에서 다섯 시간이면 충분하다. 시간

로봇으로 정확한 양을 측정해 새로운 색소를 조금씩 만들어 폐기물을 줄이고 정밀히 복제하는 로스앤젤레스 스위스텍스 실험 연구실의 염료 컨테이너. (Author's photo)

을 줄인다는 것은 전력을 줄이는 것이고, 이는 곧 비용을 절약하는 것이며, 환경에 관심 있는 사람의 눈으로 보면 탄소 배출량을 줄이는 것이다.

최근에는 좀 더 많은 사람이 관심을 보이고 있다. 2019년 9월에 방문했을 때 다틀리는 "올해 들어 매우 중요해진 이슈입니다."라고 말했다. "저는 올해 처음으로 각 브랜드와 소매상이 지속 가능성을 염두에 두는 모습을 보았습니다. 왜일까요? 소비자들이 더는 무책임한 환경 관리 방안을 용납하지 않기 때문이며, 인터넷 덕분에 투명성이 커졌기 때문입니다." 경쟁이 극심한 산업에서는 이미 친환경이 중요한 요소로 여겨지고 있다. 소비자들은 여전히 자신들이 구매할 옷이 매력적이기를, 편안하기를, 합리적 가격이기를 바란다. 하지만 이제는 친환경이 유행하고 있다.

부작용을 최소화하면서도 색상이 다채로운 직물을 만드는 것은 점차 실현할 수 있는 일이 되고 있다. 그러나 이러한 공정에는 정밀한 컨트롤, 선진 기술, 끊임없는 발전이 필요하다. 천진한 어린아이처럼 생각해서는 실현할 수 없다. 스위스 엔지니어처럼 생각해야 한다. 환경에 해롭지 않은 염색 기술은 잃어버린 과거의 예술이 아니다. 지금 이 순간에도 만들어 가는 기술이다.[57]

5장 상인

> 울, 고귀한 여성이여, 당신은 상인들의 여신입니다.
> 상인들은 머리 숙여 당신을 섬깁니다.
> 당신의 부와 풍요로 누군가는 더 높은 곳으로 올라가고,
> 누군가는 깊은 나락으로 떨어집니다.
> — 존 가워(John Gower), 「인류의 거울(*Mirour de l'Omme*)」,
> 1376~1379년 무렵

라마시(Lamassī)는 품질 높은 울의 수요를 맞추기 위해 바쁘게 움직였다. 힘든 일이었지만, 최선을 다했다. 맨 처음에 그녀의 남편은 직물에 울을 덜 넣으라고 말했다가 이내 더 넣으라며 말을 바꾸었다. 왜 확실히 결정을 내리지 못하는 것일까? 어쩌면 저 먼 나라에 있는 고객들의 뜻이었을 것이다. 자신들이 어떤 직물을 원하는지 제대로 몰랐을 수도 있으니까. 어찌 되었든 그녀가 작업하는 직물 대부분은 곧 완성될 것이다. 라마시는 남편인 푸슈-켄(Pūsu-kēn)이 이 사실을, 그녀가 자신의 일을 충실히 하고 있다는 것을 알았으면 했다. 그리고 작은 감사의 말을 듣기를 바랐다.

라마시는 축축한 점토를 손으로 굴려 납작하게 누른 다음에 베개 모양처럼 판판하게 만들어 왼손에 쥐었다. 그리고는 오른손에 첨필(尖筆, stylus)을 들고 젖은 점토 위에 쐐기 모양

글자를 써내려 갔다.

푸슈-켄에게, 라마시가

쿨루마야(Kulumāya)가 당신에게 직물 아홉 필을 가
져가고 있어요. 이딘-신(Iddin-Sîn)은 직물 세 필을 가
져가고 있고요. 엘라(Ela)는 직물을 더 가져가지 않기
로 했고, 이딘-신은 다섯 필 이상은 가져가지 않기로
했어요.

왜 당신은 늘 내게 쓰는 편지에 "당신이 보내 주는
직물은 품질이 늘 좋지 않아!"라고 전하는 건가요? 당
신 집에 살면서 내가 보낸 직물을 폄하하는 그 사람은
대체 누군가요? 나는 매번 당신이 최소 은화 10셰켈씩
은 벌 수 있도록 늘 최선을 다해 직물을 만들어 보내고
있어요.

메시지를 완성한 뒤, 라마시는 판을 햇볕에 말린다. 그다
음에는 점토를 얇게 바른 얇은 천에 건조된 판을 감싼다. 그리
고는 점토로 만든 봉투 위에 자신을 상징하는 원통형 직인을
찍는다. 배달원은 750마일 떨어진, 아나톨리아의 도시 카네쉬
(Kanesh)에 있는 그녀의 남편에게 이 편지를 전달할 것이다.

4000년 전에 쓰인 라마시의 편지는 한때 카네쉬라는 도시

였던 튀르키예 유적지에서 발굴된 2만 3000여 개의 쐐기문자 점토판 중 하나다. 푸슈-켄과 같은 국외 거주 상인들의 집에서 발굴된 것이 대부분이었던 이 편지들과 법률 서류들에는 번성하던 당시 상업 문화의 관습과 개인의 성격이 그대로 드러나 있다. 이 점토판들은 세계에서 가장 오래된 장거리 무역 관련 기록이다.[1]

청동기시대의 카라반부터 오늘날의 컨테이너 선박에 이르기까지, 직물은 늘 상업의 중심을 차지했다. 몸을 감싸는 옷이자 집안을 장식하는 직물은 필수품이기도 했고, 아름다운 장식품이기도 했으며, 사회적 지위를 나타내는 사치품이기도 했다. 섬유는 운송이 쉬웠고, 섬유와 염료는 특정 지역에서 번성했으며, 특정 공동체들은 자신들의 직물 생산품에 특별함을 더하는 기술을 발전시켰다. 이러한 특성들이 모여 지역 특화와 더불어 그에 부수적으로 따라오는 교류를 이끌어 냈다.

이에 더해 섬유부터 완성된 직물까지 각 생산단계는 대개 다음 단계와 시간적·공간적으로 분리되어 있었다. 그리고 이 단계들을 유지하려면 실제로 판매되기 전까지 오랫동안 비용을 지급해야 했다. 게다가 우연한 사고, 자연재해, 강도, 사기 등 상품의 가치에 해가 되는 일들이 일어날 위험도 있었다. 그렇다면 날씨, 해충, 질병과 같은 자연재해나 인간이 저지르는 범죄 같은 일들에 어떻게 대처해야 할까? 정확히 무엇을 사야

하는지 어떻게 확신할까? 모든 것이 잘 풀린다고 해도, 물건값은 어떻게 받아야 할까? 상업혁명은 이러한 질문에 대한 답을 구하며 일어났다.

가락바퀴나 고둥 껍데기 무덤과 마찬가지로, "고(古)아시리아의 민간 보존 기록관"으로 불리는 이 점토판들은 혁신의 초기 역사에 직물이 중심 역할을 했음을 증명한다. 여기에서 발명된 것은 물질적 인공물이나 물리적 과정이 아니라 '사회적 기술'이었으며, 이 기록, 협정, 법, 관습, 규범은 신뢰를 조성했고, 위험 요소를 개선했으며, 시간과 공간을 넘어 서로 모르는 사람들 사이의 거래를 가능하게 했다.[2]

평화적 교류의 시대를 열었던 이 경제적·법적 제도로 인해 시장이 더욱 커졌고, 노동이 분화되며 다양성과 풍요로움이 뒤따라왔다. 이들은 작업장이나 연구실에서 고안된 다른 모든 것과 마찬가지로 번영과 발전에 필수적 요소였다. 경제적 이득과 함께 따라온 비물리적 이점은 인류에게 새로운 사고, 행동, 소통으로 향하는 길을 닦아 주었다. 그리고 여기에서도 마찬가지로 이러한 발명의 원동력은 직물을 향한 열망이었다.

○

라마시는 현재 이라크에 속한 모술 근처 티그리스강 유역에 있던 도시 아수르에 살았다. 수 세기가 지난 후에 아수르는 아시리아 제국이라는 이름을 얻지만, 라마시의 시대에 이곳은 상인들이 꾸려 가는 소박한 도시국가였다.

당나귀용 마구와 여성복 이외에 아수르의 자체 생산품은 거의 없었다. 하지만 이곳은 상업 중심지였다. 멀리 떨어진 광산으로부터 동쪽으로 주석이 들어왔는데, 주석은 청동기시대의 도구와 무기를 만드는 구리합금에 필수적인 재료였다. 남쪽에서 들어오는 아카드인들은 여성 죄수와 여성 노예들이 작업장에서 만든 울을 가져왔다. 유목민들은 양 떼를 몰고 도시에 들어와 털을 뽑았으므로 원모도 쉽게 구할 수 있었다. 아수르의 여성들은 울을 사들여 실을 자은 뒤 자신들이 가장 원하는 직물을 만들었는데, 각 조각은 평균적으로 너비 8큐빗*에 길이 9큐빗으로, 너비 약 4야드에 길이 4.5야드 정도였다. 아시리아학 연구자 모겐스 트롤레 라르센(Mogens Trolle Larsen)은 "품질이 좋은 직물 하나는 노예 한 명이나 당나귀 한 마리를 쉽게 살 수 있을 만큼 비싼 값을 받았다."라고 관찰했다.

아수르는 중개인(middleman)들의 도시였다. 최초는 아닐 가능성이 크지만, 현재 기록상으로는 가장 이른 시기다. 아수

---

*   고대 길이 단위의 하나로, 1큐빗을 오늘날 단위로 환산하면 약 45센티미터다.

르의 상인들은 주석과 직물을 구매해 아수르 여성들이 직조한 작품과 함께 카네쉬로 수출했다. 1년에 두 번, 당나귀와 함께하는 카라반들은 산길을 막는 겨울 폭풍을 피해 6주간의 여정을 떠났다. 카라반 하나에는 최소 상인 여덟 명의 물품이 실렸는데, 당나귀 서른다섯 마리가 수백 필이 넘는 천과 주석 2톤 정도를 실어 날랐다. 이 물품 중 일부는 안전한 여행을 할 수 있는 왕국과 도시에 내는 세금으로 쓰였다. 나머지는 은과 금으로 값을 받았다. 또 다른 서신에서 푸슈-켄은 라마시에게 그녀가 만든 직물의 값을 적은 장부를 보냈다. 이 장부에는 직물 몇 개가 세금으로 쓰였는지, 몇 개가 팔렸는지, 라마시에게 보내는 돈은 얼마인지, 그가 앞으로 필요한 돈은 어느 정도인지 적혀 있다. 우리가 이 편지를 볼 수 있었던 이유는 푸슈-켄이 복사본을 만들어 두었기 때문이다.

라마시가 그녀의 첨필로 글을 썼을 때 쐐기문자의 역사는 약 1000년 정도였다. 하지만 대부분의 경우 글쓰기는 특별히 교육받은 일부 계급의 특권이었고, 그 비율은 전 인구의 약 1퍼센트뿐이었다. 인류 역사 대부분에서 글을 읽고 쓰는 것은 아주 소수의, 그것도 거의 국가기관이나 종교 기관에서 일하는 남성들의 권리였다.

하지만 아수르는 그렇지 않았다.

라르센은 "여기저기 여행을 다니는 상인들의 사회였던 이

기원전 20세기 무렵과 기원전 19세기 무렵 사이 직물 거래에 관한 내용이 적힌,
카네쉬의 쐐기문자 편지. (Metropolitan Museum of Art)

곳에서는 상업 활동을 분담하는 남성과 여성 모두가 문자를 사
용할 수 있어야 했다. 이들은 마을에서 멀리 떨어진 데다 전문
적인 서기가 없는 곳에 있을 때 편지를 읽을 수 있어야 했고, 외
부로 새어 나가서는 안 되는 기밀 정보가 쓰인 편지를 읽어야
할 때도 있었기 때문이다."라고 기록했다. 고아시리아인들에게
편지는 아주 중요한 기술이었다.

　　아시리아 상인들은 직물과 주석을 판매하는 그들의 대리
인들이 있는 아수르와 카네쉬 사이에, 카네쉬와 주변 마을 사
이에 지침을 전달해야 했다. 주문, 판매, 대출, 기타 계약들도

기록해야 했다. 이들에게는 글을 읽고 쓰는 능력에 따라오는 융통성과 통제력이 필요했던 것이다.

시간이 지나며 이 실용주의적 상인들은 쐐기문자를 단순화했고, 글을 배우고 쓰는 과정은 더욱 쉬워졌다. 문서를 더욱 빨리 파악할 수 있게 새로운 형태의 문장부호를 개발하기도 했다. 일부는 글을 잘 썼지만, 그렇지 않은 사람도 많았다. 하지만 장거리 무역가들의 사회였던 아수르에서는 남성 대부분을 비롯해 많은 여성이 글을 읽고 쓸 수 있었다.[3]

무역을 하려면 정확한 소통이 필요하며, 사업주가 모든 협상을 직접 하지 않는 경우에는 특히 더 그렇다. 푸슈-켄을 생각해 보자. 맨 처음에 그는 아수르에 있는 어느 나이 많은 상인의 대리인으로서 카네쉬로 향했고, 푸슈-켄의 사업이 성장한 뒤에도 고향에 있는 다양한 상인들을 대신해 일했다. 이들의 직물과 주석이 카네쉬에 도착하면, 푸슈-켄은 이 물품들로 무엇을 해야 할지 알아야 했다.

선택지 하나는 이 물품을 즉시 카네쉬의 시장에 판매하는 것이었다. 현금을 원했던 어느 상인은 푸슈-켄에게 "내 상품을 대금 상환 거래로 판매하라고 전달해 주십시오."라고 편지를 보냈다. "외상으로는 물건을 절대 넘겨주지 말라고 대리인에게 지침을 내려 주십시오!" 이런 경우에는 돈을 즉시 보내야 했으므로 값이 낮아지는 것을 감수하고 물건을 빨리 팔아야 했다.

　다른 방법은 특정 시점 이후에 돈을 주겠다고 계약한 대리
인에게 직물과 주석을 판매하는 것이었다. 이러한 채무 계약은
내용을 복제한 봉투 안에 봉인되며, 채무가 해결되면 봉투를
부순다. 아수르의 또 다른 상인은 푸슈-켄에게 "주석과 직물을
전부 가져가서" 다음과 같이 하도록 지시했다.

　　　이윤이 확실하다면 단기 외상이나 장기 외상으로 판
　　　매하십시오. 될 수 있는 한 최대로 판매하고 대금을 은
　　　화로 환산한 값과 약관을 편지로 알려 주십시오.

　외상으로 물건을 구매한 대리인은 보통 카네쉬의 시장가
격보다 50퍼센트를 더 냈다. 그런 다음에 외진 마을들을 돌아
다니며 더 비싼 값에 물건을 판매했다. 이러한 방식을 활용해
중개인은 운영 자본을 얻을 수 있고, 물품에 상응하는 프리미
엄을 지급했는데도 이윤을 얻을 시간을 벌어 준다. 양쪽에게
이득이 되는 거래다.

　물론 그 대리인이 채무를 갚는다고 가정했을 때의 이야기
다. 이 사람은 물건을 가지고 도망쳐 다시는 카네쉬로 돌아오
지 않을 수도 있다. 이윤을 내지 못해 빚을 갚지 못할 수도 있
고, 강도나 사고를 당할 수도, 심지어 목숨을 잃을 수도 있다.
외상으로 물품을 파는 것에는 위험이 수반되고, 아수르에서 온

편지를 보면 수신자에게 "당신만큼 믿음직한" 대리인을 찾으라는 요구를 자주 찾아볼 수 있다. 이렇게 문자로 쓰인 계약서가 있고 채무자를 찾을 수 있는 경우에는 상인이 채무자를 법정으로 데려갈 수 있다. 하지만 그 당시에도 지금처럼 이전에 약속을 충실히 이행한 사람과 계약하는 것을 훨씬 선호했다.[4]

편지는 오래전부터 존재했던 기술이므로 당연하게 여겨진다. 하지만 편지는 장거리 무역에 아주 중요한 요소다. 보내는 사람의 지침을 정확히 전달하고 보존했던 편지는 "상인이 공간을 가로질러 자신의 상품과 재화에 권위를 투영할 수 있는 도구였다."라고 어느 사학자는 기록했다. 이 사학자는 11세기에 이슬람이 지배하던 지중해를 통해 직물과 염료 외 기타 물품을 거래하던 유대인 상인들을 언급했다.[5] 그러나 이러한 설명은 전화가 발명되기 이전의 그 어떤 시대에도 적용될 수 있다. 상업이 시간과 거리를 넘어 뻗어 나갈 때, 서신 그리고 서신에 필요한 읽고 쓰는 능력도 상업과 함께했다.

○

오늘날의 중국 북서부 신장에 있었던 오아시스 도시 투루판 사람들은 죽은 이들에게 옷, 신발, 벨트, 모자를 입혔다. 이 의류들은 천이나 가죽이 아니라 버려진 계약서나 서류들로 만들어졌다. 오늘날 확인한 이 재활용 종이들에는 무작위이기는 하지만 여러 나라의 언어를 사용했던 주민들의 관습과 각종 기관에 관한 놀라운 기록이 남아 있다. 이 중에는 현존하는 가장 오래된 중국어 계약서가 남아 있는데, 273년에 연견(練絹)* 20필과 관 하나를 교환하는 내용이었다. 또 다른 계약서에는 477년에 소그드 상인이 면 137필에 이란 노예 한 명을 사들인 내용이 있으며, 이는 면에 관한 이 지역 최초의 기록이다. 이런 계약들은 단순한 물물교환이 아니었다. 투루판에서 직물은 중요한 사회적 기술이었고, 아수르에서 은이 화폐였던 것처럼 표준 직물 한 필이 돈으로 환산되었다.[6]

640년에 중국이 투루판을 정복했을 때, 이 새로운 지배자들은 화폐로서 직물의 사용을 확장해 병사들에게 돈을 주거나 식량을 구매할 때도 직물을 주었다. 중국 병사이자 부유한 농부였던 좌동희(左憧憙)의 장부를 살펴보면 그가 말, 양, 양탄자, 말먹이를 구매할 때 실크를 어느 정도 사용했는지 알 수 있다. 좌동희는 규모가 작은 거래에 사용하기 위해 동전을 보관하기도 했다. 열다섯 살짜리 노예를 사들일 때는 직물 여섯 필과 동전 다섯 개를 지불했다. 실크는 액수가 큰 지폐였고, 동전은 잔

---

*   뽑아낸 상태 그대로의 생직물을 가공해 거친 부분을 제거하고 유연성과 광택을 부여한 견직물이다.

돈이었다.[7]

특히 시골 지역에서 만성적인 동전 부족 현상이 있었던 당나라(618년~907년)는 대안으로 직물 사용을 장려했다. 732년, 당나라 조정은 아마와 실크를 법정통화로 선포해 직물을 법적 지급 수단으로 인정했다. 811년에는 백성에게 금액이 큰 구매를 할 때는 동전보다 직물이나 곡식으로 값을 치르라는 지침을 내렸다. 가장 중요한 부분은 곡물, 실크, 아마 직물의 특정 표준량을 세금으로 징수했다는 것이다. 곡물은 병사들의 식량이 되었지만, 직물은 화폐로서 순환했다. 실크와 아마로 봉급을 받았던 병사와 공직자들은 자신들이 받은 급여를 지역 시장에서 소비했고, 가게 주인은 직물 화폐로 자신이 원하는 것을 구매했다. 동전은 회계 단위로 기능했지만, 직물은 일상에서 필요한 교환을 위한 수단이었다.

9세기 작가 이조(李肇)의 이야기에 이런 상황이 담겨 있다. 어느 겨울날, 무거운 도자기가 가득 실린 수레가 눈과 얼음 때문에 나아가지 못하고 좁은 길을 막고 있었다. 시간은 계속 흘렀고, 수레 뒤에서 기다리는 사람들은 점점 많아졌다. 어둠까지 드리우고 있었다.

그때 손에 채찍을 든 유파(劉頗)라는 이름의 한 여행자가 앞으로 나와 물었다. "수레에 실린 도자기들의 값

이 얼마요?" 그러자 "7000냥에서 8000냥 정도"라는
답이 돌아왔다. 유파는 가방을 열어 실크를 꺼내 값을
치르고 하인에게 수레 위에 올라가 고정한 줄을 풀고
도자기를 절벽 밑으로 떨어뜨리게 했다. 잠시 후 가벼
워진 수레가 앞으로 밀려났고, 뒤에서 기다리던 사람
들은 환호하며 길을 떠났다.

어느 사학자는 이 이야기를 보며 행상들이 일상적으로 실
크를 가지고 다니며 화폐로 사용했으므로 동전의 가치를 실크
로 빠르게 계산할 수 있었을 것으로 분석했다. "거래가 성사된
속도를 보면 실크와 동전이 그 시대에 일반적으로 교환되었고,
대중이 대부분 이러한 계산을 할 수 있었을 것이라는 사실을
알 수 있다."[8]

산업화 이전의 경제에서 직물은 이상적 화폐에 필수적인
여러 요소를 지니고 있었다. 튼튼하고 휴대하기 쉬우며 나누기
도 편했기 때문이다. 직물들은 표준 크기와 균일한 품질로 생
산될 수 있다. 또한 생산에 오랜 시간이 걸리고 자금 공급 역할
을 하다가도 일상생활로 흘러나오며 수량이 한정되었기 때문
에 인플레이션을 피할 수 있었다.

우리는 중국 당나라의 실크 화폐처럼 통화를 중앙정부가
정한다고 생각하기 쉽지만, 꼭 그렇지는 않다. 세계 어딘가에

서 직물 화폐는 법이 아니라 상업적 사용 때문에 시작되고 유지되었다.

에우둔(Audun)에 관한 아이슬란드의 전설은 11세기 중반 초여름에 시작된다. 토리르(Thorir)라는 이름의 노르웨이 상인이 아이슬란드의 북서쪽 베스트피르디르반도에 도착했다.[9] 임업과 농업에 적합하지 않은 땅에 살아가는 아이슬란드인들은 목재와 곡식을 수입에 의존했다. 이들은 자신들이 사용하는 화폐로 목재와 곡식을 구매했는데, 바로 '와드멀(*vaðmál*)'로 부르는 울 능직이었다. 토리르는 자신이 싣고 온 물품을 아이슬란드에 팔고 배에 직물을 실어 돌아갔다. 하지만 문제가 하나 있었다. 아이슬란드 사람들이 화폐, 즉 와드멀을 충분히 갖고 있지 않다는 것이었다.

법에 관한 역사가이자 아이슬란드 사가(saga)를 연구한 한 학자는 "이 노르웨이 상인이 밀가루와 목재의 값을 받고자 했을 때, 아이슬란드의 구매자들은 늦여름까지 천을 충분히 만들지 못할 가능성이 컸다."라고 설명했다. "상인은 말 그대로 자신이 받을 돈을 만들 때까지 기다려야 했고, 돈을 받으려고 겨울까지 기다리는 일도 빈번했다." 하지만 이렇게 기다리는 동안 곡식이 상할 수도 있었다.

토리르에게는 다행히도 이 이야기에 등장하는 아이슬란드의 영웅 에우둔은 믿을 만한 고객을 골라 주었다. 토리르가 이들에게 곡식을 지금 주면 분명 늦은 여름쯤에는 천을 받아 돌아갈 수 있을 터였다. 이렇게 신용을 조사해 준 보상으로 에우둔은 배에 탈 수 있게 되고, 이야기에 나오는 사건들이 시작된다.[10]

아이슬란드의 와드멀은 단순한 상품이 아니었다. 특수한 기준에 맞춰 짜인 이 직물은 적법한 교환 수단이자 가치 저장 수단으로 사용되었고, 아이슬란드 자유국 시대(930년~1262년)에 주요 화폐로 기능했다. 화폐의 세 번째 기능인 계산화폐로서 가로 2엘(ell),* 세로 6엘 크기의 와드멀 한 조각이 "17세기 아이슬란드의 법률 서적, 매출 장부, 교회 재고 목록, 농장 명부 등 어디서든 교환 수단으로 사용된 것을 확인할 수 있다."라고 인류 고고학자 미셸 헤이어 스미스(Michèle Hayeur Smith)는 기록했다.[11]

고고학적 증거는 이러한 기록을 뒷받침한다. 1만 3000개가 넘는 고고학적 직물 조각을 현미경으로 관찰한 헤이어 스미스는 직물이 화폐로 사용되었다는 명백한 증거를 발견했다. 1050년 이전, 바이킹 시대부터 사용되었던 직물은 직조 구조와 실의 수가 매우 다양했다. 이와 대조적으로 중세 시대의 직물은 훨씬 균일했는데, 이 빽빽하게 구성된 능직이 법적 화폐

---

*   과거의 직물 길이 단위로, 1엘은 약 115센티미터에 해당한다.

로 사용되었다는 확실한 증거다. 헤이어 스미스는 "이러한 분석을 보면 상당한 정도의 표준화와 보편성을 나타내므로, 직물이 측정 단위이자 '법적인 직물 화폐' 종류의 하나로 생산되어 계급에 상관없이 아이슬란드 전체 가구에 순환되었다고 결론 내릴 수밖에 없다."라고 기록했다. 중세 시대에 "아이슬란드인들은 화폐를 풍부하게 엮어 내고 있었다."[12]

서아프리카에서도 최소 11세기부터는 상인들이 직물로 화폐를 만들어 거래에 활용했다. 서아프리카 직물에서 두드러지는 점은 좁은 줄무늬들이 모여 큰 직물을 형성한다는 것인데, 이 자체가 한 벌의 옷이었다.(켄테 천도 이와 같은 예시라고 할 수 있다.) 의류로 사용하는 직물에는 다양한 색상을 사용했지만, 화폐용 직물에 사용된 줄무늬는 염색하지 않았고, 직기에서 완성된 후에는 탄탄하고 평평한 고리 모양으로 감아 두었다. 상인들은 이렇게 감긴 직물을 땅에 굴릴 수도 있었고, 짐을 나르는 동물의 옆구리에 걸어 둘 수도 있었으며, 머리에 평평하게 인 뒤 다른 상품을 올려 들고 갈 수도 있었다. 직물의 너비가 지역마다 달랐으므로, 하나의 시장에서 한 가지 이상의 직물 화폐가 모이면 무역업자들은 기준이 되는 비율을 정했다. 보통 여성용 래퍼(wrapper)*의 길이가 1차 화폐 단위가 되었고,

---

*   몸에 휘감아 입을 수 있는, 서아프리카 등지의 넉넉한 가운이나 치마.

이보다 큰 직물은 더 큰 화폐로 기능했다.

아프리카의 직물 통화는 주로 화폐로 사용되었지만, 가난한 사람들과 면이 생산되지 않는 북쪽 사막 주민들 사이에는 이 직물을 구매하는 시장이 형성되기도 했다. 어느 사학자는 "그래서 직물 화폐는 늘 특정한 '일방적' 성격을 지니고 있었다."라고 썼다. 동서 간 무역에서 직물 화폐의 가치는 근본적으로 계속 같게 유지되었다. 하지만 북쪽으로 갈수록 직물 단위 하나로 살 수 있는 물건이 많아졌고, 남쪽으로 갈수록 적어졌다. 무역상인들은 이에 알맞게 자신의 여행 경비를 조절했다.

> 예를 들어 자신의 고향에서 만든 직물을 들고 팀북투로 가서 소금을 사려고 하는 오트볼타(Upper Volta)의 상인은 북쪽으로 가는 여정에서 직물로 경비를 낼 것이다. 하지만 돌아오는 길에는 비록 최초의 목적이 고향의 직물을 판매하는 것이었다고 하더라도 남쪽으로 내려오며 가치가 더해지는 소금으로 경비를 낸다.

가치가 상대적으로 덜한 미국의 은과 금이 가치가 더해지는 유럽과 아시아로 흘러갈 때도 이와 같은 현상이 일어났다. 직물 화폐는 실제로 금속화폐보다 더욱 자율적이었고, 물량 부족이나 인플레이션의 위험이 낮았다. 화폐의 가치가 오르면 직조공들은 직물을 더 많이 만들었다. 가치가 떨어지면 소비자들은 직물을 더 많이 가져갈 수 있었다. 결과적으로 시간이 지남에 따라 가치가 일정해졌고, 이는 상품으로서의 직물 가격으로 결정되었다.[13]

화폐는 자생적인 사회적 관습이며, 우리가 미래의 거래에 가치를 인정받을 것이라고 믿는 징표다. 만약 구매자와 판매자, 법원과 조세 당국이 지급금으로 직물을 받는다면, 이는 화폐인 것이다.

○

13세기 후반, 북이탈리아의 상인들은 자신들의 사업을 새롭게 조직하기 시작했다. 수개월 동안 프랑스를 가로질러 국제적 규모의 샹파뉴 정기시(定期市)에 참가하지 않고, 그 대신에 고향에 머물며 정기시가 열리는 지역에 항상 거주하는 파트너나 대리인을 파견했으며, 전문 수송자를 고용해 상품을 주고받았다. 푸슈-켄이 목격했을 수도 있는 이 노동의 분화는 13세기 상업 혁명의 일부였다.

처음에는, 현장에서 직접 거래되는 물량이 줄어들었는데도 정기시의 사업 실적이 증가했다. 어느 사학자는 "샹파뉴에서 이탈리아 상인들은 특정 품질의 플랑드르 천을 특정 양만큼 구매하겠다고 계약한 뒤, 거래가 이루어진 마을을 거치지 않고 플랑드르에서 이탈리아까지 물건을 바로 운송했을 것이다."라고 설명한다. 상인들은 곧 거래가 가장 많이 이루어지는 파리, 런던, 브뤼허 등에 지점을 개설하면 정기시 자체를 건너뛰어도 된다는 사실을 깨달았다. 1292년이 되자 파리에서 가장 세금을 많이 내는 일곱 명 중에 무려 여섯 명을 이탈리아인이 차지하게 되었다.[14]

대면 계약이 줄어들면서 편지와 기록 보존이 점점 더 중요해졌다. 피렌체에 있는 가족이 운영하는 기업의 멀리 떨어진 발렌시아 사무실에서 16세의 로렌초 스트로치(Lorenzo Strozzi)는 어머니에게 보내는 편지에 자신이 하루에 열두 개 이상의 편지 사본을 만든다고 적었다. "아마 너무 빨라서 놀라실 거에요. 우리 가족 그 누구보다도 제가 빨라요." 이 편지를 쓴 날짜는 1446년 4월이었다. 어린 로렌초는 15세기의 복사기 역할을 하며 가업과 더불어 상업적 통신의 관습을 배웠다. 어머니에게 카탈루냐 여성들이 좋아하는 직물과 패션을 설명하던 로렌초의 편지에는 직물 상인들의 통찰력이 드러나 있다. 내용과 태도에 주의를 기울이며 편지를 잘 쓰는 것은 상업에 필수적인 기술이었다.[15]

장거리 사업이 성장하자 정기 우편 서비스라는 또 다른 필수 사회적 기술이 발전했다. 1357년, 피렌체 상인들이 모여 스카르셀라(*scarsella*), 즉 가죽 메신저 백(messenger bag)에서 이름을 딴 피렌체 상인들의 가죽 지갑(*scarsella dei mercanti fiorentini*)을 결성했다. 이들은 피렌체와 피사에서 브뤼허와 바르셀로나까지 정기적으로 편지를 배달하기 위해 배달원을 고용하고 말을 구매했다.(브뤼허까지 가는 경로는 밀라노나 쾰른 혹은 파리를 거쳤다.) 다른 도시에 있는 상인들은 피렌체를 따라 했고, 세기가 바뀔 때쯤 스카르셀라는 루카, 제노바, 밀라노, 롬바르디아에서 운영되었다. 머지않아 바르셀로나, 아우크스부르크, 뉘른베르크도 이탈리아의 모델을 모방했다.[16]

스카르셀라에 맡겨진 편지는 브뤼허나 런던에서 이탈리아와 스페인의 항구도시들까지 한 달 정도면 배달되었다.(배로 운반하면 훨씬 빨랐지만, 1년에 운행이 두 번뿐이었다.) 상인들은 최소 한 달 주기로 편지를 썼다. 사학자 남종국(南宗局)은 "두 달 동안 서신이 없는 일은 아주 드물었다. 만약 편지가 한 달 이상 배달되지 않으면 상인들은 불평하며 더 많은 편지를 요구했다."라고 기록했다. 남종국은 피렌체 근처 프라토(Prato)에서 다국적 직물업 및 은행업을 운영했던 프란체스코 디 마르코 다티니(Francesco di Marco Datini)가 남긴 방대한 기록에서 나온 상업 서신을 분석했다. 여러 상업 중심지에서 편지가 끊임없이 쏟아지던 브뤼허는 울과 리넨의 중심지일 뿐 아니라 "북유럽에서 가장 중요한 뉴스와 정보의 중심지"가 되었다고 그는 기

록했다.[17]

상업적 정보를 기록했던 편지는 이탈리아 도시들 사이에서 특히 빠르게 운반되었다. 1375년 3월 7일, 베네치아의 실크 상인 조반니 라차리(Giovanni Lazzari)는 2월 26일에 루카에 있는 동료 상인 주스프레도 체나미(Giusfredo Cenami)가 보낸 편지에 답장했다. 라차리는 본론으로 들어가기 전에 체나미의 편지에 답장하며 미래의 사학자들이 분석할 우편 일정 기록을 남겼다. 라차리는 "이틀 만에 내가 보낸 편지 중 네 통을 받았다고 했는데,"라고 하며 "나는 여느 때처럼 수요일과 토요일에 편지를 보냈어."라고 썼다. 대부분 시장 보고서였던 라차리의 편지에는 실크 가격, 환율, 패션 관련 최신 정보("요즘 베네치아의 젊은이들은 피렌체 스타일 옷을 찾고 있어.")[18]가 적혀 있었다.

정기적으로 편지를 운반하던 배달원들 덕분에 "국외에 있는 피렌체, 루카, 피사, 베네치아, 제노바, 밀라노의 사업가들이 시장에 관해 정확한 지식을 지닌 채 협상할 수 있었고, 수요를 알고 물자를 알맞게 공급할 수 있었다."라고 어느 사학자는 기록했다. 그 증거로 다티니의 기록 보관소에는 "크게 다마스쿠스와 런던으로 나뉘는"[19] 여러 지역의 상품 가격 목록을 50년 가까이 기록한 자료가 남아 있다. 편지를 통해 정기적으로 전해진 사업적 지식은 부를 쌓고 유지하게 해 주었고, 그중 많은 부분이 직물에서 나왔으며, 이렇게 나온 자금이 인문학자들의 작업과 예술적으로 가치 높은 작품들을 후원해 지금 우리가 기억하는 이탈리아 르네상스를 불러왔다.

○

1479년, 니콜로 마키아벨리(Niccolò Machiavelli)는 열한 번째 생일을 앞두고, 읽기와 쓰기를 배웠던 학교를 떠나 피에로 마리아(Piero Maria)라는 선생님과 함께 공부를 시작했다. 미래에 『군주론(*The Prince*)』의 저자가 되는 이 아이는 이후 22년 동안 힌두-아라비아 숫자, 산술 기법, 복잡한 여러 종류의 화폐와 측정 변환법을 완벽하게 익혔다.[20] 마키아벨리가 공부했던 내용은 대부분 이런 것이었다.

> 만약 직물 8브라초*가 11플로린(florins)이라면, 97브라초는 얼마인가?
> 직물 20브라초가 3리라이고 종이 42파운드가 5리라다. 그렇다면 직물 50브라초와 같은 양의 종이는 몇 리라일까?

---

* 이탈리아의 옛 길이 단위로, 단수형은 브라초(braccio), 복수형은 브라차(braccia)이며, 대략 38센티미터에서 1미터까지 지역과 시대마다 길이가 달랐다.

피에트로 보르고(Pietro Borgo)가 1561년에 쓴 『계산법(*Libro de abacho*)』 중 한 페이지. 직물과 울의 물물교환 대 지급금에 관한 문제 풀이 방법이 적혀 있다. (Turin Astrophysical Observatory via Internet Archive)

어떤 문제는 이 시대에 화폐가 부족했음을 보여 준다. 특정한 값에 살 수 있는 상품을 동전이 아닌 다른 상품으로 구매하려는 경우에는 할증료를 내야 했다.(이러한 문제들은 무역 관습에 익숙하다는 가정하에 만들어졌으므로 현대인의 눈에는 모호하게 보일 수 있다.)

각각 울과 천을 가지고 있는 두 남성이 물물교환을 하려고 한다. 아마 직물 한 필은 5리라이며, 물물교환을 할 때는 6리라의 가치를 지닌다. 울 1헌드레드웨이트 (hundredweight)*는 32리라다. 이 둘은 왜 물물교환을 해야 하는가?

두 남성이 울과 천을 물물교환을 하려고 한다. 아마 직물 한 필은 6리라이며, 물물교환을 할 때는 8리라의 가치를 지닌다. 울 1헌드레드웨이트는 25리라이며, 물물교환을 할 때는 천을 가진 남성이 10퍼센트를 더 벌었다고 생각할 만한 가치를 지닌다. 그렇다면 물물교환을 할 때 울 1헌드레드웨이트의 값은 얼마인가?

다른 문제들은 현실적인 디테일을 추가한 수수께끼에 가깝다.

동료와 함께 바다를 건너려고 하는 어느 상인이 있었다. 상인은 여정을 떠나기 위해 항구로 가서 배를 찾은 뒤 자신의 물품인 울 스무 자루를 실었고, 동료는 스물네 자루를 실었다. 배는 항구를 떠나 항해를 시작했다. 배의 선장은 "이 울에 대한 화물 운송비를 내야 합니

---

*   무게 단위의 하나로 기호는 'cwt'이며, 오늘날 미국에서는 45.36킬로 그램, 영국에서는 50.80킬로그램으로 정의하고 있다.

다."라고 말했다. 그러자 상인은 "지금은 돈이 없습니다. 하지만 우리 한 명당 울 한 자루를 줄 테니 울을 팔아 운송비를 제하고 나머지를 우리에게 주십시오."라고 말했다. 선장은 울을 팔아 운송비를 뺀 뒤 울 스무 자루를 가지고 있던 상인에게는 8리라를 주고, 스물네 자루를 가지고 있던 상인에게는 6리라를 주었다. 그렇다면 선장은 울을 몇 리라에 팔았으며 각 상인은 몇 리라를 운임으로 냈을까?[21]

저명한 인문주의 예술, 편지와 함께 초기 근대 이탈리아의 상업 도시들은 보테게 다바코(botteghe d'abaco)로 불리는 새로운 교육 형태를 만들어 냈다. 보테게 다바코는 '주판 작업장'이라는 뜻이지만, 이곳에서 배우는 내용은 주판과 아무 관련이 없었다. 오히려 이와 반대로 아바치스트(*abacist*) 혹은 아바키스타(*abbachista*)** 로 불리는 마에스트로 다바코(maestro d'abaco)가 학생들에게 주판이 아닌 펜과 종이로 계산하는 법을 가르쳤다.

오해를 부르는 이 학교의 이름은 피보나치(Fibonacci)로 잘 알려진 위대한 수학자 피사의 레오나르도(Leonardo Pisano)가

** 아바치스트는 '주판 사용자'라는 뜻이고, 아바키스타는 '주산의 달인'이라는 뜻이다.

1202년에 출판한 『주판서(*Liber Abbaci*)』에서 따온 것이다. 부자(Bugia: 오늘날 알제리의 베자이아(Béjaïa)) 세관의 피사 상인들을 대표하던 아버지와 함께 북아프리카에서 자랐던 어린 레오나르도는 아홉 개의 아라비아 숫자와 힌두교의 0을 사용해 계산하는 법을 배웠고, 숫자에 완전히 매료되었다.

지중해 연안을 여행하며 수학적 능력을 갈고닦은 피보나치는 마침내 피사로 돌아왔다. 이곳에서 그는 우리가 오늘날 사용하는 수 체계를 적극적으로 소개한 책을 출판했다. 피보나치는 서문에 "이 방법은 나머지 방법보다 훨씬 완벽하다. 열의 있는 사람들이, 무엇보다 이탈리아 사람들이 이 학문을 배운다."라고 썼다. 비록 학자와 종교인의 언어인 라틴어로 쓰여 있지만, 이 책은 상업에 관련된 문제로 가득하다.

『주판서』를 현대 영어로 번역한 수학자는 "레오나르도는 과학자들뿐 아니라 상업 분야나 일반인이 사용하는 수 체계를 로마 숫자가 아닌 아라비아 숫자로 바꾸고자 했다."라고 썼다. "그는 이러한 목표를 원했던 것보다 훨씬 크게 성취해 냈다. 이탈리아 상인들이 이 새로운 수학과 체계를 지중해 전역에 전파했기 때문이다."[22] 티리언 퍼플을 실어 나르던 페키니아인들이 알파벳을 전파했듯이, 계산법도 실크와 울을 따라 여행했다. 또다시 직물 거래는 전 세계에 새로운 사고와 소통 방식을 선사했다.

펜과 종이를 사용하는 피보나치의 독창적 체계는 편지를 아주 많이 쓰고 영구적 회계 기록이 필요했던 사업자들에게 이 상적이었다. 13세기 후반이 되자 이 새로운 체계를 가르치는 전문 교사가 생겼고, 자국어로 된 안내서도 출판되었다. 꾸준히 판매되었던 이 책들은 어린이용 교과서이자 상인용 참고서, 수수께끼 퍼즐, 오락용 자료 역할을 했다.

아바치스트들이 출판한 안내서 수백 권 중에는 1478년에 출판된, 최초의 활자본 수학책으로 알려진 『트레비소 산술 (*Treviso Arithmetic*)』(원제는 『주판의 예술(*L'Arte del'Abacho*)』)과 화가 피에로 델라 프란체스카(Piero della Francesca)의 작품이 포함되어 있다.(원근법을 다룬 프란체스카의 유명한 책은 이 새로운 수학을 통합했다.) 루카 파촐리(Luca Pacioli)가 1494년에 출판한, 자세하면서도 박식한 안내서인 『산술 집성(*Summa de Arithmetica Geometria Proportioni et Proportionalità*)』은 복식부기라는 상호 보완적인 사회적 기술을 대중화한 최초의 작품이다.[23]

멀리 떨어진 기업들을 소유한 주인들의 관심을 끈 이 새로운 회계법은 횡령에 대한 보안을 강화하면서도 사업 현황에 관해 더 나은 정보를 얻을 수 있게 해 주었다. 상업사학자 두 명은 "이 회계법을 사용하려면 담당 직원이 더욱 세심하고 정확하게 기록을 관리해야 했다."라고 적었다.

302

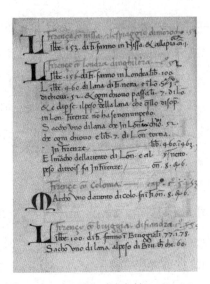

1481년에 출판된, 조르조 디 로렌초 키아리니(Giorgio di Lorenzo Chiarini)
의 『다양한 지역의 무역 및 관습을 다룬 책(*Libro che tracta di marcantie et
usanze di paesi*)』 중 한 페이지. 여러 나라의 화폐, 무게 단위, 측정 단위의 전
환 방법이 실려 있다. 이 내용은 전부 루카 파촐리의 『산술 집성』에 포함되어 있
다. (Temple University Libraries, Special Collections Research Center, via
Philadelphia Area Consortium of Special Collections Libraries and Internet
Archive)

주기적으로 계산을 점검해 수입과 지출을 맞추게 해
주었고, 다양한 자격을 지닌 서기들의 노동 분업을 이
끌었다. 대차대조표 데이터를 제공하고, 자본과 수익
회계를 분리했으며, 증가액이나 감가상각같이 유용한
개념을 들여왔다. 무엇보다 복식부기는 기업 소유주

늘이 운영 체계를 더욱 효율적으로 통제할 수 있게 해
주었다.[24]

복식부기에는 아라비아 숫자와 함께 펜과 종이를 쓰는 계
산법을 사용했으며, 이 새로운 수학을 교육받은 상인과 담당
직원의 수요가 급증했다. 장인들 역시 일상의 문제를 해결하는
새로운 계산법의 유용함을 깨달았다.

이러한 분위기를 따라 14세기 초에 피렌체에 설립되었던
보테게 다바코가 점차 퍼져 나갔다. 수학사학자 워런 밴에그먼
드(Warren Van Egmond)는 보테게 다바코가 "서양 최초의 수학
전문 학교였으며, 초등수학과 실습 수준의 수학을 가르치는 최
초의 기관이었다."라고 기록했다.

미래의 상인과 장인들은 아바치스트의 교실에서 견습 프
로그램과 직업 프로그램을 이수했다. 하지만 상업수학의 기초
를 다지는 것은 마키아벨리처럼 고등교육을 받고 정치 쪽이나
학문 쪽으로 경력을 쌓을 사람들에게도 아주 중요했다. 무역을
기반으로 삼은 사회의 문화적 소양에는 계산 능력도 포함되어
있었다.

이 기관들이 아이들에게 울을 헌드레드웨이트에서 브라
초로 어떻게 환산하는지, 사업상 모험으로 얻은 이익을 각기
다른 투자자에게 어떻게 할당해야 하는지에 관해 엄격한 훈련

을 시키고 있을 때, 아바치스트들은 현재 우리가 사용하는 곱셈과 나눗셈의 기술을 고안해 냈다. 이들은 대학에서 너무 상업에 치우쳐 있다며 불평 어린 시선을 받던 대수학 분야에서도 작지만 중요한 개선을 이루어 냈고, 일반적인 현실 문제들에 관한 해결책도 찾아냈다. 아바치스트들은 오직 수학으로만 생계를 이어 갔던 최초의 유럽인들이었다.

1976년, 밴에그먼드는 200개 이상의 주판 안내서와 책을 연구했던 그의 중요한 연구에서 그리스부터 이어진 수학을 향한 전통적 관점에서 분리된, 즉 추상적 논리와 이상적 형태에서 분리된 실용성을 강조했다. 주판책은 수학을 실용적 수단으로 다루었다. 밴에그먼드는 "산수를 배울 때는 값을 헤아리는 법, 이자를 계산하는 법, 이익을 산출하는 법을 배운다. 기하학을 배울 때는 건물을 측량하는 법, 지역과 거리를 계산하는 법을 배운다. 천문학을 배울 때는 달력을 만드는 법이나 휴가를 정하는 법을 배운다."라고 기록했다. 그는 가격 문제 대부분이 직물과 관련된다는 사실을 관찰하기도 했다.[25]

학문적인 기하학에 비해 주판 안내서는 천을 후추로 거래하는 등의 문제를 다루었으므로 매우 실제적이었다. 그러나 이들은 추상적 개념을 경시하지 않았다. 오히려 패턴의 과학을 일상적인 사업 문제에 적용하며 추상적 표현을 물리적 세계와 결합했다. 물리적 계산기에서 펜, 잉크, 숫자로의 변화는 실제로 추상을 향한 움직임이었다. 종이에 쓰인 상징들은 은화와 천, 그리고 이들 사이의 관계를 나타낸다. 학생들은 다음과 같이 질문하는 법을 배운다. 이 실제적 문제를 수와 미지수로 어떻게 나타낼까? 어떻게 사업을 하며 들어오고 나가는 돈의 흐름을, 천과 섬유, 염료의 상대적 가치를, 현금과 물물교환의 장단점 등을 수학으로 바꾸어 세상의 패턴을 인식해야 할까? 아바치스트들, 즉 수학자들은 제자들이 실제 세상을 예시로 삼을 수 있도록 가르쳤다. 수학은 세상과 분리된 영역이 아니며, 유용한 지식이라는 점을 가르쳤다.

○

토머스 새먼(Thomas Salmon)은 한 문제와 씨름하고 있었다. 서머싯의 세금 징수원이었던 새먼은 런던으로 보낼 금과 은을 수천 파운드 모아야 했다. 하지만 1657년의 잉글랜드에는 예금계좌도, 전신 송금도, 현금 수송용 장갑차도 없었다. 이렇게 많은 돈을 직접 들고 여행하는 것은 어렵고 위험한 일이었다. 새먼은 어떻게 해야 했을까?

새먼은 동전을 들고 클로시어(*clothier*)로 불리는, 지역의 천 제작자를 찾아갔다. 동전을 넘긴 대가로 그들은 '환어음(*bill of exchange*)'으로 불리는 종이 한 장을 그에게 건넸다. 이 종이는 수표처럼 기능하지만, 은행에서 발행한 것과 달리 이 어음은 리처드 버트(Richard Burt)라는 런던 상인이 새먼에게 현금을 주어야 한다는 사실을 명시했다. 버트는 팩터(factor), 즉 중개인이었다. 그는 여러 생산자에게 울을 사들인 뒤 런던 상인들에게 판매하며 수수료를 받았다.[26]

버트는 생산자들의 상품을 판매할 때 클로시어들의 입금 내역을 장부에 기록했고, 그들은 환어음으로 값을 받았다. 서머싯의 클로시어들은 지역 상인들에게 환어음을 내고 생필품을 구매할 수 있었다. 이 상인들은 런던에 가서 환어음을 현금으로 바꿀 수도 있었지만, 주로 자신의 공급자와 거래할 때 사용했다. 세금 징수원에게 동전을 받는 것도 클로시어들이 외상으로 거래한 내역을 현금화할 수 있는 또 다른 방법이었다. 새먼은 환어음을 런던으로 가져가 버트에게 돈을 받고, 그 돈을 재무부로 가져갔을 것이다. 직물 산업을 위해 설립했던 이 기관은 영국 왕실의 재정에 가장 중요한 곳이 되었다.[27]

13세기에 이탈리아 직물 상인들이 처음으로 만든 환어음은 "중세 성기(high middle age)의 가장 중요한 경제 혁신"[28]으로 불린다. 환어음은 샹파뉴 정기시에서(이후에는 다른 시장에서도) 고향에 있는 회사까지 수익금을 전달하기 위해 고안되었다. 일종의 약식으로 쓰인 이 종이들은 본질적으로 다른 도시에 있는 대리인이, 대개는 은행이 특정인에게 특정한 돈을 지급하라

1398년에 발행된 환어음. 디아만테 델리 알베르티(Diamante degli Alberti)와 알토비안코 델리 알베르티(Altobianco degli Alberti)가 마르코 다티니(Marco Datini)와 루카 델 세라(Luca del Sera)에게 발행했다. (akg-images / Rabatti & Domingo)

는 편지다. 어느 상인이 환어음을 발행하면 상인이 있는 지역의 은행은 외국에 있는 지점에 이 어음을 받았을 때 돈을 지급하라는 안내문을 보낸다. 환어음은 국가에서 만들어 허가한 공식 문서는 아니었지만, 시행착오를 거쳐 발전한 사회적 기술이었으며, 그 유용성은 연결과 신용에 달려 있었다.

상인들이 다양한 곳에 사무실을 열며 네트워크를 구축할수록 환어음의 융통성은 점차 커졌다. 14세기 초가 되자 서유럽에서 가장 큰 도시들에서도 환어음을 현금으로 바꿀 수 있게 되었다. 울을 살 때도, 병사들에게 급여를 줄 때도 동전이 대륙과 바다를 건널 필요가 없게 된 것이다. 사학자 프란체스카 트리벨라토(Francesca Trivellato)는 환어음이 "초기 근대 유럽 '국제 화폐 공화국'의 보이지 않는 화폐였다."[29]라고 설명했다.

환어음은 자금을 쉽게 운송하고 외환을 편리하게 전환하는 용도로 고안되었지만, 다른 용도로도 빠르게 발전해 나갔다. 먼저 같은 양의 정화로 할 수 있는 거래보다 훨씬 많은 양을 처리하면서 화폐 부족 상황을 타개했다. 오늘날 사용하는 용어로 설명하면 환어음은 화폐의 공급이 아니라 유통 속도를 증진시켰다. 어느 사학자는 "브뤼허에서 런던으로, 파리에서 피렌체로 운송되는 은화나 세비야에서 제노바로 운송되는 금화의 순수한 양은 환어음이 발전한 뒤에도 줄어들지 않았다."라고 썼다. "그러나 거래 액수는 전무후무한 수준으로 증가했다."[30]

그 이유를 알아보기 위해 가상의 잉글랜드 상인 두 명을 살펴보자. 첫 번째 상인(존)은 원모를 수출해 피렌체에 있는 상인(조반니)에게 판매한 뒤 런던에서 현금화할 수 있는 환어음을 받는다. 두 번째 상인(피터)은 실크 섬유를 (피에로에게서) 수입해 피렌체에서 현금화할 수 있는 환어음을 받는다. 은행 장부에 적힌 이 두 개의 환어음은 서로 상계할 수 있으며, 차액만 실제 화폐로 바꾸면 된다. 이런 식으로 실제 화폐를 적게 사용하면서 거래량이 늘어난 것이다. 경제학자 메이어 콘(Meir Kohn)은 "이러한 체계는 아주 효율적이다."라고 썼다. "예를 들어 제노바에 있는 어느 은행에는 1456년과 1459년 사이에 외국 환어음 16만 리라가 들어왔고, 이 중 현금으로 결제된 비율은 겨우 7.5퍼센트였으며, 나머지 92.5퍼센트는 은행에서 결제

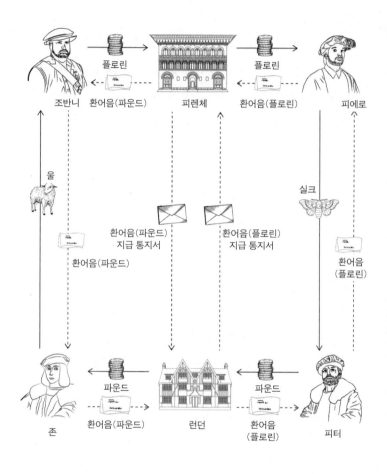

환어음을 상계하면서 한정된 정화로도 훨씬 많은 거래가 처리될 수 있었다. 돈의 흐름은 존의 울 판매(왼쪽 아래)와 피에로의 실크 판매(오른쪽 위)에서 시작된다. (Joanna Andreasson)

되었다."[31]

　환어음은 융자를 제공하기도 했다. 가장 단순한 형태로는 사용자에게 해당 어음의 가치를 줄 수 있다. 환어음은 발생일부터 특정 시간, 즉 유전스(*usance*)가 지나야 지급될 수 있게 만들어졌다. 유전스는 대개 두 도시 간 평균 이동 시간보다 길게 설정해 환어음의 유효함을 인정하는 안내문이 지급자에게 확실히 도착할 수 있게 되어 있었다. 피렌체에서 쓰인 어음을 보면 1442년에 작성된 안내서에 나폴리의 유전스는 20일로, 브뤼허, 바르셀로나, 파리는 2개월로, 런던은 3개월로 정해져 있었다. 목적지가 같다고 해도 추정 운반 시간이 11일에서 12일로, 20일에서 25일로, 25일에서 30일로 각각 나뉘어 있었다. 이러한 대비책은 단기 대출에 유예 기간을 더해 주었다.[32]

　시간이 지나며 상인들은 환어음을 공공 대출로 활용하는 방법을 고안해 냈다. 흔하지만 도덕적으로 옳지 않은 관습 중 가공 교환(*dry exchange*)이라는 방법이 있었는데, 이는 최초의 환어음이 현금으로 지급되지 않았는데도,(혹은 장부상에서 상쇄되지 않았는데도) 반대로 새로운 환어음으로 기존의 어음을 바꾸어 버리는 것이다. 이렇게 어음을 바꾸면 유전스보다 두 배긴 기간을 무이자 대출을 받는 셈이 된다. 15세기에 베네치아 상인들은 런던을 어음 교환 중심지로 활용하며 6개월 대출을 제공했다. 대여자들은 단순히 왕복 교환을 여러 번 추가하는

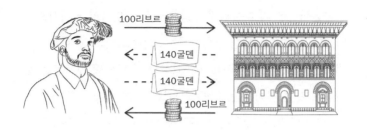

가공 교환의 두 가지 형태. 첫 번째는 환어음의 유전스를 무이자 대출로 사용했다. 두 번째는 계산상 이자를 부과할 수 있도록 환율을 바꾸었다. (Joanna Andreasson)

것만으로 기한을 늘릴 수 있었다.

살짝만 변형을 주면 이자 부과 금지를 가공 교환을 활용해 교묘하게 피할 수 있었다. 방법은 바로 발행인에게 되돌려 주는 환어음의 환율을 바꾸는 것이었다. 예를 들어 보르도의 어느 상인이 원래 암스테르담에서 100리브르를 주고 140굴덴의 가치가 있는 환어음으로 교환했다면, 발행인에게 돌려주는 환어음은 보르도에서 105리브르로 상환될 수도 있다. 하지만 모든 가공 교환이 이러한 책략에 얽힌 것은 아니다. 단순한 대출로 활용되는 거래도 있다. 실제로 "16세기 여러 제한으로 말미암아 고리대금업의 힘이 약해지거나 없어졌지만, [신용 수단으로서] 환어음의 인기는 계속되었다."[33]

환어음을 다루게 되면서 많은 직물 기업가가 공식적으로 나 비공식적으로 은행업에 뛰어들었다. 프란체스코 다티니의 기록 보관소에 보존된 5000장 이상의 환어음 중 대부분은 울 거래에 관한 것이지만, 1399년에 그는 피렌체에 은행을 열었 다. 그 은행은 최첨단 서비스를 제공했다. 환어음을 발행하고 받는 업무 외에도 "이서(avalli)와 담보(fideiussioni)를, 그리고 다 양한 통화로 이루어진 통신 계좌 서비스를 이용할 수 있었다." 라고 다티니의 전기 작가는 기록했다. "제삼자에 대한 지급이 나 그 당시에 막 쓰이기 시작한 수표도 모두 받아들였다."

피렌체에서 유명한 메디치 은행이나 알베르티 은행과 달 리, 다티니의 기업은 교회나 정부가 아닌 개인에게만 돈을 빌 려주었다. 다티니의 은행은 번창했지만, 채 3년을 버티지 못하 고 무너졌다. 일상 업무를 맡던 다티니의 파트너가 흑사병에 걸려 목숨을 잃었기 때문이다. 이후 19세기에 프라토의 주 광 장에는 그의 업적을 기리기 위해 환어음을 들고 있는 다티니의 모습이 새겨졌다.[34]

직물을 기반으로 일어선 가장 중요한 은행 사업체는 오늘 날 남부 독일에 있는, 울과 리넨의 중심지 아우크스부르크에 있던 푸거(Fuggers) 가문의 기업이다. 1367년에 어느 작은 마을 에서 아우크스부르크로 온 한스 푸거(Hans Fugger)는 1408년 에 세상을 떠나기 전까지 직기 쉰 대를 사들였다. 그의 아들 야코프는 직조 장인이었고, 직물 무역과 정화 쪽으로 업무를 확장하며 환어음을 발행하기 시작했다. 한스 푸거와 그의 아들 야코프는 베네치아로 넘어가 최신 상업 동향을 배웠고, 그중에는 복식부기도 포함되어 있었다.

야코프 2세(Jakob II)는 형제들과 함께 가문의 은행업을 유럽 전체로 넓혔으며, 이따금 유럽의 군주들이 빚을 갚지 못할 때 그 대가로 광산이나 광산 채굴권을 징수하거나 담보로 삼았다. 직물 수입금은 은, 수은, 구리, 주석 등 이윤이 높은 채굴 사업을 시작하는 자본금으로 사용되었다. 푸거 가문은 신성 로마 제국의 황제에게 자금을 빌려주며 엄청난 정치적 영향력을 얻었다. 독일과 스칸디나비아, 로마에서 판매하는 가톨릭 면벌부 판매 수익금의 수송권을 독점하기도 했다. 부유한 자 야코프는 직물 거래의 관행과 수익금을 활용해 그 시대에 가장 큰 부를 축적했다.[35]

야코프보다 규모는 작지만, 영국이 상업적으로 확장되던 17세기와 18세기에 환어음을 다루던 직물 상인들은 지방의 은행가 역할을 했다. 토머스 마스든(Thomas Marsden)이라는 상인을 생각해 보자. 마스든은 리넨 날실에 면 씨실을 엮어 만든 직물인 퍼스티언을 생산했다. 17세기 말에 맨체스터 근처 볼턴에 자리를 잡은 마스든은 런던에도 사무실을 열었다. 런던 사무실에서는 주로 원료나 직물을 사들이는 작업을 했지만, 가장 중

부유한 자 야코프로도 알려진 야코프 푸거(1459년~1525년)는 가족이 경영하던 직물 기업을 은행 제국으로 키워 냈다. 은첨필(銀尖筆)로 스케치한 뒤 목판화 작업을 한, 대(大) 한스 홀바인(Hans Holbein the Elder)의 작품. (iStockphoto)

요한 기능은 재무였다.

　이 시기에 환어음은 양도 가능한 대상이었다. 원래 본인 앞으로 만들어진 환어음도 뒷장에 서명만 하면 넘겨줄 수 있었다. 이 서명은 환어음에 명시된 돈을 현금화할 수 없으면 본인이 보상한다는 법률상 의무를 내포한다. 이런 식으로 양도할 수 있게 되자 환어음은 더욱 유동적으로 변했다. 현금이 필요하면 액면가보다 저렴하게 환어음을 판매할 수 있었다. 오늘날 채권자가 바뀌는 방식과 같다. 혹은 새로운 환어음을 발행해

나중에 상환할 수 있도록 환전상에게 할인가에 판매할 수도 있었다. 최소한 이론상으로는 제한 없이 환어음을 배서, 즉 양도할 수 있었다.

콘은 "양도 가능한 환어음의 할인이라는 진화 과정의 산물은 경제적으로 대단히 중요한 발명이었다."라고 썼다. "실제로 17세기와 18세기에 이런 환어음은 근대 상업은행의 기반이 되었다."[36]

마스든의 런던 사무실은 "상당히 큰 액수"를 관리했는데, 자신의 환어음을 현금화하거나 다른 상인들의 환어음을 사들여 대출해 주었다.(마스든의 대출 이자는 한 달에 보통 100파운드당 5실링이었으며, 연이율로 환산하면 약 3퍼센트 정도다.) 마스든은 세금을 수도로 운반하는 세금 전달자 역할을 하기도 했다. 가끔은 토머스 새면처럼 런던에서 돈으로 바꿀 수 있는 할인어음을 받고 정화를 주는 거래를 할 때도 있었다. 퍼스티언 속에 동전을 숨겨 수도에 있는 사람들에게 운반하기도 했다. 사람들은 그의 명성을 신뢰했다.[37]

어느 경제사학자는 "구매자와 판매자가 서로 멀리 떨어져 있거나 잘 알지 못하는 경우, 마스든 같은 이들이 제공하는 서비스를 이용하는 것이 이득이었다."라고 기록했다. "런던에 있는 회사처럼 세계적 명성이 있는 곳에서 발행한 어음은 세계 거의 모든 곳에서 받아들여졌을 것이다. 어느 단계에서 특정 중개인이 상인이 아니라 은행인 역할을 하게 되었는지는 확실히 알 수 없지만, 랭커셔에는 전문 은행원이 있기 훨씬 전부터 은행 시설이 있었다는 것만은 알 수 있다."[38]

양도 가능하다는 특성 덕택에 어음은 전문 금융 시장 외에도 일상적 상업까지 활용성을 넓혔다. 환어음은 법정통화가 아니었으므로 지급금으로 받는 곳은 없었지만, 신뢰도가 있는 서명이 있는 어음은 현금과 동일한 가치를 지녔다. 트리벨라토는 "인공물과 마찬가지로 이러한 어음은 가치를 내재하고 있지 않았다."라고 관찰했다. "이들의 금전적 가치는 그 어떤 주권도 아닌, 뒤쪽에 쓰인 서명의 신뢰도로 측정되었다."[39]

가끔은 신뢰가 무너지기도 했다.

1788년, 랭커셔에서 가장 큰 캘리코 인쇄사인 리브시, 하그리브스 앤드 컴퍼니(Livesey, Hargreaves and Co.)가 파산하며 무려 1500만 파운드의 채무를 이행하지 못하게 되었다. 이 회사의 붕괴는 지역 전체를 뒤흔들었고, 경제적 트라우마로 말미암아 고용률도 즉각적으로 타격을 입었다. 이 회사는 일상적으로 자회사의 환어음을 급여로 지급했고, 이 어음이 해당 지역에서 화폐처럼 순환했기 때문이다. 직조공, 농부, 가게 주인 등 모든 직종에 종사하는 사람들이 이제는 아무 가치도 없는 종이에 생활을 의지하고 있었다. 많은 사람이 무일푼이 되었다. 맨체스터 은행 한 곳이 문을 닫았고, 다른 은행도 운영에 어려움을 겪었다. 어느 19세기 기록은 "이 회사의 파산으로 말미암아 전국이 오랜 기간 혼란에 빠졌다."라고 당시 상황을 전했다.[40]

하지만 이러한 위험에도 불구하고 환어음은 계속 거래되었고, 일상적 상업에서 존재가 희미해질 때는 오직 중앙은행에서 화폐로 대체될 때뿐이었다. 1826년 말에 어느 맨체스터 은행원은 계속되는 어음의 인기를 의회 청문회에서 증언하며 뒤쪽에 서명이 100개도 넘는 10파운드 환어음들이 돈다고 말했다. "어음 하나에 종이들이 이어 붙어져 있었고, 종이를 다 채운 뒤에는 다른 종이를 또 이어붙였습니다."[41]

의회에서 증언한 사람 중에는 브리티시 리넨 컴퍼니(British Linen Company)라는 특이한 이름을 붙인 스코틀랜드 은행의 대표도 있었다. 이 회사는 1747년에 직물을 제조하기 위해 설립되었지만, 불과 몇십 년 후에는 여러 분점을 보유하고 있다는 장점을 살려 은행업에 뛰어들었다.

운영 자금이 끝없이 필요한 직물 사업의 특성과 더불어 환어음을 살펴보면, 왜 그렇게 많은 사람이 직물 상인에서 은행가로 변신했는지 이해할 수 있다.[42]

○

1738년 11월, 헨리 콜서스트(Henry Coulthurst)라는 클로시어

는 직조공들에게 앞으로 임금을 줄일 것이라고, 현금이 아니라 제품으로 지급할 것이라고 통보했다. 말할 필요도 없이 직조공들은 분노했다. 식재료값이 오르고 있었고, 임금이 줄어든다는 것은 곧 배고픔과 결핍을 의미했다.

그해 12월에 직조공들은 3주 동안 폭동을 일으켰다. 콜서스트의 공장을 부수고, 그의 집에 쳐들어가 "저장고에 있는 모든 맥주, 럼주, 포도주, 브랜디를 마시고, 바닥에 붓고, 훔쳐 나왔다." 다음날 이들은 콜서스트의 집을 형태도 없이 무너뜨렸고, 그의 소유지에 살던 세입자들의 집도 공격했다. 마지막 날인 금요일에 직조공들은 남서부 잉글랜드 윌트셔주의 도시 멜크셤(Melksham)을 의기양양하게 행진했다. 그러나 일요일 밤에 군대가 당도해 이들을 진압했다. 열세 명이 체포되었고, 그중 한 명은 무혐의로 풀려났으나, 세 명은 결국 교수형에 처해졌다.[43]

오늘날 벌어지는 여러 소동과 비슷하게, 이제는 거의 잊힌 기계화 이전의 폭동들은 대중에게 자기 탐색과 더불어 열띤 논쟁을 불러일으켰다. 공공질서를 무너뜨린 원인은 누구에게 있는가? 부도덕한 클로시어들인가, 불합리한 노동자들인가? 폭력은 정당화될 수 있는가? 아니라면 최소한 이해할 수 있는 것인가?

울 산업도 순탄치 않았다.[44] 가정에 있는 소비자들은 점차 가벼운 직물을 선호하게 되었고, 수입품을 상대로 한 경쟁도 심화했다. 어느 관찰자는 이 당시에 모두가 각각 분개할 만한 무언가를 마음에 품고 있었다고 말한다.

> 누군가는 빵을 원했고, 굶주린 아이들의 날카로운 울음소리를 들으며 분개했다. 누군가는 봉급을 받지 못해 분개했다. 누군가는 생필품을 사는 데 그 원래 가치나 시장가격보다 돈을 더 많이 주어야 한다는 사실에 분개했다. 또 누군가는 폭도들이 파괴한 자신의 집, 건물, 무역품을 보며 분개했다.[45]

사람들은 대부분 양측 모두 탓하기 어렵다고 결론 내렸다. 하지만 대안이 있었다. 바로 중개인을 탓하는 것이다.

이 경우에 악당으로 몰린 것은 런던의 클로시어들을 대변하는 팩터들이었다. 트로브리지(Trowbridge)라는 이름의 어느 평론가는 "스페인 울 작업장에서 일하는 가엾은 노동자들이 고통받는 이유는 클로시어들이 자비를 베풀지 않아서가 아니다."라고 주장했다. "그러나 본래 제작자의 하인이었을 뿐인 블랙웰 홀(Blackwell-Hall)의 팩터들은 이제 그 주인뿐 아니라 울 상인과 직물점 주인들에게도 폭정을 휘두르고 있다." 그는 열심히 일하는 직조공 및 클로시어들과는 달리 팩터들은 "그 어떤 위험 요소나 문제도 감당하지 않고 쉽게 부를 쌓는다."라고 말하며, 이들은 "인류라는 벌집에 쓸모없이 기생하는 게으름뱅이 수벌들"[46]이라고 주장했다.

여기에서 우리는 사회적 기술의 어두운 면을 볼 수 있다. 눈에 보이지 않고 일상적이며, 가치에 대한 물리적 지표가 없는 사회적 기술은 종종 중요하지 않은 요소로 치부되거나 악의적 비난을 받는다.

클로시어는 그 자체로 중개인이다. 자본과 마케팅을 제공하는 선대제도를 통해 직물 생산을 조율했기 때문이다. 그들은 울을 사들인 뒤 하청업자에게 맡겨 깨끗이 씻게 하고, 가지런히 빗게 하며, 실을 잣게 했다. 그다음에 완성된 실과 함께 만들고자 하는 직물의 치수를 직조공들에게 넘겼다. 염색 공정과 마감 공정도 같은 방법으로 이루어졌다. 클로시어는 모든 재료비를 내고 각 단계의 노동자들에게 임금을 지급했다.

직물이 완성되면 클로시어는 완성품을 런던에 있는 블랙웰 홀에 가져갔는데, 이곳은 런던 시민이 아닌 사람들이 직물을 팔 수 있도록 허가받은 유일한 장소였다. 블랙웰 홀의 시장은 목요일, 금요일, 토요일에 열렸으므로 클로시어들은 주 초반을 이용해 시내에서 볼일을 끝냈다. 만약 집에 돌아올 때까지 상품을 다 팔지 못했다면 상품을 보관하거나 다른 클로시어에게 판매를 부탁할 수도 있었다.

다시 말해 샹파뉴 정기시와 마찬가지로 블랙웰 홀도 특정한 일정에 맞추어 직물을 판매하기 위해 여행하는 상인들의 목적지로 기획되었다. 원래 의도보다 더욱 편리한 공간으로 거듭났다는 공통점도 있다. 시장에 오가기를 반복하지 않고, 그 대신에 클로시어는 런던의 팩터에게 연락해 수수료를 주고 직물판매를 부탁할 수 있었다. 초기에 팩터들의 배경은 아주 다양했다. 상인들은 "기름, 서랍, 담배 등 거의 모든 전문 분야의 팩터를 선택할 수 있었다."라고 전해진다. 하지만 17세기 말이 되자 블랙웰 홀에서 사업을 관리하는 팩터들은 서른여섯 명 정도가 남았고, 각 팩터는 수많은 클로시어를 대변했다. 1678년에 이들의 직업은 법적으로 인정받았다.[47]

팩터는 고객들의 직물 재고를 관리했으며, 한 번에 몇백 개 정도만 보관했다. 그러다가 직물 도매상이나 수출업자가 특정 직물에 관심을 보이면 샘플을 보냈다. 구매자는 재고에서 상품을 구매하거나 특별 주문을 넣었다. 물론 그때 들어와 있는 직물을 구매하는 편이 빨랐고, 해당 상인도 자신이 어떤 상품을 구매하는지 정확히 알 수 있었다. 염료나 방적 상태에 차이가 있어 겉보기에 똑같이 제작한 상품도 그렇지 않을 확률이 있기 때문이었다. 그런데도 빠듯하게 생산하는 주문 제작은 꽤 흔한 편이었다.

팔리지 않고 남는 재고를 줄이기 위해 팩터들은 시장의 흐름을 매우 주의 깊게 살폈다. 런던의 어느 회사와 웨스트컨트리(West Country)* 사이에 오간 서신들을 조사했던 사학자 콘래드 길(Conrad Gill)은 중개인들이 "사무실, 블랙웰 홀, 커피하우스에서 오가는 대화를 듣거나 패션 경향을 살펴보며," 다음과 같이 했다고 기록했다.

> 팩터들은 수요가 발생할 확률이 있는 경로에 관한 정보를 얻었고, 클로시어들에게 넘겨줄 정보를 정리했다. 예를 들어 1795년에 캐시미어[양복 제작에 사용하는 능직] 제조사들은 천연색 울이 아니라 세심하게 탈색하고 다듬은 하얀색 울의 수요가 있을 것이라는 말을 들었다. ⋯⋯ 탈색 캐시미어를 만들어야 한다는 조언을 들은 해당 회사는 그와 동시에 레몬색, 여러 가지 탁한 색, 진홍색 등 다양한 색상의 직물이 잘 팔릴 것이라는 말도 듣는다. 그리고 불과 며칠 뒤에는 어두운 파란색(dark blue) 고급품[최고급 울]이 제일 잘 팔릴 것이라는 말이 돈다.

---

* 잉글랜드 남서부 지역으로, 콘월, 데번, 도싯, 서머싯, 브리스틀, 글로스터셔, 윌트셔 등을 포함한다.

　　팩터들은 종종 판매가 잘 될 것 같은 패턴들을 자세히 적어 고객들에게 보내기도 했다.

　　원거리에 있는 상인들을 대변하고 시장에 관한 정보를 전달하면서, 팩터들은 품질 관리 역할도 수행했고, 당시 직물 시장에 성행하던 사기를 바로잡으며 형편없는 만듦새를 조사해 처리했다. 직조공들이 실을 아끼려고 직물의 크기를 줄여 버리는 경우나, 눈에 잘 보이는 천의 시작 부분만 촘촘하게 만들어 놓고 갈수록 엉성하게 엮는 경우가 있었기 때문이다.[48] 또는 울을 수축하게 하는 축융(縮絨) 기법을 지나치게 사용하며 섬유를 압축해 품질 낮은 방적 상태가 보이지 않게 만들기도 했다. 1699년까지 정부에서 파견한 조사관인 올니저(aulnager)가 울의 크기와 품질에 관한 증명서를 발부했지만, 조사는 형식적이었고 대개 크기에만 집중되어 있었다. 오히려 이 정부 조사관의 주요 역할은 각 직물에 세금을 부과하는 것이었다.

　　조사관의 명성은 위태로워졌으며, "팩터들은 올니저들보다 훨씬 더 많은 일을 했다. 이들은 자신의 창고를 거치는 직물들의 치수가 올바르다고 보장할 뿐 아니라 그 어떤 결점도 없도록 끊임없이 확인했기 때문이다."라고 길은 기록했다. 물론 개별 클로시어가 믿을 만한 직물로 명성을 얻을 수도 있었고, 많은 클로시어가 그렇기도 했다. 하지만 그 효과를 증폭시킨 것은 팩터들이었다. 이들은 여러 곳에서 오는 공급량을 종합하는 동시에 같은 소비자들과 계속해 거래를 이어 나갔다. 다시는 보지 않을 상인들에게 품질 낮은 상품을 팔아 단기적 이익을 얻는 것에는 관심이 없었다. 품질에 신뢰가 생기자 보상도 따라왔다.

하지만 기준을 유지하려면 가끔은 클로시어들이 수익을 기대하며 시간과 돈을 쏟았던 직물을 거절해야 했다. 색이 고르지 않거나, 얼룩이 있거나, 구멍이 있는 직물들은 거절당했다. 너무 얇거나, 너무 조악하거나, 너무 지저분하거나, 그냥 "아주 좋지 않은" 경우도 있었다. 그 클로시어가 대체로 믿을 만한 사람이라면 팩터들은 건설적인 비평을 해 주었다. 하지만 계속해 질 낮은 제품을 넘겨주는 경우, 팩터들은 잔인할 만큼 직설적으로 쏘아붙였다. 길이 조사한 서신중에는 파트너 중한 명인 프랜시스 핸슨(Francis Hanson)의 편지도 있었는데, 그는 한 클로시어에게 당신의 "질 낮은" 물건을 런던에서 팔 생각도 하지 말라고, 사람들의 기대치가 낮은 시골에 붙어 있으라고 말하기도 했다.

팩터들의 품질 요구를 준수하기 위해, 클로시어들은 끊임없이 맞추어야 하는 기준을 하청업체에 부과할 수밖에 없었다. 그렇다면 직조공, 염색공, 방직공의 눈에 자신들을 억압하고 탈취하는 사람은 결과물에 결점이 있을 때 재료비를 주지 않는 클로시어였을까? 하루살이와 같았던 노동자들의 눈에는 그랬을 것이다.

시간이 지나며 팩터들은 또 다른 역할도 맡았는데, 울을 사들여 클로시어들에게 판매하는 일이었다. 그들은 블랙웰 홀에 들어올 수 없었던 외국 상인들을 대신해 직물을 구매했다. 수요가 많을 때는 스스로 클로시어 역할까지 함으로써 자신의 고객들이 분노하게 하기도 했다. 융자를 제공하기도 했다. 그들은 직물을 사는 상인과 울을 사는 클로시어들에게 자금을 빌려주었다. 판매된 직물에 대해서는 클로시어들에게 선금을 지급했다.[49]

이들이 이러한 역할을 하며 직물 시장은 더욱 순조롭게 운영되었다. 하지만 클로시어들은 중개인들에게 의지해야 하는 상황에 불만을 품었다. "만약 입법부가 이 견딜 수 없는 굴레에서 자신들을 벗어나게 해 준다면, 세금을 더 낼뿐 아니라 상품의 가격도 내리겠다고 많은 사람이 입을 모으고 있다."[50]라고 트로브리지는 주장했다.

불만이 극에 달한 클로시어들은 팩터들이 가격을 지나치게 낮게 조성하고, 이유 없이 직물을 거절하며, 노력도 없이 돈을 번다고 생각했다. 이들은 대출 상환에 압박을 느꼈고, 이득을 내려고 울을 사들이는 팩터들에게 분개했다. 애초에 팩터에게 의존하게 되었던 이유였던 편리함, 운영 자금, 시장 정보, 품질 관리, 소비자 연계와 같은 서비스를 모두 잊어버린 것이다.

사정이 어려울 때는 중개인들의 서비스에 부과되는 비용인 이
자와 수수료는 잘 보이지만, 그 서비스가 주는 혜택은 잘 보이
지 않기 때문이다.

○

남북전쟁이 벌어지기 몇 년 전, 미국 남부에서 있었던 일이다.
바벳 뉴개스(Babette Newgass)라는 이름의 젊은 여성에게 반한
메이어 리먼(Mayer Lehman)은 그녀의 아버지를 통해 그녀에게
청혼했다. 메이어는 바이에른에서 이민해 온 뒤 앨라배마 몽고
메리에 가게를 연 유대인 삼형제 중 막내였다. 부유했던 뉴개
스 씨는 예비 사위의 장래에 회의적이었다.

> 뉴개스: 소개를 들어 보니 알고 싶군요, 리먼 가족은
>   정확히 무엇을 판매합니까?
> 메이어: 직물을 판매했었습니다, 뉴개스 씨. 하지만
>   지금은 아닙니다.
> 뉴개스: 그렇다면 지금은 무엇을 판매하십니까?
> 메이어: 아, 우리는 아직도 판매를 계속하고 있습니다,
>   뉴개스 씨.
> 뉴개스: 무엇을 말입니까?

메이어: 면을 판매하고 있습니다, 뉴개스 씨.

뉴개스: 면은 직물이 아닌가요?

메이어: 우리가 판매할 때는 아직 아닙니다, 뉴개스
씨. 우리는 목화를 판매하니까요.

뉴개스: 그렇다면 누가 목화를 사 갑니까?

메이어: 목화를 직물로 만드는 사람들이죠, 뉴개스 씨.
우리는 그 중간에, 딱 중간에 있습니다.

뉴개스: 그건 대체 무슨 직업이죠?

메이어: 아직 존재하지 않는 직업입니다. 우리가 만들
어 낸 직업이죠.

뉴개스: 이름이 뭡니까?

메이어: 우리는 …… 중개인입니다.[51]

장면은 가상이지만, 캐릭터들은 실존 인물이다. 이 대사들
은「리먼 3부작(*The Lehman Trilogy*)」이라는 작품의 한 장면이
며, 이탈리아 극작가 스테파노 마시니(Stefano Massini)가 집필
한 다섯 시간짜리 서사시를 세 시간짜리 영어판으로 간추린 것
이다. 2019년 4월, 파크 애비뉴 아머리(Park Avenue Armory)를
가득 채운 뉴요커(New Yorker)들은 이 공연을 통해 전설적 투
자은행이자 2008년에 붕괴하며 월스트리트의 실패를 상징하
게 된 리먼 브라더스(Lehman Brothers)의 시작이 직물 사업이

었다는 흔치 않은 역사의 한 조각을 목격했다.

역사에 기반을 두기는 했지만, 역사 기반 소설인 윌리엄 셰익스피어(William Shakespeare)의 「헨리 5세(Henry V)」와 「줄리어스 시저(Julius Caesar)」처럼 「리먼 3부작」도 역사적 허구다. 이 연극을 본 뉴욕 친구들이 내게 중개인이라는 직업을 만들어 낸 사람이 리먼 형제라는 이야기를 전해 주었을 때, 나는 오해가 생겼음을 깨달았다.

리먼이 바이에른을 출발한 선박에서 내린 시점으로부터 3900년 전에 살았던 푸슈-켄과 동료 상인들도 결국은 중개인이었다. 미국 남부에 있었던 리먼 형제만 특별한 직업을 가졌던 것은 아니었다는 의미다. 이전의 울, 실크, 리넨과 마찬가지로, 19세기의 면직물 거래에도 중개인들이 필요했다. 처음에는 팩터로 알려졌던 중개인들은 이후 철도나 전신의 영향으로 조직의 변화를 겪은 뒤 브로커로 불리게 된다.(내 조상들은 남북전쟁 이후에 실제로 애틀랜타와 뉴욕에서 중개업에 종사했다.) 중개인은 리먼 형제가 고향에서 들여온 익숙한 역할일 뿐이지, 이들이 발명한 것은 아니다.

브로커들은 목화 재배자들에게 운영 자금, 작물 운송, 구매자 네트워크를 제공하고, 목화의 품질과 예상 가격을 판단했다. 남북전쟁 이전에는 상품을 공급하는 역할도 수행했다. 어느 사학자는 "서재에 꽂을 책, 노예에게 신길 신발, 수입 브랜

에드가 드가(Edgar Degas)의 작품 중 최초로 박물관에 판매된 「뉴올리언스의 목화 사무실(*A Cotton Office in New Orleans*)」을 그렸던 1873년에 드가의 외삼촌은 실제로 뉴올리언스에서 목화 브로커로 일했다. (Wikimedia)

다, 서부의 돼지고기까지 농장주가 원하는 것을 말하기만 하면 그의 팩터는 이를 구매해 농장으로 보내 주었다."⁵²라고 기록했다. 전쟁이 끝난 뒤 목화 브로커들은 점점 더 정교하게 체계를 구축했다. 1870년대에 이들은 뉴욕과 뉴올리언스에 거래소를 설립해 물건의 값을 파악하며 가격 변동에 대한 대비책으로서 선물계약 거래를 가능하게 했다.

중개인이라는 직업을 메이어가 만들어 냈다는 표현에는

예술적 허용이 반영되어 있다. 대화에서 마시니는 중개인이라는 역할이 불러일으키는 당혹감과 불안감을 포착한다. 이들은 무엇을 하는 사람들일까? 이들이 끌어내는 가치는 무엇일까? 대체 이것은 어떤 직업일까?

앞서 극작가는 몽고메리의 목화를 휩쓴 화재라는 가상의 위기를 만들어, 상점 주인들이 어떻게 목화 상인이 되었는지 설명했다. 이 위기가 지난 뒤 리먼 형제는 목화를 다시 심는 데 필요한 씨앗과 도구를 제공하며 다음 추수량의 3분의 1을 받겠다고 계약한다. 간단하게 말하면 바로 이것이 중개인의 일이다. 이들은 현재와 미래 사이에 경제적 다리 역할을 하며 수수료를 받는 사람들이다.

관객들은 리먼이 세대를 이어 가며 커피와 담배, 철도와 항공, 라디오와 영화, 컴퓨터까지 투자를 늘려 가는 모습을 보게 된다. 마시니는 "리먼 브라더스의 역사는 어느 한 가족이나 은행 하나의 이야기가 아니라 지난 한 세기의 역사다."라고 말했다. 이 연극에서 목화의 존재감은 빠르게 지워지며, 실제 삶에서보다 관객의 머릿속에서 더 빠르게 사라진다.

리먼 브라더스는 "말로 쌓아 올린 신전"처럼 우려스러운 시선으로 묘사된 사회적 기술인 뉴욕 증권거래소(New York Stock Exchange)를 설립하는 데 도움을 준다. 연극 속에서 메이어는 증권거래소는 실제 상품을 다루지 않는다며, 오직 말뿐이

라며 불평한다. "철도도, 직물도, 석탄도 없지. 그곳에는 아무
것도 없어." 이러한 거래는 형태가 없는 잉크를 사용해 종이 위
상징만으로 사업을 기록하는 법을 가르쳤던 피보나치의 산수
까지 거슬러 올라간다.

「리먼 3부작」은 도덕성에 관한 이야기가 아니다. 이 연극
은 양면적이며, 금융이라는 연금술의 가능성과 위험성을 모두
인식한다. 등장인물들은 천사도 악마도 아닌 그저 인간일 뿐이
다. 마시니는 이 연극을 쓰게 만든 영감에 관해 "내 삶에 어떤
순간들이 있었다."라고 회상했다. "이탈리아에서, 유럽에서, 아
마 미국에서도 경제학자, 은행, 거대 자본을 증오한다는 생각
이 들었던 순간이 있었다. 그 순간 그 역사를 연극으로 써야겠
다고 생각했고, 지독한 사람들이 일하는 지독한 은행이 아니
라, 매우 인간적인 어느 은행의 기반에 관한 놀라운 이야기를
쓰자고 생각했다. 나는 리먼의 이야기가 거대한 제국의 토대에
관한 아주, 아주 인간적인 역사라고 생각한다."[53]

미국인이었다면 탐욕과 재앙을 격렬하게 비판하는 글을
썼을 것이다. 실제로 많은 미국 비평가가 「리먼 3부작」을 이러
한 관점으로 바라봤다. 누군가는 "심판에 관한 종교적 우화"라
고 말했고, 누군가는 노예제라는 죄를 가볍게 그린 연극이라
며 비난했다.[54] 하지만 마시니가 나고 자란 곳 역시 거대 자본
의 성공과 몰락이 익숙한 곳, 막연한 삶과 상인 은행가들의 유

산이 이어지는 곳, 복잡한 역사와 더불어 신용거래의 중요성을
아는 곳이었다. 그곳은 피렌체였다.

6장 소비자

요즘은 하녀들도 얇고 가벼운 실크 옷을 입고,
기생들은 금(錦)과 수놓은 옷들을 업신여긴다.
― 전예형(田藝蘅), 『유청일찰(留靑日札)』, 1573년

1145년 무렵에 제작된 어느 두루마리에는 중국인 실크 직조공이 커다란 직기에 앉아 씨실을 제자리에 고정하는 작업에 몰두하는 모습이 그려져 있다. 여성은 입술을 오므린 채 맨발로 베틀의 발판을 밟는다. 왼손에는 북을 잡고 다음 작업을 준비한다. 실크 한 필, 약 13야드 정도를 만들기 위해서는 사흘 동안 끊임없이 천을 짜야 하며, 실크 한 필로는 여성용 블라우스와 여성용 바지를 각각 두 벌 정도 제작할 수 있다. 하지만 이 직조공은 실크 옷을 입고 있지 않다.[1]

그림 옆에는 직조공들을 묘사하는 시가 적혀 있다.

성실하게 일하며 계속해 북을 보내고,
가로질렀다가 다시 돌아오는 북은 실들 가운데 구멍을 만든다.

무늬 있는 실크 옷을 입은 저 부부에게 이 시를 전하니,
[이들은] 조악한 아마 옷을 입은 이 직조공을 떠올려
야 한다.

'경작과 직조를 하는 그림'이라는 이름이 붙은 두루마리에
는 누숙(樓璹)이라는 지방 현령이 양잠 문화를 스물네 단계로
나누어 꼼꼼하게 기록했으며, 단계마다 농촌 생활과 농민들의
감정을 담은 시를 적어 두었다. 그 당시에 이 두루마리를 만든
것은 도덕적이고 정치적인 작업이었으며, 강력한 영향력을 행
사하는 것이 주요 목적이었다. 어느 사학자는 "농민들의 노동
은 자급자족으로 묘사되며, 이들의 안녕은 정부를 정당화하는
증거가 된다."라고 기록했다. 누숙은 공직자들이 농부들의 인
간성과 능력을 존중하고 이들의 세금을 현명하게 소비하기를
바라며 이 두루마리를 만들었다.[2]

분명 이는 가치 있는 목표였다. 그러나 역사적 유물로서
이 두루마리는 흔한 편견의 뿌리를 깊어지게 한다. 생산자는
우리의 관심과 동정을 끌어낸다. 소비자는 폄하되거나 잊혀진
다. 하지만 소비자도 그에 못지않게 중요하다.

소비자의 욕구가 없다면 섬유에 관한 이야기는 이해하기
어려워지고 불완전해진다. 방적공과 방직공의 노동, 재배자와
기계공, 염색공들의 독창성, 위험을 무릅쓰는 상인들의 모험은

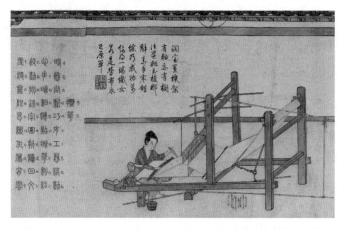

그림 속 여성은 세금으로 낼 실크를 엮고 있지만, 조악한 아마로 만든 옷을 입고 있다. 13세기 중반에서 후반까지 활동한 정계(程棨)가 그린 「누숙경직도(樓璹耕織圖)」를 모사한 그림 속 두루마리. (Freer Gallery of Art, Smithsonian Institution, Washington, DC: Purchase—Charles Lang Freer Endowment, F1954.20)

이 자체로 끝나는 것이 아니다. 이 모든 것은 직물을 사용하는 사람들을 위해 존재한다. 직물의 소비자 중에는 공물을 요구하는 통치자들도 있고, 무장이 필요한 병사들도 있으며, 헌금을 받아 치장한 사제들과 성소도 있다. 그리고 당연히 합법 또는 불법으로 시장에서 직물을 구매하는 소비자들도 있다.

새로운 직물을 향한 욕망은 놀라울 정도로 강력하다. 직물을 구매하든, 직접 만들든, 다른 이에게서 빼앗아 오든 직물 소비자들은 예측을 벗어난다. 이들은 전쟁을 일으키고 법을 어기며 체계를 뒤엎고 전통을 무시한다. 변화하는 이들의 취향으로 말미암아 부와 권력이 재정리되고, 신흥 부자들이 생겨나며, 이전의 승자들은 아무것도 가지지 못하게 된다. 소비자들의 선택은 정통성과 독자성이라는 고정관념을 시험한다. 직물 소비자들이 세상을 바꾼다.

○

누숙이 살았던 남송 시대(1127년~1279년)에 실크는 권력과 평화의 유지에 필수적이었다.[3] 황제는 귀중한 직물을 활용해 국경을 위협하는 경쟁국을 매수하고, 병사들의 옷을 입혔으며, 충직한 신하들을 치하하고, 평민에게 선물을 하사했다. 남송은 매년 실크 400만 필을 사들였다. 이에 더해 세금으로 300만 필 이상을 추가로 거두어 들였다. 이 엄청난 세금 뒤에는 검소한 아마 옷을 입은 수많은 소작농의 노동이 숨어 있다.

누숙의 마지막 두루마리에는 여성 세 명이 직물의 길이를 측정하며 세금 징수원에게 넘어갈 바구니에 천을 개어 놓고 있다. 옆에 적힌 시는 이 업자들의 노동이 그만한 보람이 있음을 이야기한다. 제국은 실크를 유용하게 사용했고, 높은 사람들의 즐거움을 위해 그것을 빨아들이는 것이 아니라고 선언한다.

세금 징수원들이 실크를 국경으로 가져가네,

그 힘든 노동의 산물을! 하지만 슬퍼할 필요 없다네.

이것은 한나라의 고급 직조 실크가 거둔 더 큰 승리
이니.

이전에는 실크 옷이 (매춘부의) 연지에 얼룩지면

두 번 다시 입지 않았다네.

부패한 공직자의 정부를 암시하는 사치스러운 매춘부에 대한 탄원이나 실크 옷을 입은 부부를 언급한 것을 보면 누숙의 시는 실크의 또 다른 수요처를 알려 준다. 그리고 이 수요는 급증하는 소비자 시장을 의미했다.

송나라 시대에 중국에는 상업혁명이 일어났다.(이 혁명으로 비전(飛錢)으로 불리는 환어음 체계가 완전히 정립되었다.) 직물 시장도 번성했다. 공적·사적 실크 소비량은 1년에 약 1억 필까지 늘어났다. 그중 약 2000만 필은 사치스러운 직물 생산에 특화된 도시 장인들이 만들었지만, 나머지는 단순한 직기를 사용하는 시골에서 만들어졌다. 어느 사학자는 "이전의 직물 제조 목적은 대개 가정에서 쓰기 위한 것이나 세금을 내기 위한 것으로 한정되어 있었지만, 이때 이후로는 시장에 팔기 위한 생산으로 방향이 바뀌었다."라고 기록했다. 비싼 값을 받는 실크의 장점을 살리기 위해 농장 가정들은 본격적으로 실크를 생산

해 냈다.[4]

도시에서는 직물 가게가 성행했다. 어느 직물학자에 따르면 수도인 임안에는 "도시 서쪽에 진(陳)씨의 실크 가게, 수로 근처에 서(徐)씨의 자수 가게, 수로 다리 아래에는 생사 가게, 청하방(淸河坊)에는 고(顧)씨의 실크 가게, 평진교(平津橋) 근처에는 아마 및 모시 가게"처럼 특정 물품을 전문으로 파는 가게들이 있었다고 한다.[5]

부유한 소비자들 사이에서 유행하던, 가볍고 무늬가 복잡한 사(紗, silk gauze)를 본 지방 생산자들은 가격이 합리적인 대체품을 만들었다. 이들은 '평사(平紗, open tabby)'로 불리는, 바람이 잘 통하는 직물이었다. 이 직물을 만드는 데는 특별한 기술이나 도구가 필요하지 않았으며, 날실을 한 쌍으로 꼬아 놓은 뒤 그 사이로 씨실을 끼워 넣어 만들었다. 이 참신한 직물의 모티프 중에는 '밤나무 열매', '푹신한 고리들', '청명한 하늘' 등이 있었다. 이러한 독창성은 누숙의 시에 등장한 "무늬가 들어간 실크"와 "조악한 아마" 사이 중간층에 시장을 형성해 구매자들을 끌어들였다.

중국의 실크 전문 기술에는 외국인들도 매혹되었는데, 공물과 거래만으로는 수요가 충족되지 않았다. 누숙의 두루마리 중 가장 보존이 잘 되어 있는 것은 남송 시대의 원본이 아니라, 유라시아의 전사들이 중국을 넘어 세계를 정복했던 시기인 원나라 시대에 만들어진 사본이다.

○

전쟁 중인 초원 부족들을 1206년에 통합한 칭기즈 칸(Genghis Khan)에게서 시작된 몽골은 역사상 가장 거대한 대륙 제국을 건설했다. 13세기가 끝나갈 때쯤에 이들의 영토는 대한민국의 동해에서 다뉴브강까지 뻗어 나갔고, 칭기즈 칸의 후예들이 중국, 러시아, 이란을 통치했다.

몽골인들은 실을 엮은 직물을 만들지 않았다. 이들이 만들던 것은 유목민 문화의 털가죽과 펠트(felt)로, 마찰을 이용해 축축한 동물성섬유를 매트 형태로 만든 것이다. 그러나 이들은 엮어 만든 직물을 매우 귀중하게 생각했고, 품질 높은 직물을 향한 욕망으로 여러 곳을 정복했다. 사학자 토머스 올슨(Thomas Allsen)은 "약탈품 창고에 있던 직물은 보통 희귀하고 화려한 직물, 텐트, 옷이었다."라고 기록했다. 칭기즈 칸은 자신의 수도를 직물로 장식하기 위해 직조공들을 정복지에서 카라코룸으로 강제로 데려오기도 했다.[6]

몽골의 통치자들은 토착 직물과 수입 직물을 섞어 만든 커다란 텐트에서 방문자들을 맞았다. 이 텐트의 외부를 감싼 직물은 금 양단으로 장식한 하얀 펠트였다. '나시즈(nasij)'로 알려진 이런 유형의 직물은 몽골 제국 최서단에서 유래했다. 그러나 이후 몽골에 완전히 동화되었으므로, 유럽인들은 스텝 지역의 사람들을 칭하는 용어를 사용해 나시즈를 '타타르 직물' 또는 '타타리아의 직물'로 불렀다.[7]

아시아 직물을 전공한 어느 예술사학자는 "몽골 제국에서 고급 직물의 중요성은 아무리 강조해도 지나치지 않다."라고 관찰했다.

> 약탈, 거래, 외교, 의식, 공물, 과세는 특히 금이 들어간 호화로운 직물을 습득하고 분배하고 과시하는 기회였으며, 몽골의 정치적 힘을 공개적으로, 상징적으로 보여 주는 일이었다. 사치스러운 직물들은 의류나 개인 액세서리, 말 장식이나 코끼리 장식, 텐트나 궁을 장식하는 벽걸이, 쿠션과 캐노피, 종교 예술 작품, 심지어 황제의 초상화에 이르기까지 다양하게 활용되었다.[8]

1221년에 몽골이 아프가니스탄을 침공했을 때, 헤라트는 이들에게 가장 큰 포상이었다. 금이 들어간 직물 직조의 중심으로 유명했던 헤라트는 전투 없이 항복을 선언한 덕택에, 반항하는 자들은 모두 도살하는 몽골 병사들의 공격에도 주민들의 목숨을 건질 수 있었다.(하지만 다음 해에 몽골의 점령에 저항하

이 카프탄(caftan)에 사용된, 금이 들어간 고급 직물은 몽골인들의 정복욕에 박차를 가했다. 사진 속 옷에서 원래 금이 사용되었던 곳은 시간이 지나며 갈색으로 변했다. (The David Collection, Copenhagen, 23/2004. Photo: Pernille Klemp)

는 반군이 일어나며 이 끔찍한 운명은 결국 현실이 되고 만다.) 일반적 약탈에 더해 몽골군들은 특히 진귀한 직물을 닥치는 대로 모았고, 그중에는 숙련된 직조공 1000여 명도 포함되었다.

몽골은 이 포로들을 중앙아시아에서 1500마일 이상 떨어진 위구르의 수도 베시발리크(Beshbalik)까지 보냈으며, 이곳은 현재 중국 북서부 신장 지역으로 몽골 중심부에 가까웠다.(위구르는 몽골의 지배에 항복한 첫 외부 왕국이었으며, 실크 태피스트리로 유명했다.) 몽골 제국은 이렇게 강제로 끌려온 기술자들을 데리고 나시즈를 생산하는 직조 식민지를 건설했다. 역사적으로 불교도와 네스토리우스파 기독교도들의 지역이었던 베시발리크에는 이내 헤라트에서 끌려온 직조공들의 영향으로 무슬림 공동체가 번성하기 시작했다.

쿠빌라이 칸(Kublai Khan)이 1279년에 원나라를 세우고 몽골이 점차 중국을 정복해 나가면서, 이들은 주민들을 강제로 이주시켜 새로운 직물 중심지를 조성했다. 중국에도 고유의 실크 제조 전통이 활발하게 이어졌기에, 이 강제 이주는 천을 편리하게 공급하는 것보다 더욱 큰 영향을 미쳤다. 어떻게 보면 아주 의도적인 정책으로 보이는 몽골의 직물 작업장들은 기술과 디자인의 교류를 촉진하는 역할을 했다.

몽골인들은 직물을 향한 자신들의 열망을 채우기 위해 작업장을 만들며 서로 다른 지역에서 온 장인들을 한데 모았다. 현재 우즈베키스탄 지역인 사마르칸트의 직조공들을 현재 베이징 근처에 있는 쉰말린(Xunmalin)*으로 이주시켰고, 중국인 직조공들도 사마르칸트로 이주시켰다. 서방 정복지의 직조공 300명과 북중국의 직조공 300명을 베이징 서쪽의 홍주(弘州)

---

* 오늘날의 학자들은 해당 지명을 심마림(尋麻林, 蕁麻林) 또는 세마림 (洗馬林) 정도로 추정하고 있다.

로 이주시키기도 했다.

올센은 "몽골 제국의 통치하에 서아시아의 매우 많은 직조공들과 직물 관련 노동자들이 자신들이 만든 생산품과 함께 동쪽으로 보내져 중국에 정주하게 되었다."라고 기록했다. "전례 없는 일은 아니었지만, 강제 이주민의 규모는 이례적이라고 볼 수 있다." 그런데도 잔혹하고 비인간적이었던 이 강제 이주는 "기술과 예술의 교류에서 전례 없는 기회를 만들어 냈다."[9] 이러한 강제 이주의 결과로 아마도 몽골의 목표였을 독창적 패턴이 많이 탄생했다.

클리블랜드 미술관에 소장된, 몽골의 금이 들어간 직물을 보면 제국의 작업장에서 나온 하이브리드(hybrid) 디자인을 확인할 수 있다. 이란의 모티프인 그리핀, 날개 달린 사자가 사자 날개 위에 있는 중국의 구름 패턴과 결합되어 있다. 어두운 갈색(dark-brown) 실크 바탕 위에 그림을 표현한 금실은 종이 바탕에 금속을 고정하는 중국의 기술로 만든 것이며, 랑파(lampas)로 불리는 직조 구조는 이란에서 유래한 것이다.

어느 직물사학자는 "이 시기에 몽골 영토에서 생산된 직물은 그것을 설명하는 그 어떤 정의도 뛰어넘는다."라고 기록했다.

몽골 제국이 주변국과 활발하게 무역하기 시작하면서

이 몽골 직물에는 중국과 이란의 디자인과 기술이 섞여 있다. (Cleveland Museum of Art)

여러 디자인이 문화적 경계를 넘어 뻗어 나갔고, 전통적인 중국의 모티프, 중동의 요소, 중앙아시아의 레퍼토리를 결합해 다른 무언가를 만들어 냈으며, 이로 인해 중국, 중동, 맘루크 왕조, 루카의 실크에는 단기간이지만 국제적 장식 양식이 나타나기도 했다. 여러 민족성을 함께 지닌 숙련된 장인들이 모인 식민지들이 생겨났고, 직물의 예술이나 기술에서 여러 문화가 융

합된 발전이 이루어지며 오늘날 사학자들을 혼란스럽
게 만들었다.[10]

외교관과 상인들이 하이브리드 직물을 수입하면서, 이 창
의적 디자인은 몽골의 영역을 넘어 유럽에까지 영향을 미쳤다.
"이탈리아에서," 두 예술사학자는 "그들의 이국적 디자인은 유
럽 실크 직조 역사상 가장 창의적인 시기를 열었다."[11]라고 기
록했다.

몽골은 도시를 약탈하고 장인들을 포로로 잡았던 것과 같
은 이유로 상업을 장려했다. 이들이 특히 원했던 것은 직물이
었다. 올슨은 "장거리 거래에 관한 몽골의 관심과 호화로운 직
물을 향한 욕망 사이의 밀접한 관계성은 그 공급처에서 흔하
게 관찰된다."라고 기록했다. "칭기즈 칸의 격언 중 하나를 보
면 그는 '금 양단으로 장식한 의복을 가져오는' 상인들의 미덕
을 찬미하며 심지어 군관들이 이들을 본받아야 한다고 선언하
기도 했다!"[12]

1260년대에 이르러 정복 전쟁이 마침내 끝나고 팍스 몽골
리카(Pax Mongolica) 시대가 이어졌다. 이 시기에 몽골이 이전
에 군사 경로로 쓰였던 곳을 안전한 상업의 동맥으로 활용하면
서 평화로운 교역이 방대하게 확대되었다. 몽골의 무역 경로를
통해 실크 외에도 새로운 개념과 기술이 동쪽에서 유럽으로 흘

러 들어갔고, 그중에는 화약, 나침반, 인쇄술, 제지도 포함되어 있었다. 흑사병도 마찬가지였다. 직물을 향한 몽골의 무자비한 욕망의 결과로 문화, 디자인, 직조 기술이 서로 융합되었고, 세계는 완전히 바뀌었다.

○

1368년, 홍무제(洪武帝) 주원장(朱元璋)이 황제의 자리에 오르며 명나라가 시작되었다. 소작농으로 태어난 주원장은 몽골의 원 왕조를 타도하기 위해 군대를 일으켰고, 결국 오래된 정권과 경쟁 반군 단체를 물리치고 승리를 거두었다. 이민족의 거의 100년에 가까운 지배 뒤에 권력을 잡은 주원장은 전통적인 한족 질서를 다시 확립하고자 했다.

그가 첫 번째로 했던 일은 복장 형식을 정하는 것이었다. 몽골풍 의복을 금지했고, 관리들의 복장을 규정해 그들이 서로 구분할 수 있게 하고, 평민과 구분지었다. 백성의 신분을 사농공상 네 가지로 구분하며 신유학적 규칙을 강화하기도 했다. 신분마다 옷감, 색, 소매 길이, 관(冠), 장신구, 장식용 디자인까지 정해져 있었다. 황제가 선언한 이 정책의 목표는 "귀한 신분과 누추한 신분을 구분 짓고 지위와 권위를 바로 세우기 위한 것"[13]이었다.

규정 대부분은 의복의 양식이 아니라 어떤 계급이 어떤 직물로 옷을 지을 수 있는지에 관련된 것이었다. 평민들은 실크, 새틴, 양단으로 만든 옷을 입을 수 없었다. 이 규정은 1381년에 농민에게 제한적으로 완화되어 이들도 실크, 사(紗), 면으로 만든 옷을 입을 수 있게 되었다. 하지만 가족 구성원 중에 상업에 종사하는 사람이 한 명이라도 있다면 그 가문은 실크 옷을 입을 수 없었다. 상인 역시 사회에 유용한 역할을 하는 계급인데도 자신의 위치를 지켜야 했다.

어느 사학자는 "명나라 의복 체계의 기본적인 기능이자 목적은 정부에서 사회 전체를 통제하는 것이었다."라고 기록했다. "만약 이 사회 전체가 규제대로 운영되고 규제를 영원히 지켜 나간다면 안정적이고 계층이 유지되는 이상적 유교 사회가 될 것이기 때문이었다." 적어도 이론상으로는 이와 같았다.[14]

3세기 가까이 이 규제는 거의 바뀌지 않고 이어졌다.[15] 규제를 어긴 것에 대한 처벌은 시간이 갈수록 가중되었다. 그러나 사회는 안정적이지 않았다. 유교 질서의 중심은 의례였지만, 장례식에 여흥 거리로 배우, 악사, 매춘부를 부르는 등 외면받거나 다른 요소들과 불협화음을 빚어냈다. 도교 신자들과 불교적 관행도 유교 문화 안으로 침투했다. 상업이 번성하면서 상인 가문들이 부와 명성을 얻었고, 이들이 귀족 신분을 사들이는 일도 종종 벌어졌다.

게다가 백성들은 규제를 따르지 않았다. 사학자 부윤 천 (BuYun Chen)은 "명나라 공주의 무덤에서 출토된 고고학적 증거를 보면 몽골 방식으로 제작한 드레스가 16세기까지 남아 있었음을 알 수 있다."라고 기록했다. "그러므로 이는 주원장이 만들었던 복식 규제와 복식 정책의 한계를 보여 주며, 더 정확하게는 원나라의 유산을 제거하고자 했던 그의 노력이 실패했음을 나타낸다."[16]

시간이 지나며 상업이 성장하자 규제를 위반하는 사례는 더욱 많아졌다. 부유한 평민들은 원래 더 높은 신분이 입어야 했던 직물과 양식으로 옷을 지어 입었다. 이들은 평범한 실크를 괄시하고 금지된 양단을 사들였다. 금으로 자수를 놓은 옷도 당당하게 입고 다녔고, 궁의 관리들만 사용할 수 있었던 모자와 예복을 사들이기도 했다. "대를 거듭할수록 관습이 바뀌고 있다." 16세기 후반에 어느 명나라 학자는 "모든 백성이 부와 사치만을 우러러보며, 나라의 규제는 아랑곳하지 않는다." 라고 불평했다.

규제를 어긴 것은 평민만이 아니었다. 관리와 그 가족들도 신분보다 높은 옷을 입었다. 여덟 번째 등급으로 지위가 낮았던 귀족 자제들이 계급이 높은 그들의 아버지만 입을 수 있는 옷을 지어 입었다. 또 다른 명나라 작가는 "귀족의 아들들은 어두운 갈색 모자를, 발굽이 갈라진 용(龍, dragon)처럼 생긴 괴수인 기린(麒麟, *qilin*)의 무늬가 그려져 있고 황금색 끈으로 묶는 예복을 입는데, 심지어 집에 있을 때나 관직에서 내려왔을 때도 이러한 복장으로 생활한다."라고 불만을 토로했다. 황제들 조차도 규제를 지키지 않았으며, 신분에 맞는 복식 규제를 생각하지 않고 총애하는 아랫사람들에게 예복을 하사했다.[17]

이렇게 법을 가볍게 생각했던 명나라 소비자들은 모순적이게도 규제가 본래 강화하고자 했던 위계질서를 다시 확고하게 만들었다. 이들이 기린 무늬 예복을 원했던 이유는 다른 무늬보다 아름답다거나 화려해서가 아니었다. 애초에 이들이 기린 무늬 예복을 구매했던 이유는 신분이 높은 조정 관료들과 어울리기 위해서였다. 사치 금지법을 보면 사람들이 가장 원했던 것을 알 수 있는데, 그 당시에 가장 가치 있던 물건은 황실 신분을 보여 주는 상징들이었다. 결과적으로 부윤 천은 "모방품이 꼭 조정의 힘을 축소한 것은 아니었다. 국가를 통치하는 힘을 의복에 새기려고 했던 과시적 경쟁은 제국의 중심으로서 황제의 권력을 다시 한번 확인하게 했다."라고 주장했다.[18]

일본의 에도 시대(1603년~1868년)는 명나라와 대조적인 양상을 보였다. 에도 시대에 도쿠가와 막부는 유교에서 영향을 받은 그들만의 위계질서와 사치 규제 정책을 시행했다.(이때 일본의 백성 신분에서 최상위였던 사(士)의 자리가 하급 사무라이로 대체되었다.) 이 규제가 너무 자주 어겨지고 개정되는 바람에 사람들은 이를 두고 '사흘짜리 법'이라고 조롱했다.

그러나 조닌(町人)이라는 낮은 계급에 속한 도시의 장인과 상인들은 윗사람들을 어설프게 흉내 내지 않고 그 대신에 규제를 피해 직물을 장식하고 의류를 만들 새로운 방법을 고안해 세련된 취향을 발전시켰다. 법이 홀치기로 염색한 시보리 무늬를 금지하자, 이들은 실크에 손으로 무늬를 직접 그리는 방법을 만들어 냈다. 밝은 색상이 금지되자 옷을 잘 차려입는 도시 사람들은 의복 외부를 평범하게 유지한 채 안감에 밝은 색상을 숨겨 섬세함을 최고치로 끌어올리는 이키(粋) 스타일을 발전시켰다. 인류학자 리자 돌비(Liza Dalby)는 다음과 같이 기록했다.

> 어두운 파란색 줄무늬가 그려져 있고 검소한 천잠사 실크로 만들었지만, 안쪽에는 아름다운 노란색 패턴으로 장식된 고소데(小袖)를 입지 않는다면 금으로 장식한 실크 옷을 입지 못하게 하는 서슬 퍼런 사무라이를 어떻게 피할까? 아니면 도시에서 가장 유명한 장인에게 평범한 겉옷을 맡겨 아름답게 꾸미는 것은 어떨까? 이렇게 하면 법을 지킬 수 있을 뿐 아니라 속물 같은 하수인들보다 한발 앞설 수 있다. 끊임없이 유행을 선도하는 주체였던 도시 사람들은 그들에게 허락되지 않은 화려한 과시를 경멸함으로써 유행의 판도를 자

신들에게 유리하게 바꾸어 놓았다. 사무라이와 매춘
부들이 화려한 양단에 집착하는 동안, 고상한 취향을
지닌 사람들은 섬세한 디테일에 집중하며 이키 스타
일을 만들어갔다.[19]

이렇듯 유행의 기준을 세운 주체는 사치 금지법이 아니었
다. 부유한 상인들과 가부키 스타들이었다. 시험에서 높은 점
수를 받으면 소작농도 관직을 받을 수 있었던 중국에서는 사
람들의 야망이 조정에 집중되어 있었다. 이들의 목표는 탄탄한
계급 체계에 올라가는 것이었으며, 그래서 금지되어 있더라도
옷차림에 그 야망을 반영했다. 하지만 일본 평민들은 사무라이
가 되기를 원하지 않았다. 이들은 예술, 향락, 유행하는 혁신을
가까이에서 즐길 수 있는 도시의 삶을 더 가치 있게 생각했다.
하지만 중국과 일본의 평민들은 모두 직물을 이용해 자신이 원
하는 자신의 모습을 표현했다.

○

주원장이 명나라를 통치하던 시기, 오늘날 실크로드로 알려진
길의 반대쪽 끝에 있던 이탈리아의 상업 공화국들은 직물, 의
류, 장식품에 관해 자체적 규제를 만들어 가고 있었다. 1300년

에서 1500년까지, 이탈리아의 도시국가들은 300개가 넘는 사치 금지법을 제정했으며, 이는 "유럽 모든 곳을 통틀어 가장 많은 수였다."라고 어느 사학자는 말했다. 파도바에서는 "혼인 여부 또는 신분과 관계없이 그 어떤 상황에서도" 여성들이 실크 드레스 두 벌 이상을 소유하지 못하게 했다. 볼로냐에서는 금박을 입힌 은제 벨트를 착용한 사람에게 벌금을 부과했다. 베네치아는 바닥에 끌릴 만큼 긴 옷과 '프랑스 패션'을 금지했다. 심지어 피렌체에서는 시신을 매장할 때는 울로 만든 옷만 입힐 수 있었으며, 리넨 장식만 허용했다. 피렌체의 무덤에서는 그 누구도 화려하게 꾸밀 수 없었다.[20]

상인들의 힘으로 운영되는 도시국가에서 이러한 규제들의 목표는 전반적 사치를 제한하기보다는 사회적 위계를 유지하는 것이었다. 호화로운 겉치장이 점차 많아지면서 프란치스코회 수도사들에게 전도받은 독실한 기독교도들이 이를 좋지 않게 보았기 때문일 수도 있고, 상인들이 전통적으로 검소함과 절약을 미덕으로 삼았기 때문일 수도 있다. 그러나 사치 금지법의 가장 큰 목적은 이러한 전통과 전혀 관련이 없다. 사치 금지법은 재정적인 자기 수련이었다.

이 법은 보석, 직물, 공공 행사 등에 경쟁적으로 더 큰 돈을 소비하는 것을 막기 위해 제정되었다. 공익만큼이나 자신들의 가계 예산을 걱정했던 지배계급 가문들은 과시적인 군비 경쟁을 늦추고자 했다. 사치 금지법은 이들이 돈을 내지 않을 핑계가, 특히 아내와 딸들에게 돈을 주지 않을 핑계가 되었다.(피렌체에서 이 법은 말 그대로 '여성 담당 공직자'라는 뜻의 우피찰레 델레 돈네(*Ufficiale delle donne*)가 집행했다.)

명나라와 달리 이탈리아 도시국가들은 끊임없이 규정을 바꾸며 시민들을 혼란스럽게 했다. 13세기 말부터 공화국이 끝을 맞은 1532년까지 이어진 피렌체 사치 금지법을 분석한 사학자 로널드 레이니(Ronald Rainey)는 당국이 규정을 계속해 번복하고 개정하는 바람에 실제로는 효력이 거의 없었다는 사실을 발견했다. "14세기 사치 금지법이 얼마나 자주 제정되었는지를 보면, 시민들의 옷차림이 입법자들의 마음에 들지 않았다는 것이 분명해 보인다."[21]

1320년대 초에 채택된 피렌체 법안은 여성들이 공개적으로 입을 수 있는 옷을 네 벌 이상 소유하지 못하게 했다. 그중에서도 귀중한 실크인 시아미토(sciamito)로 만든 옷이나 값비싼 케르메스 염료로 물들인 울 스카를라타(scarlatta)로 만든 옷은 둘 중 하나만 소유할 수 있었다. 그리고 1330년에 피렌체는 새로운 시아미토 드레스도 금지하며 이 옷을 소유한 여성들은 시에 의류를 등록하게 했다. 1356년에 당국은 이러한 예외들도 모두 불법으로 지정하며 무늬 없는 실크만 허락했다. 조금이라도 정교한 무늬가 들어간 옷을 입은 여성들은 무거운 벌금을 내야 했다.

　법은 계속 바뀌며 구멍을 메워 갔고, 변동하는 유행을 통제했다. 1320년대 법은 남성과 여성 모두 "나무, 꽃, 동물, 새를 포함한 모든 이미지를 바느질하거나 잘라 내 붙이는 등 그 어떤 방법으로든 장식을 추가한 옷"을 입지 못하게 했다. 1330년에 개정된 법은 옷감에 그림을 그려 넣는 방식도 금지했다. 여성복에 바느질로 줄무늬를 넣거나 십자 무늬를 넣는 것도 금지되었다.[22]

　이탈리아의 사치 금지법은 어떤 면에서 사치를 억제했을수 있지만, 완전히 없애지는 못했다. 이 법은 그저 단속을 피하는 방법과 규제를 교묘히 피하는 대안적 스타일을 발전시켰을 뿐이었다. 이 때문에 실크에 줄무늬를 넣거나 장식을 그려 넣는 것을 금지하도록 법을 또 개정해야 했던 것이다.[23]

　14세기 피렌체에서 사치 금지법을 단속하는 공직자로 일했던 작가 프란코 사케티(Franco Sacchetti)가 기록한 어느 이야기를 보면 그 당시에 지배적이었던 사고방식을 알 수 있다. 해당 법의 집행관으로 고용된 아메리고(Amerigo)라는 이름의 판사는 게으름을 피우며 일을 제대로 처리하지 않았다. 피렌체 여성들은 화려하게 치장하고 거리를 거닐었지만, 그는 누구에게도 죄를 묻지 않았다.

　아메리고는 자신의 잘못이 아니라고 주장했다. 여성들이

젊은 멋쟁이를 연기하는 가부키 배우 제3대 이치카와 야오조(市川八百蔵)가 짙은 색 바탕에 붉은 안감으로 만들어진 기모노를 입고 있다. 이 복장은 법을 준수하는 동시에 이키 스타일을 보여 준다. 도리이 기요나가(鳥居清長)의 1784년 작품. 도메니코 기를란다이오의 1488년 그림 속 조반나 토르나부오니(Giovanna Tornabuoni)는 피렌체의 사치 금지법에서 제한했던 양단, 꽃 장식, 십자 무늬가 들어간 옷을 입고 있다. (Metropolitan Museum of Art; Wikimedia)

법안에 너무 능숙하게 반박하므로 죄를 묻기 어렵다는 것이었다. 불법 장신구로 치장한 모자를 쓴 여성을 불러 세우면 여성은 그 자리에서 장식을 떼고는 애도를 위한 화환이었다며 항의한다. 또한 옷에 단추가 너무 많다는 이유로 검문하면 이것은 단추가 아니라 장식용 구슬이라고 말한다. 바로 이런 이유로 여성들을 체포할 수 없다는 것이었다. 아메리고의 상사들은 이에 동의했다. "모든 상사는 아메리고 선생에게 할 수 있는 한 최선을 다하되, 나머지는 그냥 내버려 두라고 지시했다." 사케티는 "여성이 원하는 것이 주께서 원하시는 것이고, 주께서 원하시는 것은 이루어질 것이다."[24]라는 유명한 격언으로 이야기를 마무리했다.

명나라에서 사치 금지법을 어긴 사람은 태형에 처하거나, 징역을 살거나, 재산을 몰수당했다. 이탈리아에서는 대개 벌금형으로 끝났다. 의복 규제는 재정적 목적이 강했으며, 도시의 금고를 채우기 위한 것이었다.

사치 금지법은 벌금 외에도 수수료를 발생시켰다. 새로운 규제가 발효되면, 해당 도시는 보통 기존에 소유했지만 새롭게 금지되는 의류를 어떻게 유지해야 하는지 알려 주었고, 그 방법은 대개 금지된 의류를 신고하거나, 수수료를 내거나, 허가받았다는 인증을 받는 것이었다. 1401년에 볼로냐가 새로운 법령을 제정했을 때, 200벌이 넘는 의류가 등록되면서 벌어들인 벌금은 최소 1000리라에 달한다.(이 당시 일반 사무원의 연봉은 60리라 정도였다.) 어떤 여성은 금으로 사슴, 새, 나무 등을 수놓은 초록색 울 코트를 지키기 위해 허가증을 구매했다. 누군가는 옷 다섯 벌에 해당하는 돈을 냈고, 그중에는 줄무늬가 들어간 붉은 울 위에 흐르는 듯한 파도 무늬와 은빛 별들이 장식된 코트도 있었다. 또한 누군가는 금빛과 진홍색의 잎들로 장식된 벨벳 드레스를 등록하기도 했다. 어느 사학자는 "벌금과 인증 꼬리표를 다는 것은 일종의 세금 징수가 되었다."라고 관찰하며, "이 재정적 이유는 사치품과 겉치장을 규제하는 정책을 채택하게 된 가장 강력한 동기였을 것이다."[25]라고 말했다.

세금을 거두어 들이기 위해 혈안이 되어 있던 피렌체는 한 발 더 나아가 사치 금지법의 벌금을 사실상 자격증으로 바꾸었다. 가벨라(*gabella*)로 불리던 연간 수수료를 내면 이 귀찮은 규제를 피할 수 있었기 때문이다. 1373년의 규제에 따르면 여성들은 플로린 금화 쉰 개(석궁 사수 한 명에게 15개월 동안 급여를 줄 수 있는 금액이었다.)로 실크 무늬가 장식된 울 드레스를 입을 권리를 구매할 수 있었다. 기혼 여성은 금화 스물다섯 개를 내면 치마 끝단을 장식할 수 있었는데, 결혼하지 않은 여성은 끝단 장식을 할 수 없었으므로 이것은 일종의 특권에 가까웠다. 남성들은 금화 열 개를 내면 종아리 중간까지 오는 바지 판노스 쿠르토스(*pannos curtos*: 말 그대로 '짧은 옷'을 의미한다.)를 입을 수 있었다. 여성들은 같은 가격으로 실크 단추를 사용할 수 있었다.

돈을 내고 얻을 수 있는 예외 조항 목록은 거의 금지 목록만큼이나 길었다. 레이니는 "실제로 이 예외 조항이 너무 확장된 나머지 합당한 세금을 낼 수 있는 여성들에게 이 규정이 금지할 수 있는 의류는 많지 않았다."라고 기록했다. 이런 상황이 이어지며 "피렌체 사람들은 과시적 소비를 금지하는 이 규정을 대수롭지 않게 여기게 되었을 것이다."[26]라고 레이니는 관찰했다.

피렌체 수도사 지롤라모 사보나롤라(Girolamo Savonarola)가 사치에 반대하는 맹렬한 설교를 했던 것으로 볼 수 있듯이 이따금 금욕을 향한 열의가 솟구치기는 했지만, 이탈리아의 상업 도시에서 화려한 치장으로 유죄를 선고받거나 사치를 극히 제한하는 사례는 거의 없었다. 시민들은 아름답게 만들어진 것이 좋은 것이라고 믿었고, 그것이 착용자와 그 도시에 명예를 가져다줄 것이라고 믿었다. 심지어 금으로 자수를 놓은 드레스조차도 신에게 닿을 수 있었다.

'무한한 자연의 작품'을 가만히 바라보는 것만으로도 신의 위대함을 알 수 있다고 주장한 어느 밀라노인은 스페인이 들여온 사치 금지법에 반대하고 '옷 입을 자유'가 있었던 도시의 전통을 옹호하며 다음과 같이 기록했다.

> 예술의 경이로움을 바라보는 사람들은 자신의 지식을
> 인간에게 불어넣은 신의 위대한 지혜를 생각할 수 있
> 으며, 이로 인해 신의 은혜로 독창성과 근면성을 받아
> 그 속성을 닮은 우리를 이해할 수 있다. 그러므로 우리
> 는 지상에 내린 화려한 의복과 액세서리의 장엄함을
> 보며 끝이 없어 차마 헤아릴 수 없는 신의 장엄함을 엿
> 볼 수 있게 된다.[27]

상업과 산업이 중심이었던 이탈리아 도시들은 자신들의
탁월함이 장인 정신과 소비자들의 기쁨에서 나온다는 사실을
알고 있었다. 한편으로는 규제를 통해 소유욕을 통제했지만,
시민들은 화려한 직물이나 의류를 포함한 모든 종류의 예술성
을 창조해 내고 드러내며 명예를 얻었다. 소비자가 원하는 것
은 무엇이든 이루어질 것이었다.

○

젊은 여성인 젠(Genne)은 정육점으로 장을 보러 가며 하얀 바
탕에 붉은 줄무늬가 있고 커다란 갈색 꽃 모양이 그려진, 몸에
꼭 맞는 면 재킷을 걸쳤다. 그녀는 이 재킷 때문에 체포되었다.
비슷한 재킷을 입은 또 다른 젊은 여성은 그녀의 상사가

운영하는 포도주 가게 문 앞에 서 있었다. 그녀도 체포되었다.

마담 드 빌(de Ville), 레이디 쿨랑주(Coulange), 마담 부아트(Boite)도 마찬가지였다. 법 집행 당국이 붉은 꽃무늬가 그려진 옷을 입은 이 여성들을 집 창문 너머로 목격한 것이다. 이들은 모두 불법 의류 소지로 체포되었다.[28]

이러한 일들은 1730년에 파리에서 벌어졌는데, 투알 팽(toiles peintes) 또는 앵디엔(영어로는 캘리코, 친츠, 모슬린)으로 불리는 무늬 면직물은 1686년 이래 불법으로 치부되었다. 몇 년마다 당국은 이 법을 변경하고 되살려 냈지만, 유행은 사라지지 않았다. 걷잡을 수 없이 늘어나는 밀수업자와 위법자들을 보며 좌절한 당국은 1726년에 불법 거래 상인과 이들을 도와주는 사람들에게 부과하는 처벌의 수위를 높였다. 위법자들은 수년간 해군 갤리선에서 노를 젓는 형벌을 받을 수 있게 되었고, 심한 경우 사형을 선고받을 수도 있게 되었다. 지역 당국은 금지된 직물을 입거나 집안을 장식하는 이들을 재판 없이 잡아 가둘 수 있는 권한을 부여받았다.

패션사학자 질리언 크로즈비(Gillian Crosby)는 "40년이 넘는 세월에 걸쳐 모든 칙령과 법규들이 무시당하고, 조롱당하고, 직물을 도매 단위로 들여오며 법을 위반한 것에 대한 입법자들의 분노를 이 법안에서 느낄 수 있다."라고 기록했다. 이 법의 주요 효과는 단순한 소지만으로도 소유자를 체포해 소비

1686년에서 1759년까지 프랑스에서 이와 같은 의자 덮개를 소유한 사람은 감옥에 갈 수도 있었다. (Metropolitan Museum of Art)

자들을 강력하게 탄압하는 것이었다. 크로즈비는 "국경을 넘나드는 무역, 직물 날염, 유통을 막지 못했던 정부 공직자들은 이 유행을 막기 위한 시도로 개인들을 체포해 본보기를 만들고자 했다."라고 기록했다. 그러나 정부는 규제에 실패했다.[29]

금지의 역사를 돌아보았을 때 날염 면직물과 벌였던 프랑스의 전쟁은 가장 기묘하고 극단적이었다. 이 금지 조치는 사치 금지법이 아니라 이미 자리를 잡은 산업을 소비자의 취향으로부터 격리하는, 가혹한 경제 보호주의의 한 가지 형태였다. 1686년 사치 금지법의 원본은 다음과 같이 기록되어 있다.

왕께서는 인도제국에서 날염되거나 왕국 안에서 위조
된 엄청난 양의 면직물들이 …… 나라 밖 수백만 명에
게 운반될 뿐 아니라 오래도록 프랑스에 자리 잡았던
실크, 울, 리넨, 아마의 제조자 수를 줄어들게 한다는
사실을, 동시에 일자리가 없어져 가족을 부양할 수 없
게 된 노동자계급이 몰락하고 있다는 사실을 보고받
으셨다.[30]

잉글랜드를 포함한 다른 유럽 국가들도 캘리코 수입을 금
지하기는 했지만, 프랑스의 정책은 그중에서도 가장 극단적이
었다. 프랑스의 금지법은 날염된 수입품만 금지한 것이 아니었
다. 평범한 면직물의 수입도 금지했다. 게다가 국내에서 직접
직물을 만들어 날염하는 것까지 금지했다. 이 법은 수입품을
금지하는 것이 아니라 면과 날염을 금지하는 것이었다. 잉글랜
드는 이와 대조적으로 리넨 날실에 면 씨실로 만든 퍼스티언
날염 사업을 발전시켰다.[31] 프랑스의 금지법은 73년 동안 이어
졌으며, 이는 유럽 내에서 가장 긴 기간이었다. 그리고 실패했
다. 소비자들은 캘리코를 향한 사랑을 절대 포기하지 않았다.

16세기에 포르투갈 상인들과 함께 들어온 인도의 직물은
유럽인들이 그동안 한 번도 보지 못한 것이었다. 푸른색과 붉
은색이 인상적이었으며, 수 세기 동안 연마해 온 염색 기술 덕

분에 자주 세탁해도 색이 빠지시 않았다. 인도의 면직물은 부드럽고 가벼워 여름옷을 만들기에 적합했고, 속옷을 만들면 기존 리넨보다 훨씬 편안했다. 유럽에는 날염 자체가 새로운 문물이었으며, 공인기 직조에 비용을 들이지 않고도 매혹적인 회화 디자인을 풍요롭게 보여 줄 수 있었다.

요령 있는 인도 제작자들은 오랜 시간 동아시아 고객들에게 그랬듯이 자신들의 패턴을 유럽의 취향에 맞게 수정했다. 그중 가장 중요한 변화는 푸른색 바탕이나 붉은색 바탕에 하얀색 디자인을 그렸던 기존 방식을 하얀색 바탕에 다양한 색을 사용하는 방식으로 바꾼 것이었다. 커다란 천에 염료가 물들지 않게 하려면 새로운 기술이 필요했다. 그래서 어느 사학자는 "유럽 소비자들은 상품을 개조했을 뿐 아니라 그것을 제조하기 위한 혁신적 기술도 만들어 냈다."라고 관찰했다. 그 결과 유럽과 아시아의 디자인이 섞여 친숙하면서도 이국적인 패턴이 탄생했다.[32]

인도에서 수입된 직물이 전부 사치품이었던 것은 아니다. 각자의 수입에 맞는 날염 직물들이 있었기 때문이다. 귀족 여성은 궁에 들어갈 때 섬세하게 염색된 품질 높은 치마를 입었겠지만, 하녀들도 일급보다 약간 저렴한 가격으로 단조로운 옷 한 벌과 꽃무늬 스카프를 맞추어 단장할 수 있었다. 사학자 펠리시아 고트먼(Felicia Gottmann)은 "이들의 성공 비결은 손으로 무늬를 그린 최상급 친츠부터 목판으로 찍어 낸 가장 저렴한 캘리코까지 품질이 다양한 제품을 갖춘 것이었다. 그렇기에 귀족들의 여름 별장을 장식할 고급 천, 가난한 노동계급의 옷을 짓는 천, 최고급 프랑스 실크를 대신할 부르주아들의 대체품을 모두 제공할 수 있었다."[33]라고 기록했다. 17세기 중반이 되자 유럽 전 지역에 있는 모든 이가 인도산 직물을 걸치고 있었다.

인도에서 들어온 면직물이 엄청난 성공을 거두자 일반 소비자들보다 베르사유 궁전에 큰 영향을 미치던, 실크, 리넨, 양모의 제조업자들은 정치적으로 반대 움직임을 보였다. 각 산업의 대변인들은 정부를 설득해 이 새로운 직물을 불법으로 만들었다. 하지만 밀수업자들은 이러한 움직임이 시작될 때부터 생각할 수 있는 모든 구멍을 만들어 두었다.

당시 정권은 정부가 통제하는 프랑스 동인도회사가 유럽 시장에서 완전히 제외되는 것은 원하지 않았다. 그래서 해외 구매자들을 대상으로 하는 앵디엔의 경매를 법으로 허가했다. 이 경매에는 날염 직물을 비축하고자 했던 여러 입찰자가 몰려들었으며, 그중에는 서아프리카에서 불법으로 노예무역을 하려던 이들도, 합법적으로 프랑스령 서인도제도에서 직물을 판매하려던 사람들도 있었다. 그러나 누가 어떤 일을 꾸미는지는 알 수 없었다.

공식적으로 허가를 받은 외국 구매자들에게는 의심스러운 동기가 있었다. 이들 중 다수가 불법 직물의 공급원으로 악명이 높은 스위스나 채널 제도에서 왔기 때문이다.[34] 이 외국인들은 경매로 캘리코를 구매해 고향으로 돌아갔다가 다시 밀반입했다. 금지된 직물들은 이 직물들이 합법인 네덜란드와 사보이아의 국경을 넘어 들어왔다. 그다음에는 교황이 다스리는 아비뇽으로 몰래 들어와 재수출의 출발지인 마르세유의 창고와 배에 실렸다.

프랑스에서는 거의 누구든 캘리코를 얻을 수 있었다. 나라에서 가장 힘 있는 남성들의 시야 안에서 가장 세련된 여성들이 즐겨 입던 인도 직물의 명성은 절대 시들지 않았다. 이 금지 조치로 말미암아 왕국은 부를 얻기는커녕 수많은 국민을 범법자로 만들었다.

이 조치는 프랑스의 직물 날염 산업을 발전하지 못하게 했지만, 잉글랜드, 네덜란드, 스위스는 기술을 꾸준히 발전시키고 있었다. 이들의 생산품은 인도만큼 품질이 좋지는 않았지만, 프랑스를 포함해 많은 소비자가 선호했다.

면직물 금지 조치는 지식과 관련된 결과를 낳기도 했다. 계몽주의가 무르익어 가던 이 시기 중간에 내려진 금지 조치로 말미암아 경제 자유주의에 관한 초기 논의의 일부가 탄생했기 때문이다. 고트먼은 "자유 곡물 무역, 세금, 심지어 프랑스 동

캘리코는 황제에서 귀족, 하녀, 매춘부까지 모두가 입을 수 있었고, 18세기에 그려진 「세인트자일스의 미녀(*St. Giles's Beauty*)」처럼 색과 패턴을 즐길 수 있는 편안한 옷이었다. (Courtesy of The Lewis Walpole Library, Yale University)

인도회사의 독점에 관한 유명한 논의가 이루어지기 훨씬 전에, 철학자와 계몽주의자들에게 캘리코는 최초의 주요 논쟁거리였다."[35]라고 기록했다.

중상주의자들은 캘리코 생산을 허가하면 프랑스 산업 발전에 도움이 될 것이라고 주장했고, 경제 자유주의자들도 이에 새로운 의견을 더했다. 이들은 소수의 이익을 위해 다수를 처벌하는 법은 부당하다고 토로했다. 직물 생산자들의 요구는 야만적이었다. 1758년, 아베 앙드레 모를레(Abbé André Morellet)는 금지법에 반대하며 다음과 같이 썼다.

> 본래는 존중받았을 시민 질서가 상업적 이익을 취했다는 이유로 사형이나 갤리선 노동형 같은 끔찍한 형벌을 내리는 것이 이상하지 않은가? 이처럼 계몽되고 문명화된 프랑스에서 18세기 중반에 누군가가 단지 그르노블에서 58수(sous)에 팔 수 있는 물건을 제네바에서 22수에 구매했다는 이유로 교수형을 당했다는 사실을 후손들이 믿을 수 있을까?

모를레는 직물 산업이 프랑스 국가 그 자체가 아니라 아주 작은 부분일 뿐이라는 사실을 독자들에게 상기시킨다. 어느 사학자는 "이 저자가 강조하고자 한 점은 개인을 억압하는 시스

템의 잔인함 그 자체이지, 한 가지 단적인 예가 아니었다."[36]라
고 기록했다.

대중의 저항과 지식인들의 반박에 부딪히고 유럽 내 라이
벌들도 각자 날염 산업을 발전시키자, 1740년대에 프랑스 정
부는 소수의 기업에 프랑스 식민지에서 들어온 면직물을 포함
해 날염 직물을 만들 권한을 주게 된다. 이 기업들이 그런대로
괜찮은 날염 직물을 만들어 내자, 합법화를 향한 요구는 더욱
거세졌다. 결국 프랑스 국가 통제 정책의 아버지인 장바티스트
콜베르조차도 리요네 실크처럼 이미 완전히 자리 잡은 산업이
아니라 새로운 산업들을 보호해야 한다고 목소리를 높였다.

이 금지 조치는 1759년에 해제되며 금지법 반대파에 부
분적 승리를 안겨 주었다. 정권은 관세를 25퍼센트로 책정했
고, 밀수가 계속해 이득을 얻는 구조가 유지되었다. 일단 국내
에 들어오면 관세를 피한 직물들은 합법적 물품으로서 쉽게 통
과할 수 있었다. 이렇게 출발이 늦었지만, 프랑스 기업들은 성
공적으로 캘리코 산업을 발전시켜 마침내 새로운 동판 인쇄 기
술을 완성했고, 이 기술로 말미암아 유럽은 판화로 책에 삽화
를 넣는 산업을 크게 발전시킬 수 있었다. 중국 도자기에서 영
감을 받아 복잡한 무늬가 특징인 투알 드 주이(toile de jouy)와
같은 국내 면직물도 이국적인 인도 면직물처럼 유행하게 되었
다.[37] 그리고 프랑스 시민들은 더는 꽃무늬 앞치마를 착용했다

거나 친츠 덮개에 앉았다거나 무늬가 그려진 리넨으로 침대를 꾸몄다는 이유로 감옥에 갇히지 않았다.

○

사람들이 잉글랜드에 관해 어떻게 상상하든, 리처드 마일스 (Richard Miles)는 자신의 고객들이 시골뜨기가 아니라는 사실을 잘 알고 있었다. 이들은 외국 상인들이 내놓을 싸구려 장신구는 절대 구매하지 않을 것이었다. 고객들은 까다롭고 브랜드에 민감했으며, 마일스는 이들을 만족시켜야 했다.

그래서 마일스는 고향에 새로운 상품을 요청할 때 아주 구체적이고 직설적으로 표현했다. 푸른색 옷감을 보내달라는 편지에는 "초록색은 안됩니다. 노란색이 있다면 금값에 판매할 수 있을 겁니다."라고 썼다. 그는 편지를 이어 가며 고객들이 나이프(Knipe)라는 이름의 제작자가 만든, '하프 세이스(*half says*)'로 불리는 가벼운 울 능직을 경쟁사의 제품보다 더 좋아한다고 말했다.

> 말씀드리기 유감스럽지만, 커쇼(Kershaw) 씨의 하프 세이스는 나이프 씨가 만든 것보다 품질이 좋지 않으며, 왕국 안의 그 누구도 이런 종류는 만들지 않을 겁

니다. 이 직물들은 나이프 씨의 직물 가치를 깎아내
릴 정도입니다. 최소한 이곳에 있는 흑인 상인들의 눈
에는 그렇게 보이며, 이곳에서 내 고객은 바로 그들입
니다.

이때는 1777년이었고, 마일스는 아프리카 상인회에서 일
하며 현재의 가나 지역에서 항구 한 곳을 관리했다. 이곳에서
마일스는 자신의 사업체를 운영하며 대개 수입품과 노예를 거
래했고, 금이나 상아로 바꾸기도 했다.

항구에 머물던 1772년에서 1780년까지 마일스는 아프
리카인 2218명을 포로로 잡았고, 물물교환 1308건을 진행했
다. 그는 주로 해안에 있는 판테족(Fante)과 거래했으며, 이들
은 내부에서 포로를 잡아들이는 아샨티족(Asante)과 마일스 사
이에서 중개인 역할을 했다. 판테족은 자신들과 더불어 공급자
인 아샨티족을 위해 거래했으므로, 사학자 조지 멧캐프(George
Metcalf)는 "마일스가 이 지역에서 물물교환을 진행했던 상품
은 분명 아샨티족과 판테족을 포함한 아칸족(Akan)이 살던 그
지역 전체를 통틀어 수요가 가장 큰 물품으로 구성되었을 것이
다."라고 주장했다. 이들이 노예를 넘겨주는 대가로 원했던 것
은 직물이었다.

멧캐프는 거래 내역을 상세하게 남겼던 마일스의 기록을

분석해 그 당시에 노예와 물물교환을 하는 물품의 가치에서 직물이 반절 이상을 차지했으며 금은 16퍼센트로 2위를 차지했다는 사실을 알아냈다. 기본적으로 화폐 역할을 했던 금을 제외하면 직물이 차지하는 가치는 60퍼센트 이상이 된다. 멧캐프는 "아칸족 소비자들의 관점으로 보면 거래 전체가 직물과 관련된 것이라고 말해도 지나치지 않다."[38]라고 관찰했다.

이전 시기의 몽골인들이나 현재 무역으로 교류하는 유럽인들과 마찬가지로 판테족과 아샨티족은 직물의 잔혹한 대가에 관해 양심의 가책을 보이지 않았다. 심지어 미국 남부에서 면직물이 유명해지기 전에도 노예무역은 직물과 얽혀 있었고, 이 역시 서아프리카 소비자들의 영향이 컸다.[39]

기후가 뜨거운 지역이었으므로 소비자들이 가장 원하는 것은 가벼운 직물이었고, 따라서 마일스가 노예와 물물교환을 한 상품의 약 60퍼센트는 면직물이었다. 어느 프랑스 작가는 "아름다운 인도 면직물은 더 값비싼 직물보다 늘 더 잘 팔렸다. 이는 흑인들이 다채로운 색상을 좋아하기 때문이기도 했고, 가벼운 직물이 뜨거운 기후에 더 적합했기 때문이기도 하다."라고 관찰했다. 종종 아프리카 시장을 위해 특별히 제작되기도 한 이 날염 직물은 '기니 천(Guinea cloth)'으로 불렸다. 아샨티족은 자신들이 진정으로 원했던 푸른색과 흰색의 줄무늬 면직물 체체(kyekye)를 얻기 위해 상아해안에서 유럽 상인들과 거

래하기도 했다. 그들은 이 부드럽고 탄탄한 직물을 수입된 그 어떤 직물보다도 좋아했다.[40]

서아프리카 소비자들은 취향이 확실했지만, 이 취향은 유럽인들이 주로 만드는 상품과 다를 때가 많았다. 소비자들은 지역 관습에 따라 인디고와 흰색 무늬가 들어간 직물을 가장 좋아했다. 인도 제작자들이 유럽인의 취향에 맞추었듯이, 유럽 직물 제조자들도 아프리카 소비자들을 만족시키기 위해 노력했다. 잉글랜드 직물 제조자들은 가장 잘 팔릴 디자인을 이해하고 재현하기 위해 토착 직물의 샘플을 대리인들에게서 받으며 디자인을 익혔다. 어느 사학자는 "이러한 모방을 시도한 결과 일부는 다른 것보다 더 큰 성공을 거두었지만,"이라고 하며 "서아프리카 소비자들의 취향이 다른 곳의 면직물 생산에 영향을 끼쳤던 것은 분명한 사실이다."라고 관찰했다.

서아프리카인들은 잉글랜드산 직물의 특징이 가장 잘 드러나는 진홍색 울을 자신들의 목적에 맞추어 사용했다. 오늘날 나이지리아의 해안 지역에 있었던 베냉 왕국에서 진홍색 양모는 왕족들이 가장 좋아하는 직물이었으며, 왕의 허가가 있어야만 울로 만든 옷을 입을 수 있었다. 이 지역에 살던 주민들은 원래 용도를 무시하고 이 직물을 풀어 실을 재사용했다. 이들은 진홍색 울과 토착 면 또는 인피섬유를 섞어 양단을 짜거나 수를 놓아 의례용 옷을 만들었다. 셀룰로스 기반으로 제작된 토착 섬유는 단백질 기반 섬유인 울보다 색을 잘 흡수하지 못했기 때문이다.

어느 사학자는 "색을 입힌 울 중에서도 진홍색 울은 선명함이 뛰어나 보는 즉시 감탄을 자아냈을 것이며, 정치적·종교적 엘리트들은 이 시각적 효과를 활용했을 것이다."라고 기록했다. "이 사례에서 가장 주목해야 할 점은 특별히 선택된 수입품이 어떻게 토착 재료와 통합되어 중요한 의례용 의복 관습을 변화시켰는지다."[41] 아프리카 소비자들은 주어진 것을 단순히 받아들이지 않았다. 이들은 상상력을 발휘해 외국에서 들어온 직물을 자신들의 목적에 맞게 바꾸어 새로운 하이브리드 직물을 만들었다.

오늘날 서아프리카와 중앙아프리카의 거리를 보면 좀 더 최근에 만들어진 하이브리드 직물을 볼 수 있다. 이러한 직물들은 '왁스 프린트(wax prints)'로 불리며, 색상이 밝고 대량으로 생산된다. 서아프리카에서는 앙카라(ankara)로, 동아프리카에서는 키텡게(kitenge)로 불리는 이 날염 직물은 인도네시아 소비자들을 겨냥한 자와의 바틱(batik) 직물을 모방해 만들었다. 19세기에 하를럼에 있던 네덜란드 제작자들이 천의 양면에 수지 왁스를 발라 염색하는 롤러 공정을 완성했다. 하지만 공정 중에 레진에 금이 가며 독특한 선을 남겼고, 이 무늬는 지금까지 계속 활용되고 있다. 하지만 인도네시아인들은 이 무늬를

가나의 어느 시장에 걸린 왁스 프린트들. 현재는 완전히 아프리카로 넘어갔지만, 본래는 네덜란드 제작자들이 인도네시아의 바틱을 모방하면서 만들어졌다. (iStockphoto)

좋아하지 않았고, 특히 바틱 제작자들이 힘이 덜 드는 기술을 개발하고 가격을 낮추자 손으로 염색한 직물을 선호했다. 이렇게 19세기 후반이 되자 인도네시아의 시장은 고사했다.

1890년 무렵에 스코틀랜드 상인 에버니저 브라운 플레밍 (Ebenezer Brown Fleming)은 기계로 제작한 직물을 오늘날의 가나 지역인 아프리카 황금해안에 판매한다는 기발한 계획을 떠올렸다. 그는 인도네시아에 있던 네덜란드 군대에서 복무했던 남성들이 선물로 가져온 바틱 직물을 이 지역 사람들이 좋아했다는 사실을 알고 있었을 것이다. 여성 무역상 수백 명에게 소비자들이 원하는 물품에 관한 정보를 들어 왔던 브라운 플레밍은 단순히 자와의 디자인을 따라 하는 것이 아니라 아프리카 소비자들의 취향에 맞게 바꾸었다. 또한 아프리카인들은 인도네시아인들보다 키가 컸으므로 직물 너비를 36인치에서 48인치까지 늘이기도 했다.

이렇게 색상이 다채롭고 섬세하게 다듬어진 직물은 이전에 접하던 값싼 잉글랜드산 면직물보다 더 좋은 상품을 찾던 소비자들에게 큰 호평을 받았다. 아프리카 소비자들은 인도네시아인들과 달리 수지가 갈라지며 만들어 낸 불규칙한 선 무늬를 좋아했다. 어느 예술사학자는 "이들은 이러한 특성에서 오래도록 사랑받았던 서아프리카의 홀치기염색과 방염 기술을 보았을 것이다."[42]라고 관찰했다.

왁스 프린트가 유행하면서 유럽에서 탄생한 디자인들의 지역적 특성이 뚜렷해졌다. 직물 상인과 소비자들은 디자인에 자신만의 격언이나 삶을 보여 주는 이름을 붙였다. 어느 예술사학자는 "왁스 프린트를 손에 넣은 소비자들이 이름들을 지었고, 직물이 디자인되고 생산되는 과정에는 없었던 새로운 의미를 만들어 냈다."라고 기록했다. 그래서 어느 네덜란드 디자이너가 구불구불한 줄기를 넣어 만든 "나뭇잎 자국"이라는 디자인은 "좋은 구슬은 소리를 내지 않는다"로 불리게 되었는데, 이는 가나의 격언으로, 진정으로 존경할 만한 사람들은 자신을 내세우지 않는다는 뜻이다. 또한 디자이너가 "산타나(Santana)"로 불렸던 바람개비 모양 디자인은 상아해안에서 "그대여, 날 떠나가지 말아요"로 불렸다.

날아가는 제비 모양을 한 대표적인 패턴 "재빠른 새"는 가나 일부 지역에서 "쏜살같이 흘러가는 돈"으로, 또 다른 지역에서는 "쏜살같이 흘러가는 소문"으로 불렸다. 동그란 모양으로 "축음기 음반"이라는 이름이 붙은 디자인은 일부다처제를 따르는 가나 상아해안의 소비자들에게 "소똥"으로 불렸다.(이 이름은 일부다처제가 겉보기만큼 평화롭지 않다는 의미인 격언에서 왔다. "아내들의 경쟁은 소똥과 같다. 겉은 말라 있지만, 안은 짓물렀기 때문이다.") 여성들은 특정한 무늬가 들어간 옷을 입어 메시지를 전달했고, 직물의 이름은 디자인 그 자체만큼이나 직물의 가치에 영향을 미쳤다. 가나에서 현장 연구를 했던 어느 큐레이터는 "직물 무역상과 소비자들 모두가 동의하는 사실"에 관해 "여성이 직물을 구매하는 이유는 '그것이 아름답기 때문'이기도 하지만, '직물에 이름이 있기 때문'이다."[43]라고 기록했다.

비록 이따금 정통이 아니라며 폄하 받기는 하지만, 한때 세르주 드 님(serge de Nimes)으로 불리던 인디고와 흰색의 능직이 미국에 완벽히 정착했듯이, 왁스 프린트도 아프리카에 완전히 녹아들었다. 어느 직물학자는 "왁스 프린트는 그것을 사용하는 사람들의 사회적 생활의 한 부분이었다."라고 주장했다. 아프리카 여성들은 자르지 않은 원단을 구해 귀하게 여기며 딸과 손녀에게 대대로 전해 주었다. 한정판으로 제작된 디자인은 국가 기념일이나 정치적 캠페인을 기념하는 데 활용되었다. 왁스 프린트는 결혼식, 장례식, 세례식, 아이 이름을 짓는 행사에서 영예로운 역할을 했다. 가정이나 외국에서 옛날 방식으로 만든 진정한 왁스 프린트는 고급 직물이지만, 중국에서 만든 폴리에스터 직물을 포함한 복제품들은 가장 가난한 지역으로 유입된다.

어느 예술사학자는 "이 직물들은 아프리카 일상의 많은 부분에 완벽하게 스며들어 모든 곳에 있어도 보이지 않을 정도였다."라고 관찰했다. "이는 아프리카 예술의 주요한 형태이며, 유럽과 아시아에서도 마찬가지다. 한마디로, 복잡하다."[44] 직물은 이런 경향이 있다. 직물의 문화적 정통성은 순수한 기원이 아니라 개인이나 공동체가 그 직물을 자신만의 목적에 맞게 바꾸는 방식에서 생겨난다. 그렇기에 직물의 가치와 의미를 결정하는 존재는 생산자가 아니라 소비자다. 직물은 어디에나 있고 적응하며 변해 가므로 그 형태와 의미는 영원히 발전해 나간다. 소비자들의 신념과 바람을 생각하지 않고 외부적 기준을 적용하려고 하는 것은 헛된 일일 뿐 아니라 무례하고 불합리한 일이다.

○

2019년 9월, 미국 하원은 노예로 붙잡힌 아프리카인들의 식민지 시대 미국 도착 400주년을 기념했다. 연설자인 낸시 펠로시(Nancy Pelosi)를 포함한, 흑인을 위한 의회 조직(Congressional Black Caucus) 멤버들은 이 행사를 기념하기 위해 아프리카계 미국인들의 졸업식 예복으로 많이 사용되는 스톨을 입었다. 이 직물에는 노란색, 초록색, 붉은색의 줄무늬가 있는 블록과 중앙에 노란색 무늬가 있는 검은색 블록 등 여러 가지 블록이 번갈아 나타나 있었다. 이는 아샨티족 중 왕족이나 권력자의 상징인 황금 스툴(Golden Stool)을 대표하는 디자인이다. 본래 이 블록들은 날염이 아니라 직조로 만들어지며, 각각 4인치 크기의 조각 스물네 개로 하나의 직물을 만들어 토가처럼 입는다. 잘 알려진 가나의 켄테 천과 같다.

　서아프리카인들은 수천 년 이상 작은 크기로 엮은 천 조각을 엮어 하나의 직물을 만들어 왔다. 그러나 켄테 천이 만들어진 것은 18세기 후반이다. 이 독특한 디자인은 색상이 화려한 외국의 실, 새로운 직기 기술, 아샨티족과 에웨족의 직조 기술이 교류하면서 탄생했다. 탄생 이후 켄테는 고국과 외국에서 의미와 형태를 바꾸어 나갔고, 왕처럼 군림했던 노예무역상의 로브는 노예가 된 이들의 후손이 그 유산과 성취를 기리며 입

아프리카인들이 미국 땅에 노예로 잡혀 온 지 400주년이 되는 해를 기리는 행사에서 연설자 낸시 펠로시(오른쪽), 대표 의원 존 루이스(John Lewis)와 실라 잭슨 리(Sheila Jackson Lee)가 켄테 천 디자인으로 만든 스톨을 입고 있다. (Getty Images)

는 스톨이 되었다.

수 세기 동안 아샨티족의 직조공들은 거의 흰색과 푸른색만 사용해 천을 엮었다. 이들은 면직물을 짤 때 인디고 말고는 강렬한 색을 사용하지 않았다. 그러나 무역은 계속했다. 리비아에서 사하라를 건너고 유럽에서 대서양 해안을 따라 들어온 화려한 색상의 실크를 금, 노예와 교환했다. 이러한 직물들이 들어오며 아샨티 직조공들은 밝은 색상의 실을 얻어 자신들의 디자인을 아름답게 장식했다.

루데비그 페르디난드 뢰메르(Ludewig Ferdinand Rømer)
라는 덴마크 상인은 1760년의 회고록에서 이러한 혁신의 공
을 아샨티족의 왕 또는 아샨티헤네(*Asantehene*)인 오포쿠 웨어
1세(Opoku Ware I: 1700년~1750년)에게 돌렸다. 그의 말에 따르
면 이 왕은 무역상들에게 "모든 색상의 태피터 직물을 사들여
라. 장인들이 그 직물들을 풀어 빨간색, 파란색, 초록색 등의 울
과 실크 실 수천 알렌(*alen*)을 얻을 수 있을 것이다."라고 명령
했다고 한다.(덴마크의 단위인 알렌은 2피트 정도다.) 이러한 생각
이 아샨티의 왕에게서 나왔는지에 관계없이, 왕은 직물의 진
가를 확실히 인지했다. 색상이 다채로운 외국 직물들은 왕족을
즐겁게 하며 귀족을 대상으로 한 시장을 성장시켰다. 이렇게
유명해진 새로운 사치품은 평범한 원료보다 무려 열 배나 되는
값을 받았다.[45]

색상이 화려하기는 하지만, 이 직물은 오늘날 우리가 보
는 켄테와는 다르다. 폭이 좁은 다른 직물들과 켄테의 차이점
은 날실만 보이는 블록과 씨실만 보이는 블록이 번갈아 나타난
다는 것이다. 이는 그 어떤 직기를 사용해도 만들 수 있는 깅엄
스타일(gingham-style) 체크무늬와는 다르다. 수직 방향 패턴과
수평 방향 패턴이 번갈아 나오기 때문이다. 수직 방향 블록에
는 날실만 드러나며 씨실을 완전히 가리고, 수평 방향 블록에
는 씨실만 드러나며 날실이 가려진다.[46]

이러한 블록 패턴을 만들기 위해서는 계획과 기술뿐 아니라 잉아들이 두 부분으로 나뉜 특별한 직기도 필요하다. 앞쪽에 있는 잉아로는 씨실 하나가 각 잉아를 통과하는 일반적 방법으로 직조한다. 여기서 잉앗대 하나는 홀수 자리 실을 들어 올리고, 다른 하나는 짝수 자리 실을 들어 올린다. 이 앞쪽의 잉아 쌍을 이용해 씨실만 드러나는 블록을 직조할 수 있다.

반대로 뒤에 있는 잉아들을 사용할 때는 개별 실이 아니라 날실을 홀수나 짝수로 묶어 잉아 여섯 개(혹은 네 개)에 한 번에 통과시킨다. 이렇게 함께 묶인 날실들은 씨실에 가려진다. 가장 호화로워 왕족들만 소유할 수 있었던 아사시아(asasia)라는 켄테 천을 만들기 위해서는 잉아쌍 세 개가 필요했고, 이를 활용해 능직 무늬를 넣을 수 있었다.

학자들은 정확히 어디서 어떻게 '이중 잉아' 직기가 발명되었는지에 관해 계속해 논쟁을 이어 가고 있다. 가나 사람들 사이에서 켄테 천의 기원은 민족적 대립으로 말미암아 논쟁이 치열하다. 아샨티족와 에웨족 모두 이 세계적 천의 기원과 소유권을 얻고자 하기 때문이다.[47] 그러나 사실 켄테는 여러 직조 전통이 합쳐져 탄생했을 확률이 가장 높다.

아샨티 영토에서 직조공들은 아샨티혜네에게, 그리고 수도 쿠마시(Kumasi) 근처 본와이어(Bonwire)에 조성되어 있는 그의 궁정에 직물을 공급했다. 이곳의 직물 생산은 계급적으로 엄격하게 통제되는 사업이었고, 본와이어헤네(*Bonwirehene*)로 불리는 책임자가 있었다. 본와이어헤네는 전체적인 생산 기준을 관리하며 왕실용 직조를 직접 감독했다. 또한 그 누구도 자신의 위치에 맞지 않는 직물을 사들이지 못하게 하며, 사회적 예의범절을 어기지 못하게 했다. 1970년대 초에 서아프리카 직물을 수집하고 기록했던 최초의 학자 중 한 명인 베니스 램 (Venice Lamb)은 다음과 같이 썼다.

> 본와이어헤네는 50여 년 전만 해도 어린 소년이나 사회적 지위가 높지 않은 사람에게는 품질 좋은 실크를 팔지 않았을 것이며, 젊은 사람이 공공장소에서 이렇게 좋은 옷을 입는 것은 윗사람들에 대한 무례로 여겨졌다고 내게 말해 주었다. 좋은 직물은 책임자나 '높은 사람'들만 입을 수 있었다.[48]

엘리트 계층을 위한 시장에 직물을 공급했던 아샨티 직조공들은 실크 무늬를 디자인하고 만들어 내는 훌륭한 기술을 개발했다. 본와이어는 야망 있는 장인들의 안식처가 되었다. 하지만 이렇게 고품질 노동력을 길러 낸 왕실의 후원과 중앙집권적 실정은 다양성과 혁신적 기술에 걸림돌이 되기도 했다.

사바나에 살던 에웨족은 숲을 기반으로 자리를 잡은 아샨티족보다 목화를 훨씬 쉽게 접할 수 있었다. 게다가 밝은 색상을 향한 열정도 크지 않았다. 그래서 실크를 받아들이기는 했지만, 에웨족은 주로 은은한 색조로 염색한 고품질 면직물을 만들어 냈다. 또한 에웨족의 직조공들은 독립적이고 시장 지향적이었다. 에웨족 최고의 상품은 왕족만 사용할 수 있는 것이 아니었다. 원료만 있다면 그 누구든 직물을 의뢰할 수 있었다.

직물 구조에도 중요한 차이점이 있었다. 아샨티 직조공들은 모두 씨실만 보이는 직물을 만들었다. 반면에 에웨족 직조공들은 날실만 보이거나 씨실만 보이는 직물을 모두 만들었다. 게다가 에웨족의 직물에는 종종 양식화된 새, 물고기, 악어, 나뭇잎, 사람의 무늬가 들어갔고, 이들은 모두 추가 씨실로 만들어졌다. 다시 말해 이들은 날실만 보이거나 씨실만 보이는 블록이 번갈아 나오는 직물을 만들어 본 경험이 있는 것이다.

직물학자 말리카 크라머르(Malika Kraamer)는 지금까지 남아 있는 직물, 선교 관련 사진, 언어 분석의 도움을 받아 에웨족이 최초로 이중 잉아를 사용해 켄테 천의 특징인 블록들을 만들었다는 설득력 있는 논거를 찾아냈다. 그러나 이 혁신은 창조되고 난 뒤 빠르게 퍼져 나갔다. 부족 영역의 주변부에 있던 아샨티족과 에웨족의 직조공들은 이따금 서로 가까운 곳에서 일하며 교류했다. 또한 에웨족이 활발하게 직물 거래를 하며 이 새로운 발상이 전달되기도 했다. 에웨족 직물에 교대로 드

켄테 천은 씨실만 드러나는 천 조각과 날실만 드러나는 천 조각을 하나로 바느질해 만든다. 이 아샨티 천은 20세기 중반에 면과 레이온 혹은 실크를 이용해 제작되었다. (Courtesy of Indianapolis Museum of Art at Newfields)

러나는 블록을 보며 어느 영리한 아샨티족 직조공이 직조 방법을 알아냈을 수도 있고, 최소한 알맞은 질문을 던질 수 있었을 것이다.

메커니즘이 무엇이었든 19세기 중반이 되자 에웨족과 아샨티족의 직조공들은 모두 교대로 나타나는 블록 디자인을 채택했고, 각 부족의 고유한 상징을 넣었다. 에웨족은 수수한 색을 좋아했고, 아샨티족은 권력과 명성을 한눈에 보여 주는 화려한 색상과 기하학 디자인을 선호했다.

이러한 아샨티족의 디자인들은 가나 최초의 대통령 콰메 은크루마(Kwame Nkrumah)가 입으며 유명해졌고, 전 세계에 켄테라는 이름으로 알려지며 "범아프리카주의를 상징하는 유니폼"이자 아프리카 디아스포라 자부심의 상징이 되었다. 은크루마는 1958년에 미국을 방문하면서 켄테를 입었고, 잡지《라이프(*Life*)》는 은크루마 대통령 수행단이 독특한 의복을 입고 드와이트 아이젠하워(Dwight D. Eisenhower) 대통령을 만나거나 공식 행사에 참여하는 사진을 실었다. 그로부터 5년 후, 미국의 사회학자이자 민권 지도자인 윌리엄 에드워드 버가트 듀보이스(W. E. B. Du Bois)는 가나 대학에서 명예박사 학위를 받을 때 예복 위에 켄테 천을 걸쳤다. 이후 애덤 클레이턴 파월 주니어(Adam Clayton Powell Jr.), 서굿 마셜(Thurgood Marshall), 마야 앤절로(Maya Angelou)와 같은 아프리카계 미국인 권위자들도 켄테 옷을 입었다. 1993년, 한때 엘리트들만 따랐던 이 관습은 대학까지 스며들었고, 펜실베이니아주의 웨스트체스터 대학은 흑인 재학생들의 졸업을 기념하기 위해 특별히 '켄테 졸업식'을 열기도 했다. 현재는 모든 졸업생이 켄테 스톨을 입으며, 학년이나 글귀를 새기기도 한다.

웨스트체스터 대학 졸업생이자 스워스모어(Swarthmore)에서 교수로 일하는 사학자 제임스 파딜리오니 주니어(James Padilioni Jr.)는 "흑인 학생들이 고등교육을 통해 대입 시험을 성공적으로 치렀다는 상징으로서 켄테 스톨을 입을 때, 이들은 자기 자신을 살아 숨 쉬는 격언으로 만들어 낸다."라고 기록했다. 졸업생들을 위한 연설에서 그는 켄테에 부여된 의미를 분명히 전했다.

> 지금 여러분이 어깨에 두른 켄테 스톨은 고대 아프리카의 지혜, "노예들이 품었던 꿈과 희망"의 증거입니다. 아샨티족은 자신들의 가치와 민족성을 켄테라는 시로 양식화했습니다. 켄테의 디아스포라적 계보는 중간 항로를 건너 사각모와 가운을 쓴 아프리카계 미국인 졸업생들까지 이어지는, 아프리카의 지식과 자부심을 하나의 패턴으로 엮은 것입니다.

아름답고, 기발하고, 상징적이고, 독특한 켄테는 디아스포라에 있는 사람들을 모국으로, 현실과 상상으로, 이상적 자아로 연결한다. 어느 뉴저지 출신 졸업생은 "켄테를 입으면 내가 아프리카에서 왔다는 사실을 알 수 있습니다. 나는 왕족이에요."[49]라고 말했다.

켄테는 전 세계로 퍼지며 본래의 창작자들은 생각하지 못했던 새로운 형태와 용도를 얻게 되었다. 아프리카계 미국인들 사이에서 켄테 무늬를 향한 관심이 급증했던 1992년, 맨해튼의 어느 수입업자는《뉴욕 타임스(New York Times)》와 인터뷰하며 "켄테는 아프리카 중심주의적 의복과 동의어가 된 최초의 직물이다."라고 말했다. 그는 소비자들에게 모조품을 주의하라고 경고하기도 했다. "진품 켄테를 만들 때"《뉴욕 타임스》는 "먼저 면을 하얗게 표백한 뒤 염료를 이용해 양면에 습식으로 디자인을 찍어 낸다. 이는 비교적 값비싼 과정이므로, 모조품들은 대개 한쪽만 염색한다."라고 설명했다. 하지만《뉴욕 타임스》는 엄밀히 말해 정통 켄테 천은 날염을 아예 하지 않는다는 사실을 언급하지 않았다. 켄테는 색실로 직조되어 하나의 패턴으로 조립되므로 날염한 면직물보다 훨씬 복잡한 계획이 필요하다.[50]

현재 켄테 직조공들은 관광객의 수요에 맞추어 작은 조각들을 다양하게 활용한다. 일부는 스톨이나 벽걸이 장식을 만들지만, 모자나 가방을 만드는 직조공들도 있다. 어느 사학자는 "켄테의 '전통'에 관해 이야기한다면, 이러한 물품들도 반드시 그 안에 포함되어야 한다."라고 기록했다. "지구상에서 켄테만큼 전통이 역동적인 직물은 찾아보기 어렵다. 1제곱센티미터, 구슬 한 개를 덮을 정도의 크기로 귀걸이를 만드는 전통을 지닌 직물은 분명 많지 않기 때문이다."[51]

켄테와 더불어 켄테에서 영감을 받은 귀걸이, 보타이, 요가 바지는 전통주의자들에게 충격을 줄 수도 있고, 그들 중 일부는 심지어 벽걸이 장식과 테이블 러너(table runner)까지 전통으로 인정하지 않을 수도 있다. 가나의 어느 학자 겸 사회 비평가는 "켄테는 옷을 만드는 천이다."라고 말하며 이러한 장식품들이 "문화를 파괴한다."라고 매도했다. 그러나 직물의 형태와 기능을 고정하려는 시도는 무익하고 지혜롭지 못하다. 켄테 천으로 침대보를 만드는 것과 왕을 기쁘게 하기 위해 외국에서 들어온 실크를 켄테에 더하는 것은 다르지 않다. 계속해 사용되는 직물의 전통은 그것을 사용하는 사람들의 정체성과 욕구를 반영하며 변화한다.[52]

○

이른 저녁에 붉은 옷을 입은 한 여성이 과테말라 아티틀란 호수(Lake Atitlán) 근처 산 후안 라 라구나(San Juan La Laguna) 시장에서 일과를 마치고 집으로 향한다. 여성은 이 지역의 트라헤(*traje*), 즉 전통복을 입고 있지만, 허리에 단단히 맨 수제 허리띠 파하(*faja*)에는 스마트폰이 끼워져 있다. 과거와 현재의 대조에 눈길을 뺏긴 나는 과테말라 현지인인 친구에게 그녀의 사진을 찍어도 되는지 물어보아 달라고 부탁했다. 하지만 전달되는 도중에 무언가 빠져 버린 모양이었다. 여성은 기꺼이 협조해 주며 스마트폰을 꺼내 등 뒤로 숨겨 버렸다. 스마트폰도 사진에 담고 싶다고 전하자, 여성은 스마트폰을 왼손에 쥐고 자랑스럽게 포즈를 취해 주었다. 옷에서 멀어진 채였다. 뭐, 어쩔 수 없는 일이다.

물론 그 복장에는 여성을 마야인으로 부를 수 있게 해 주는 필수적 요소들이 있었지만, 본래의 전통 복장과는 차이가 있다. 우선 상의는 손으로 짠 면직물 우이필(*huipil*)이 아니라 폴리에스터로 보이는 공장제 블라우스였으며, 기계로 만든 장식물과 인조 다이아몬드가 달려 있어 요기로 엮어 하나로 바느질한 무거운 면직물보다 값싸고 실용적이다. 그리고 여성이 입은 치마인 코르테(*corte*)는 이 복장에서 아주 중요한 요소다. "그녀는 [전통] 치마를 입고 있다."라는 의미인 과테말라 격언 "예바 코르테(Lleva corte)"는 그 여성이 지역 토박이라는 의미를 내포한다. 몸을 감싼 천과 허리에 묶은 파하는 스페인에서 들어온 기술인 전통 족답 직기를 사용한 것으로 보이지만, 붉은색과 네이비색이 섞인 격자무늬는 관습보다 유행을 드러낸다. 여성이 입은 옷은 손끝의 매니큐어나 스마트폰만큼이나 현대식이지만, 그래도 부인할 수 없는 마야의 전통 복장이다.

물질의 발전에는 크나큰 대가가 필요하다. 우리는 아름다움, 정체성, 의미를 대가로 신발, 수돗물, 백신을 얻었고, 독특함은 획일적인 세계 문화로 대체되었다. 하지만 마야의 전통 복장은 다르면서도 좀 더 일반적인 패턴을 보여 준다. 소비자들은 전통과 현대성을 양극으로 나누는 사례가 거의 없다. 이들은 소속감을 나타내는 물질적 표현을 포함해 물려받은 유산을 유지할 방법을 찾으면서도 참신함과 자기표현을 향한 욕망을 채운다.[53]

세월이 흘러도 변하지 않는 농민들의 관습에 대한 환상과는 달리, 과테말라의 직물은 역동적으로 변화해 왔다. 많은 우이필이 씨실 양단으로 만든 화려한 디자인을 채택했고, 기하학 무늬를 넣거나 양식화한 동물, 식물, 사람의 디자인을 넣기도 했다. 디자인을 넣는 밝은 색실로는 중국의 실크 자수 실이 처음으로 쓰였다. 직물 수집가 레이먼드 세누크(Raymond Senuk)는 "과테말라에는 중국인이 다섯 세대에 걸쳐 살고 있다."라고 말했으며, 제2차 세계대전이 일어나 공급이 중단되자 직조공들은 광택을 낸 면을 사용했다.

뜨개질바늘과 비슷하게 생긴 뾰족한 바늘이나 손가락을 이용해 한 줄씩 만드는 고대 마야의 패턴들은 현대적 혁신을 형상화한다. 안티과과테말라의 어느 중고 우이필 가게에서 내가 구매한 직물에는 당나귀, 토끼, 전갈, 수탉, 케트살(quetzal: 과테말라의 국조), 바구니, 거미, 사람, 그리고 결정적으로 헬리콥터가 표현되어 있었다. 19세기 잡지들이 앞다투어 십자수 패턴을 싣기 시작할 때, 마야 직조공들은 이 디자인을 받아들여 새로운 양단의 형태를 만들었다. 이 양단은 데 마르카도르(*de*

추가 씨실을 활용해 만든 과테말라 우이필의 세부 양식. 다양한 전통적 상징과 함께 헬리콥터 무늬도 볼 수 있다. (Author's photo)

marcador)로 알려졌으며, 날실 주위에 추가 실을 감아 직물 양면이 같은 무늬를 띄게 만든다.

종교의식에 사용되는 가장 전통적인 의복의 대부분을 차지하는 붉은색은 사실 19세기에 발명된 독일의 합성염료 알리자린으로 만들어 낸 것으로, 역사가 그리 길지 않다. 과테말라에서도 붉은색을 내는 꼭두서니가 자랐지만, 토착민들은 사용방법을 알아내지 못했고, 지역에서 유명한 코치닐로 면을 염색할 때 필요한 매염제도 부족했다.

원주민들은 요기를 계속 사용하면서 유럽의 족답 직기를

받아들였고, 이를 이용해 치마, 앞치마, 바지를 만드는 직물을 엮어 냈다. 또한 이들은 아시아 직물에서 영향을 받은 것으로 추정되며 재스프(*jaspe*)로 불리는 새로운 염색 전통을 개발했다. 이카트(*ikat*)라는 이름으로 더 잘 알려진 재스프는 특정 실들을 묶어 염색을 막아 전체 천을 짰을 때 패턴이 드러나게 하는 복잡한 홀치기염색 기법이다.(무늬 주변이 살짝 흐려진 것을 보면 이카트 기법을 알아볼 수 있다.) 게다가 오늘날 족답 직기로 엮어 낸 직물에는 종종 코팅된 폴리에스터 필름으로 만든 금속실이 첨가되기도 한다.

세누크는 "과테말라에서 직조는 죽어 가는 예술이 아닙니다. 그러나 이곳의 직조는 아주 극적으로 변화하고 있습니다. 지난 20여 년 동안 극적인 사건들이 많이 벌어졌죠."라고 말했다. 불과 몇십 년 전까지는 옷만 보고도 마야 여성들이 사는 마을을 알아볼 수 있었다. 물론 각 직조공은 자신만의 무늬를 만들어 냈지만, 명확한 제조 규칙, 바탕색, 장식 디자인을 따르며 직물을 엮어 냈다. 산 후안 라 라구나에서 만든 우이필이라면 자수로 만든 스물네 개의 정사각형이 네 줄이나 여섯 줄마다 줄지어 있어야 하고, 어깨나 허리에 딱 맞게 조여지는 부분인 요크(yoke) 아랫부분에는 지그재그 장식이 있어야 하며, 바탕은 붉은 줄무늬가 있는 두 개의 직물을 합친 것이어야 한다. 그리고 함께 입는 코르테는 검은색이나 하얀색이어야 한다.

이와는 다르게 북부 고원에 있는 토도스 산토스 쿠추마탄 (Todos Santos Cuchumatán)의 우이필은 조각 세 개를 이어 만들며, 붉은색 줄무늬와 하얀색 줄무늬가 번갈아 나타난다. 중앙에 있는 조각에는 추가 씨실을 이용해 양단으로 만든 기하학무늬가 드러나고, 요크 아래에는 미리 만들어진 리크랙(rickrack)* 으로 장식한다. 줄무늬의 간격은 더 크거나 작을 수도 있고, 양단 디자인도 다양하며, 종종 다른 조각까지 확장되기도 한다. 하지만 기본 지식이 있는 사람은 이 블라우스를 입은 사람이 토도스 산토스 출신이라는 사실을 금세 알 수 있다. 이렇듯 모든 지역은 그곳만의 독특한 조합을 자랑했다.

그러나 1990년대가 되자 상황은 서서히 변했다. 여성들이 모든 것을 스스로 만들지 않고 시장에서 직물을 사고팔기 시작했기 때문이다. 세누크는 "시장에서 본 어떤 여성은 산 안토니오 아과스 칼리엔테스(San Antonio Aguas Calientes)에서 온 것 같았지만, 알타베라파스(Alta Verapaz)의 코반(Cobán)에서 만드는 우이필을 입고 있었고, 나는 그 이유를 물었다."라고 회상했다. "그러자 그녀는 '그냥 마음에 드니까요.'라고 대답했다." 다른 지역의 전통 의복을 입는 것은 마야 전 지역에 유행하며 퍼

---

*　　지그재그로 구불구불 물결치는 모양의 천 조각이다. 소매 끝이나 커튼 같은 직물의 가장자리에 붙여 견고함과 장식성을 더하는 용도로 주로 쓰인다.

져 나갔다.

세기가 바뀔 무렵, 마야 여성들은 산 후안 라 라구나 거리에서 내 눈을 사로잡은 독특한 스타일을 만들어 냈다. 단색 의상, 우이필, 허리띠, 치마와 함께 이따금 앞치마, 헤어밴드, 신발을 더하며, 이 모든 복장의 색상이 조화를 이룬다. 세누크는 "제일 먼저 하는 일은 바탕색을 정하는 것이다. 예를 들어 청록색이라고 해 보자."라며 다음과 같이 설명한다. "그다음에는 색상이 비슷한 기계 자수가 들어간 청록색 우이필을 산다. 청록색 밴드가 있는 이카트 치마도 산다. 함께 착용하는 벨트는 토토니카판(Totonicapán) 스타일로 엮어 만든 것이지만, 역시 청록색이다. 이 바탕색은 청록색, 분홍색, 커피색, 보라색 등 무엇이든 될 수 있다. 그리고 이 색상 선택에 각 지역의 특성은 아무 영향도 미치지 않는다." 이러한 단색 유행은 마야의 독특함을 표현하면서도 #chicasdecorte라는 해시태그로 인스타그램에서 인기를 얻은 매력적인 의상을 만들어 냈다.[54]

○

2000년대 후반이 되자 인터넷에 정통한 소비자들은 자신들이 원하던 그 무언가를 온라인에서 찾고자 했다. 2004년에 발표된 한 기사와 그에 이어 출판된 후속책 『와이어드(Wired)』의 편집자 크리스 앤더슨(Chris Anderson)은 이 현상을 보며 정립한 '긴 꼬리(The Long Tail)' 이론을 다음과 같이 설명했다.

> 우리의 문화와 경제는 수요곡선의 머리 쪽에 위치하며 상대적으로 히트 수가 적은 곳(주류 상품과 시장들)으로부터 꼬리 쪽에 있는 엄청난 수의 틈새시장들로 점차 주의를 옮겨 가고 있다. 물리적인 선반 크기나 분배의 병목현상이라는 제약에서 벗어난 이 시대에 타깃층을 좁게 잡은 상품이나 서비스는 주류 상품만큼이나 경제적으로 매력적일 수 있다.[55]

그래서 스티븐 프레이저(Stephen Fraser)의 아내가 커튼을 만들기 위해 노란색 점박이 무늬가 있는 커다란 직물을 찾을 때, '인터넷 고수'였던 남편은 인터넷으로 그 천을 찾아보겠다고 제안했다. 그러나 남편은 천을 찾지 못했다. 그 누구도 아내가 찾는 천을 팔지 않았다. 그래도 괜찮다고 남편은 생각했다. 자신이 마케팅부 임원으로 일했던 셀프 출판 스타트업(startup)처럼 원하는 대로 직물에 무늬를 새겨 주는 웹사이트가 분명 있을 테니까. 하지만 그는 결국 그런 곳을 찾을 수 없었다.

프레이저는 과거의 동료이며, 열정적 공예가와 결혼한 가트 데이비스(Gart Davis)와 함께 커피를 마시며 그 빈 틈새를 채워 보자고 이야기했다. 2008년에 스푼플라워(Spoonflower)로 이름을 지은 회사를 차리기 전, 이들은 노스캐롤라이나 주립대학 근처의 직물 전문학교에서 디지털 직물 프린터를 조사했다. 기계는 아주 익숙한 모습이었다. 데이비스는 "저는 기계를 보고 '내 책상에 있는 잉크젯 프린터랑 똑같이 생겼네. 그냥 조금 더 클 뿐이잖아.'라고 말했습니다."라고 회상했다. "생각보다 쉽겠는데?"

예상은 크게 빗나갔다.

직물은 종이보다 훨씬 까다로운 재료였다. 모양이 제대로 잡히지 않는 데다 표준 크기로 재단된 천들도 미묘하게 특성이 달랐다. 데이비스는 회사에서 최초로 사용했던 프린터를 보여 주며 "직물은 어르고 달래야 합니다. 장인 정신이 필요하죠."라고 말했다. "이 기계로는 5야드를 프린트하는 것도 쉽지 않습니다." 초기에 스푼플라워에서 프린트할 수 있는 분량은 한 시간에 겨우 직물 2야드 또는 3야드였다. 하지만 자신만의 직물을 만들고자 하는 소비자들의 열정은 대단했고, 기꺼이 비싼 값을 냈으므로 스푼플라워는 살아남을 수 있었다.

시간이 지나며 디지털 직물 프린팅 기술이 발전하고 페이스북(Facebook)이 이상적인 마케팅 수단을 제공하면서 스푼플라워는 기본 직물의 범위를 넓혀 나갔고, 직물 세계의 작은 모퉁이에서 거물이 되었다. 2019년 말, 스푼플라워는 직원 200명

이상에 더럼, 노스캐롤라이나, 베를린에 지사를 두고 하루에 직물 5000장 이상을 거래하는 회사가 되었다. 직물 한 장의 평균 길이는 1야드 정도다.

데이비스는 "우리는 아주, 아주 작은 회사입니다."라고 말한다. "하지만 인터넷에서는 회사 규모를 알 수 없습니다. 온라인 소비자들에게 스푼플라워는 마치 직물계의 페이스북처럼 거대하고 대단한 회사처럼 느껴집니다."

조나 헤이든(Jonna Hayden)에게 스푼플라워는 신이 주신 선물과 같았다. 그녀는 "저는 작은 마을에서 의상을 디자인하고 있습니다. 예산이 많지 않아 늘 최대로 줄여야 하죠."라고 말한다. 10여 년 전, 지역에서 구할 수 있는 직물이 제한되어 있어 모든 쇼는 실망스러운 타협을 계속해야 했고, 헤이든은 자신이 꿈꾸는 옷을 만들 재료를 얻을 수 없었다. 하지만 현재 헤이든은 스푼플라워의 도움으로 큰 도시에서 열리는 큰 쇼에서만 구할 수 있던 천들을 구매할 수 있게 되었다. 헤이든은 기뻐하며 "이제는 제가 원하는 그대로 옷을 디자인해 웹사이트에 올리고, 5달러에 샘플을 구매하면 바로 다음 주에 확인할 수 있습니다."라고 페이스북 메시지를 보냈다.

실제로 스푼플라워는 직물 디자이너들과 공장들에 드리워진 조합의 영향을 없애 주었습니다. 이제 더는 그들이 정한 그해의 경향, 패턴, 색상 등을 따르는 하인이 되지 않아도 됩니다. 내가 원하는 나만의 디자인을 만들 수 있고, 내가 원하는 옷에 "가까운" 것이 아니라 원하는 그대로 만들 수 있습니다.

헤이든은 데이비스와 프레이저가 회사를 시작할 때 생각했던 소비자에, 즉 "자신이 원하는 쓰임새를 위해 자신만의 직물을 디자인하는 사람"에 정확히 부합한다. 하지만 헤이든은 스푼플라워의 일반적 소비자가 아니다.

사업이 본격적으로 성장하기 시작한 것은 스푼플라워가 우연히 전문화라는 과거의 경제 현상과 더욱 넓은 시장을 발견했을 때다. 스푼플라워는 홍보 목적으로 매주 디자인 콘테스트를 열어 고양이가 들어간 직물을 만들거나 핼러윈 코스튬을 위한 직물을 만드는 행사를 진행했다. 소비자들은 자기가 좋아하는 디자인에 투표했고, 수상자들은 웹사이트 내에서만 쓸 수 있는 상금을 받았으며, 엣시(Etsy)의 온라인 마켓에서 수상작들을 판매하기도 했다. 엣시 마켓은 세상에 디자이너가 아니어도 재능이 넘치는 소비자가 아주 많다는 사실을 보여 주었다. 이용자 대부분은 공예가로, 일반적인 직물 시장에서 구매할 수 있는 것보다 다양한 디자인을 찾는 사람들이었다.

다시 한번 직물 소비자들은 놀라운 결과를 만들어 냈다.

데이비스는 "처음에 우리 사업 중 10퍼센트 또는 20퍼센트는 낯선 사람이 낯선 사람을 만나는 마켓플레이스(marketplace) 사업이 될 것으로 예상했습니다."라고 말했다. 현재 스푼플라워의 시장 점유율은 75퍼센트를 웃돈다. 이렇게 스푼플라워는 100만 개가 넘는 디자인을 판매함으로써 긴 꼬리 쪽에 자리를 잡았다.[56]

또한 스푼플라워는 최첨단 기술을 활용해 산업화 이전의 직물이 지닌 특징의 일부를 되살리고 있다. 대량생산을 주문 제작 직물로 바꿈으로써 소비자들이 자기 자신을 시각적으로 더욱 정확히 표현할 수 있게 했기 때문이다. 바빌론과 수메르의 쐐기 문자, 북유럽의 룬 문자, 몽골의 서예, 성모송(聖母誦, Ave Maria), 셰마(Shema) 등 원하는 모든 패턴을 주문할 수 있다. 프랑스에서 한때 금지되었던 친츠는 빨간색과 파란색이 들어간 인도풍 무늬, 빅토리아 시대의 재봉사를 흥분시킬 검은 바탕 위 네온 핑크 무늬, 팝아트 같은 반복적인 무늬, 사진처럼 선명한 장미 무늬까지 다양하게 만나 볼 수 있다. 투알을 구매할 때도 전통적인 전원 풍경에서 「스타트렉(Star Trek)」 이미지, 「닥터 후(Dr. Who)」, 애거사 크리스티(Agatha Christie), 「젤다의 전설(Legend of Zelda)」까지, 또는 과학에 기여한 여성, 여성참정권 운동가, 도망 노예들까지 원하는 이미지를 모두 새길 수 있다.

"저는 사람들이 당신이 속한 집단과 연결되기를 원합니다. 당신이 말하고자 하는 것이 붉은빛을 띠는 스팀펑크 고스(steampunk goth)이든, 웨일스어 글꼴이든 말입니다. 우리는 자신이 속한 집단의 특성을 표현할 수 있어야 합니다." 직물 소비자들은 직물이 단순한 물질 이상의 의미를 지닌다는 사실을 끊임없이 상기시킨다. 직물이란 욕망이자 정체성이고, 지위이자 공동체이며, 시각적·촉각적 형태로 새겨진 경험과 기억이다.

7장 혁신가

미래를 위한 직물에서

가장 중요한 발전과 혁신은 직물 그 자체에 있다.

— 레이먼드 로위(Raymond Loewy),

《보그》, 1939년 2월 1일

윌리스 캐러더스는 완전히 새로운 원료는 물론이고 새로운 섬유를 발명하려고 하지도 않았다. 그저 과학적 논쟁을 해결하고자 했다.

음악을 사랑하고 닥치는 대로 책을 읽기도 했지만, 무엇보다도 캐러더스는 원료의 구조에 근본적 질문을 던진 헌신적인 화학자였다. 1924년, 아직 대학원생이었던 캐러더스는 닐스 보어(Niels Bohr)의 혁신적인 분자 모델을 유기 분자에 적용한 대담한 논문을 출판했다. 이 논문은 논란의 여지가 많아 심사 단들이 논문을 통과시켜야 할지 말지 교착 상태에 빠지기도 했다. 시간이 지난 후, 캐러더스의 논문은 고전으로 여겨지게 되었다.[1]

캐러더스는 순수 과학에 헌신하며 사업과 공학에는 관심도 소질도 없었지만, 그런데도 1927년에 산업계로부터 구애를 받았다. 화학 회사 듀폰은 기초 연구소를 설립하며 당시에 서른한 살로 하버드 대학 교수였던 캐러더스를 유기화학 부서의 책임자로 초청했다. 캐러더스는 이 새로운 모험에 매우 열정적이었고, 엄청난 임금을 받을 수 있는 데다 유능한 직원들과 일할 수 있으며 원하는 것은 무엇이든 연구할 수 있는 자유가 있었지만, 제안을 끝내 거절했다. 그리고는 자신의 불안한 성격에는 학계가 더 어울린다고 말했다. 그는 인사 담당자에게 "저는 능력이 떨어질 수 있다는 신경증으로 고통받고 있고, 이러한 기질은 이곳보다 그곳에서 훨씬 심각한 문제가 될 수 있습니다."라고 썼다.

듀폰은 포기하지 않고 몇 달 뒤 더 높은 연봉을 제시했다. 캐러더스는 제안을 받아들였다. 하지만 그의 마음을 바꾼 이유는 늘 자신의 발목을 붙잡았던 돈이 아니었다. 그동안 새로운 고용자의 상업적 이윤을 충족할 만한 흥미로운 과학적 문제를 발견했기 때문이었다. 그 문제는 이것이었다. 중합체는 정확히 무엇인가?

이 질문의 답을 찾는다면 캐러더스는 자신의 화학적 호기심을 채우는 것 그 이상을 얻을 터였다. 도자기와 야금의 발명 이후 가장 거대한 재료 혁신을 이룰 것이었다. 캐러더스의 연구는 경제사학자 조엘 모키르가 기록한, 기술 발전의 초기에 일어나는 산업적 계몽의 전형을 보여 준다. 순수 과학과 실용적 공예는 서로 정보를 공유할 때 가장 거대한 진보를 이끌어내며, 일상에 사용되는 직물을 바꾼다. 이러한 상호작용으로 기초 연구자들은 새로운 도구와 질문을 얻고, 장인, 기술자, 사업가들은 주의를 집중할 방향을 알게 된다. 어느 과학사학자는 "1927년 늦가을부터 시작된 듀폰의 강력한 제안과 끊임없는 연락이 아니었다면, 하버드의 이 젊은 화학자는 자신의 관심을 중합체에 돌리지도, 새로운 연구 프로그램을 생각하지도 못했을 것이다."[2]라고 관찰했다.

역사를 돌아보면 더 나은 직물을 향한 갈망은 기술혁신을 불러왔고, 이는 교배종 누에에서 디지털 뜨개질까지, 벨트 구동에서 환어음까지의 흐름을 보면 알 수 있다. 직물의 보편성과 더불어 직물을 생산하고 판매하는 데 필요한 자본은 그 영향력을 증폭시킨다. 직물은 과학자와 발명가, 투자자와 기업가, 장사꾼과 이상주의자의 상상력을 자극한다. 직물을 바꾸는 자가 세상을 바꾼다.

○

1920년대 말이 되자 유기화학자들은 생물학적 섬유를 포함한 단백질, 셀룰로스, 고무, 전분 등 일반적인 천연 소재의 구성 요소가 자신들이 정립해 놓은 단순 분자들보다 훨씬 크다는 사실을 이해했다. 하지만 이들을 넘어선 중합체는 수수께끼였다. 화학자들은 대부분 이 기묘한 물질이 단일 화합물이 아니라 작은 분자들이 알 수 없는 힘으로 묶인 복합체라고 생각했다.

헤르만 슈타우딩거(Hermann Staudinger)는 이 의견에 반대했다. 이 독일 화학자는 중합체가 과학자들이 늘 다루던 분자들보다 수천 배는 되는 커다란 고분자라고 주장했다. 슈타우딩거가 이 이론을 1926년의 회의에서 발표했을 때 그곳에 모인 유기화학자들은 모두 경악했다. 누군가는 "우리는 아프리카 어딘가에 몸길이 1500피트, 키 300피트짜리 코끼리가 있다는 말을 들은 동물학자처럼 충격에 휩싸였다."라고 말했다. 이런 상황에서 스타우딩거에게 이론을 뒷받침할 실증적 증거가 많지 않았다는 사실은 도움이 되지 않았다.[3]

스타우딩거가 옳다고 믿었던 캐러더스는 증거를 찾기 위해 노력했다. 첫 번째 단계는 이전에 합성된 그 어떤 분자보다도 거대한 고분자를 만드는 것이었고, 그는 산과 알코올을 이용해 에스터(ester)라는 화합물을 만들었다. 듀폰 연구팀은 이 반응을 끊임없이 반복하며 긴 사슬을 만들었다. 현재 우리에게 폴리에스터라는 약칭으로 알려진 그 화합물과 완전히 같지는 않지만, 이 긴 사슬은 최초의 중합체였다. 이 새로운 분자는 최대 크기를 기록했지만, 분자량 6000을 넘지 못해 여전히 많은 생물학적 물질보다 작았다. 스타우딩거가 틀린 것은 아닐까?

그러다가 캐러디스는 묘안을 떠올렸다. 중합체를 만들어 내는 반응은 물을 발생시켰다. 물의 구성 요소들이 중합체 사슬의 어떤 부분에 결합해 있다가 떨어져 나와 산과 알코올을 만들어 낼 수도 있는 일이었다. 산과 알코올을 만들기 위해서는 물을 남김없이 털어 내야 했기 때문이다.

캐러더스는 분자증류장치라는 아주 까다로운 기기를 들여놓았다. 캐러더스 바로 밑에서 일하는 부팀장이었던 줄리언 힐(Julian Hill)은 이 기기를 이용해 물을 천천히 추출하고, 진공 상태에서 끓인 뒤 냉각기로 얼려 가두었다. 이 과정은 며칠이 걸렸지만, 힐은 마침내 튼튼하고 신축성 있는 중합체를 찾아냈고, 이 물질은 녹았을 때 엄청난 점성을 보이며 분자량이 크다는 사실을 암시했다. 유리 막대로 이 물질을 만져 본 힐은 예상치 못한 결과를 얻었다. 힐은 훗날 "꽃 장식처럼 엮인 섬유들을 볼 수 있었다."라고 회상했다.

캐러더스는 힐과 다른 연구자들이 연구소 복도에서 그들이 테스트하던 새로운 물질로부터 필라멘트를 뽑아내며 축하하는 유레카의 순간에 함께하지 못했다. 광택이 있고, 부드럽고, 유연하고, 튼튼한 이 가닥들은 실크와 닮아 있었다. 분자량이 무려 1만 2000 이상인 이 새로운 물질은 일반적인 화학결합으로 연결된, 긴 사슬의 에스터로 이루어져 있었다. 캐러더스와 연구팀은 마침내 스타우딩거의 이론을 증명해 냈다.

1931년 6월, 캐러더스는 '중합(Polymerization)'이라는 단순한 이름을 붙인 글을 발표했다. 그는 이 글에서 중합체란 일반적이지 않은 분자들이 규칙적으로 모인 것이므로 이론적으로 길이에 제한이 없다는 사실을 증명했다. 캐러더스는 고분자들을 합성하는 기술을 자세히 설명했고, 이들의 특성을 묘사하는 용어를 제시했다. 이 글 하나만으로 당시 35세였던 캐러더스는 중합체 과학 분야에 새로운 장을 열었다. 뛰어난 동료 연구자 칼 마블(Carl Marvel)은 "이 글 이후로 중합체 화학이라는 수수께끼의 많은 부분이 해결되었으며, 재능이 조금 부족한 사람들도 이 분야에 공헌할 수 있게 되었다."[4]라고 말했다.

그해 9월에 열린 미국 화학회 연간 학술 회의에 참여한 캐러더스와 힐은 세계 최초의 완전 합성섬유를 선보였다.《뉴욕 타임스》는 이 '합성 실크'를 "화학 발전의 새로운 랜드마크"[5]라는 말로 소개했다.

중합체의 즉각적인 중요성은 과학적이고 고무적이었지만, 상업적이지는 않았다. 실용적인 직물로 사용되기에 이 폴리에스터는 너무 낮은 온도에서 녹았기 때문이다. 에스터 대신에 아마이드(amide)를 사용해 좀 더 튼튼한 중합체를 만들려는 노력도 모두 실패했다. 캐러더스는 다른 주제로 눈을 돌렸다.

그러나 경제 침체가 심화하자 그에게 주어진 자유도도 줄어들기 시작했다. 듀폰은 투자한 만큼의 결과를 원했고, 캐러더스의 상사는 섬유가 그 결과가 되어줄 것으로 믿었다. 그는 연구실의 스타 과학자에게 "월리스, 자네가 녹는점이 높고 용해되지 않으면서 장력이 좋은 물질을 만들어 낸다면, 완전히 새로운 섬유를 얻을 수 있을 거야."라고 말했다. "뭔가를 찾을 수 있을지 자세히 살펴보게. 어쨌든 자네는 폴리아마이드를 다루고 있고, 울도 폴리아마이드 섬유니까."[6]

그래서 1934년 초, 캐러더스는 사랑하는 순수 연구를 버리고 뜨거운 물과 드라이클리닝 용액을 견딜 폴리아마이드를 만드는 연구에 착수했다. 몇 달간 체계적 실험을 거친 뒤, 연구팀은 이 두 개의 조건을 만족하면서 실크와 비슷한 섬유를 만들어 냄으로써 첫 성공을 거두었다. 실험이 더 진행되며 당시에 풍부했던 석탄 파생물 벤젠으로 이 섬유를 합성하는 방법을 알아냈고, 더욱 합리적으로 이 새로운 섬유를 만들 수 있게 되었다. 1935년 말이 되자 최초의 나일론 실이 실험 준비를 끝마쳤다.[7]

3년 뒤에 나일론은 시장을 강타했다. 직물로서가 아니라, "마모 없는 칫솔"로 유명한 '닥터 웨스트의 미라클-터프 칫솔(Dr. West's Miracle-Tuft toothbrush)'로서였다. 깨끗하고, 새하얗고, 균일하면서 구멍이 없는 인공 필라멘트로 만든 이 새로운 칫솔은 "끊임없이 사용감을 불편하게 만드는 동물 털과 작별할" 수 있게 해 주었다. 갈라지지도 않고 질척거리지도 않았

나일론을 발명한 윌리스 캐러더스가 자신의 첫 번째 대발견인 합성고무 네오프렌 (neoprene)을 보여 주고 있다. (Hagley Museum and Library)

으며 입안에서 끊어지지도 않았다. 이 기적의 섬유를 대중에게 선사한 듀폰의 임원들은 나일론의 재료가 "석탄, 공기, 물"이라고 설명했다. 이들은 나일론의 첫 번째 주요 용도는 여성용 양말이 될 것이라고 말했다.

　듀폰은 1939년의 뉴욕 세계 박람회에서 나일론 스타킹을 신은 모델을 선보이며 이 말을 증명했다. 그해 10월에 생산한 스타킹 4000켤레는 판매를 시작하자마자 동났고, 2년 만에 나일론은 여성 양말 시장 점유율 30퍼센트를 기록했다. 실크보다

판매 첫날 미국 전역에서 나일론 스타킹을 구매하기 위해 몰려든 사람들. (Hagley Museum and Library)

찢김에 강하다며 나일론을 홍보했던 듀폰은 이내 이 새로운 스타킹이 절대 닳지 않을 것이라고 믿던 소비자들의 기대를 꺾어야 했다. 아무리 기적의 섬유라고 해도 영원히 닳지 않을 수는 없었기 때문이다.[8]

　　제2차 세계대전이 발발하자 일시적으로 나일론은 소비자들을 위한 상품이 아니라 낙하산, 견인용 밧줄, 타이어 코드, 모기장, 방탄조끼 등을 만드는 데 활용되었다. 연합군 공수부대원들이 노르망디에 상륙할 때 사용했던 낙하산도 나일론으로 만든 것이었다. 아마 듀폰의 홍보 담당으로 추정되는 기민한 누군가는 새로운 합성섬유를 두고 "전쟁을 승리로 이끈 섬유"[9]로 평가했다.

나일론은 시작일 뿐이었다. 영국 화학자 렉스 윈필드(Rex Whinfield)는 오래도록 합성섬유를 찾고자 노력하며 1923년에 시작한 문제를 계속해 들여다보았다. 캐러더스가 연구 결과를 발표했을 때, 윈필드는 자신이 열쇠를 찾았다는 사실을 알아차렸다.

1940년, 윈필드와 그의 조수 제임스 딕슨(James Dickson)은 자신들만의 에스터 합성 실험을 시작했다. 이들은 "잘 알려지지 않았고 오랫동안 도외시된" 테레프탈산(terephthalic acid)을 재료로 사용했다. 분자 대칭이 더 크면 캐러더스의 폴리에스터 실험보다 더 나은 결과를 도출할 수 있을 것으로 생각했기 때문이었다. 다음 해 초에 이들은 "매우 변색된 중합체"에서 최초의 섬유를 뽑아냈고, 윈필드는 이 물질을 테릴렌(Terylene)으로 불렀다. 이 물질의 화학명은 폴리에틸렌 테레프탈레이트(polyethylene terephthalate)이지만, 현재 우리는 단순히 폴리에스터로 부른다. 폴리에스터는 세계에서 가장 중요한 직물 섬유이며, 판매량은 면을 넘어선다.[10]

캐러더스는 나일론의 성공을, 또는 자신의 연구 결과가 전 세계를 바꾸며 파급 효과를 만들어 내는 모습을 직접 보지 못했다. 1937년 4월 29일, 평생 따라다니던 우울증은 끝내 그를 삼켜 버렸다. 그날 이른 아침에 캐러더스는 어느 호텔에 체크인을 한 뒤 대학생 시절부터 지니고 다니던 청산가리 캡슐을 꺼내 레몬주스 한 잔에 독극물을 섞어 마시고 스스로 목숨을 끊었다. 그의 나이 41세였다.[11]

거의 13년 동안 이어졌던 캐러더스의 연구는 유기화학에 혁신을 일으키고 일상에 사용되는 물질을 바꾸었다. 그와 동시대에 살았던 이들은 그가 이룬 성취의 중요성을 곧바로 알아보았다.

1939년 2월, 곧 개최될 뉴욕 세계 박람회에 영감을 받은 《보그(*Vogue*)》는 산업 디자이너 아홉 명에게 '먼 미래' 사람들은 무엇을 입을지, 그 이유는 무엇인지 물어보았다. 아마 이때 만들어진 실물 크기 모형을 온라인에서 본 사람도 있을 것이다. 안이 비치는 그물 소재로 만든 상의와 전략적으로 섬세하게 배치된 금 수술로 장식한 이브닝드레스, 혹은 공구 벨트와 후광처럼 생긴 안테나가 달린 헐렁한 남성용 점프슈트(jumpsuit) 등이다. 소셜 미디어(social media)에는 부자연스러운 진행자가 진부한 농담("오, 스위시(Oh, swish)!")을 던지며 이 옷을 입은 모델들을 소개하는 예전 영국 뉴스영화가 정기적으로 재발견되곤 한다. 이 바보 같은 옷들은 늘 조롱 섞인 웃음을 짓게 한다. 옛날 예언자들은 정말 대단하기도 하지![12]

하지만 이런 조롱은 부당하다. 냉난방이 되는 실내 공간, 더 많아진 노출, 더욱 커진 활동성, 단순한 옷장을 예측했던 이 디자이너들은 실제로 흐름의 많은 부분을 제대로 읽고 있었다. 게다가 옷 모형들로는 이 패션을 미래적이라고 말할 수 있는 진정한 요소를 드러내지 못했다. 사진만으로는 가장 두드러진 기술적 주제를, 바로 새로운 직물을 알아차리지 못하기 때문이다. 모든 디자이너는 직물의 진보를 표현했다. 이들은 새로운 흐름이 이미 시작되었으며 더 많은 돌파구가 생길 것이라는 사실을 알고 있었다. 이전의 염료들과 마찬가지로 20세기의 섬유들은 자연에서 탈취하는 것이 아니라 연구실에서 디자인될 것이라는 사실을. 다시 한번 행운이 찾아올 것이며, 일상의 직물이 바뀐다는 사실을.

다음 몇십 년 동안 직물은 다시 과학과 산업의 발전에서 세상의 이목을 끄는 역할을 했다. 직물은 첨단 기술이었고, 우주 시대의 패션과 인테리어 디자인에 영감을 주었다. 고되고 지루한 집안일에서 여성들을 해방하기도 했다. 어느 상업사학자는 "손빨래하기 쉬운 커튼, 다림질이 필요 없는 교복, 세탁해도 줄어들지 않는 스웨터는 가사 노동의 짐을 덜어 주었다."라고 관찰했다. 미국 여성들이 대거 노동시장에 들어온 1970년대에 이들은 관리하기 쉬운 폴리에스터 팬츠슈트(pantsuit)*를 입었다. 그러나 1980년대가 되자 사람들의 태도가 바뀌었다.

합성섬유는 더는 참신하지 않았고, 유행에 완전히 뒤떨어진 것으로 치부되었다. 《월스트리트 저널(*Wall Street Journal*)》은 기사를 "불쌍하고 가여운 폴리에스터,"라고 시작했다. "사람들은 폴리에스터에게 비난을 퍼붓는다."[13]

몇십 년이 지나며 합성섬유의 품질은 점차 좋아졌다. 더욱 부드러워졌고, 통기성이 우수해졌으며, 쉽게 닳거나 보풀이 생기지 않게 되었고, 질감과 디자인도 다양해졌다. 오늘날의 최첨단 레인코트, 드레스 셔츠, 타이츠는 1939년 또는 1979년에 살던 사람들을 깜짝 놀라게 할 정도로 발전했지만, 우리는 그저 당연하게 받아들인다. 주름을 줄이고, 모자에 통기성을 더하고, 쿠션 덮개의 수명을 늘리는 등 점진적 발전은 눈에 잘 보이지 않기 때문이다. 땀을 흡수하는 티셔츠와 신축성이 뛰어난 요가 팬츠는 나일론 스타킹처럼 큰 관심을 끌지 못한다. 직물 혁신의 성공 그 자체가 성취를 흐리게 만드는 것이다.

○

카일 블레이클리(Kyle Blakely)와 그의 룸메이트는 배가 고팠다.

---

* 여성의 체형을 고려해 만들어진 정장으로, 코트 또는 재킷이 바지와 짝을 이룬다.

노스캐롤라이나 주립대학의 신입생들인 이들은 아침을 거른 채 이른 아침에 열리는 대학 진학 설명회에 참여했고, 기계공학과 교수와 경영학과 교수들은 그들의 전공을 학생들이 선택해야 하는 이유를 설명했다. 하지만 두 친구는 두 전공에 매력을 느끼지 못했다. 공학은 너무 무서웠고,(미분방정식이라니!) 경영학은 인기가 너무 많았다. 군중 속에서 길을 잃고 싶지는 않았다. 설명회를 돌아본 후 오전 9시가 되어서도 이들은 침대에서 일어났을 때만큼이나 아무런 결정도 하지 못한 채였다.

신입생들은 세 개 전공의 설명회에 참가해야 했다. 세 번째 설명회에서도 후보를 고르지 못한 데다 배고픔에 시달리던 이들은 합리적 선택을 했다. 공짜 음식을 찾아 나선 것이다.

블레이클리는 "크고 기다란 복도였고, 우리는 모든 교실을 들여다보며 남은 아침 식사를 찾아다녔습니다."라고 말했다. 현재 그는 스포츠 의류 제조사 언더아머의 재료 혁신부에서 부사장을 맡고 있다. 직물 대학의 외로운 학생들에게는 아직 도넛과 오렌지 주스가 넉넉하게 남아 있었다. 블레이클리와 친구는 직물에 관해 아무것도 몰랐지만, 식량을 위해 기꺼이 관심을 돌렸다.

45분 후, 이들은 완전히 넘어갔다. 직물 대학의 커리큘럼에는 공학과 경영학이 전부 있었고, 배운 것을 분명히 적용할 수 있었다. 대학은 크지 않았지만, 블레이클리는 "취업률은 말도 안 되게 높았습니다. 거의 98퍼센트였어요."라고 회상했다. 이 인상적 통계는 학교의 자질과 더불어 나라에서 최고 수준의 프로그램을 제공한다는 사실을 나타냈다. 그러나, 이 수치는 인력 부족을 의미하기도 했다. 직물의 이미지가 좋지 않았기 때문이다.

생각조차 하지 못했던 일을 겪게 된 이 야망 있는 미국 젊은이들은 직물 산업이란 그저 고여 있는 물이고, 자신들이 태어나기 훨씬 전에 혁신이 멈추어 버린 분야라고 생각했다. 활기차고 다양한 곳들에서 흥미로운 작업을 할 수 있을 것이라는 생각도 하지 못했고, 미국에 남은 공장의 장래도 유망하지 않을 것으로 생각했다. 블레이클리의 말에 따르면 대부분 시골에 있었고, 직접 방문해 보면 "시간이 왜곡된 것 같아요. 주변 모든 것이 나무 판넬로 되어 있으니까요. 무서울 정도입니다. 누가 그런 곳에 들어가고 싶겠어요? 다들 구글(Google)과 애플(Apple) 같은 환경에서 일하려고 하죠."

현재 그는 바로 이런 환경에서 일하고 있다. 프록터 앤드 갬블(Procter & Gamble)의 예전 공장단지를 개조한 언더아머의 볼티모어 캠퍼스는 밝고 개방적인 공간과 더불어 정통성과 유산을 전달할 산업적 끈기를 자랑한다. 직원들을 위한 오락 시설, 최첨단 체육 시설, 미식가들에게 최적화된 카페테리아는 실리콘밸리를 연상시킨다.(애플에 권투 선수를 위한 훈련실이 있었던가?)

잘 정비된 연구실에는 컴퓨터로 통제하는 3D 뜨개질 기계부터 똑바로 선 미사일처럼 생긴 실험용 마네킹 '토르소 톰(Torso Tom)', 증기를 분사해 땀 분비를 실험하는 모형까지 다양한 기기들이 들어서 있다. 실제 크기의 스포츠 사진이 복도를 따라 늘어선 이곳은 운동 분야에 관련된 성취와 혁신의 성지와 같은 곳이다. 이곳의 벽에는 "우리는 아직 우리의 본질을 드러내는 제품을 만들지 못했다."라는 슬로건이 적혀 있다.

오늘날 직물의 힘을 활용하는 사람들은 궁정의 왕족들도, 고급 의류점도, 패셔니스타들도 아니다. 바로 엘리트 운동선수와 모험가, 군인, 응급 의료 요원들이다. 언더아머나 나이키 같은 회사들은 고성능을 향한 고객들의 끊임없는 수요를 만족시킬 새로운 방법을 찾고자 쉼 없이 경쟁한다.

언더아머는 1996년에 메릴랜드 대학 소속 미식축구 선수였던 케빈 플랭크(Kevin Plank)가 자신이 갖고 있던 압박 반바지와 같은 부드러운 미세 섬유로 티셔츠를 만들기 위해 설립했다. 땀을 흡수하는 면 티셔츠와 달리, 압박 바지는 훈련 중에도 쾌적함을 유지했다. 지름이 머리카락 10분의 1도 되지 않는 폴리에스터 섬유의 미세한 필라멘트가 수분을 분산해 빠르게 증발시키기 때문이다. 처음에는 자신들의 면 티셔츠를 "여성들이 입는 스판덱스"로 만드는 데 회의적이었지만, 땀에 젖어도 쾌

적하다는 사실을 느끼고 나자 선수들은 빠르게 새로운 원료를
받아들였다.(조각 같은 몸을 뚜렷하게 드러내는 특징도 장점으로 작
용했다.) 플랭크는 "우리는 합성섬유를 발명하지 않았지만, 활
용법을 발명했습니다."[14]라고 말한다.

플랭크의 기업가적 통찰력을 실현한 것은 애초에 미세 섬
유를 만든 수십 년간의 작은 개선들이었다. 어느 직물 화학자
는 이것이 "하나가 아니라 여러 가지 기술입니다."라고 설명했
다. "누군가는 섬유의 형상을 바꾸었고, 누군가는 약품 처리로
섬유의 크기를 줄였으며, 또 누군가는 한 개 이상의 중합체 요
소를 지닌 섬유에서 특정 섬유를 압출하는 새로운 기술을 발전
시켰습니다."[15]

부드러운 미세 섬유들은 땀을 빠르게 말려 주며 폴리에스
터의 실추된 이미지를 높여 주었다. 오히려 너무 대중적으로
사용되고 있어 오늘날 환경 운동가들은 미세 섬유가 세탁되며
부서져 상수도에 들어갔을 때 벌어질 수 있는 일들을 걱정한
다.(이러한 문제를 조사하고 통제하기 위해 언더아머 연구실은 연구실
용 세탁기에 사용하는 전용 필터를 개발했다.) 현재 연구의 목표는
우리가 1장에서 살펴봤던 생체공학적 실크처럼 기능이 비슷한
대체 원료를 찾는 것이다. 지속 가능성은 직물 과학자들의 새
로운 좌우명이 되었다.

언더아머에서 사용할 좀 더 개선된 원료를 찾으며, 블레이

클리는 점차 제조 과정의 초기 단계에 관심을 두게 되었다. 초기 단계에 무언가를 시작하면 제품의 특성을 더할 방법이 더 많아지기 때문이다. 예를 들어 쿨링(cooling) 섬유를 개발할 때 언더아머는 아시아의 공급사와 함께 일하며 단면의 표면적을 최대화한 실을 개발한다. 그런 다음에 덥고 습한 환경에서 운동하는 사람들의 체온을 낮추어 주는 이산화 타이타늄을 실에 주입한다.[16]

언더아머는 새로운 방수 원료를 개발하기 위해 실의 형태를 다시 디자인하기도 한다. 전통적으로 스포츠 의류 산업은 입는 사람의 쾌적함을 유지하기 위해 DWR*로 불리는 발수제를 사용해 옷감이나 완성된 의류를 코팅해 왔다. 그러나 이러한 코팅 제품 대부분에 사용되는 불소 중합체(fluoropolymers)는 환경을 위협하는 물질로 떠오르고 있다.[17]

환경을 생각하는 소비자들은 대안을 원했다. 하지만 동시에 땀으로 젖는 것도, 무거운 재킷을 입는 것도, 신축성이 덜하거나 값비싼 옷을 입는 것도 원하지 않는다. 대체 코팅제를 찾는 것만으로는 충분하지 않다. 그래서 언더아머는 물리적 장벽을 만들고자 시도하고 있다. 블레이클리는 "우리는 단면을 보

---

*   'Durable Water Repellent'의 약자로, 표면장력을 높이는 얇은 코팅을 통해 물이 스며들지 않고 물방울로 흘러내리게 하는 가공이다.

았을 때 서로 맞물려 있는 실을 개발하려고 합니다."라고 설명한다. "기계적으로 물이 통과할 수 없는 교착 상태를 만들기 위해서죠. 이렇게 되면 대체 코팅제들은 그저 도움을 주는 정도가 될 것입니다."

이러한 해결책은 새로운 애플리케이션을 만드는 것만큼 세간의 이목을 끌지는 않지만, 명백한 혁신이다. 구글과 같은 이익 폭을 누리지 못하는 이 경쟁적인 산업 분야에서는 더욱 어려운 일이다. 블레이클리는 "저는 섬유산업이 진보적 분야로 인식되었으면 합니다."라고 말한다. "정말이니까요."[18]

일상의 직물을 개선하는 꾸준한 진보 외에도 대담한 실험들이 진행되고 있다. 하드웨어가 계속해 줄어들고, 나노 기술로 원자를 조정하며, 생명공학이 과학적 개척지인 동시에 새로운 원료의 모델을 생각할 수 있게 해 주고, 환경에 관한 고민이 문화적으로 필수적 요소가 된 지금, 세상에서 아주 많은 부분을 차지하는 이 작은 섬유들은 야망 있는 과학자들에게 매력적인 놀이터가 되고 있다. 이들의 연구 대부분은 아마 전문 학술지를 절대 벗어나지 못할 것이다. 몇몇은 아주 작은 틈새에 적용할 방법을 찾을 것이다. 또 일부는 널리 채택되며 영감을 줄 것이다. 그리고 그중 극소수는 우리 일상의 직물을 바꾸어 놓을 것이다.

1939년의 《보그》에 실렸던 디자이너들처럼 우리는 미래를 그저 흐릿하게 예측할 수밖에 없다. 현실적으로 전 세계를 모두 조사할 수는 없지만, 미국 내의 현재 모습만 잠깐 살펴보아도 미래 직물의 모습에 관한 단서를 얻을 수 있다. 이 단서들은 순수 과학과 산업적 실용성 사이의 관계 변화를 드러내기도 한다. 염료 생산이 화학의 발전에 영감을 주고 중합체 섬유가 플라스틱과 단백질에 관련된 화학을 이끌었듯이, 이전 시기에는 직물 연구가 다른 분야에 영향을 미쳤지만, 현재는 이러한 교류가 종종 반대로 이루어지기도 한다. 연구자들이 다른 분야에서 연구를 시작해 직물의 보편성과 중요성을 깨닫고, 연구 결과를 직물에 적용하기 때문이다.

○

몇 인치에서 1피트까지 크기가 다양하고 수정처럼 맑은 이 물체들은 미래 도시의 아르데코식 디오라마 속 미니어처 첨탑처럼 보이기도 한다. 이들은 회색과 검은색의 줄무늬가 새겨진 투명한 바닥에서 솟아오른다. 각진 면은 매끄럽게 안쪽으로 꺾이고, 바닥과 평행한 줄무늬들은 점차 가늘어지며 어두운 점이 된다.

　이 첨탑들은 실패에 감긴 얇은 필라멘트라는 아주 평범한 결과물을 만드는 제조 과정의 아주 놀라운 기념물이다. 이들은 하드웨어나 공예점에서 흔히 보이는 물건처럼 생겼다. 전혀 특별하지 않다.

요엘 핑크(Yoel Fink)가 관리하는 이 섬유는 섬유 혁명의 전조가 되었다.

매사추세츠 공과대학(MIT)의 재료과학 교수인 핑크는 비영리 연합인 AFFOA(Advanced Functional Fibers of America)의 설립자이기도 하다. 이 연합에는 대학, 연방 방위 기관, 우주 기관, 스타트업에서 다국적 기업까지 137개의 다양한 가입자들이 모여 있다. MIT 캠퍼스 안 작은 산업용 건물에 자리 잡은 AFFOA는 여러 연구와 실험을 진행한다. 시제품 개발에 동의한 가입원들 사이의 네트워크를 조정해 주기도 한다.

일반적인 대학 연구 기관과는 달리 AFFOA의 제휴사들은 새롭고 흥미로운 과학적 질문뿐 아니라 자신들의 작업을 실제 직물 상품으로 만들기 위해 해야 할 일을 체계적으로 생각한다. 이들은 AFFOA의 네트워크를 통해 상품 디자이너, 방적 및 방직 공장, 그리고 재료과학의 진보를 시제품으로 만들어줄 조립 공장과 소통할 수 있으며, 일부는 자신들만의 애플리케이션을 만들기도 한다.

핑크는 연구와 산업 사이를 이어 주며 직물을 노트북과 스마트폰만큼이나 가능성이 풍부한 분야로, 예측할 수 있는 범위에서 수시로 업그레이드할 수 있는 분야로 만들었다. 그는 "급격하게 발전하는 반도체 기기의 세계를 천천히 발전하는 섬유의 세계로 바꾸고 싶다."라고 말한다. 비유적인 말이 아니다. 실제 칩을, 리튬 배터리를, 필수적인 전자 부품을 섬유로 바꾼다는 의미다. 즉 섬유에 싸거나 연결하는 것이 아니라 영구적이고 불침투적인 성질로 섬유에 내장하는 것이다.

이렇게 감겨 있는 필라멘트들은 평범해 보이지만, 그렇지 않다. 이 필라멘트에는 전형적인 21세기 옹호자인 핑크가 "현대 기술에서 가장 중요한 세 가지 요소"라고 말한 금속, 절연체, 반도체가 포함되어 있다. 오늘날 기술은 기계, 화학이나 여러 가지 테크네를 의미하지 않는다. 현대의 기술이란 소프트웨어와 칩이다.

이 첨탑들은 사실 거꾸로 뒤집혀 있는 것이다. 첨탑의 시작 부분은 프리폼(*preform*)으로 불리는 기다란 막대다. 필라멘트를 만들 때 프리폼은 작은 용광로가 있는 2층 높이 기기인 '드로 타워(draw tower)'의 꼭대기에 고정된다. 기다란 막대 부분이 용광로를 통과하면서 머리카락만큼 가는 실이 만들어지고, 원래 길이보다 약 1만 배 정도로 늘어나게 된다. 이 섬유가 프리폼 아랫부분에서 잘려 나갈 때 첨탑 부분은 그대로 남아 있다. 이 부분은 사실상 자투리라고 할 수 있다. 하지만 방문객들이 관찰하고 만져 보기에는 충분한 크기다. 실제 과정은 눈으로 확인하기 어려울 정도로 미세하기 때문이다.

전자 부품이 부착된 섬유와 AFFOA에서 제조한 프리폼. (Greg Hren Photography for AFFOA)

프리폼과 드로 타워는 인터넷 데이터를 전달하기 위한 광섬유를 만들어 내는 데 사용된 안정적 기술이다. 핑크는 20여년 전에 막 박사 학위를 받았을 때, 특수한 거울과 함께 속이 빈 섬유를 활용해 레이저 광선을 전달하는 방법을 찾으면서 처음 광섬유로 작업을 시작했다. 자신의 박사 논문을 기반으로 한 이 발명으로 옴니가이드(OmniGuide)라는 회사를 설립했으며, 미크론 크기의 정밀한 조작으로 조직을 자르고 봉합할 수 있는 레이저메스를 만들어 냈다.[19]

AFFOA의 생산 시설 관리자 밥 더멀리오(Bob D'Amelio)는 옴니가이드에서 거의 13년 동안 근무했다. 다른 회사로 떠난 지 채 1년도 되지 않아 그는 다시 핑크에게로 돌아왔다. 동부 보스턴 출신자의 열정적 성격에 독특한 R 발음을 가지고 붉은색 할리-데이비슨 티셔츠를 입은 더멀리오는 전달용 발광다이오드(LED) 하나를 예로 들어 AFFOA의 섬유를 특별하게 만드는 과정을 내게 소개해 주었다.

각 프리폼은 그 자체로 정밀하게 제작된 제품이다. 제일 먼저 열가소성수지를, 그중에서도 폴리카보네이트를 길이 수 피트, 너비 1인치 또는 2인치의 막대 형태로 잘라 낸다.(재료 종류는 프로젝트마다 달라지며, 가장 중요한 점은 온도에 따라 점도가 계속해 달라지는 특성이다.) 그다음에 좁은 채널 두 개를 그 길이에 맞게 절삭하고, 각 구멍에 맨드릴 와이어(mandrel wire)로 불리는 플레이스홀더(placeholder)를 넣고, 그 위에 폴리카보네이트를 얇게 덮은 뒤 윗부분과 아랫부분을 뜨거운 압축 기계로 눌러 녹인다. 이렇게 하면 양 끝에 맨드릴 와이어가 달린 단단한 막대가 완성된다.

다음에는 막대 위에 얇게 부착된 폴리카보네이트 시트 위에 거의 보이지 않을 정도로 작은 구멍 수백 개를 줄지어 뚫는다. 기술자는 핀셋과 현미경을 이용해 이 작은 구멍에 마이크로칩을 하나씩 넣는다.(기계로 할 수도 있지만, AFFOA는 아직 이 비용을 충당할 만큼 충분한 양을 생산하지 않는다.) 칩을 넣고 나면 얇은 시트를 위에 다시 덮는다. 마지막으로 채널과 맨드릴 와

이어가 하나씩 사용된 또 다른 막대를 위에 쌓는다. 이 모든 것을 뜨거운 압축기로 누른 다음, 플레이스홀더를 제거하고 모든 구멍 안에 영구적인 와이어를 넣는다. 이렇게 하면 프리폼이 드로 타워가 될 준비가 끝난다.

원료가 필라멘트로 늘어날 때 더멀리오는 "마치 제가 프리폼을 줄이는 것 같아요."라고 말한다. 각 요소는 그대로 있지만, 그것을 둘러싼 원료는 점점 작아진다. 마침내 섬유는 칩에 닿을 정도로 좁아지며 전력을 전달하는 접속부가 형성된다.

이 작업을 수행하려면 엄청난 정밀함이 필요하다. 더멀리오는 "이 와이어들은 칩의 패드에 완벽하게 닿아야 합니다."라고 말한다. "말 그대로 납땜 연결부를 만드는 것입니다." 열가소성수지가 충분히 녹으면서도 전자 부품이 손상되지 않아야 하므로 온도와 원료도 정확하게 맞아떨어져야 한다.

같은 공정으로 리튬 배터리, 센서, 마이크 등 다양한 요소를 필라멘트 안에 넣을 수 있다. 이들은 깃털의 색상처럼 필라멘트에 색을 부여하는데, 이는 염료나 색소가 아니라 각 요소가 빛을 받을 때 내는 고유한 색상이다. 더멀리오는 이 과정을 "공상과학 같다."라고 말하며 본인이 다니는 직장에 끊임없이 감탄했다.

이 과정의 목표는 기술을 직물 안에 감추어 일상적으로 사용하는 직물에 느끼고, 소통하고, 측정하고, 기록하고, 반응하는 능력을 부여하는 것이다. 내가 무심코 말하자 핑크는 "우리는 웨어러블(*wearable*)이라는 용어를 사용하지 않습니다."라고 대답했다. "우리가 입지 않는 물건에 사용하는 용어이기 때문입니다. 우리가 늘 입는 것은 그냥 옷이라고 부릅니다." 핑크는 스마트폰이 우리가 기대하지 못했던 응용력을 자랑했던 것처럼 직물을 무한한 가능성과 발명을 자극하는 플랫폼으로 만들고자 한다.

AFFOA에서 만든 섬유는 기존의 실을 대체할 수는 없겠지만, 함께 사용되며 편물과 직물에 새로운 힘을 더해 줄 것이다. 보이지 않는 섬유 배터리를 활용해 핸드폰을 주머니에 넣어 충전할 수도 있고, 재킷 칼라에 들어간 마이크와 미세 스피커로 전화를 받을 수 있을지도 모른다. 모자가 길을 알려 주고, 속옷이 우리의 건강 상태를 관찰할 수도 있다. 전시된 시제품 중에는 빛을 받으면 반짝이는 LED가 부착되어 어두운 길을 걸을 때 안전을 지켜 주는 바지도 있었다.

재료과학자로서 핑크는 직물에 더 큰 힘을 부여할 방법이 구성 요소를 바꾸는 것이라고 믿는다. 그는 "섬유는 늘 한 가지 원료로 구성되어 왔고, 진보되거나 매년 빠르게 변화할 수 있는 요소 중 단일 원료로 만들어진 것은 단 하나도 없습니다."라고 말한다. "자유도가 너무 낮기 때문입니다." 섬유 대부분은 현재의 상태가 되기까지 1000년 이상이 걸렸고, 합성섬유는 수십 년이 걸렸다. 핑크는 이 속도를 올리고자 한다.

그는 섬유에 대한 무어의 법칙을 머릿속에 그린다. 18개월에서 2년마다 칩을 구성하는 부품들이 배로 늘어나면서 연산력이 기하급수적으로 늘어난다는 무어의 법칙을 본떠 핑크가 만든 법칙이다. 무어의 법칙은 자연의 법칙이 아닌 자기실현성 예언이며, 혁신을 위한 노력과 소비자들의 기대를 끌어낸다. 각 세대의 칩은 이전 세대보다 훨씬 강력하면서도 비트당 가격은 저렴해진다. 그러므로 연산력에 매겨지는 값은 계속해 곤두박질치고, 소프트웨어와 전자 기기를 만드는 사람들은 이에 맞추어 상품을 만든다.

오리지널 무어의 법칙은 작고 저렴한 부품을 만들어 냄으로써 AFFOA의 섬유를 탄생하게 했다. 고도로 특수화된 제조 방식을 사용해 아주 값비쌌던 주문 제조 상품은 이제 상용 제품이 되었다.

반도체를 모델로 삼은 AFFOA 팀은 기준을 계속해 높여가고 있다. 내가 연구실을 방문했을 때 이들은 목표 중 하나를 막 달성한 상태였다. 섬유가 세제를 풀지 않은 차가운 물세탁 50회를 견뎌 냈기 때문이다.(당시 최고 제품 책임자였던 토샤 헤이스(Tosha Hays)는 "이 섬유는 드라이클리닝만 할 수 있을 것 같네요."라고 말했다. 헤이스는 의류 산업계의 베테랑이며, 그의 아버지와 할아버지는 조지아 조면기를 소유했다.) 다른 지표들은 굽힘성이나 장력 강도와 같은 중요한 특성을 나타낸다.

그녀가 AFFOA를 떠난 2019년 12월로부터 3년 전에 헤이스는 중요한 발전을 이루어 냈다. 그녀는 "시작할 때는 아무것도 만들지 못할 거라고 생각했습니다. 하지만 지금 우리는 하루에 1000미터 이상을 생산하고 있죠."라고 말했다. 예전에 만들었던 시제품들은 "과학 프로젝트 작품처럼 보이곤 했습니다. 지금은 아주 자세히 보지 않는 한 스위치나 배터리는 눈에 잘 띄지 않습니다." 섬유의 지름은 1밀리미터에서 300마이크론으로 3분의 2나 줄어들었다.

그러나 필라멘트들은 여전히 뻣뻣해 다루기가 어려웠다. 재활용 폴리에스터로 감싼 필라멘트들은 일반 실처럼 보이지만, 유연성과 탄력성은 일반 실과 전혀 달랐다. 시제품을 만들기 위해서는 섬유와 의류의 구조에 관한 통찰력이 있어야 한다. 단순하게 실을 잣거나 뜨개질을 하는 것이 아니다.

이 스마트 섬유를 더욱 쉽게 다루려면 상업적 응용이 필요할 것이다. 얇게 만드는 것도 도움이 되기는 하겠지만, 핑크는 "신축성이 없다면 더 나아가기 어려울 것입니다."라며 한계를 인정했다. 자신이 가르치는 대학원생 중 한 명이 이 문제를 해결하고자 노력하고 있다고 전한 핑크는 내게 "그 학생은 1년 만에 그 문제를 거의 해결했다."라며 문제가 해결될 것임을 확신했다.

하지만 모든 전자 기기가 마주해야 하는 문제가 하나 있었다. 바로 전원이다. 전기가 없다면 스마트 기기는 아무 소용이 없고, AFFOA의 충전 서랍에는 전력을 빨아들이는 배터리가 당황스러울 만큼 가득 차 있었다. 핑크의 팀은 에너지 저장 문제를 해결하기 위해 엄청난 노력을 쏟고 있다. 이들은 이미 리튬-이온 배터리나 전기 이중층 커패시터(super-capacitor)가 장착된 섬유를 만들어 냈다. 전기 이중층 커패시터는 배터리만큼 전력을 저장할 수는 없지만, 충전이 빠르고 마모되지 않는다. 또한 저절로 불이 붙지 않아 직물에 사용하기에 적합하다.

실에 배터리를 장착해 무게를 줄이면 현장에 나가는 군인과 운동선수들에게 큰 도움이 되며, 의료계에도 큰 발전이 될 수 있을 것이다. 헤이스는 작은 발광체들이 달린 러닝 타이츠를 입은 마네킹을 가리켰다. 그녀는 "이런 타이츠에 배터리가 따로 필요하지 않다고 생각해 보세요."라고 말했다. "배터리도 섬유 그 자체가 될 겁니다." 문제는 배터리가 장착된 섬유가 실제 의류에 사용할 만큼 신축성을 지녔는지, 충분히 사용할 수 있을 만한 전력을 만들 수 있는지다.

그러나 섬유 배터리도 충전을 해야 한다. 스마트폰만 충전하는 것이 아니라 옷장 가득 충전할 옷이 생기는 것이다. 의류 업계의 어느 임원은 "'스마트 직물'이라고 하는데, 만약 플러그를 꽂아 충전해야 한다면 어떻게 스마트하다고 할 수 있을까요?"라고 하며 회의적 의견을 내비쳤다.

그래서 AFFOA의 최첨단 섬유는 매일 입는 의류가 아니라 특수 제품으로 남을 수도 있다. 우리의 움직임에서 동력을 받아 자동으로 충전되도록 발전할 수도 있다. 혹은 핑크가 제시한 공상과학소설 같은 의견에 따르면 "의자와 바지에 전기 유도코일을 부착할 수도 있습니다. 아주 터무니없는 이야기는 아니에요. 우리는 항상 직물과 닿아 있으니까요."[20]

○

후안 이네스트로사(Juan Hinestroza)는 핑크와 같은 재료과학자다. 두 사람 모두 1995년에 대학을 졸업했다. 핑크는 이스라엘에서, 이네스트로사는 콜롬비아에서 박사 학위를 받기 위해 미국으로 왔다.[21] 핑크는 MIT, 이네스트로사는 코넬이라는 명망있는 대학의 연구소를 이끌었다. 무엇보다 두 사람의 연구는 일상의 직물을 바꾸어 놓았다.

하지만 어떤 면에서 이들은 완전히 반대였다. 이들의 차이는 직물의 미래를 둘러싼 혼란스러움과 불확실성을 보여 준다.

과학자와 기업가의 면모를 두루 갖춘 핑크는 시제품들에 상업적 잠재력을 불어넣는 연구에 매진했다. 그는 '30초 룰 혁신'을 내세우며 90일간의 연구 보조금을 받았고, 몇 주 만에 진

척을 이루어 냈다. 핑크는 '섬유에 대한 무어의 법칙'이나 "섬유는 세상에서 가장 가치 있는 부동산인 우리의 몸을 차지하고 있다."처럼 TED에서 욕심낼 만한, 자기 확신이 가득 찬 어구들을 사용한다. AFFOA를 설립할 때 그가 얼마나 성공적으로 임원들과 선출직 공직자들을 설득했을지 짐작할 수 있다.

이네스트로사는 30초 룰을 따르지 않았다. 그는 수년 동안 연구를 진행했고, 산업과 자신의 역할을 명확하게 분리했다. "우리는 사업에 직접 관련되지 않은 연구를 진행합니다."라고 그는 말한다. "학문적 질문들은 답을 얻기 쉽지 않으므로 그러한 질문들이 학계에 존재하는 것입니다." 이네스트로사는 기초 과학을 연구했고, 특허와 관련된 결과를 도출했으며, 외부인들이 발전에 참여할 수 있게 했다. 그의 연구 대부분은 실용적 문제에서 시작되었지만, 스스로 그 연구를 어딘가에 적용하려고 하지는 않았다.

핑크가 두꺼운 막대를 얇은 실로 바꿀 때, 이네스트로사는 훨씬 작은 무언가를 조작했다. 그는 분자를 조작해, 직물 무역에서 '마감(finishes)' 공정에 해당하는, 새로운 코팅을 만들었다. 이 연구는 직물과 나노 기술을 하나로 묶어 주었다. 이네스트로사는 이를 두고 "넓은 부분과 미세한 요소들, 눈에 보이거나 보이지 않는 것들"이라고 말했다. 아직 확실하지 않은 필요를 충족하기 위해 직물을 어떤 플랫폼으로 만들기보다는, 보호와 장식이라는 직물의 본래 기능을 더욱 잘 수행할 수 있도록 만들고자 했다. 그는 이미 존재하는 문제에서 시작해 이들을 해결하는 새로운 방법들을 탐색했다.

펑크는 21세기의 기술을 직물에 적용하려면 새로운 섬유가 필요하다고 생각했다. 이네스트로사는 동의하지 않았다. 사람들이 기존 원료의 모습과 느낌을 선호할 것으로 믿었기 때문이다. 또한 이미 확실히 자리 잡은 섬유들을 활용해야 직기와 편물 기계에서 겪는 "지독할 정도로 강렬한" 마찰과 압력을 견뎌 낼 수 있다고 생각했다. "저는 우리가 수천 년간 사용했던 섬유들을 사용해야 이러한 문제들을 피할 수 있을 거라고 생각합니다."라고 이네스트로사는 말했다. 그래서 그는 면을 선택했다.

노스캐롤라이나 주립대학에서 떠오르는 신임 교수로서 이네스트로사가 첫 직물 연구를 시작한 시기는 2000년대 초반으로, 9·11테러로 인해 생화학무기에 대한 두려움이 최고조로 치솟았을 때였다. 이 당시에 방호복은 서로 다른 화학물질을 방지하기 위해 여러 겹으로 만들어졌고, 이는 근본적으로 한계가 있는 접근 방법이었다. 그는 자신이 가장 좋아하는 옷을 예로 들며 "티셔츠를 다섯 개 이상 껴입을 수는 없어요."라고 설명했다. "이 티셔츠들을 분자 한 개 만큼의 두께로 만들자고 생각했습니다. 이렇게 얇게 만들면 수천 장을 겹칠 수 있고, 다양

한 화학물질로부터 더욱 안전해질 수 있으니까요." 이네스트
로사는 서로 다른 직물을 쌓는 대신에 방어용 화학물질을 직물
한 장 위에 층층이 쌓을 예정이었다. 겨자가스를 잡아 두는 분
자층, 신경가스를 막는 층, 박테리아를 막는 층 등으로 겹쳐 나
가는 것이다.

방어용 분자층을 만들기 위해 그는 반도체 기술을 활용했
다. 하지만 크기가 균일한 실리콘 조각들과 달리, 면은 아주 불
규칙했다. 셀룰로스 중합체들은 모두 같을 수도 있겠지만, 꼬
임의 정도 같은 특징들은 섬유마다 달랐다. 그는 "앨라배마의
목화는 텍사스의 목화와 다르고, 베트남의 목화와도 다릅니
다."라고 설명했다. "같은 해에 수확한 목화도 서로 다릅니다.
어떤 비료를 사용하는지에 따라 달라지죠. 우리는 이 모든 문
제를 해결해야 했습니다."

20년 후에 이네스트로사는 업스테이트 뉴욕(Upstate New
York)으로 보금자리를 옮겼다. 면에 대한 흥미는 그대로였다.
면은 인위적으로 만들어진 중합체인 폴리에스터나 나일론보
다 다루기 어려웠으므로 과학적으로 훨씬 어려운 작업이었다.
그러던 중 면의 오랜 역사가 그의 관심을 끌었다. 그는 "우리는
이 섬유와 아주 독특한 관계를 맺어 왔습니다."라고 말했다. 그
가 관객들에게 면 의류를 입지 않은 사람은 손을 들어 보라고
질문했을 때 손을 드는 사람은 거의 없으며, 간혹 손을 드는 사

람도 실수로 든 경우가 대부분이다.

현재 그는 면에 적용되는 '범용 마감' 공정을 연구하고 있다. 얼룩 방지나 구김 방지 등 직물에 필요한 기능을 더하기 위해 직물 제조사들은 보통 면직물이 완성된 후 화학 처리를 한다. 1960년대에 발명된 영구 가공 직물은 다림질에 지친 가정주부들을 해방해 주었고, 이때 쓰인 마감 공정 기술들은 현재까지도 중요한 직물 발전의 일부를 차지하고 있다. 1990년대에 다림질이 필요 없는 카키색 천이 유행하자, 때맞추어 회사에서 캐주얼한 옷을 입는 분위기가 조성되기 시작했다. 새로운 마감 공정 기술이 중요한 혁신으로 이어진 것이다.

거대한 아웃도어 박람회를 구경하다 보면 여러 브랜드가 전시한 마모 방지(암벽등반용 옷), 방수, 방충 등 거의 모든 종류의 기능성 직물들이 보인다. 빠르게 마르는 셔츠도 있고, 악취를 막아 주는 양말도 있다. 줄어들지 않는 울, 세균을 죽이는 병원용 덮개, 보풀이 적은 스웨터도 만나 볼 수 있다.

하지만 마감 공정은 다양한 효과를 위해 다양한 처리를 해야 하는 정밀하지 못한 공정이며, 방수용으로 사용되는 불소 중합체 같은 일부 물질은 환경에 해를 끼치기도 한다. 또한 마감의 효과는 오래 지속되지 않는다. 시간이 지나며 씻겨 나가고 떨어져 나가기 때문이다.

이네스트로사는 셀룰로스 중성자들과 영원히 결합해 모

든 용도로 사용할 수 있는 분자를 꿈꾸었다. 면뿐 아니라 리넨
이나 아마 같은 고대 식물섬유, 레이온(비스코스)과 레이온의
환경친화적 사촌뻘인 모달, 텐셀의 구조적 중심이 되는 분자.
그는 '그물 화학(reticular chemistry)'으로 불리는 기술을 이용해
모든 셀룰로스 분자에 결합할 보이지 않는 그물을 만들었다.

"우리는 폴리에스터나 나일론 분자의 각 셀룰로스 분자
요소를 이해하고 있기 때문에 분자들이 정확히 이 특성들에
'들어맞을' 수 있게 설계할 수 있습니다."라고 그는 설명했다.
나는 이를 퍼즐에 비유했다. "퍼즐은 좋은 비유입니다. 각 퍼즐
에 '초강력 풀'이 코팅되어 있다고 하면요. 이들은 화학적 결합
을 이루기 때문에 한 번 자리 잡으면 절대 떨어지지 않습니다."

이 그물을 구성하는 것은 금속-유기 구조(*metal-organic
frameworks*)로 불리는 분자들이다. 이름에서 알 수 있듯이 각 분
자는 유기 분자와 금속이라는 두 가지 요소를 지닌다. 육각형
하나를 떠올려 보자. 각 모서리에 금속 공이 있고, 변을 따라 사
슬로 연결되어 있다. 이 사슬들이 유기화합물이다. 이 내부 구
조는 다른 물질들을 잡아 두는 '우리'가 된다. 각 사슬의 길이를
조절해 이 공간을 작거나 크게 만들 수는 있지만, 전체 형태는
바꿀 수 없다. 금속-유기 구조는 정밀하고, 예측이 가능하고,
균일하다. 한 번 육각형으로 형성되면 영원히 육각형을 유지하
고, 사각형이면 영원히 사각형을 유지한다.[22]

일반 면과 금속–유기 구조를 추가한 면섬유를 확대한 사진. (Cornell University, Juan Hinestroza)

　이네스트로사는 "이것이 그물 화학의 마법입니다."라고 말한다. "구조의 네트워크를 정밀하게 재생산할 수 있는 기술입니다." 그러므로 이 기술은 직물 수천 겹을 균일하게 코팅하기에 이상적이다. 또한 실제 합성 전에 구조의 작용을 수학적으로 예측할 수 있어 시간을 크게 절약해 준다. "제가 가장 좋아하는 분자입니다."라고 그는 말한다.

　면 마감 물질을 만드는 첫 번째 단계는 셀룰로스 중합체와 결합할 분자를 설계하는 것이다. 그다음은 까다로운 과정이다. 우리에 딱 맞는, 필요할 때 물질이 방출되는 기능적 특성을 지닌 '패키지' 또는 '적재물'을 찾는 것이다. 각 특성의 도화선은 마모, 온도 변화나 습도 변화, 유분이나 박테리아에 노출되는 상황 등이다. 정확한 위치에서 마감 물질이 극소량 방출된다는 것은 마감의 효과가 더욱 오래 지속된다는 의미다.

　이는 변수가 많은 어려운 작업이다. 예를 들어 유분을 막아 주는 코팅은 여러 유분 종류와 상호작용을 해야 한다. 박테리아를 막아 주는 코팅도 마찬가지다. 방수 마감은 땀을 방출하면서도 빗물은 막아 주어야 한다. 이네스트로사는 이 퍼즐을 푸는 자리에 한 대학원생을 고용했다.

　지금까지 이 팀은 유분, 물, 박테리아를 동시에 막아 주는 마감 물질을 발명해 냈다. 하지만 좀 더 높은 온도가 필요한 주름 방지라는 복잡한 문제는 여전히 어려움으로 남아 있었다.

이네스트로사는 이 기술을 활용해 모기를 쫓고 빈대를 죽이거나, 응용을 통해 필요한 비타민이나 약물을 공급하는 등 여러 방면으로 활용하고자 했다. 어쩌면 염료나 색소를 대체할 수 있을지 모른다. 이네스트로사가 '범용 마감'이라는 이름을 붙인 것은 농담이 아니었다.

또한 그는 기술의 난도를 높여 직물 제조사에서 이미 사용되는 마감용 물질을 이용하고자 했다. 새로운 자본 투자와 낭비 없이 더욱 많은 기능성 직물을 생산할 정밀한 방법을 마련하는 것이 목표다. 범용 마감재를 찾는 것은 어느 한 직물 회사나 화학 회사가 감당할 수 있는 수준보다 훨씬 많은 시간이 필요한 일이다. 이네스트로사는 "이게 학계의 장점이죠."라고 말한다. "우리는 매우 어렵기에 쉬운 해결책이 없는 문제들을 다룹니다. 쉬운 해결책이 있었다면 벌써 발견되었을 겁니다."

실험에 성공한다면 나올 결과는 매우 급진적일 것이므로, 그는 사람들이 받아들이기 쉽지 않을 것으로 예상한다. 박테리아를 죽이고 유분 흡수를 방지하는 직물이 나오면 그저 이따금 겉에 묻은 오염을 털어 주기만 하면 될 것이다. 이따금 해당 '패키지'를 채워 주기는 해야겠지만, 더는 빨래를 하지 않아도 될 것이다. 그는 "얼룩이 생기지 않는다면, 외부의 화합물을 흡수하지 않는다면 세탁할 이유가 없습니다."라고 말한다. "하지만 심리학적으로 보면 그런 옷은 입고 싶지 않을 겁니다."[23]

○

그레그 올트먼(Greg Altman)과 레베카 '베크' 라쿠튀르(Rebecca 'Beck' Lacouture)가 이룬 모든 것의 시작은 직물이 아니었다. 하지만 그들은 실크로 시작했다.

이 두 친구는 라쿠튀르가 터프츠 대학를 다니게 된 첫날 만났다. 올트먼이 생명공학 입문 수업의 조교로 일하고 있을 때였다. 손상된 무릎 관절을 실크 기질(基質)로 대체하는 올트먼의 연구에 매료된 라쿠튀르는 연구실 조교 자리에 지원했고, 박사 학위를 받은 뒤에는 올트먼이 설립한 스타트업 세리카 테크놀로지스(Serica Technologies Inc.)에 입사했다.

세리카는 특히 가슴 재건 수술 중 혹은 수술 후에 연조직(軟組織)을 지지할 그물 비계(飛階)를 만드는 올트먼의 박사 연구를 들여왔다. 이 비계들은 누에고치를 하나로 뭉치는(그리고 이따금 알레르기를 유발하는) 단백질 성분 세리신(sericin)을 제거하고 실크 특유의 광택과 힘을 주는 피브로인(fibroin) 성분만 사용해 만들어 낸다. 피브로인도 단백질이므로 생체에 거부반응을 일으키지 않고 아미노산으로 분해되어, 손상된 조직이 회복되었을 때 쉽게 흡수될 수 있다.

2010년, 세리카는 보톡스로 가장 잘 알려진 거대한 제약 회사 앨러간(Allergan)에 인수되었다.[24] 올트먼과 라쿠튀르는 이 회사에 몇 년 더 머무르다가 역시 실크 화학에 기반을 둔 자신들만의 회사를 설립했다. 이들은 새로운 회사를 만들며 이번에는 의료용 기기라는 좁은 틈이 아니라 활용도가 더욱 높은 상품을 만들자고 생각했다. 이 생각에 완벽하게 들어맞는 다음 목표는 바로 피부 관리 제품이었다.

라쿠튀르가 대학원 3학년이자 27세였을 때, 그녀는 난소암이라는 진단을 받았다. 다행히도 회복했지만, 항암 치료는 무척 힘겨웠다. 이후 그녀는 면역 체계가 손상된 사람에게 일상에서 매일 마주하는 물질들이 얼마나 위험할 수 있는지 깨달았다. 라쿠튀르의 종양 전문의는 공격적 치료를 시작하며 그녀에게 "화장품 선반을 깨끗이 비우세요."[25]라고 말했다. 라쿠튀르는 이 경험에 영감을 받아 실크가, 더 정확히는 피브로인이 피부 관리 제품에 사용되는 합성원료의 좋은 대체재가 될 것으로 생각하게 되었다. 피브로인은 신축성이 우수했고, 크리스털 같은 구조는 빛을 받아 냈으며, 유분기 없이 매끄러웠고, 생물학적으로 무해했다. 먹어도 해가 없을 정도다.[26]

피브로인을 보습제와 피부 세럼(serum)에 넣기 전, 올트먼과 라쿠튀르는 이 물질을 물에 녹여 내야 했다. 학계 연구자들은 단기간에 해결 방법을 찾아냈지만, 늘 굳어 젤 같은 형태가 되었다. 이들도 같은 일을 겪었다. 라쿠튀르는 "우리의 첫 단계는 사실 실크 젤리를 만들고 그것을 갈아 내는 작업이었습니다."라고 말했다.

　이들은 터프츠 대학 미식축구팀 주장이었던 올트먼의 방법을 사용했다. "단순한 블로킹 겸 태클 작전입니다. 과정을 통제하고, 결과를 측정합니다. 또다시 과정을 통제하고, 결과를 측정합니다." 연구는 꼬박 1년이 걸렸지만, 마침내 원인을 찾았다. 불순물이 아주 조금이라도 있으면 피브로인이 이에 결합하며 용액에서 떨어져 나왔던 것이다. 올트먼은 "심지어 상수도에서 섞여 나오는 소금기도 실크의 조직을 바꿀 수 있습니다."라고 말했다. 물을 완벽히 정화하는 것이 비밀의 열쇠였다.

　2년의 연구 끝에 출시된 이들의 피부 관리 제품은 시장에서 큰 인기를 얻었다. 하지만 그 시기에 올트먼과 라쿠튀르는 피부 관리 사업에만 머무르면 안 된다는 사실을 깨달았다.

　재무 책임자인 스콧 패커드(Scott Packard)는 "우리는 올트먼과 라쿠튀르가 피부 관리 제품을 위해 만든 화학 플랫폼의 가치가 엄청나다는 사실을 알게 되었습니다."라고 말하며 수천 개의 폐기 누에고치가 정제되어 '활성 실크'라는 이름으로 재탄생하는 연구실들을 내게 보여 주었다. "우리는 그 화학 플랫폼을 다양한 직물에 다양하게 적용할 수 있을 겁니다. 그렇게 멋진 유행에 머무르지 않고 대단한 무언가로 나아갈 수 있을 겁니다."

　피브로인은 독특한 화학적 특성을 지닌다. 단백질 서열 중 일부는 물을 좋아하기 때문이고, 일부는 물을 싫어하기 때문이다. 친수성 서열 덕분에 피브로인은 최소한 잠시라도 물에 녹아 유연해질 수 있다. 물을 거부하는 서열은 서로 결합하며 섬유의 강도를 높인다. "물을 강력하게 거부하는 실크 단백질들은 거의 영구적으로 단단하게 결합할 것입니다." 올트먼은 이렇게 말한다. 하지만 꼭 그럴 필요는 없다. 다른 물질과 결합할 수도 있기 때문이다. 그래서 불순물로 인해 젤리 같은 제형이 만들어졌고, 획기적인 사업적 순간을 마주할 수 있었다.

피브로인이 수돗물 속 소금기와 결합할 수 있다면 나일론, 울, 캐시미어, 가죽 등 표층의 보호막이나 부드러움을 포함해 다양한 개선이 필요한 그 무엇과도 결합할 수 있다. 피브로인 중합체들을 서로 다른 조각으로 자르면 일부 모서리는 친수성을 띠고, 일부는 소수성(疏水性)을 띠므로 다양한 구조와 물질적 특성을 만들어 낼 수 있다. 값싼 가죽의 거친 표면을 채워 줄 수도 있고, 나일론이 물을 흡수하거나 흡수하지 않게 만들 수도 있으며, 울과 캐시미어의 수축과 보풀을 줄일 수도 있다. 피브로인이 피부 관리에서 합성 재료들을 대체했듯이, 실크도 기존 직물 마감재를 대체할 수 있을 것이다.

피부 관리 제품은 일부 소비자가 사용하지만, 직물은 모두가 사용한다.

이들의 회사는 전체 시장을 목표로 삼지 않았다. 현재 이

볼브드 바이 네이처(Evolved by Nature)로 불리는, 올트먼과 라
쿠튀르의 회사는 산업적 화학물질에 거부감을 느끼는 소비자
들 사이의 문화 경향에 승부를 걸고 있다. 이볼브드 바이 네이
처의 목표 고객은 대안을 찾는 실크 기반 직물 마감 및 가죽 제
조 회사들이다. "사업 차원에서 지속 가능성, 윤리, 도덕성에
관한 목표가 없는 곳에는 아무것도 제공할 수 없습니다. 우리
의 제품으로 할 수 있는 모든 것을 합성 화학물질로도 실현할
수 있기 때문입니다."

　　올트먼의 날카로운 말이 보여 주듯이 이볼브드 바이 네이
처는 어떤 환경 운동에 참여하는 셈이며, 패션 업계가 오염과
폐기물 증가에 많은 책임이 있다며 자신들을 혹평하기 시작한
시기와 맞물려 긍정적 방향으로 이목을 끌었다. 2019년 6월,
샤넬(Chanel)은 이볼브드 바이 네이처의 지분 소량을 구매하며
친환경적 이미지로 쇄신했다.[27] 하지만 실용적 사업가인 이볼
브드 바이 네이처 설립자들은 혁신을 향한 수요가 제품이나 산
업계의 관행을 바꾸지 않을 것이라는 사실을 알고 있다. 명품
소비자들에게만 한정적으로 제품을 판매하려고 하지도 않는
다. 올트먼은 "우리는 테슬라(Tesla)의 뒤를 잇고 싶지 않습니
다. 우리는 토요타(Toyota) 하이브리드가 되고 싶습니다."라고
말했다. "우리가 지향하는 목표는 제가 좋아하는 자동차이기도
한 토요타 프리우스(Prius) 입니다."

이볼브드 바이 네이처에는 그들의 시장을 최대로 확장하기 위한 새로운 기기나 장치가 필요하지 않았다. 직원들은 다른 마감재를 다룰 때처럼 단순히 용액을 얼마나 사용하고 물에 얼마나 희석하는지에 관한 안내를 따르기만 하면 되었다. 또한 비록 이볼브드 바이 네이처의 직원들은 별로 좋아하지 않겠지만, 공장에서 합성 화합물과 새로운 마감재를 함께 사용할 수도 있다. 패커드는 "우리는 이 산업을 분열시키고 있는 것이 아닙니다."라고 말했다. "한 단계씩 정화하고 있는 겁니다."

○

흰색 옷을 입은 그녀는 늙지 않는 패션 아이콘 그 자체다. 종아리 중간까지 내려오는 스트레이트 스커트의 끝에는 세밀한 술이 달려 있고, 그 날카로운 라인은 포근하게 짜인 뷔스티에(bustier)와 대조된다. 무심한 듯 목에 두른 스카프가 스타일을 완성해 준다. 그것의 네이비색 테두리가, 그리고 올림머리에 어울리는 리본이 세련된 색감을 더한다.

이런 옷을 입은 바비(Barbie)는 장난감 가게에서 눈을 씻고 찾아보아도 발견할 수 없다. 세상에 하나뿐인 옷과 이 옷을 입은 바비 인형은 MIT에서 가장 유명한 돔과 가까운 어느 사무실에 살고 있다. 연구원인 스베틀라나 보리스키나(Svetlana

바비의 세련된 폴리에틸렌 소재 옷. (Svetlana V. Boriskina, MIT (sboriskina. mit.edu))

Boriskina)는 바비를 모델로 미래 의류에 관한 자신의 비전을 나타냈다.

광학 소재 전문가인 보리스키나는 몇 년 전까지만 해도 직물을 '구시대 기술'이라고 말하며 연구할 가치가 없다고 생각했다. 그녀는 최첨단 기기를 만들 잠재적 원료에 주의를 집중하고 있었다.

그러다가 보리스키나는 미국 에너지국으로부터 '개인 맞춤 보온 관리'에 관한 새로운 아이디어를 찾는다는 의뢰를 받았다. 이는 분명 현대적 개념이다. 인류 역사를 돌아보면 온기를 유지하는 것은, 즉 옷이나 담요를 두르고 불을 지펴 몸을 덥히는 것과 같은 일은 대부분 개인의 일이었다. 냉난방은 존재하지 않았다. 현재 우리는 중앙 실내 온도 제어 시스템에 의지해 생활하고 있다. 이 시스템은 우리의 삶을 편리하게 해 주었지만, 난방과 냉방에는 엄청난 에너지가 소모된다. 미국만 해도 전체 에너지의 12퍼센트가 냉난방에 소비되고 있다. 각자가 쾌적한 온도에서 생활할 수 있게 해 주는 기술이 있다면 탄소 배출량을 줄일 수도 있고, 온도 때문에 생기는 끝없는 갈등도 끝낼 수 있을 것이다.[28]

보리스키나는 이 아이디어에 흥미를 느꼈고, 광학에 관한 전문성 덕택에 참신한 방법으로 이 문제에 접근할 수 있었다.

우리의 몸은 끊임없이 열을 방출한다. 방출되는 열을 피부 근처에 잡아 주는 것이 옷의 역할이다. 새의 깃털이나 동물의 털처럼 의류는 온도가 다른 두 표면이 만났을 때 일어나는 에너지 이동인 전도를 막아 준다. 둘 중 더 따뜻한 물질 속에 있어 에너지 상태가 높은 분자들은 온도가 낮아 상대적으로 분자들이 안정된 쪽으로 옮겨 가며 평형을 맞추려고 한다. 성에가 긴 차가운 맥주잔을 테이블에 오래 놓아두면 실온 정도로 따뜻해진다. 겨울에 문자를 보내려고 장갑을 벗으면 손이 시려진다. 몇몇 물질은 특히 급격하게 전도되는데, 이는 더운 여름날에 수영장에 뛰어들면 즉각적으로 몸이 시원해지는 이유이기도 하고, 처음에는 차가웠던 수온에 빠르게 적응하는 이유이기도 하다.

옷은 우리의 따뜻한 피부와 차가운 공기 사이에 장벽을 만들어 전도를 방해한다. 그래서 날씨가 추워질 때 적절한 옷을 입으면 체온을 유지할 수 있다. 하지만 진정으로 어려운 문제이자 보리스키나의 상상력을 사로잡은 것은 냉각이었다.

보리스키나는 이 문제의 해결책이 전선도 배터리도 없이 수동적이어야 한다고 생각했다. 옷을 전부 벗는 것만큼 아주 간단한 무언가 말이다.

주변 공기가 체온보다 뜨겁지 않은 한, 옷을 벗으면 전도 현상이 몸을 식혀 준다.(미안해요, 라스베이거스.) 그러나 두 번째 과정인 복사는 기온과 무관하게 발생한다. 우리의 몸은 태양처럼 계속해 에너지를 발산한다. 태양 에너지 일부는 눈에 보이는 형태로 빛을 내지만, 우리의 몸은 그렇지 않다. 우리가 발산하는 에너지는 파장이 더 긴 적외선이므로, 어둠 속에 숨어 있는 사람도 야시경이나 적외선 카메라로 찾을 수 있다.

이렇듯 우리의 몸에서 발생하는 열의 절반 정도는 복사를 통해 발산된다. 하지만 우리가 입는 옷이 그것을 막아 준다. 보리스키나는 "옷은 체온을 전부 집어삼켜 자신을 덥힌 뒤 몸 주위에 열을 가둬 둡니다."라고 말했다. 그래서 더운 날 옷을 입으면 더 더워지는 것이다.

하지만 그렇지 않다면 어떨까? 만약 적외선을 투과해 열이 그대로 통과할 수 있으면서도 눈에는 불투명하게 보이는 무언가로 직물을 만든다면? 그 옷은 마치 입지 않은 것처럼 시원하면서도 햇볕에 피부가 타는 것으로부터, 더불어 이상한 시선들로부터 우리를 보호해 줄 것이다. 그녀는 이러한 물질이 존재하는지 찾아보기 시작했다.

보리스키나는 "우리는 순전히 생각 하나만으로 시작했습니다."라고 설명했다. "아주 수학적인 생각이었습니다. 우리가 이러한 물질을 찾는다면, 그래서 어떠한 형태를 지닌 섬유로 만들 수 있다면 섬유를 실로 만들 수 있을 것이고, 우리가 예측 가능한 기능을 지닐 수 있을 것으로 생각했습니다. 그리고 그러한 기능이 있다면 온도도 조절할 수 있을 겁니다."

보리스키나가 찾은 질문의 답은 탄소와 수소로만 이루어진 아주 단순한 중합체였으며, 자외선을 진동시키거나 막는 이온 결합도 전혀 없었다. 여기까지는 훌륭했다. 하지만 사람들이 정말 입을 수 있는 무언가를 만들고 싶다면 정확한 방정식 그 이상이 필요하다. 보리스키나는 "일단 편해야 합니다."라고 말한다. "저렴해야 합니다. 가볍기도 해야 합니다."

이 조건에 딱 맞는 물질은 실제로 존재할 뿐 아니라 놀라울 정도로 흔했다. 이 물질은 기계의 부품들, 파이프 배관 이음쇠, 놀이터의 미끄럼틀, 샴푸 통, 재활용 용기, 비난을 많이 받는 일회용 비닐봉지의 재료다. 이것은 '세상에서 가장 중요한 플라스틱'으로 불려왔으며, 전체 플라스틱 생산량의 30퍼센트를 차지한다.[29] 이 물질은 바로 폴리에틸렌이다.

폴리에틸렌이 사용되지 않는 유일한 분야는 직물이다. 사실 보리스키나는 실험을 위한 섬유를 마련하는 데 많은 어려움을 겪었다. 그녀는 마침내 테네시에 있는 미니파이버스 주식회사(MiniFibers Inc.)를 찾아냈는데, 폴리에틸렌을 작게 잘라 표면을 녹인 뒤 접착제처럼 사용해 섬유를 만드는 곳이었다. 이회사는 보리스키나에게 실험에 사용할 자르지 않은 섬유를 제공해 주었다. 폴리에스터에 사용하는 기계로 폴리에틸렌을 손쉽게 압출성형을 할 수도 있다. 하지만 현재 보리스키나는 그녀의 연구를 지원하는 미 육군 네이틱 군인 시스템 센터(Army Natick Soldier Systems Center) 근처에서 만든 실을 사용한다. 그녀는 이 실을 AFFOA 연구소로 넘겨 섬유를 만들어 낸다. 바비 인형의 옷은 바로 이렇게 만들어졌다.

가볍고, 매끄럽고, 마치 입지 않은 것처럼 시원한 폴리에틸렌은 특히 무덥고 습한 기후에 훌륭한 직물이 될 것처럼 보인다. 그런데 옷을 만들기에는 왜 적합하지 않은 것일까? 내 질문에 직물 업계의 베테랑들은 폴리에틸렌이 너무 비싸고, 높은 온도에서 품질이 떨어지며, 염색이 되지 않아서라고 답했다.

일반적으로 말하면 첫 번째 이유는 정확하지 않다. 값이

비싼 것은 특수 용도(물에 뜨는 튼튼한 해양용 사슬 등)로 사용되는 극도로 강력하고 밀도 높은 폴리에틸렌 뿐이며, 그 외의 폴리에틸렌은 놀라울 정도로 저렴하다. 그래서 한 번 쓰고 버려지는 포장재로 사용되는 것이다.

두 번째 이유는 사실이지만, 최소한 몇몇 부분에서는 문제가 되지 않는다. 폴리에스터가 섭씨 약 260도(화씨 약 500도)에서 녹는 데 비해 저밀도 폴리에틸렌은 섭씨 약 130도(화씨 약 266도)에서 녹는다. 물에 넣었을 때 끓는점 근처로 올라가면 폴리에틸렌은 수축하거나 뒤틀려 버린다. 모든 환경이 그대로 유지된다면 폴리에스터가 더 나은 선택이다. 하지만 더운 기후에서는 모든 조건이 다르다. 폴리에틸렌 옷은 따뜻한 물에 세탁할 수 있고, 빨랫줄에 널어놓을 수도 있고, 저온으로 세팅한 건조기에 넣을 수도 있다. 삶거나 다림질만 하지 않으면 된다.

하지만 염색 문제는 진실이다. 바비의 옷이 대부분 하얀색인 이유다. 폴리에틸렌 분자에는 염료가 결합할 부분이 없어 색이 표면에 부착되지 못한다. 보리스키나의 팀이 자신들이 찾아낸 기적의 직물을 일반 염료로 염색하자, 직물은 검은색으로 변했다. 그녀는 "그러고 나서 직물을 차가운 물에 넣었는데, 다시 하얀색으로 변해 버렸습니다!"라고 말했다. 폴리에틸렌 직물을 염색하려면 직물을 만드는 과정에서 염색제를 사용해야 한다. 다시 말해 염료에서 비롯된 오염이 적어 환경에 큰 도움이 될 뿐 아니라 염색 과정의 자본 환경을 바꾸며 공장들이 염료의 수요를 정확하게 예측할 수 있게 해 준다. 끓일 수 없어 염색하기 어려운 직물은 세계를 장악하기 쉽지 않다. 하지만 끓일 수 없어 염색하기 어려운 '냉각' 기능 직물은 아바야(abaya)*에서 속옷까지 몇몇 거대한 잠재적 시장을 기대할 수 있다. 어쩌면 작업용 흰 티셔츠를 부활시킬 수도 있다.

그리고 염색 문제의 장점은 얼룩을 생기게 하는 분자 역시 달라붙지 못한다는 것이다. 그래서 오랜 시간을 들이거나 고온으로 세탁할 필요 없이 쉽고 빠르게 씻을 수 있다. 에너지 절약이라는 장점 외에도 더운 기후에서 세탁기 없이 사는 사람들이 느낄 편리함을 쉽게 상상할 수 있을 것이다. 폴리에틸렌이 땅에서 부패하지 않게 만드는 항균성을 활용해 악취를 줄이는 옷을 만들 수도 있고, 의료 현장에서 감염을 줄일 수도 있다. 재활용도 손쉬우며, 그 방법도 이미 잘 정립되어 있다. 낡은 셔츠로 새로운 플라스틱병을 만들 수 있고, 그 반대도 가능하다. 보리스키나는 "우리가 해야 할 단 한 가지는 폴리에틸렌을 바다에 버리지 않는 것입니다."라고 말한다.

보리스키나는 미국 에너지부의 의뢰를 받고 여러 팀과 경쟁하던 끝에 비록 연구비를 받지는 못했지만, 이 문제는 그녀

---

*   이슬람권 여성들이 입는 망토 형태의 전통 의상.

의 삶을 바꾸었다. 그녀는 폴리에틸렌 전도사로 거듭났다.

보리스키나는 "입는 옷, 침대용 리넨 제품, 식탁용 제품, 자동차 시트 등 우리 주위의 직물은 모두 면이나 폴리에스터로 만들어졌습니다. 이 두 가지가 거의 시장 전체를 장악하고 있습니다. 폴리에틸렌은 어떤 면에서 보아도 면이나 폴리에스터보다 더 좋습니다."라고 열광적으로 말했다. "그리고 생산비가 더 비싸지도 않습니다. 왜 폴리에틸렌이 현재 활용되는 직물 대부분을 대체하지 않는지 모르겠어요." 보리스키나는 현재 폴리에틸렌의 항균성을 조사하고 있으며, AFFOA의 후원으로 센서나 기타 전자 기기를 부착할 수 있는 폴리에틸렌 섬유를 연구하고 있다.

보리스키나의 열정은 이따금 환경 운동가들에게 비난받는 이 직물이 지구를 위해 놀라운 일들을 선사할 수 있을 것이라는 확신에서 나온다. 그녀는 일상의 직물을 폴리에틸렌으로 바꾸면 냉난방과 세탁에 소비되는 에너지를 절약하면서도 사람들의 편안함과 건강을 증진할 수 있다고 믿는다. 그녀는 "바로 이런 이유로 흥미를 느꼈던 겁니다. 직물은 원래 제 분야가 아니었는데도요."라고 말했다. "우리는 세상을 달라지게 할 수 있습니다."[30] 직물을 다루는 것은 커다란 영향력을 만들 기회다. 눈에 잘 보이지 않을 수도 있지만, 직물은 모든 곳에 존재하기 때문이다.

후기 왜 직물인가?

모든 순간은 오래된 것과 새로운 것이라는
날실과 씨실로 엮인다.
— 랠프 월도 에머슨(Ralph Waldo Emerson),
「인용과 독창성(Quotation and Originality)」, 1859년

이 책에 관한 소식을 들은 사람들은 늘 내게 같은 질문을 던진다. 어째서 직물이야?

질문자들이 기대했을 만한 대답을 줄 수도 있다. 스스로 '세계 직물의 중심'으로 소개하는 지역에서 자랐으므로 유년시절에 직물이 차지하는 비중이 컸다고. 그러나 이것은 사실이 아니다. 부모님이 직물 산업에 종사하시는 친구들도 있었지만, 이 친구들에게 연락할 때라곤 값싼 옷을 사러 공장형 아웃렛에 갈 때뿐이었다.

가족 중 누군가가 최소 5대에 걸쳐 직물 사업을 했었기 때문이라고 이야기할 수도 있다. 이것 역시 정확한 대답이 아니다. 엔지니어인 아버지가 합성섬유에서 폴리에스터 필름 쪽으로 넘어가셨을 때 나는 겨우 유치원생이었다. 카펫 사업을 했던 아버지의 삼촌은 내가 어릴 때 돌아가셨다. 둘 중 누구도 내

게 직물을 향한 흥미를 키워 주지는 못했다.

이야기를 만들기에는 좋았겠지만, 이 책의 영감이 된 것은 가족사나 어린 시절의 경험이 아니다. 이 책을 쓰게 한 영감은 익숙한 것이 아니라 낯선 것에서 왔다. 캘리코 금지령과 브라질 소방목 수출, 미노스의 점토판과 이탈리아의 제사(製絲) 공장, 훌륭한 보라색 줄무늬가 있는 19세기의 드레스와 효소에서 만들어진 실크의 장래성이었다. 직물을 향한 탐구는 궁금함에서 시작되었다. 처음에는 우연히, 나중에는 이 주제를 연구하기 시작함에 따라 주변의 학자, 과학자, 사업가들의 이야기를 들으며 나는 직물이 나타내는 본질적 기술이 무엇인지, 직물이 가져온 결과는 세상을 어떻게 뒤흔들었는지, 직물의 역사가 얼마나 놀라운지에 늘 매료되었다.

나는 직물을 탐구하며 인디고의 기묘한 화학이나 목화의 비현실적인 유전학처럼 놀라운 자연현상들을 만날 수 있었다. 패턴을 만드는 라오족 직기의 줄들과 이들이 만든 나일론을 보며, 인도 목판 날염의 여러 단계와 로스앤젤레스의 염색 공장에 흐르는 수천 야드의 직물을 보며 수공예와 산업 모두의 독창성과 세심함을 깨닫기도 했다. 풍부한 실을 선사하고 여성의 시간을 해방한 산업혁명의 감사함도 알게 되었다.

우편 서비스를 만들어 낸 이탈리아 상인들과 조각 천을 화폐로 바꾼 아프리카 상인들의 이야기를 접했을 때는 감탄하지 않을 수 없었다. 코치닐로 벼락부자가 된 사람들을 보며 속이 타던 틀락스칼라 주민들을 비웃기도 했고, 어린 마키아벨리가 천에 관한 문제를 푸는 모습을 상상해 보기도 했다. 누에 질병의 원인을 집요하게 찾아내던 아고스티노 바시를 응원했고, 캐러더스의 죽음을 애도했다. 라마시의 절망에 공감했고, 고둥 염료의 지독한 악취를 맡았다.

아시아를 침략해 직조공들을 포로로 만든 몽골을 보았을 때는, 또한 이와 똑같은 일을 미시시피 계곡의 노예들에게 반복한 미국인들의 만행을 보았을 때는 분노에 몸을 떨었다. 노예제 금지법이 포함된 북서부 조례(Northwest Ordinance) 규정들이 원래의 열세 개 주 외에 추가된 모든 곳에 적용되었다면 어떻게 되었을지 궁금하기도 했다. 상황이 달랐다면 목화는 기회와 자유의 상징이 될 수 있었을까?

직물을 알면 알수록 과학과 경제, 역사와 문화처럼 우리가 문명으로 부르는 현상들을 이해할 수 있게 되었다. 우리는 직물이 너무 풍족하기에 직물을 잊어버린다. 그리고 이러한 기억 상실의 대가로 우리가 지금까지 무엇을 얻었는지, 우리가 누구인지가 담긴 인류 유산의 필수적 부분이 흐릿해져 버렸다.

나는 모든 천이 수많은 문제에 대한 해결책을 담고 있다는 사실을 깨닫게 되었다. 그중 많은 부분은 기술적·과학적 문제였다. 어떻게 하면 양들의 털이 하얗고 두꺼워질 수 있을까? 어떻게 하면 실을 자으면서 끊어지지 않게 할 수 있을까? 어떻게 하면 염색이 빠지지 않게 할 수 있을까? 복잡한 패턴을 엮는 직기는 어떻게 만들 수 있을까?

하지만 가장 까다로운 것은 사회적 문제였다. 누에고치나 목화, 새로운 방적기, 원거리 무역상들에 대한 자금을 어떻게 조달해야 할까? 직조 패턴을 어떻게 기록해야 다른 사람들이 따라 할 수 있을까? 물리적으로 화폐를 보내지 않고 어떻게 직물 비용을 낼 수 있을까? 내가 만들거나 사용하고자 하는 천이 법으로 금지된다면 어떻게 해야 할까?

이러한 질문들은 인류의 보편성에서 발생한다. 인간은 보호에 대한 필요, 명예를 향한 욕망, 장식의 아름다움을 공유하기 때문이다. 우리는 도구를 만들고 문제를 해결하는 동물이며, 사회적이고 감각적인 존재들이다. 직물은 이 모든 특성을 구현해 낸다.

하지만 역사 속 보편성은 특수한 것들을 통해서만 발현된다. 바로 발명가, 예술가, 노동자들의 성취, 과학자와 소비자의 열정, 탐험가와 사업가들의 진취성이다. 직물의 이야기는 아름다움과 독창성, 사치와 잔인함, 평화로운 무역과 잔혹한 전쟁, 사회적 계층과 교묘한 대안을 모두 아우른다. 직물에는 과거와 현재 모두 알려지거나 알려지지 않은, 호기심 넘치고 영리하고 무언가를 추구하는 전 세계 남녀의 업적이 숨어 있다.

이 유산은 특정한 국가, 인종, 문화나 어떤 시대 또는 어떤 공간에 속해 있지 않다. 직물의 이야기는 남성이나 여성만의 이야기가 아니고, 유럽이나 아프리카나 아시아나 아메리카만의 이야기가 아니다. 축적되고 공유된 이 모든 것은 우리 인류의 이야기이며, 아름다운 실들이 수없이 엮이며 만들어진 태피스트리다.

감사의 말

직물에 관한 내 여정은 뚜렷한 목적 없는 아이디어로 시작했지만, 2014년에 UCLA 근처에서 개최된 미국 섬유 협회(Textile Society of America)의 격년제 심포지엄에 데니타 슈얼(Dennita Sewell)의 추천으로 참석한 뒤 진지한 연구로 발전했다. 그녀에게 감사를 전한다. 나는 그 학회에서 들었던 내용 중 특히 직물 고고학에 관한 마리에-로우이세 노슈(Marie-Louise Nosch)의 논문과 18세기 무역에 관한 베벌리 러미어의 논문에 매료되었다. 이들과 더불어 훌륭한 직물사학자인 엘리자베스 웨이랜드 바버와도 고무적 대화를 나누었다.

　　여정의 시작부터 나는 많은 학자, 사업가, 예술가의 열정과 아량에 큰 도움을 받았다. 몇몇은 이 책에 실려 있으며, 자신의 작업과 시간을 나누어 준 그들에게 감사를 전한다. 중요한 역할을 했지만, 이름이 등장하지 않는 사람들도 있다. 이들에게도 감사의 마음을 전하고 싶다.

마리에-로우이세 노슈와 에바 안데르손 스트란드(Eva Andersson Strand)의 초청으로 코펜하겐 대학에 있는 직물 연구 센터에 방문할 귀한 기회를 얻었고, 그곳에서 일하는 마그달레나 외르만(Magdalena Öhrman), 제인 맬컴-데이비스(Jane Malcolm-Davies), 수산네 레르바드(Susanne Lervad)와 나눈 대화, 그리고 이들이 제공한 참고 문헌, 직접적 체험 덕분에 나의 직물 지식이 넓어질 수 있었다. 셰리네 뭉크홀트(Cherine Munkholt)는 응원과 함께 엘렌 하를리치우스-클뤼크의 작업을 소개해 주었다. 직물 연구 센터에서 만난 세실 미셸(Cécile Michel)은 기꺼이 자신이 번역한 고아시리아 문헌을 공유해 주며 내 끝없는 질문에 대답해 주었다.

헌팅턴 도서관에서 우연히 만난 존 스타일스는 방적과 산업혁명을 다룬 문학에 관해 꼼꼼하게 알려 주었다. 그 역시 끊임없이 이어진 내 이메일에 친절히 답해 주었다. 클라우디오 차니에르는 수많은 여행 계획을 잡아 주었고, 밀라노를 오갈 때 운전을 담당해 주었던 플라비오 크리파를 내게 소개해 주었다. 헬렌 창(Helen Chang)은 실크로드 화폐로서의 직물을 설명해 주었다. 데브 매클린톡(Deb McClintock)은 라오족 직기를 이해하는 데 도움을 주었다. 내가 제안서를 쓰고 있을 때 스티브 에르스타드(Steve Gjerstad)는 유용한 경제사 기사들을 한가득 가져다주었다.

다이앤 페이건 애플렉(Diane Fagan Affleck)과 캐런 허보 (Karen Herbaugh)는 19세기 면 날염에서 보이는 '네온 컬러'에 관한 자신들의 연구를 공유해 주었고, 최근 문을 닫은 국립 직물 역사박물관에 있는 샘플 도서들을 보여 주었다. 미셸 맥비커(Michelle McVicker)는 뉴욕 주립 패션 공과대학(FIT)의 박물관 기록 보관소에서 의류를 선별해 아닐린 염료 이전의 직물과 이후의 직물을 설명해 주었다.

메이어 콘은 자신의 책 사본을 공유해 주며 경제 기관에 관한 내 질문에 답해 주었다. 티무르 쿠란(Timur Kuran)은 어째서 직물이 진화에서 그토록 중요한 역할을 했는지에 관해 지혜를 나누어 주었다. 리닝 야오(Lining Yao)는 모핑(morphing) 재료에 관한 자신의 연구를 공유해 주었고, 톈 추(Tien Chiu)는 내가 보낸 모든 이메일에 친절하게 답해 주었다.

가브리엘 칼사다(Gabriel Calzada)는 나를 과테말라의 프란시스코 마로킨 대학에 초대해 폭넓은 직물 견학을 할 수 있게 해 주었으며, 동시에 글쓰기에서 도피할 수 있는 시간을 마련해 주었다. 파블로 벨라스케스(Pablo Velásquez), 이사벨 모이노(Isabel Moino), 리사 앙켈(Lissa Hanckel), 리사 피츠패트릭(Lisa Fitzpatrick)은 이곳에서 내게 즐거움을 선사해 준 호스트들이었다.

내 친구 시카 달미아(Shikha Dalmia), 내 시누이 제이미 인먼(Jamie Inman)과 더불어 이들의 넓은 인맥이 아니었다면 나는 인도로 여행을 떠날 수 없었을 것이다. 시카 바네르지(Shikha Banerjee)는 뉴델리 인도 정부 특산품 상점에서 인도의 직물에 관해 알찬 가이드를 해 주었다. 수레시 마투르(Suresh Matur)는 수라트의 오로 대학 연단에 나를 초대해 주었고, 락스미파티 사리스(Laxmipati Sarees) 공장의 견학 예약을 도와주었으며, 수레시의 아름다운 호텔에 묵게 해 주었다. 안주(Anju)와 기리시 세티(Girish Sethi)도 내 쇼핑을 도와주고 지역 공장을 견학할 수 있게 도와준 훌륭한 호스트들이었다.

연구 초반, 나는 직접 사용해 보지 않으면 직기를 절대 이해할 수 없을 것이라는 사실을 깨달았다. 트루디 소니아(Trudy Sonia)는 기초 지식을 알려 주었고 직기를 빌려주었으며 자신의 아름다운 작품으로 내게 영감을 주었고 남부 캘리포니아 직조공 길드를 소개해 주었다. 이 책 작업과 내 직조를 응원해 준 이 길드는 귀중한 전문 참고 자료가 되어 주었다. 장서 3000권 이상의 도서관을 관리하는 샹탈 오아로(Chantal Hoareau)와 에이미 클라크(Amy Clark), 그리고 서아프리카 직조에 관한 희귀 도서를 대여해 준 아나 친스마이스터(Anna Zinsmeister)에게 특히 감사의 말을 전한다.

포스트렐 가족 도서관에 갈 수 없게 되었을 때, 브라이언

프라이(Brian Frye)는 출판 전 논문이나 잘 알려지지 않은 책들을 구해 주었다. 존 펄리 허프먼(John Pearley Huffman)은 내게 급하게 필요했던 자료들을 UCSB 도서관에서 스캔해 주었다. 앨릭스 널(Alex Knell)은 나의 연구 도우미가 되어 UCLA에서 책을 빌리고 반납하는 일을 도와주었다. 지난 몇 년 동안 이름을 다 쓸 수 없을 정도로 많은 친구가 직물과 관련된 유명 언론사들의 기사 링크를 보내 주었다. 그중에서도 특히 코즈모 웬먼(Cosmo Wenman), 데이브 번스틴(Dave Bernstein), 크리스틴 휘팅턴(Christine Whittington), 리처드 캠벨(Richard Campbell)에게 감사를 전한다.

　이 책 『패브릭』을 위한 연구를 하는 동안 아카데미아 에듀(Academia.edu), 리서치게이트(ResearchGate), 구글 도서(Google Books) 등의 사이트 덕택에 온라인에서 사용할 수 있는 역사자료와 학술 자료에 평소보다 훨씬 더 감사하게 되었다. 이와 같은 인터넷 자료 보관소는 아주 유익하고 귀중한 공간이며, 극소수의 도서관에서만 찾을 수 있는 초판본의 사본을 소장하고 있었다.(나는 이 자료 보관소들의 발전을 위해 기부하기도 했으며, 기회가 있다면 독자들도 그럴 수 있기를 바란다.) 이 책에도 인터넷 자료 보관소에서 가져온 사진들이 많이 실렸으며, 세계 유명 박물관들이 공유하는 엄청난 수의 퍼블릭 도메인 이미지들도 일부 실려 있다.

이 책을 쓰기 전인 2015년,《이온(*Aeon*)》에 "실마리를 놓치다(Losing the Thread)"라는 기사를 썼고, 이 기사에 도움을 주었던 소널 촉시(Sonal Chokshi) 덕분에 이 기사를 훌륭하게 편집한 로스 앤더슨(Ross Andersen)을 만날 수 있었다. 벤 플랫(Ben Platt)은 이 기사를 읽고 베이직 북스(Basic Books)에 제안서를 낼 수 있게 도와주었다. 그 당시의 나는 준비되지 않은 상태였고, 준비가 끝났을 때 벤은 출판계를 이미 떠난 뒤였다. 하지만 리아 스테처(Leah Stecher)가 나를 출판으로 이끌어 주었다. 모든 일이 순조롭게 진행되었지만, 그녀도 출판계를 떠나게 되었다. 작가로서 악몽 같은 일이었지만, 열정적이고 통찰력 넘치는 편집자인 클레어 포터(Claire Potter), 현명한 검토자 브랜던 프로이아(Brandon Proia)를 만나며 악몽은 기쁨으로 바뀌었다. 이 모든 일을 겪는 동안 나의 대리인 세라 샬판트(Sarah Chalfant), 제스 프리드먼(Jess Friedman), 앨릭스 크리스티(Alex Christie)는 한결같이 전문가다운 태도를 유지하며 지원을 아끼지 않았다. 브린 워리너(Brynn Warriner)는 초고를 도와주었고, 크리스티나 팔라이아(Christina Palaia)는 원고 교열을 도와주었으며, 주디 킵(Judy Kip)은 색인 부분에 도움을 주었다.

에이미 앨컨(Amy Alkon), 조앤 크런(Joan Kron), 재닛 레비(Janet Levi), 조너선 라우시(Jonathan Rauch)는 책 초반부에 관해 피드백을 주었다. 레슬리 왓킨스(Leslie Watkins)는 내가 각

장을 쓸 때마다 전부 읽고 코멘트를 해 주었다. 베첸 바버, 리처드 캠벨, 디어드리 매클로스키, 그레이스 펭(Grace Peng), 레슬리 로디에(Leslie Rodier)는 완성본을 읽고 다양한 견해로 귀중한 피드백을 주었다. 애너벨 거위치(Annabelle Gurwitch)와 캐스린 바워스(Kathryn Bowers)도 서문을 다시 쓰며 고민에 빠졌을 때 내게 도움을 주었다.

글쓰기에서 잠시 벗어나 휴식을 취하는 곳으로 샌타바버라의 집을 빌려준 린 스칼릿(Lynn Scarlett)에게도 크나큰 감사를 전한다. 조앤 크런도 뉴욕 여행에 함께해 멋진 동행이 되어 주었고, 내가 머물 아름다운 장소를 구해 주기도 했다.

엄청난 슬럼프가 찾아와 블룸버그 오피니언(Bloomberg Opinion)에 칼럼 연재를 1년 정도 쉬고 싶다고 말했을 때, 데이비드 시플리(David Shipley)는 흔쾌히 "그럼요."라고 말해 주었다. 더불어 내 칼럼의 편집자들인 존 랜즈먼(Jon Landsman), 케이티 로버츠(Katy Roberts), 토비 허쇼(Toby Harshaw), 제임스 기브니(James Gibney), 마이크 니자(Mike Nizza), 스테이시 시크(Stacey Schick), 브룩 샘플(Brooke Sample)에게도 감사를 전한다. 블룸버그 동료이자 내 친구인 애덤 민터(Adam Minter)에게도 감사를 전한다. 그는 전 세계 중고 직물의 무역에 관한 조사를 나와 함께했다. 앞으로도 직물에 관해 많은 대화를 할 수 있을 것으로 믿는다.

이 책의 자료 조사는 앨프리드 P. 슬론 재단(Alfred P. Sloan Foundation)의 과학·기술·경제 공공 이해 프로그램(Program for the Public Understanding of Science, Technology, and Economics)에 큰 도움을 받았다. 이곳에서 받은 인정과 경제적 지원에 크나큰 감사를 전한다. 도런 웨버(Doron Weber)와 앨리 추노비치(Ali Chunovic)가 보내 준 응원과 지원에도 감사의 말을 전한다.

이 책을 부모님 샘 인먼(Sam Inman)과 수 라일 인먼(Sue Lile Inman)에게 바친다. 훌륭한 부모님일 뿐 아니라 이 책에 지적으로 큰 영향을 주셨기 때문이다. 나는 아버지에게서 과학과 역사에 관한 지식을, 어머니에게서 예술적 지식을, 두 분 모두에게서 글쓰기와 제작에 관한 지식을 얻었다. 마지막으로 나의 제일 친한 친구이자 진정한 사랑, 내 삶에 빼놓을 수 없는 남자이자 내 모든 작품의 첫 번째 독자, 나라는 씨실에 꾸준히 엮이는 날실 스티븐 포스트렐(Steven Postrel)에게 이 책을 바친다.

용어 해설

아바치스트(abacist): 근대 초기 이탈리아의 산술 강사. 마에스트로 다바코(maestro d'abaco) 또는 아바키스타(abbachista)로 불리기도 한다.

알리자린(alizarin): 오렌지빛 붉은색을 만드는 염료 재료.

백반(alum): 중요한 매염제인 칼륨 백반 또는 암모늄 백반을 의미한다.

아닐린(aniline): 화학 염료의 주요 재료가 된 알칼로이드 화합물.

아샨티헤네(Asantehene): 아샨티의 왕을 가리키는 칭호.

올니저(aulnager): 모직물을 인증하고 세금을 부과하는 영국 정부 공무원.

인피섬유(bast fibers): 식물의 줄기나 껍질 안쪽에서 추출할 수 있는 끈적끈적한 관다발 조직. 실, 줄, 밧줄 등을 만드는 데 사용된다. 아마, 쐐기풀, 삼, 황마, 보리수나무, 버드나무 등이 이에 포함된다.

환어음(bill of exchange): 다른 도시의 중개인에게 특정 금액을 지급할 것을 통지하는 서신.

비스탕클라크(bistanclac): 리요네에서 사용되었던 의성어. 자카르 직기를 사용할 때 나는 소리를 의미한다.

볼리누스 브란다리스(Bolinus brandaris): 뿔고둥으로도 불리는 연체동물로, 붉은빛 보라색을 내는 염료의 원료.

누에나방(Bombyx mori): 실크를 만들 때 사용되는 뽕나무 누에.

본와이어헤네(Bonwirehene): 켄테 천으로 유명한 아샨티족의 마을 본와이어에서 직조 작업을 관리하는 총책임자.

겨 물(bran water): 겨를 물에 며칠간 담가 만드는 산성의 물. 염색 과정에 사용된다.

브라질 소방목(brazilwood): 특정 열대 나무의 촘촘한 심재에서 추출하는 염료. 브라질로도 불리며, 브라질이라는 국가 이름은 이 염료에서 나왔다.

양단(brocade): 주로 값비싼 실을 이용하며, 씨실을 추가해 디자인을 만든 직물.

칼치노(calcino): 19세기 초에 아고스티노 바시가 밝혀낸, 치명적인 누에 질병. 말 델 세뇨(mal del segno), 경화병(muscardine), 칼코(calco), 칼치나초(calcinaccio)로도 불린다.

캘리코(calico): 인도에서 유래한 날염 면직물. 친츠 또는 앵디엔으로도 불린다.

차르카(charkha): 인도의 물레. 면실을 자을 때 적합하다.

친츠(chintz): 인도에서 유래한 날염 면직물. 캘리코 또는 앵디엔으로도 불린다.

조닌(町人): 에도 시대 일본의 도시 주민을 의미하며, 신분이 낮은 평민과 상인이 포함된다.

클로시어(clothier): 천 제작자.

콜타르(coal tar): 석탄에서 가스나 코크스를 만들 때 생기는 슬러지 형태의 탄화수소 부산물. 새로운 화학 염료의 재료로 사용되었다.

코치닐(cochineal): 노팔 선인장, 선인장 열매 등에서 기생하는 작은 곤충으로 만드는 귀한 붉은색 염료 재료. 신세계에서 경작되는 이 새로운 재료는 야생 케르메스를 대체했다.

코르테(corte): 마야 전통복의 치마. 주로 직기를 이용한 긴 천으로 만들어지며, 허리 쪽에 꼭 조이는 띠와 함께 입는다.

실패(distaff): 방적을 위해 실을 감아 두는 막대.

이중직(double weave): 두 층을 동시에 엮어 만드는 직물.

도안(draft): 특정 무늬를 직조하는 방법을 기록한 도표.

뽑기(drafting): 방적의 첫 번째 단계. 방적공이 깨끗한 울, 아마, 목화의 더미에서 섬유를 약간 잡아 늘여 내는 작업을 말한다.

직물상(draper): 직물점을 운영하는 사람.

공인기(drawloom): 날실을 들어주는 조수(실 당기는 소년 또는 실 당기는 소녀로 불리기도 했다.)의 도움을 받아 양단을 만드는 거대한 직기.

방추(drop spindle): 실을 자을 때 사용하는 기기. 막대 하나와 끝부분에 달린 가락바퀴로 구성된다.

가공 교환(dry exchange): 어떤 환어음에 해당하는 금액을 다른 환어음으로 지급하는 것.

팩터(factor): 역사적으로, 그리고 이 책에서는 대리인 또는 중개인을 의미한다. 오늘날에는 의류 제조업체의 현재 송장을 기반으로 신용을 제공하는 기업을 의미한다.

파하(faja): 마야 전통복의 한 요소인 넓고 꽉 조이는 띠.

펠트(felt): 젖은 동물성섬유에 마찰력을 더해 매트처럼 만든 직물.

필라멘트(filament): 실크나 합성섬유처럼 끊김 없이 나오는 (스테이플과 대척점에 있는) 섬유.

프레임워크 뜨개질(framework knitting): 16세기에 발명된 기계 뜨개질의 초기 형태.

퍼스티언(fustian): 날실은 리넨, 씨실은 면으로 만든 잉글랜드산 직물. 산업혁명 이전에 잉글랜드에서 '면'은 퍼스티언이었다.

가벨라(gabella): 근대 초기 피렌체에서 금지된 사치스러운 옷을 입기 위해 내던 (공식적으로는 벌금인) 연간 요금.

사(紗, gauze): 한 쌍의 날실을 모아 꼬고, 그 안으로 씨실을 넣어 만드는 직물 구조. 레노(leno)로 불리기도 한다.

고시피움 아르보레움(Gossypium arboreum): 인도아대륙이 원산지인 구세계의 목화종.

고시피움 바르바덴세(Gossypium barbadense): 피마(pima), 이집트 면(Egyptian), 해도면(海島棉, Sea Island cotton) 등의 이름으로 불리는 장섬유종.

고시피움 헤르바케움(Gossypium herbaceum): 구세계에서 경작되는 두 가지 목화종 중 하나이며, 초면(草棉, Levant cotton)으로 불리기도 한다. 모든 면섬유의 기원인 아프리카 종에 가장 가까운 후손이다.

고시피움 히르수툼(Gossypium hirsutum): 경작되는 목화 중 가장 지배적인 종이며, 원산지는 유카탄반도다.

그라나(grana): 작은 곤충의 몸에서 추출한, 귀중한 붉은 염료를 통칭하는 용어.

빗어 내기(hackling): 아마 줄기를 빗어 내며 짧고 솜털 같은 부스러기에서 긴 섬유를 분리해 내는 작업.

잉아(heddle): 날실들을 들어 올리거

나 내리는 실 또는 금속으로 된
고리.

헥사플렉스 트룽쿨루스(Hexaplex
trunculus): 줄무늬염료뿔고둥
(banded dye murex)으로도 불
리는 뿔소랏과 고둥. 다양한 음
영의 보라색 염료를 만들 때 사
용한다.

우이필(huipil): 요기에서 생산된 천
으로 만든 마야 전통 블라우스.
대개 추가한 씨실로 장식한다.

이카트(ikat): 염색하기 전의 실들을
단단히 묶어, 묶은 부분이 염색
되지 않게 하는 기법. 살짝 흐릿
한 문양의 경계로 알아볼 수 있
다. 날실과 씨실을 모두 묶는 기
법은 이중 이카트(double ikat)
로 부른다.

이키(粹): 일본 에도 시대에 발전한
스타일. 섬세함을 가장 중요하
게 생각한다.

인디칸(indican): 식물에서 추출하는
인디고의 전구체.

앵디엔(indienne): 인도에서 유래한
날염 면직물로, 캘리코 또는 친
츠로도 불린다.

낭아초(Indigofera tinctoria): 남아시
아의 콩과 식물로, 유럽에서 '진
정한 인디고'로 알려져 있다.

인디고틴(indigotin): 인디고로도 불
리는, 용해되지 않는 푸른색 염
료. 인독실이 산소에 노출되었
을 때 형성된다.

인독실(indoxyl): 인디고 잎이 물에
분해될 때 형성되는 무색의 고
반응성 화합물.

자카르 직기(Jacquard loom): 개별
날실을 자동으로 선별해 무늬를
만들 수 있게 해 주는 부가 장치
가 부착된 직기. 펀치카드 기계
에서 시작된 자카르 직기는 현
재 컴퓨터 기반 컨트롤러를 사
용하고 있다.

재스프(jaspe): 과테말라의 이카트.

켄테 천(kente cloth): 씨실만, 혹은
날실만 드러나는 블록이 번갈아
나오는 무늬가 특징인 서아프리
카의 직물. 켄테 디자인에서 유
래한 패턴들을 의미하는 용어로
쓰이기도 한다.

케르메스(kermes): 유럽의 참나무에
서식하는 작은 곤충으로 만든
귀중한 붉은색 염료. 그라나로
불리기도 한다.

겉뜨기(knit stitch): 뜨개질의 기
본 기법으로, 스타키넷 스티치
(stockinette stitch)로 불리기도
한다. 손 뜨기를 할 때 새로운 고

리가 이전 고리 안으로 들어가는 형태를 취한다.

랑파(lampas): 두 개의 날실 체계와 최소 두 개의 씨실을 사용하는 복잡한 양단 구조.

류코―인디고(leuco-indigo): 인디고틴이 알칼리성 환경에서 분해될 때 형성되는 용해성 화합물.

꼭두서니(madder): 유럽 꼭두서니(Rubia tinctorum)의 뿌리에서 추출하는, 용도가 다양한 붉은색 염료. 염색공의 꼭두서니(dyer's madder)라는 이름으로 더 많이 알려져 있다.

자기 코어 기억장치(magnetic core memory): 컴퓨터 메모리의 초기 형태로, 구리 선으로 엮은 직물의 교차점마다 하나의 비트를 나타내는 작은 페라이트 구슬이 달려 있다.

미장카르트(mise-en-carte): 양단 디자인 기록용 대형 모눈종이.

매염제(mordant): 대개 금속염을 의미하는 화학물질. 염료가 섬유에 확실히 붙을 수 있게 해 준다.

놀빈딩(nålbinding): 엄지손가락에 감은 여러 고리 안으로 뭉툭한 바늘을 통과시켜 만드는 직물. 실의 한쪽 끝만 사용하는 뜨개질과 달리 놀빈딩은 각 고리 사이로 비교적 짧은 실 전체가 통과되며, 통과되어 나올 때 마찰력으로 융합된다. 이렇게 마찰력이 필요하므로 동물성섬유로는 놀빈딩을 할 수 없다.

나시즈(nasij): 몽골 제국에서 대대적으로 사용했던 금실 실크 양단. 타타르 직물 또는 타타리아의 직물로 불리기도 한다.

평사(平紗, open tabby): 사(紗)를 대체할 수 있는 평직물.

오르건젠(organzine): 필라멘트를 여러 겹으로 겹쳐 튼튼하게 만든 날실용 실크 실.

미립자병(pébrine): 19세기 유럽 양잠업을 휩쓴 누에 질병. 기생충을 매개로 감염된다.

평직(plain weave): 날실과 씨실을 한 번씩 교차해 만드는 직물 구조. 태비로도 불린다.

배수성(polyploidy): 유기체가 부모의 염색체에서 각각 하나가 아닌 그 갑절의 사본을 받는 현상. 식물에서 흔히 관찰할 수 있다.

다화성(polyvoltine): 한 해에 여러 번 생산하는 것.(곤충, 특히 누에의 알에 적용된다.)

안뜨기(purl stitch): 겉뜨기의 반대.

겉뜨기와 함께 사용해 골을 만
든다. 손 뜨기를 할 때는 기존 고
리에 새로운 고리를 통과시켜
빼낸다.

푸르푸린(purpurin): 보라색 염료 화
합물.

퀼링(quilling): 방적용 실 또는 감겨
진 실크를 실패에 감는 작업.

기린(麒麟, qilin): 용처럼 생겼으며
발굽이 달린 상상의 동물. 명나
라 고급 예복의 무늬로 사용되
었다.

리드(reed): 빗처럼 생긴 직기 부품.
날실들을 서로 분리해 준다. 비
터(beater)와 결합되기도 한다.

실켜기(reeling): 따뜻한 물에 담근 누
에고치에서 실크 필라멘트를 뽑
아내는 작업.

침수 작업(retting): 아마 줄기를 물에
담가, 인피섬유를 바깥 줄기에
붙어 있게 해 주는 펙틴 성분을
분해하는 작업.

로프 메모리(rope memory): 아폴로
프로그램에 사용되었던 읽기 전
용 기억장치.

새틴(satin): 날실과 씨실의 교차점이
많지 않고 능직처럼 사선으로
배열하지 않아 매끄러운 직물
구조.

스카르셀라(scarsella): 14세기에 이
탈리아 상인들이 설립한 정기
집배원을 의미한다. 스카르셀라
라는 단어 자체는 메신저 백을
가리킨다. 복수형은 스카르셀레
(scarselle).

제섬(scutching): 말린 아마를 두드리
고 긁어 섬유를 분리하는 작업.

양잠업(sericulture): 누에를 기르고
수확하는 산업.

잉앗대(shaft): 잉아들을 고정하고 들
어 올리는 막대. 대개 지렛대나
페달로 조절한다.

셰드(shed): 씨실이 들어 있는 북이
통과할 수 있게 한, 위쪽 날실과
아래쪽 날실 사이의 공간.

심플(simple): 프랑스식 공인기에서
각 날실을 통제하는 수직 줄. 셈
플(semple)로 불리기도 한다.

수동 회전 물레(spindle wheel): 섬유
를 뽑아 꼬는 방적의 첫 두 단계
를 기계화한 벨트 구동식 기기.

가락바퀴(spindle whorl): 단단한 물
질로 만들며 중앙에 구멍이 뚫
린 작은 원뿔, 디스크, 구 모양의
물체. 추를 아래로 떨어뜨리는
방추의 부품으로 사용되어 무게
를 더해 각운동량을 늘린다.

스테이플(staple): 실로 만들려면 반

드시 작업이 필요한 (필라멘트
와 대척점에 있는) 짧은 섬유.

스타킹 프레임(stocking frame): 16
세기에 잉글랜드에서 발명된 초
기 편물 기계. 주로 스타킹을 만
드는 데 사용되었다.

스트라모니타 하이마스토마(Stra-
monita haemastoma): 붉은입
바위달팽이로도 불리는 연체동
물. 붉은빛 보라색 염료를 만드
는 데 사용된다.

조각 천(strip cloth): 좁은 천들을 바
느질해 하나로 커다랗게 만든
직물이며, 아프리카에서 쉽게
볼 수 있다. 좁은 천과 완성된 천
모두 대개 표준 크기가 정해져
있다.

사치 금지법(sumptuary laws): 사치
물품의 소비를 금지하는 법. 종
종 사회적 계급에 따라 규제가
달라졌다.

추가 씨실(supplementary weft): 직
물에 디자인을 더하기 위해 특
정 날실의 위나 아래에 추가되
는 씨실. 직물의 구조에는 영향
을 주지 않는다.

쪽(蓼藍, tadeai): 일본의 인디고. 페
르시카리아 팅크토리아(Per-
sicaria tinctoria), 폴리고눔 팅

크토리움(Polygonum tincto-
rium), 염색공의 마디풀로도 불
린다.

태피스트리(tapestry): 구조가 되는
씨실이 불연속적인 색으로 디자
인을 만들며 날실을 완전히 가
리는 직조 방법.

스로잉(throwing): 실크 필라멘트를
함께 꼬는 작업.

트라헤(traje): 과테말라에서 입는 마
야 전통복.

능직(twill): 씨실이 여러 개의 날실을
위 또는 아래로 순서에 맞추어
엮어 사선 모양 골을 만드는 직
조 기법. 각 씨실은 새롭게 짜일
때마다 하나의 날실 위에서 패
턴을 옮긴다.

꼬기(twisting): 방적의 두 번째 단계.
각각의 섬유를 합쳐 이어지는
실을 만든다.

유전스(usance): 환어음이 만기되기
까지의 기간. 먼 곳에 있는 중개
인에게 환어음이 나온다는 사실
을 알려 줄 시간을 벌기 위해 만
들어졌다.

와드멀(vaðmál): 중세 아이슬란드에
서 화폐로 쓰이던 표준화된 울
능직.

날실(warp): 직기에 팽팽히 고정된

튼튼한 실로, 들어 올려지거나
내려지면 그 사이로 씨실이 통
과한다.

씨실(weft): 날실의 위나 아래를 수평
방향으로 통과하며 직물을 만드
는 실. 대개 날실보다 부드럽다.

하얀 주석(white tartar): 염색에 사용
되는 포도주 발효 부산물.

감기(winding): 방적의 마지막 단계
로, 실의 꼬임을 보존하기 위해
타래에 감는 작업.

대청(大靑, woad): 유럽의 인디고.

주

서문 문명의 구조

1   Sylvia L. Horwitz, *The Find of a Lifetime: Sir Arthur Evans and the Discovery of Knossos* (New York: Viking, 1981); Arthur J. Evans, *Scripta Minoa: The Written Documents of Minoan Crete with Special Reference to the Archives of Knossos*, Vol. 1 (Oxford: Clarendon Press, 1909), 195-199; Marie-Louise Nosch, "What's in a Name? What's in a Sign? Writing Wool, Scripting Shirts, Lettering Linen, Wording Wool, Phrasing Pants, Typing Tunics," in *Verbal and Nonverbal Representation in Terminology Proceedings of the TOTh Workshop 2013, Copenhagen — 8 November 2013*, ed. Peder Flemestad, Lotte Weilgaard Christensen, and Susanne Lervad (Copenhagen: SAXO, Kobenhavns Universitet, 2016), 93-115; Marie-Louise Nosch, "From Texts to Textiles in the Aegean Bronze Age," in *Kosmos: Jewellery, Adornment and Textiles in the Aegean Bronze Age, Proceedings of the 13th International Aegean Conference/13e Rencontre egeenne internationale, University of Copenhagen, Danish National Research Foundation's Centre for Textile Research, 21-26*

April 2010, ed. Marie-Louise Nosch and Robert Laffineur (Liege: Petters Leuven, 2012), 46.

2   클라크는 '삼법칙(third law)'에서 고도로 발전한 기술은 마법과 같다고 언급했다. "Clarke's three laws," *Wikipedia*, last modified February 3, 2020, https://en.wikipedia.org/wiki/Clarke's_three_laws 참조.

3   문명의 정의에 관한 기본적 개요는 Cristian Violatti, "Civilization: Definition," *Ancient History Encyclopedia*, December 4, 2014, www.ancient.eu/civilization/. The definition cited here is from Mordecai M. Kaplan, *Judaism as a Civilization: Toward a Reconstruction of American-Jewish Life* (Philadelphia: Jewish Publication Society of America, 1981), 179 참조.

4   Jerry Z. Muller, *Adam Smith in His Time and Ours: Designing the Decent Society* (New York: Free Press, 1993), 19.

5   Marie-Louise Nosch, "The Loom and the Ship in Ancient Greece: Shared Knowledge, Shared Terminology, Cross-Crafts, or Cognitive Maritime-Textile Archaeology," in *Weben und Gewebe in der Antike. Materialität — Repräsentation — Episteme — Metapoetik*, ed. Henriette Harich-Schwartzbauer (Oxford: Oxbow Books, 2015), 109-132. 조직을 연구하는 조직학(*Histology*)은 같은 단어에서 유래한 반면에, 조직(*tissue*)은 텍세레에서 유래했다.

6   *-teks*, www.etymonline.com/word/*teks-#etymonline_v_52573; Ellen Harlizius-Klück, "Arithmetics and Weaving from Penelope's Loom to Computing," Münchner Wissenschaftstage (poster), October 18-21, 2008; Patricia Marks Greenfield, *Weaving Generations Together: Evolving Creativity in the Maya of Chiapas* (Santa Fe, NM: School of American Research Press, 2004), 151; *sutra*, www.etymonline.com/word/sutra; *tantra*, www.etymonline.com/word/tantra; Cheng Weiji, ed., *History of Textile Technology in Ancient China* (New York: Science Press, 1992), 2.

7   David Hume, "Of Refinement in the Arts," in *Essays, Moral, Political, and Literary*, ed. Eugene F. Miller (Indianapolis: Liberty Fund, 1987), 273, www.econlib.org/library/LFBooks/Hume/hmMPL25.html.

8   주요 용어들은 이 책에 실린 용어집에서 찾을 수 있다.

1장 섬유

1   Elizabeth Wayland Barber, *Women's Work, the First 20,000 Years: Women, Cloth, and Society in Early Times* (New York: W. W. Norton, 1994), 45.

2   Karen Hardy, "Prehistoric String Theory: How Twisted Fibres Helped Shape the World," *Antiquity* 82, no. 316 (June 2008): 275. 오늘날 파푸아뉴기니 사람들은 시중에서 쉽게 구할 수 있는 실을 사용해 훨씬 다양한 색과 질감으로 다용도 그물 가방인 빌럼(*bilum*)을 만들어 낸다. Barbara Andersen, "Style and Self-Making: String Bag Production in the Papua New Guinea Highlands," *Anthropology Today* 31, no. 5 (October 2015): 16-20.

3   M. L. Ryder, *Sheep & Man* (London: Gerald Duckworth & Co., 1983), 3-85; Melinda A. Zeder, "Domestication and Early Agriculture in the Mediterranean Basin: Origins, Diffusion, and Impact," *Proceedings of the National Academy of Sciences* 105, no. 33 (August 19, 2003): 11597-11604; Marie-Louise Nosch, "The Wool Age: Traditions and Innovations in Textile Production, Consumption and Administration in the Late Bronze Age Aegean" (paper presented at the Textile Society of America 2014 Biennial Symposium: New Directions: Examining the Past, Creating the Future, Los Angeles, CA, September 10-14, 2014).

4   현대 용어는 생산과정으로 말미암아 먹을 수 없는 아마인유(*linseed oil*)와 영양 보충용으로 먹는 식용 아마인유(*flaxseed oil*)를 구분한다. 선사시대에는 사용법 이외에 차이가 없었으며, 오늘날에도 아마씨를 압착해 만든 모든 기름을 아마인유로 지칭하기도 한다.

5   Ehud Weiss and Daniel Zohary, "The Neolithic Southwest Asian Founder Crops: Their Biology and Archaeobotany, "Supplement, *Current Anthropology* 52, no. S4 (October 2011): S237–S254; Robin G. Allaby, Gregory W. Peterson, David Andrew Merriwether, and Yong-Bi Fu, "Evidence of the Domestication History of Flax (*Linum usitatissimum L.*) from Genetic Diversity of the *sad2* Locus," *Theoretical and Applied Genetics* 112, no. 1 (January 2006): 58–65. 우리는 인류의 의도가 아니라 식물 변화의 종류만 관찰할 수 있으므로, 식물 개량이 의도적이었는지는 학술적으로 큰 논쟁거리가 되었다. 유전학적 연구로 선택 번식에 관한 증거가 드러났지만, 아마의 키가 커진 것에는 밀집의 영향도 있다.

6   리넨 실 샘플은 8850±90년 전 또는 9210±300년 전으로 거슬러 올라간다. 꼬여 있는 섬유 샘플은 8500±220년 전 또는 8810±120년 전으로 거슬러 올라간다. Tamar Schick, "Cordage, Basketry, and Fabrics," in *Nahal Hemar Cave*, ed. Ofer Bar-Yosef and David Alon (Jerusalem: Israel Department of Antiquities and Museums, 1988), 31–38.

7   Jonathan Wendel, interviews with the author, September 21, 2017, and September 26, 2017, and email to the author, September 30, 2017; Susan V. Fisk, "Not Your Grandfather's Cotton," Crop Science Society of America, February 3, 2016, www.sciencedaily.com/releases/2016/02/160203150540.htm; Jonathan Wendel, "Phylogenetic History of *Gossypium*," video, www.eeob.iastate.edu/faculty/WendelJ/; J. F. Wendel, "New World Tetraploid Cottons Contain Old World Cytoplasm," *Proceedings of the National Acad-*

emy of Science USA 86, no. 11 (June 1989): 4132–4136; Jonathan F. Wendel and Corrinne E. Grover, "Taxonomy and Evolution of the Cotton Genus, Gossypium," in *Cotton*, ed. David D. Fang and Richard G. Percy (Madison, WI: American Society of Agronomy, 2015), 25–44, www.botanicaamazonica.wiki.br/labotam/lib/exe/fetch.php?media=bib:wendel2015.pdf; Jonathan F. Wendel, Paul D. Olson, and James McD. Stewart, "Genetic Diversity, Introgression, and Independent Domestication of Old World Cultivated Cotton," *American Journal of Botany* 76, no. 12 (December 1989): 1795–1806; C. L. Brubaker, F. M. Borland, and J. F. Wendel, "The Origin and Domestication of Cotton," in *Cotton: Origin, History, Technology, and Production*, ed. C. Wayne Smith and J. Tom Cothren (New York: John Wiley, 1999): 3–31.

8   또 다른 가능성은 미국 남부에 목화 바구미(boll weevil)가 유행할 때처럼 일찍 개화하는 목화가 해충에 저항력이 있을 수 있다는 것이다.

9   Elizabeth Baker Brite and John M. Marston, "Environmental Change, Agricultural Innovation, and the Spread of Cotton Agriculture in the Old World," *Journal of Anthropological Archaeology* 32, no. 1 (March 2013): 39–53; Mac Marston, interview with the author, July 20, 2017; Liz Brite, interview with the author, June 30, 2017; Elizabeth Baker Brite, Gairatdin Khozhaniyazov, John M. Marston, Michelle Negus Cleary, and Fiona J. Kidd, "Kara-tepe, Karakalpakstan: Agropastoralism in a Central Eurasian Oasis in the 4th/5th Century A.D. Transition," *Journal of Field Archaeology* 42 (2017): 514–529, http://dx.doi.org/10.1080/00934690.2017.13655 63.

10   Kim MacQuarrie, *The Last Days of the Incas* (New York: Simon & Schuster, 2007), 27–28, 58, 60; David Tollen, "Pre-Columbian Cotton Armor: Better than Steel," Pints of History, August 10, 2011,

https://pintsofhistory.com/2011/08/10/mesoamerican-cotton-armor-better-than-steel/; Frances Berdan and Patricia Rieff Anawalt, *The Essential Codex Mendoza* (Berkeley: University of California Press, 1997), 186.

11 해도면은 고시피움 바르바덴세로, 원래 페루에서 재배되던 품종이었다. 이 종은 긴 스테이플의 피마 면(그리고 상표가 등록된 변종 슈피마(Supima))과 이집트 면으로 불리는 종을 포함한다. 더욱 대중적인 '고원' 목화 품종에는 유카탄반도에서 최초로 재배되었던 단섬유종인 고시피움 히르수툼이 있다. 고시피움 히르수툼은 현재 전 세계 상업용 목화의 90퍼센트를 차지하며, 나머지로는 고시피움 바르바덴세가 재배된다. 자연에 의해 무작위로 생성되었든, 또는 어떤 특성을 증진하려고 일부러 재배했든 하나의 품종은 마치 푸들이나 그레이트데인처럼 같은 종에서 특별한 징후가 나타난 것이다.

12 Jane Thompson-Stahr, *The Burling Books: Ancestors and Descendants of Edward and Grace Burling, Quakers (1600-2000)* (Baltimore: Gateway Press, 2001), 314-322; Robert Lowry and William H. McCardle, *The History of Mississippi for Use in Schools* (New York: University Publishing Company, 1900), 58-59.

13 John Hebron Moore, "Cotton Breeding in the Old South," *Agricultural History* 30, no. 3 (July 1956): 95-104; Alan L. Olmstead and Paul W. Rhode, *Creating Abundance: Biological Innovation and American Agricultural Development* (Cambridge: Cambridge University Press, 2008), 98-133; O. L. May and K. E. Lege, "Development of the World Cotton Industry" in *Cotton: Origin, History, Technology, and Production*, ed. C. Wayne Smith and J. Tom Cothren (New York: John Wiley & Sons, 1999), 77-78.

14 Gavin Wright, *Slavery and American Economic Development* (Baton Rouge: Louisiana State University Press, 2006), 85; Dunbar Rowland, *The Official and Statistical Register of the State of Mississippi*

1912 (Nashville, TN: Press of Brandon Printing, 1912), 135-136.

15 Edward E. Baptist, "'Stol' and Fetched Here': Enslaved Migration, Ex-slave Narratives, and Vernacular History," in *New Studies in the History of American Slavery*, ed. Edward E. Baptist and Stephanie M. H. Camp (Athens: University of Georgia Press, 2006), 243-274; Federal Writers' Project of the Works Progress Administration, *Slave Narratives: A Folk History of Slavery in the United States from Interviews with Former Slaves*, Vol. IX (Washington, DC: Library of Congress, 1941), 151-156, www.loc.gov/resource/mesn.090/?sp=155.

16 남북전쟁이 발발하기 직전인 1860년에 미국은 목화 더미 456만 개를 생산했다. 이 수치는 1870년에 440만 개로 줄어들었고, 1880년에 다시 660만 개로 급증했다. 1860년과 1870년 사이에 이전의 농장들이 파산해 팔려 나가는 동안에 미국 남부의 규모 40헥타르 이하 목화 농장들은 55퍼센트가 증가했다. 남부에 사는 흑인과 백인들은 모두 농장에서 일했으며, 자신의 농장을 가꾸거나 소작농으로, 혹은 농장 일꾼으로 생활했다. 1880년대에 효과적인 비료가 출시되고 새로운 목화 종들이 더 큰 열매를 맺게 되자 수확도 쉬워졌다. May and Lege, "Development of the World Cotton Industry," 84-87; David J. Libby, *Slavery and Frontier Mississippi 1720-1835* (Jackson: University Press of Mississippi, 2004), 37-78. 노예들의 권리를 갖고 있던 지주들의 생산력 효과와 이점은 Wright, *Slavery and American Economic Development*, 83-122 참조.

17 Cyrus McCormick, *The Century of the Reaper* (New York: Houghton Mifflin, 1931), 1-2, https://archive.org/details/centuryofthereap000250mbp/page/n23; Bonnie V. Winston, "Jo Anderson," *Richmond Times-Dispatch*, February 5, 2013, www.richmond.com/special-section/black-history/jo-anderson/article_277b0072-700a-11e2-bb3d-001a4bcf6878.html.

18   Moore, "Cotton Breeding in the Old South," 99-101; M. W. Phil-
      ips, "Cotton Seed," *Vicksburg (MS) Weekly Sentinel*, April 28, 1847,
      1. 필립스에 관한 추가 배경 지식은 *Solon Robinson, Solon Robinson,*
      Pioneer and Agriculturalist: Selected Writings, Vol. II, ed 참조.

19   Alan L. Olmstead and Paul W. Rhode, "Productivity Growth and
      the Regional Dynamics of Antebellum Southern Development"
      (NBER Working Paper No. 16494, Development of the American
      Economy, National Bureau of Economic Research, October 2010);
      Olmsted and Rhode, *Creating Abundance*, 98-133; *The Half Has*
      Never Been Told: Slavery and the Making of American Capital-
      ism (New York: Basic Books, 2014), 111-144에서 에드워드 E. 뱁
      티스트(Edward E. Baptist)는 이러한 생산력 급증이 노예들을 다
      루고 고문하는 기술의 발전으로 이들이 더욱 효과적으로 목화를 수
      확할 수 있었기 때문이라고 주장했다. 하지만 당시의 생산성 향상
      은 이러한 주장으로 설명되기에는 너무 컸고, 새로운 씨앗들의 효과
      도 잘 기록되어 있다. 농장주들이 씨앗이 발전하는 기술에 발맞추
      어 노예들이 수확을 더욱 빨리 해내도록 독촉했다는 것이 이 증거
      에 관한 더 정확한 해석일 것이다. John E. Murray, Alan L. Olm-
      stead, Trevor D. Logan, Jonathan B. Pritchett, and Peter L. Rous-
      seau, "Roundtable of Reviews for *The Half Has Never Been Told*,"
      Journal of Economic History, September 2015, 919-931; "Baptism
      by Blood Cotton," Pseudoerasmus, September 12, 2014, https://
      pseudoerasmus.com/2014/09/12/baptism-by-blood-cotton/, and
      "The Baptist Question Redux: Emancipation and Cotton Productiv-
      ity," Pseudoerasmus, November 5, 2015, https://pseudoerasmus.
      com/2015/11/05/bapredux/.

20   Yuxuan Gong, Li Li, Decai Gong, Hao Yin, and Juzhong Zhang,
      "Biomolecular Evidence of Silk from 8,500 Years Ago," *PLOS One*
      11, no. 12 (December 12, 2016): e0168042, http://journals.plos.org/

plosone/article?id=10.1371/journal.pone.0168042; "World's Oldest Silk Fabrics Discovered in Central China," Archaeology News Network, December 5, 2019, https://archaeologynewsnetwork.blogspot.com/2019/12/worlds-oldest-silk-fabrics-discovered.html; Dieter Kuhn, "Tracing a Chinese Legend: In Search of the Identity of the 'First Sericulturalist,'" *T'oung Pao*, nos. 4/5 (1984): 213-245.

21 Angela Yu-Yun Sheng, Textile Use, Technology, and Change in Rural Textile Production in Song, China (960-1279) (unpublished dissertation, University of Pennsylvania, 1990), 185-186.

22 Sheng, *Textile Use, Technology, and Change*, 23-40, 200-209.

23 J. R. Porter, "Agostino Bassi Bicentennial (1773-1973)," *Bacteriological Reviews* 37, no. 3 (September 1973): 284-288; Agostino Bassi, *Del Mal del Segno Calcinaccio o Moscardino* (Lodi: Dalla Tipografia Orcesi, 1835), 1-16, translations by the author; George H. Scherr, *Why Millions Died* (Lanham, MD: University Press of America, 2000), 78-98, 141-152; Seymore S. Block, "Historical Review," in *Disinfection, Sterilization, and Preservation*, 5th ed., ed. Seymour Stanton Block (Philadelphia: Lippincott Williams & Wilkins, 2001), 12.

24 Patrice Debré, *Louis Pasteur* (Baltimore: Johns Hopkins University Press, 2000), 177-218; Scherr, *Why Millions Died*, 110.

25 "The Cattle Disease in France," *Journal of the Society of the Arts*, March 30, 1866, 347; Omori Minoru, "Some Matters in the Study of von Siebold from the Past to the Present and New Materials Found in Relation to Siebold and His Works," *Historia scientiarum: International Journal of the History of Science Society of Japan*, no. 27 (September 1984): 96.

26 Tessa Morris-Suzuki, "Sericulture and the Origins of Japanese Industrialization," *Technology and Culture* 33, no. 1 (January 1992):

101–121.

27 Debin Ma, "The Modern Silk Road: The Global Raw–Silk Market, 1850–1930," *Journal of Economic History* 56, no. 2 (June 1996): 330–355, http://personal.lse.ac.uk/mad1/ma_pdf_files/modern%20 silk%20road.pdf; Debin Ma, "Why Japan, Not China, Was the First to Develop in East Asia: Lessons from Sericulture, 1850– 1937," *Economic Development and Cultural Change* 52, no. 2 (January 2004): 369–394, http://personal.lse.ac.uk/mad1/ma_pdf_files/ edcc%20sericulture.pdf.

28 David Breslauer, Sue Levin, Dan Widmaier, and Ethan Mirsky, interviews with the author, February 19, 2016; Sue Levin, interview with the author, August 10, 2015; Jamie Bainbridge and Dan Widmaier, interviews with the author, February 8, 2017; Dan Widmaier, interviews with the author, March 21, 2018, and May 1, 2018.

29 Mary M. Brooks, "'Astonish the World with . . . Your New Fiber Mixture': Producing, Promoting, and Forgetting Man–Made Protein Fibers," in The Age of Plastic: Ingenuity and Responsibility, Proceedings of the 2012 MCI Symposium, ed. Odile Madden, A. Elena Charola, Kim Cullen, Cobb, Paula T. DePriest, and Robert J. Koestler (Washington, DC: Smithsonian Institution Scholarly Press, 2017), 36–50, https://smithsonian.figshare.com/articles/ The_Age_of_Plastic_Ingenuity_and_Responsibility_Proceedings_of_ the_2012_MCI_Symposium_/9761735; National Dairy Products Corporation, "The Cow, the Milkmaid and the Chemist," www. jumpingfrog.com/images/epm10jun01/era8037b.jpg; British Pathé, "Making Wool from Milk (1937)," YouTube video, 1:24, April 13, 2014, www.youtube.com/watch?v=OyLnKz7uNMQ&feature=yo utu.be; Michael Waters, "How Clothing Made from Milk Became the Height of Fashion in Mussolini's Italy," Atlas Obscura, July 28,

2017, www.atlasobscura.com/articles/lanital-milk-dress-qmilch;
Maggie Koerth-Baker, "Aralac: The 'Wool' Made from Milk," Bo-
ingBoing, October 28, 2012, https://boingboing.net/2012/10/28/
aralac-the-wool-made-from.html.

30   Dan Widmaier, interview with the author, December 16, 2019.

2장 실

1   이 책에서 얀(*yarn*)과 스레드(*thread*)는 동일한 의미로 사용되었다.
직물 산업에서 얀은 직조나 뜨개질에 사용되는 모든 실을 지칭하며,
스레드는 바느질이나 자수용 실을 특정하는 의미로 사용되기도 한다.
스트링(*string*)도 무언가를 묶는 줄을 지칭할 때 사용되지만, 모든 얀
과 스레드는 스트링의 범주에 포함된다.

2   Cordula Greve, "Shaping Reality through the Fictive: Images of
Women Spinning in the Northern Renaissance," *RACAR: Revue
d'art canadienne/Canadian Art Review* 19, nos. 1-2 (1992): 11-12.

3   Patricia Baines, *Spinning Wheels, Spinners and Spinning* (London:
B. T. Batsford, 1977), 88-89.

4   Dominika Maja Kossowska-Janik, "Cotton and Wool: Textile
Economy in the Serakhs Oasis during the Late Sasanian Period, the
Case of Spindle Whorls from Gurukly Depe (Turkmenistan)," *Eth-
nobiology Letters* 7, no. 2 (2016): 107-116.

5   Elizabeth Barber, interview with the author, October 22, 2016;
E. J. W. Barber, *Prehistoric Textiles: The Development of Cloth in
the Neolithic and Bronze Ages with Special Reference to the Aegean*
(Princeton, NJ: Princeton University Press, 1991), xxii.

6   Steven Vogel, *Why the Wheel Is Round: Muscles, Technology, and
How We Make Things Move* (Chicago: University of Chicago Press,

2016), 205–208.

7   Sally Heaney, "From Spinning Wheels to Inner Peace," *Boston Globe*, May 23, 2004, http://archive.boston.com/news/local/articles/2004/05/23/from_spinning_wheels_to_inner_peace/.

8   Giovanni Fanelli, *Firenze: Architettura e citta* (Florence: Vallecchi, 1973), 125–126; Celia Fiennes, *Through England on a Side Saddle in the Time of William and Mary* (London: Field & Tuer, 1888), 119; Yvonne Elet, "Seats of Power: The Outdoor Benches of Early Modern Florence," *Journal of the Society of Architectural Historians* 61, no. 4 (December 2002): 451, 466n; Sheilagh Ogilvie, *A Bitter Living: Women, Markets, and Social Capital in Early Modern Germany* (Oxford: Oxford University Press, 2003), 166; Hans Medick, "Village Spinning Bees: Sexual Culture and Free Time among Rural Youth in Early Modern Germany," in *Interest and Emotion: Essays on the Study of Family and Kinship*, ed. Hans Medick and David Warren Sabean (New York: Cambridge University Press, 1984), 317–339.

9   Tapan Raychaudhuri, Irfan Habib, and Dharma Kumar, eds., *The Cambridge Economic History of India: Volume 1, c. 1200–c. 1750* (Cambridge: Cambridge University Press, 1982), 78.

10   Rachel Rosenzweig, *Worshipping Aphrodite: Art and Cult in Classical Athens* (Ann Arbor: University of Michigan Press, 2004), 69; Marina Fischer, "Hetaira's Kalathos: Prostitutes and the Textile Industry in Ancient Greece," *Ancient History Bulletin*, 2011, 9–28, www.academia.edu/12398486/Hetaira_s_Kalathos_Prostitutes_and_the_Textile_Industry_in_Ancient_Greece.

11   Linda A. Stone–Ferrier, *Images of Textiles: The Weave of Seventeenth-Century Dutch Art and Society* (Ann Arbor: UMI Research Press, 1985), 83–117; *Incogniti scriptoris nova Poemata, ante hac*

nunquam edita, Nieuwe Nederduytsche, Gedichten ende Raedtselen, 1624, trans. Linda A. Stone-Ferrier, https://archive.org/details/ned-kbn-all-00000845-001.

12　Susan M. Spawn, "Hand Spinning and Cotton in the Aztec Empire, as Revealed by the *Codex Mendoza*," in *Silk Roads, Other Roads: Textile Society of America 8th Biennial Symposium*, September 26–28, 2002, Smith College, Northampton, MA, https://digitalcommons.unl.edu/tsaconf/550/; Frances F. Berdan and Patricia Rieff Anawalt, *The Essential Codex Mendoza* (Berkeley: University of California Press, 1997), 158–164.

13　Constance Hoffman Berman, "Women's Work in Family, Village, and Town after 1000 CE: Contributions to Economic Growth?" *Journal of Women's History* 19, no. 3 (Fall 2007): 10–32.

14　이 계산에서는 너비 60인치 직물 1.75야드, 전체 3780제곱인치로 가정하며, 제곱인치당 날실 예순두 개, 씨실 마흔 개를 사용한다.

15　데님은 일반적으로 파운드당 날실 5880야드(3.34마일)를 사용하고, 씨실 5040야드(2.86마일)를 사용한다. "Weaving with Denim Yarn," Textile Technology (blog), April 21, 2009, https://textiletechnology.wordpress.com/2009/04/21/weaving-with-denim-yarn/; Cotton Incorporated, "An Iconic Staple," Lifestyle Monitor, August 10, 2016, http://lifestylemonitor.cottoninc.com/an-iconic-staple/; A. S. Bhalla, "Investment Allocation and Technological Choice—a Case of Cotton Spinning Techniques," *Economic Journal* 74, no. 295 (September 1964): 611–622에서는 300일간 50파운드의 실을 사용하거나 6일간 1파운드의 실을 사용하는 것으로 추정한다.

16　트윈 사이즈 시트는 가로 72인치 세로 102인치로, 7344제곱인치다. 제곱인치당 250수라고 하면 총량은 183만 6000인치(34.9마일)다. 퀸 사이즈 시트는 가로 92인치 세로 102인치로 9384제곱인치다. 제곱인치당 250수라고 하면 총량은 234만 6200인치(37마일)다.

17   R. Patterson, "Wool Manufacture of Halifax," *Quarterly Journal of the Guild of Weavers, Spinners, and Dyers*, March 1958, 18-19. 패터슨은 중간 중량 실의 경우 하루 열두 시간에 1파운드의 울 실을 생산한다고 보고했다. 이 계산은 1파운드를 1100미터로 가정한다. Merrick Posnansky, "Traditional Cloth from the Ewe Heartland," in *History, Design, and Craft in West African Strip-Woven Cloth: Papers Presented at a Symposium Organized by the National Museum of African Art, Smithsonian Institution, February 18-19, 1988* (Washington, DC: National Museum of African Art, 1992), 127-128. 메릭 포즈넌스키는 면실 한 타래를 만드는 데 최소 이틀이 소요되며, 여성복 한 벌을 만드는 데는 최소 열일곱 개의 실타래가 필요하다고 기록했다. 크기는 다양하지만, 전통적인 에웨족 여성의 천은 보통 가로 1야드에 세로 2야드다.

18   Ed Franquemont, "Andean Spinning ... Slower by the Hour, Faster by the Week," in *Handspindle Treasury: Spinning Around the World* (Loveland, CO: Interweave Press, 2011), 13-14. 프랑케몽은 "실 1파운드를 생산하려면 거의 스무 시간이 소요된다."라고 기록했으며, 이 계산에 따르면 실 1킬로그램을 생산하는 데 마흔네 시간이 소요된다.

19   Eva Andersson, Linda Mårtensson, Marie-Louise B. Nosch, and Lorenz Rahmstorf, "New Research on Bronze Age Textile Production," *Bulletin of the Institute of Classical Studies* 51 (2008): 171-174. 여기서 1킬로미터는 제곱센티미터당 10수나 제곱인치당 65수로 가정했으며, 이는 제곱인치당 102수인 일반적 데님보다 상당히 적다. 이 계산에서 밀도는 고려하지 않는다. 앞에서 사용한 3780제곱인치라는 수치는 2.4제곱미터에 해당한다.

20   Mary Harlow, "Textile Crafts and History," in *Traditional Textile Craft: An Intangible Heritage?* 2nd ed., ed. Camilla Ebert, Sidsel Frisch, Mary Harlow, Eva Andersson Strand, and Lena Bjerregaard (Copenhagen: Centre for Textile Research, 2018), 133-139.

21   Eva Andersson Strand, "Segel och segeldukssproduktion i arkeologisk
      kontext," in *Vikingetidens sejl: Festsrift tilegnet Erik Andersen*, ed.
      Morten Ravn, Lone Gebauer Thomsen, Eva Andersson Strand, and
      Henriette Lyngstrom (Copenhagen: Saxo-Instituttet, 2016), 24;
      Eva Andersson Strand, "Tools and Textiles—Production and Or-
      ganisation in Birka and Hedeby," in *Viking Settlements and Viking
      Society: Papers from the Proceedings of the Sixteenth Viking Congress*,
      ed. Svavar Sigmunddsson (Reykjavík: University of Iceland Press,
      2011), 298–308; Lise Bender Jorgensen, "The Introduction of Sails
      to Scandinavia: Raw Materials, Labour and Land," *N-TAG TEN.
      Proceedings of the 10th Nordic TAG Conference at Stiklestad, Norway
      2009* (Oxford: Archaeopress, 2012); Claire Eamer, "No Wool, No
      Vikings," *Hakai Magazine*, February 23, 2016, www.hakaimagazine.
      com/features/no-wool-no-vikings/.

22   Ragnheidur Bogadóttir, "Fleece: Imperial Metabolism in the Pre-
      columbian Andes," in *Ecology and Power: Struggles over Land and
      Material Resources in the Past, Present and Future*, ed. Alf Horn-
      borg, Brett Clark, and Kenneth Hermele (New York: Routledge,
      2012), 87, 90.

23   Luca Mola, *The Silk Industry of Renaissance Venice* (Baltimore:
      Johns Hopkins University Press, 2003), 232–234.

24   Dieter Kuhn, "The Spindle-Wheel: A Chou Chinese Inven-
      tion," *Early China* 5 (1979): 14–24, https://doi.org/10.1017/
      S0362502800006106.

25   Flavio Crippa, "Garlate e l'Industria Serica," Memorie e Tradizioni,
      Teleunica, January 28, 2015. Translation by the author based on
      transcript prepared by Dalila Cataldi, January 25, 2017. Flavio Crip-
      pa, interviews with the author, March 27 and 29, 2017, email to the
      author May 14, 2018.

490

26   Carlo Poni, "The Circular Silk Mill: A Factory Before the Industrial
      Revolution in Early Modern Europe," in *History of Technology*, Vol.
      21, ed. Graham Hollister-Short (London: Bloomsbury Academic,
      1999), 65-85; Carlo Poni, "Standards, Trust and Civil Discourse:
      Measuring the Thickness and Quality of Silk Thread," in *History
      of Technology*, Vol. 23, ed. Ian Inkster (London, Bloomsbury Aca-
      demic, 2001), 1-16; Giuseppe Chicco, "L'innovazione Tecnologica
      nella Lavorazione della Seta in Piedmonte a Meta Seicento," *Studi
      Storici*, January-March 1992, 195-215.

27   Roberto Davini, "A Global Supremacy: The Worldwide Hegemony
      of the Piedmontese Reeling Technologies, 1720s-1830s," in *History
      of Technology*, Vol. 32, ed. Ian Inkster (London, Bloomsbury Aca-
      demic, 2014), 87-103; Claudio Zanier, "Le Donne e il Ciclo della
      Seta," in *Percorsi di Lavoro e Progetti di Vita Femminili*, ed. Laura
      Savelli and Alessandra Martinelli (Pisa: Felici Editore), 25-46;
      Claudio Zanier, emails to the author, November 17 and 29, 2016.

28   John Styles, interview with the author, May 16, 2018.

29   Arthur Young, *A Six Months Tour through the North of England*,
      2nd ed. (London: W. Strahan, 1771), 3:163-164, 3:187-202;
      Arthur Young, *A Six Months Tour through the North of England*
      (London: W. Strahan, 1770), 4:582. 방직공들은 작업량 기준으로 급
      여를 받았으므로 온종일 일할 필요가 없었지만, 온종일 일했을 때의
      주급에 관한 질문을 영은 끊임없이 들어왔다. Craig Muldrew, "'Th'
      ancient Distaff' and 'Whirling Spindle': Measuring the Contribu-
      tion of Spinning to Household Earning and the National Economy
      in England, 1550-1770," *Economic History Review* 65, no. 2 (2012):
      498-526.

30   Deborah Valenze, *The First Industrial Woman* (New York: Oxford
      University Press, 1995), 72-73.

31 John James, *History of the Worsted Manufacture in England, from the Earliest Times* (London: Longman, Brown, Green, Longmans & Roberts, 1857), 280-281; James Bischoff, *Woollen and Worsted Manufacturers and the Natural and Commercial History of Sheep, from the Earliest Records to the Present Period* (London: Smith, Elder & Co., 1862), 185.

32 Beverly Lemire, *Cotton* (London: Bloomsbury, 2011), 78-79.

33 John Styles, "Fashion, Textiles and the Origins of the Industrial Revolution," *East Asian Journal of British History*, no. 5 (March 2016): 161-189; Jeremy Swan, "Derby Silk Mill," *University of Derby Magazine*, November 27, 2016, 32-34, https://issuu.com/university_of_derby/docs/university_of_derby_magazine_-_nove and https://blog.derby.ac.uk/2016/11/derby-silk-mill/; "John Lombe: Silk Weaver," Derby Blue Plaques, http://derbyblueplaques.co.uk/john-lombe/. Financial information from Clive Emsley, Tim Hitchcock, and Robert Shoemaker, "London History—Currency, Coinage and the Cost of Living," Old Bailey Proceedings Online, www.oldbaileyonline.org/static/Coinage.jsp.

34 Styles, "Fashion, Textiles and the Origins of the Industrial Revolution," and interview with the author, May 16, 2018; R. S. Fitton, *The Arkwrights: Spinners of Fortune* (Manchester, UK: Manchester University Press, 1989), 8-17.

35 Lemire, *Cotton*, 80-83.

36 Deirdre Nansen McCloskey, *Bourgeois Equality: How Ideas, Not Capital, Transformed the World* (Chicago: University of Chicago Press, 2016), 8.

37 David Sasso, interviews with the author, May 22-23, 2018. 이 계산은 일주일에 실 4파운드 생산을 기준으로 했다. Jane Humphries and Benjamin Schneider, "Spinning the Industrial Revolution," *Economic*

History Review 72, no. 1 (May 23, 2018), https://doi.org/10.1111/ehr.12693 참조.

3장 직물

1   Gillian Vogelsand-Eastwood, Intensive Textile Course, Textile Research Centre, September 15, 2015.

2   Kalliope Sarri, "Neolithic Textiles in the Aegean" (presentation at Centre for Textile Research, Copenhagen, September 22, 2015); Kalliope Sarri, "In the Mind of Early Weavers: Perceptions of Geometry, Metrology and Value in the Neolithic Aegean" (workshop abstract, "Textile Workers: Skills, Labour and Status of Textile Craftspeople between Prehistoric Aegean and Ancient Near East," Tenth International Congress on the Archaeology of the Ancient Near East, Vienna, April 25, 2016), https://ku-dk.academia.edu/KalliopeSarri.

3   Sarah-Marie Belcastro, "Every Topological Surface Can Be Knit: A Proof," *Journal of Mathematics and the Arts* 3 (June 2009): 67–83; Sarah-Marie Belcastro and Carolyn Yackel, "About Knitting . . . ," *Math Horizons* 14 (November 2006): 24–27, 39.

4   Carrie Brezine, "Algorithms and Automation: The Production of Mathematics and Textiles," in *The Oxford Handbook of the History of Mathematics*, ed. Eleanor Robson and Jacqueline Stedall (Oxford: Oxford University Press, 2009), 490.

5   Victor H. Mair, "Ancient Mummies of the Tarim Basin," *Expedition*, Fall 2016, 25–29, www.penn.museum/documents/publications/expedition/PDFs/58-2/tarim_basin.pdf.

6   O. Soffer, J. M. Adovasio, and D. C. Hyland, "The 'Venus' figurines:

Textiles, Basketry, Gender, and Status in the Upper Paleolithic," *Current Anthropology* 41, no. 4 (August–October 2000): 511–537.

7 Jennifer Moore, "Doubleweaving with Jennifer Moore," *Weave* podcast, May 24, 2019, Episode 65, 30:30, www.gistyarn.com/blogs/podcast/episode-65-doubleweaving-with-jennifer-moore.

8 엄밀히 말하면 새틴(*satin*)은 날실이 앞으로 나오는 직물이고 새틴(*sateen*)은 씨실이 앞으로 나오는 직물이지만, 기본 구조의 원리는 같으므로 대개 새틴(*satin*)을 사용한다.

9 Tien Chiu, interview with the author, July 11, 2018.

10 Ada Augusta, Countess of Lovelace, "Notes upon the Memoir by the Translator," in L. F. Menabrea, "Sketch of the Analytical Engine Invented by Charles Babbage," *Bibliotheque Universelle de Geneve*, no. 82 (October 1842), www.fourmilab.ch/babbage/sketch.html.

11 E. M. Franquemont and C. R. Franquemont, "Tanka, Chongo, Kutij: Structure of the World through Cloth," in *Symmetry Comes of Age: The Role of Pattern in Culture*, ed. Dorothy K. Washburn and Donald W. Crowe (Seattle: University of Washington Press, 2004), 177–214; Edward Franquemont and Christine Franquemont, "Learning to Weave in Chinchero," *Textile Museum Journal* 26 (1987): 55–78; Ann Peters, "Ed Franquemont (February 17, 1945–March 11, 2003)," *Andean Past* 8 (2007): art. 10, http://digitalcommons.library.umaine.edu/andean_past/vol8/iss1/10.

12 Lynn Arthur Steen, "The Science of Patterns," *Science* 240, no. 4852 (April 29, 1988): 611–616.

13 Euclid's Elements, https://mathcs.clarku.edu/~djoyce/java/elements/elements.html.

14 Ellen Harlizius-Klück, interview with the author, August 7, 2018, and emails to the author, August 28, August 29, September 13, 2018; Ellen Harlizius-Klück, "Arithmetics and Weaving: From Pe-

494

nelope's Loom to Computing," Münchner Wissenschaftstage, October 18-21, 2008, www.academia.edu/8483352/Arithmetic_and_Weaving._From_Penelopes_Loom_to_Computing; Ellen Harlizius-Klück and Giovanni Fanfani, "(B)orders in Ancient Weaving and Archaic Greek Poetry," in *Spinning Fates and the Song of the Loom: The Use of Textiles, Clothing and Cloth Production as Metaphor, Symbol and Narrative Device in Greek and Latin Literature*, ed. Giovanni Fanfani, Mary Harlow, and Marie-Louise Nosch (Oxford: Oxbow Books, 2016), 61-99.

15 이 가장자리 천은 직기가 아니라 네모난 카드(과거에는 나무나 점토, 현재는 판지나 플라스틱) 모서리의 구석에 있는 구멍으로 날실이 통과하는 태블릿 직조로 직조되었을 것이다. 직조공은 실을 기둥에 묶어 팽팽하게 늘이고, 카드를 끼워 북이 들어갈 구멍을 만든다. 이 카드들을 한 번에 모두, 혹은 선별적으로 돌리며 씨실을 제자리에 배치하고, 여러 색을 사용해 패턴을 만들 수 있다.

16 Jane McIntosh Snyder, "The Web of Song: Weaving Imagery in Homer and the Lyric Poets," *Classical Journal* 76, no. 3 (February/March 1981): 193-196; Plato, *The Being of the Beautiful: Plato's Thaetetus, Sophist, and Statesman*, trans. with commentary by Seth Bernadete (Chicago: University of Chicago Press, 1984), III.31-III.33, III.66-III.67, III.107-III.113.

17 Sheramy D. Bundrick, "The Fabric of the City: Imaging Textile Production in Classical Athens," *Hesperia: The Journal of the American School of Classical Studies at Athens* 77, no. 2 (April-June 2008): 283-334; Monica Bowen, "Two Panathenaic Peploi: A Robe and a Tapestry," Alberti's Window (blog), June 28, 2017, http://albertis-window.com/2017/06/two-panathenaic-peploi/; Evy Johanne Haland, "Athena's Peplos: Weaving as a Core Female Activity in Ancient and Modern Greece," *Cosmos* 20 (2004): 155-182, www.

academia.edu/2167145/Athena_s_Peplos_Weaving_as_a_Core_Female_Activity_in_Ancient_and_Modern_Greece; E. J. W. Barber, "The Peplos of Athena," in *Goddess and Polis: The Panathenaic Festival in Ancient Athens*, ed. Jenifer Neils (Princeton, NJ: Princeton University Press, 1992), 103-117.

18 Donald E. Knuth, *Art of Computer Programming, Volume 2: Seminumerical Algorithms* (Boston: Addison-Wesley Professional, 2014), 294.

19 Anthony Tuck, "Singing the Rug: Patterned Textiles and the Origins of Indo-European Metrical Poetry," *American Journal of Archaeology* 110, no. 4 (October 2006): 539-550; John Kimberly Mumford, *Oriental Rugs* (New York: Scribner, 1921), 25. 소련이 아프가니스탄을 점령했을 때 유래한 전쟁 러그의 예는 warrug.com. Mimi Kirk, "Rug-of-War," *Smithsonian*, February 4, 2008, www.smithsonianmag.com/arts-culture/rug-of-war-19377583/ 참조. 자신들의 패턴을 노래로 만들어 부르는 러그 직조공들의 모습은 Roots Revival, "Pattern Singing in Iran — 'The Woven Sounds' — Demo Documentary by Mehdi Aminian," YouTube video, 10:00, March 15, 2019, www.youtube.com/watch?v=vhgHJ6xiau8&feature=youtu.be 참조.

20 Eric Boudot and Chris Buckley, *The Roots of Asian Weaving: The He Haiyan Collection of Textiles and Looms from Southwest China* (Oxford: Oxbow Books, 2015), 165-169.

21 Malika Kraamer, "Ghanaian Interweaving in the Nineteenth Century: A New Perspective on Ewe and Asante Textile History," *African Arts*, Winter 2006, 44. 이 주제에 관한 더 많은 이야기는 이 책의 6장을 참조.

22 "Ancestral Textile Replicas: Recreating the Past, Weaving the Present, Inspiring the Future" (exhibition, Museum and Catacombs of

San Francisco de Asís of the City of Cusco, November 2017).

23 Nancy Arthur Hoskins, "Woven Patterns on Tutankhamun Textiles," *Journal of the American Research Center in Egypt* 47 (2011): 199-215, www.jstor.org/stable/24555392.

24 Richard Rutt, *A History of Hand Knitting* (London: B. T. Batsford, 1987), 4-5, 8-9, 23, 32-39. 오늘날 베네수엘라, 기아나, 브라질을 아우르는 지역의 원주민들은 자신들만의 뜨개질 방법을 발전시켰다. 리처드 럿트(노대영)는 뜨개질을 묘사하는 이러한 언어들이 근대 이전에는 나타나지 않았으며, 다른 나라(예를 들어 러시아는 프랑스 용어인 트리코(*tricot*)를 빌려 썼다.)나 직물 공예에서 쓰이는 용어를 빌려왔다고 언급했다. 럿트는 "'직조'와 관련된 용어들의 차이는 놀라울 정도다."라고 기록했다. "거의 모든 언어에서 직조에 관련해 정밀하고 역사가 깊으며 잘 발전된 어휘를 찾아볼 수 있다. 직조는 역사보다 더 오래되었다. 겉보기에 단순해 보이는 뜨개질 방법은 직조보다 훨씬 최근에 발명되었다."

25 Anne DesMoines, interview with the author, December 8, 2019; Anne DesMoines, "Eleanora of Toledo Stockings," www.ravelry. com/patterns/library/eleonora-di-toledo-stockings. 디모인은 그녀가 발표한 패턴이 구조가 복잡한 실제 복제품보다 어딘가 단순화되었다고 말한다.

26 비록 이 직물은 스페인 정복 후에도 살아남았지만, 안데스산맥 지역의 직조공들은 '이중직 픽업(double weave pickup)'으로 불리며 수천 년간 이어 왔던 그림 제작 기술을 잃었다. 2012년, 쿠스코 전통 직물 센터(Center for Traditional Textiles of Cusco)는 미국의 이중직 예술가이자 교사인 제니퍼 무어(Jennifer Moore)를 고용했고, 직조 장인들에게 이를 가르쳐 다른 사람들에게 전수할 수 있게 했다. 수직기와 영어에 익숙했던 무어는 이 강의를 위해 1년을 준비해야 했다. Jennifer Moore, "Teaching in Peru," www.doubleweaver.com/peru. html.

27   Patricia Hilts, *The Weavers Art Revealed: Facsimile, Translation, and Study of the First Two Published Books on Weaving: Marx Ziegler's Weber Kunst und Bild Buch (1677) and Nathaniel Lumscher's Neu eingerichtetes Weber Kunst und Bild Buch (1708)*, Vol. I (Winnipeg, Canada: Charles Babbage Research Centre, 1990), 9-56, 97-109.

28   Joel Mokyr, *The Gifts of Athena: Historical Origins of the Knowledge Economy* (Princeton, NJ: Princeton University Press, 2002), 28-77.

29   Ellen Harlizius-Klück, "Weaving as Binary Art and the Algebra of Patterns," *Textile* 1, no. 2 (April 2017): 176-197.

30   바탕과 추가 씨실에 같은 색을 사용하면 다마스크 직물이 나온다.

31   Demonstration at "A World of Looms," China National Silk Museum, Hangzhou, June 1-4, 2018. 값싼 나일론 실이 발명되기 전에는 단순한 무늬를 만들 때 얇은 대나무 줄을 사용했다. Deb McClintock, "The Lao Khao Tam Huuk, One of the Foundations of Lao Pattern Weaving," Looms of Southeast Asia, January 31, 2017, https://simplelooms.com/2017/01/31/the-lao-khao-tam-huuk-one-of-the-foundations-of-lao-pattern-weaving/; Deb McClintock, interview with the author, October 18, 2018; Wendy Garrity, "Laos: Making a New Pattern Heddle," Textile Trails, https://textiletrails.com.au/2015/05/22/laos-making-a-new-pattern-heddle/.

32   E. J. W. Barber, *Prehistoric Textiles: The Development of Cloth in the Neolithic and Bronze Ages with Special Reference to the Aegean* (Princeton, NJ: Princeton University Press, 1991), 137-140.

33   Boudot and Buckley, *The Roots of Asian Weaving*, 180-185, 292-307, 314-327; Chris Buckley, email to the author, October 21, 2018.

34   Boudot and Buckley, *The Roots of Asian Weaving*, 422-426.

35   Boudot and Buckley, *The Roots of Asian Weaving*, 40-44.

36   Claire Berthommier, "The History of Silk Industry in Lyon" (pre-

sentation at the Dialogue with Silk between Europe and Asia: History, Technology and Art Conference, Lyon, November 30, 2017).

37 Daryl M. Hafter, "Philippe de Lasalle: From *Mise-en-carte* to Industrial Design," *Winterthur Portfolio*, 1977, 139-164; Lesley Ellis Miller, "The Marriage of Art and Commerce: Philippe de Lasalle's Success in Silk," *Art History* 28, no. 2 (April 2005): 200-222; Berthommier, "The History of Silk Industry in Lyon"; Rémi Labrusse, "Interview with Jean-Paul Leclercq," trans. Trista Selous, *Perspective*, 2016, https://journals.openedition.org/perspective/6674; Guy Scherrer, "Weaving Figured Textiles: Before the Jacquard Loom and After" (presentation at Conference on World Looms, China National Silk Museum, Hangzhou, May 31, 2018), YouTube video, 18:27, June 29, 2018, www.youtube.com/watch?v=DLAzP53l-D4; Alfred Barlow, *The History and Principles of Weaving by Hand and by Power* (London: Sampson Low, Marston, Searle, & Rivington, 1878), 128-139.

38 Metropolitan Museum of Art, "Joseph Marie Jacquard, 1839," www.metmuseum.org/art/collection/search/222531; Charles Babbage, *Passages in the Life of a Philosopher* (London: Longman, Green, Longman, Roberts & Green, 1864), 169-170.

39 Rev. R. Willis, "On Machinery and Woven Fabrics," in *Report on the Paris Exhibition of 1855*, Part II, 150, quoted in Barlow, *The History and Principles of Weaving by Hand and by Power*, 140-141.

40 James Payton, "Weaving," in *Encyclopaedia Britannica*, 9th ed., Vol. 24, ed. Spencer Baynes and W. Robertson Smith (Akron: Werner Co., 1905), 491-492, http://bit.ly/2AB1JVU; Victoria and Albert Museum, "How Was It Made? Jacquard Weaving," You-Tube video, 3:34, October 8, 2015, www.youtube.com/watch?v=K6NgMNvK52A; T. F. Bell, Jacquard Looms: Harness

Weaving (Read Books, 2010), Kindle edition reprint of T. F. Bell, *Jacquard Weaving and Designing* (London: Longmans, Green, & Co., 1895).

41 James Essinger, *Jacquard's Web: How a Hand-Loom Led to the Birth of the Information Age* (Oxford: Oxford University Press, 2007), 35-38; Jeremy Norman, "The Most Famous Image in the Early History of Computing," HistoryofInformation.com, www.historyofinformation.com/expanded.php?id=2245; Yiva Fernaeus, Martin Jonsson, and Jakob Tholander, "Revisiting the Jacquard Loom: Threads of History and Current Patterns in HCI," *CHI '12: Proceedings of the SIGCHI Conference on Human Factors in Computing Systems*, May 5-10, 2012, 1593-1602, https://dl.acm.org/citation.cfm?doid=2207676.2208280.

42 Gadagne Musées, "The Jacquard Loom," inv.50.144, Room 21: Social Laboratory—19th C.,www.gadagne.musees.lyon.fr/index.php/history_en/content/download/2939/27413/file/zoom_jacquard_eng.pdf;Barlow, *The History and Principles of Weaving by Hand and by Power*, 144-147; Charles Sabel and Jonathan Zeitlin, "Historical Alternatives to Mass Production: Politics, Markets and Technology in Nineteenth-Century Industrialization," *Past and Present*, no. 108 (August 1985): 133-176; Anna Bezanson, "The Early Use of the Term Industrial Revolution," *Quarterly Journal of Economics* 36, no. 2 (February 1922): 343-349; Ronald Aminzade, "Reinterpreting Capitalist Industrialization: A Study of Nineteenth-Century France," *Social History* 9, no. 3 (October 1984): 329-350. 결국 새로운 기술을 받아들이기는 했지만, 리요네의 노동자들은 변화를 가만히 두고 보지 않았다. 1831년과 1834년에 실크 공장 노동자들인 카뉘(*canut*)들이 일으킨 반란은 프랑스의 노동사 및 정치사의 중대 사건으로 기록되었다.

43 James Burke, "Connections Episode 4: Faith in Numbers," https://archive.org/details/james-burke-connections_s01e04; F. G. Heath, "The Origins of the Binary Code," *Scientific American*, August 1972, 76–83.

44 Robin Kang, interview with the author, January 9, 2018; Rolfe Bozier, "How Magnetic Core Memory Works," Rolfe Bozier (blog), August 10, 2015, https://rolfebozier.com/archives/113; Stephen H. Kaisler, *Birthing the Computer: From Drums to Cores* (Newcastle upon Tyne, UK: Cambridge Scholars Publishing, 2017), 73–75; Daniela K. Rosner, Samantha Shorey, Brock R. Craft, and Helen Remick, "Making Core Memory: Design Inquiry into Gendered Legacies of Engineering and Craftwork," *Proceedings of the 2018 CHI Conference on Human Factors in Computing Systems (CHI '18)*, paper 531, https://faculty.washington.edu/dkrosner/files/CHI-2018-Core-Memory.pdf.

45 코어 메모리는 램(임의접근기억장치)이었으며, 로프 메모리는 롬(고정기억장치)이었다.

46 David A. Mindell, *Digital Apollo: Human and Machine in Spaceflight* (Cambridge, MA: MIT Press, 2008), 154–157; David Mindell interview in *Moon Machines: The Navigation Computer*, YouTube video, Nick Davidson and Christopher Riley (directors), 2008, 44:21, www.youtube.com/watch?v=9YA7X5we8ng; Robert McMillan, "Her Code Got Humans on the Moon—and Invented Software Itself," *Wired*, October 13, 2015, www.wired.com/2015/10/margaret-hamilton-nasa-apollo/.

47 Frederick Dill, quoted in Rosner et al., "Making Core Memory."

48 Fiber Year Consulting, *The Fiber Year 2017* (Fiber Year, 2017), www.groz-beckert.com/mm/media/web/9_messen/bilder/veranstaltungen_1/2017_6/the_fabric_year/Fabric_Year_2017_Handout_

EN.pdf. 2016년에 편물은 세계 직물의 (무게를 기준으로) 57퍼센트를, 직물은 32퍼센트를 차지했으며, 편물 판매량은 1년에 5퍼센트, 직물은 2퍼센트의 성장률을 기록했다.

49 Stanley Chapman, *Hosiery and Knitwear: Four Centuries of Small-Scale Industry in Britain c. 1589-2000* (Oxford: Oxford University Press, 2002), xx-27, 66-67. 스탠리 채프먼은 프레임워크 뜨개질이 성행했던 미들랜즈(Midlands)에서는 (은세공인이나 시계 장인들이 아니라) 평범한 대장장이들이 필요한 부품들을 만드는 기술들을 발전시켰다고 강조했다. 이 지역 대장장이들은 뛰어난 손기술로 유명했지만, 다른 공예품에 관한 기록은 남아 있지 않다. Pseudoerasmus, "The Calico Acts: Was British Cotton Made Possible by Infant Industry Protection from Indian Competition?" Pseudoerasmus (blog), January 5, 2017, https://pseudoerasmus.com/2017/01/05/ca/. 스타킹 프레임의 작동 원리를 소개하는 영상은 https://youtu.be/WdVDoLqg2_c 참조.

50 Vidya Narayanana and Jim McCann, interviews with the author, August 6, 2019; Vidya Narayanana, interview with the author, December 11, 2019, and email to the author, December 11, 2019; Michael Seiz, interviews with the author, December 10, 2019, and December 11, 2019; Randall Harward, interview with the author, November 12, 2019; Vidya Narayanan, Kui Wu, Cem Yuksel, and James McCann, "Visual Knitting Machine Programming," *ACM Transactions on Graphics* 38, no. 4 (July 2019), https://textiles-lab.github.io/publications/2019-visualknit/.

4장 염료

1 Tom D. Dillehay, "Relevance," in *Where the Land Meets the Sea:*

Fourteen Millennia of Human History at Huaca Prieta, Peru, ed. Tom D. Dillehay (Austin: University of Texas Press, 2017), 3-28; Jeffrey Splitstoser, "Twined and Woven Artifacts: Part 1: Textiles," in *Where the Land Meets the Sea*, 458-524; Jeffrey C. Splitsoser, Tom D. Dillehay, Jan Wouters, and Ana Claro, "Early Pre-Hispanic Use of Indigo Blue in Peru," *Science Advances* 2, no. 9 (September 14, 2016), http://advances.sciencemag.org/content/2/9/e1501623. full. 이 조각들을 보면 푸른색 외에도 밀크위드(milkweed)와 비슷한 관목의 유백색 섬유로 만든 면실을 이용한 줄무늬를 확인할 수 있다.

2   Dominique Cardon, *Natural Dyes: Sources, Tradition Technology and Science*, trans. Caroline Higgett (London: Archetype, 2007), 1, 51, 167-176, 242-250, 360, 409-411.

3   Zvi C. Koren, "Modern Chemistry of the Ancient Chemical Processing of Organic Dyes and Pigments," in *Chemical Technology in Antiquity*, ed. Seth C. Rasmussen, ACS Symposium Series (Washington, DC: American Chemical Society, 2015), 197; Cardon, *Natural Dyes*, 51.

4   John Marshall, *Singing the Blues: Soulful Dyeing for All Eternity* (Covelo, CA: Saint Titus Press, 2018), 11-12. 대청을 포함한 일부 인디고 식물은 다른 인독실 전구체도 지닌다.

5   식물 기반 염료는 색소 화합물을 한 개 이상 지니므로 합성염료보다 색이 풍부하다.

6   Deborah Netburn, "6,000-Year-Old Fabric Reveals Peruvians Were Dyeing Textiles with Indigo Long Before Egyptians," *Los Angeles Times*, September 16, 2016, www.latimes.com/science/sciencenow/la-sci-sn-oldest-indigo-dye-20160915-snap-story.html.

7   고산성 용액도 가능하지만, 역사적으로 인디고 염색공들은 알칼리성 첨가물을 사용했다. Cardon, *Natural Dyes*, 336-353.

8   Jenny Balfour-Paul, *Indigo: Egyptian Mummies to Blue Jeans* (Buf-

falo, NY: Firefly Books, 2011), 121-122.

9   Balfour-Paul, *Indigo*, 41-42.

10 Alyssa Harad, "Blue Monday: Adventures in Indigo," Alyssa Harad, November 12, 2012, https://alyssaharad.com/2012/11/blue-mon-day-adventures-in-indigo/; Cardon, *Natural Dyes*, 369; Graham Keegan workshop, December 14, 2018.

11 Balfour-Paul, *Indigo*, 9, 13.

12 Cardon, *Natural Dyes*, 51, 336-353.

13 Graham Keegan, interview with the author, December 14, 2018.

14 Cardon, *Natural Dyes*, 571; Mark Cartwright, "Tyrian Purple," *Ancient History Encyclopedia*, July 21, 2016, www.ancient.eu/Tyrian_Purple; Mark Cartwright, "Melqart," *Ancient History Encyclopedia*, May 6, 2016, www.ancient.eu/Melqart/.

15 Cardon, *Natural Dyes*, 551-586; Zvi C. Koren, "New Chemical Insights into the Ancient Molluskan Purple Dyeing Process," in *Archaeological Chemistry VIII*, ed. R. Armitage et al. (Washington, DC: American Chemical Society, 2013), chap. 3, 43-67.

16 Inge Boesken Kanold, "Dyeing Wool and Sea Silk with Purple Pigment from *Hexaplex trunculus*," in *Treasures from the Sea: Purple Dye and Sea Silk*, ed. Enegren Hedvig Landenius and Meo Francesco (Oxford: Oxbow Books, 2017), 67-72; Cardon, *Natural Dyes*, 559-562; Koren, "New Chemical Insights."

17 Brendan Burke, *From Minos to Midas: Ancient Cloth Production in the Aegean and in Anatolia* (Oxford: Oxbow Books, 2010), Kindle locations 863-867. 2019년 12월 2일에 주고받은 이메일에서 브렌던 버크는 다음과 같이 설명했다. "동족 포식의 개념이 등장한 것은 이들이 물고기 탱크에 가두어진 채 식량을 구하지 못하는 상황이었다면 서로를 잡아먹기 시작했을 것이기 때문입니다.(저는 늘 고둥들을 돌보는 사람이라면 이들에게 무엇을 먹여야 하는지 알고 있을 것이라고

생각했지만, 그렇지 않은 예도 있을 수 있으니까요.) 이는 발굴된 염료 관련 고둥 껍데기 중 규모가 큰 일부 무덤에서 구멍이 뚫린 껍데기들이 발견되는 이유를 설명해 줍니다. 어쨌든 껍데기에 뚫린 구멍들은 풀어야 할 문제였고, 저는 규모가 크거나 전문화된 생산 센터들이 이 사실을 알아차렸기 때문에 이런 현상이 규모가 작은 생산 센터들만큼 자주 나타나지 않았을 것이라고 생각합니다. 껍데기에 뚫린 구멍은 누가 되었든 고둥을 기르는 사람이 먹이를 잘 주지 않았다는 것을 나타내니까요."

18 Cardon, *Natural Dyes*, 559-562; Koren, "New Chemical Insights"; Zvi C. Koren, "Chromatographic Investigations of Purple Archaeological Bio-Material Pigments Used as Biblical Dyes," *MRS Proceedings* 1374 (January 2012): 29-47, https://doi.org/10.1557/opl.2012.1376.

19 여기에서 테크니컬러는 일상적 의미로 사용되었다. 이 영화에 실제로 사용된 것은 다른 색상 기술이다.

20 Meyer Reinhold, *History of Purple as a Status Symbol in Antiquity* (Brussels: Revued'Études Latines, 1970), 17; Pliny, *Natural History*, Vol. III, Book IX, sec. 50, trans. Harris Rackham, Loeb Classical Library (Cambridge, MA: Harvard University Press, 1947), 247-259, https://archive.org/stream/naturalhistory03plinuoft#page/n7/mode/2up; Cassiodorus, "King Theodoric to Theon, Vir Sublimis," *The Letters of Cassiodorus*, Book I, trans. Thomas Hodgkin (London: Henry Frowde, 1886), 143-144, www.gutenberg.org/files/18590/18590-h/18590-h.htm; Martial, "On the Stolen Cloak of Crispinus," in *Epigrams*, Book 8, Bohn's Classical Library, 1897, adapted by Roger Pearse, 2008, www.tertullian.org/fathers/martial_epigrams_book08.htm; Martial, "To Bassa," in *Epigrams*, Book 4, www.tertullian.org/fathers/martial_epigrams_book04.htm; and Martial, "On Philaenis," in *Epigrams*, Book 9, www.tertullian.org/

fathers/martial_epigrams_book09.htm. 속설과 달리 티리언 퍼플을 사용할 수 있는 계층이 왕족으로 제한된 것은 고대가 아니며, 이러한 제한은 후기 비잔티움 제국 시대에만 존재했다.

21 Strabo, *Geography*, Vol. VII, Book XVI, sec. 23, trans Horace Leonard Jones, Loeb Classical Library (Cambridge, MA: Harvard University Press, 1954), 269, archive.org/details/in.gov.ignca.2919/page/n279/mode/2up.

22 해당 pH 척도는 로그값이므로, pH가 8인 용액은 pH가 7인 용액보다 알칼리성이 열 배에 달한다.

23 Deborah Ruscillo, "Reconstructing Murex Royal Purple and Biblical Blue in the Aegean," in *Archaeomalacology: Molluscs in Former Environments of Human Behaviour*, ed. Daniella E. Bar-Yosef Mayer (Oxford: Oxbow Books, 2005), 99-106, www.academia.edu/373048/Reconstructing_Murex_Royal_Purple_and_Biblical_Blue_in_the_Aegean; Deborah Ruscillo Cosmopoulos, interview with the author, January 12, 2019.

24 Gioanventura Rosetti, *The Plichto: Instructions in the Art of the Dyers which Teaches the Dyeing of Woolen Cloths, Linens, Cottons, and Silk by the Great Art as Well as by the Common*, trans. Sidney M. Edelstein and Hector C. Borghetty (Cambridge, MA: MIT Press, 1969), 89, 91, 109-110. 번역가들은 이 책의 기묘한 제목이 '봉투' 혹은 '상자'를 의미하는 현대 이탈리아어 플리코(*plico*)와 관련되었을 것이라고, 안내서나 중요한 문서의 모음집일 것이라고 주장한다.

25 Cardon, *Natural Dyes*, 107-108; Zvi C. Koren (Kornblum), "Analysis of the Masada Textile Dyes," in *Masada IV. The Yigael Yadin Excavations 1963-1965. Final Reports*, ed. Joseph Aviram, Gideon Foerster, and Ehud Netzer (Jerusalem: Israel Exploration Society, 1994), 257-264.

26 Drea Leed, "Bran Water," July 2, 2003, www.elizabethancostume.

net/dyes/lyteldyebook/branwater.html and "How Did They Dye Red in the Renaissance," www.elizabethancostume.net/dyes/university/renaissance_red_ingredients.pdf.

27   Koren, "Modern Chemistry of the Ancient Chemical Processing," 200-204.

28   Cardon, *Natural Dyes*, 39.

29   Cardon, *Natural Dyes*, 20-24; Charles Singer, *The Earliest Chemical Industry: An Essay in the Historical Relations of Economics and Technology Illustrated from the Alum Trade* (London: Folio Society, 1948), 114, 203-206. The quote is from Vannoccio Biringuccio in his landmark 1540 book on metalworking, *De la Pirotechnia*.

30   Rosetti, *The Plichto*, 115.

31   Mari-Tere Álvarez, "New World *Palo de Tintes* and the Renaissance Realm of Painted Cloths, Pageantry and Parade" (paper presented at From Earthly Pleasures to Princely Glories in the Medieval and Renaissance Worlds conference, UCLA Center for Medieval and Renaissance Studies, May 17, 2013); Elena Phipps, "Global Colors: Dyes and the Dye Trade," in *Interwoven Globe: The Worldwide Textile Trade, 1500-1800*, ed. Amelia Peck (New Haven, CT: Yale University Press, 2013), 128-130.

32   Sidney M. Edelstein and Hector C. Borghetty, "Introduction," in Gioanventura Rosetti, *The Plichto*, xviii. 시드니 에델스틴은 뛰어난 산업 화학자이자 사업가다. 취미로 염료의 역사를 공부하며 염료에 관해 중요한 작품들을 수집했고, 화학사와 고대 염료의 연구에 후원을 아끼지 않았다. Anthony S. Travis, "Sidney Milton Edelstein, 1912-1994," Edelstein Center for the Analysis of Ancient Artifacts, https://edelsteincenter.wordpress.com/about/the-edelstein-center/dr-edelsteins-biography/; Drea Leed, interview with the author, January 25, 2019.

33 1570년대가 되자 코치닐은 거의 케르메스로 대체되었지만, 『플릭토』가 출판된 시점에는 두 가지 모두 사용되고 있었다.

34 Amy Butler Greenfield, *A Perfect Red: Empire, Espionage, and the Quest for the Color of Desire* (New York: HarperCollins, 2005), 76.

35 "The Evils of Cochineal, Tlaxcala, Mexico (1553)," in *Colonial Latin America: A Documentary History*, ed. Kenneth Mills, William B. Taylor, and Sandra Lauderdale Graham (Lanham, MD: Rowman & Littlefield, 2002), 113–116.

36 Raymond L. Lee, "Cochineal Production and Trade in New Spain to 1600," *The Americas* 4, no. 4 (April 1948): 449–473; Raymond L. Lee, "American Cochineal in European Commerce, 1526–1625," *Journal of Modern History* 23, no. 3 (September 1951): 205–224; John H. Munro, "The Medieval Scarlet and the Economics of Sartorial Splendour," in *Cloth and Clothing in Medieval Europe*, ed. N. B. Harte and K. G. Ponting (London: Heinemann Educational Books, 1983), 63–64.

37 Edward McLean Test, *Sacred Seeds: New World Plants in Early Modern Literature* (Lincoln: University of Nebraska Press, 2019), 48; Marcus Gheeraerts the Younger, *Robert Devereux, 2nd Earl of Essex*, National Portrait Gallery, www.npg.org.uk/collections/search/portrait/mw02133/Robert-Devereux-2nd-Earl-of-Essex.

38 Lynda Shaffer, "Southernization," *Journal of World History* 5 (Spring 1994): 1–21, https://roosevelt.ucsd.edu/_files/mmw/mmw12/SouthernizationArgumentAnalysis2014.pdf; Beverly Lemire and Giorgio Riello, "East & West: Textiles and Fashion in Early Modern Europe," *Journal of Social History* 41, no. 4 (Summer 2008): 887–916, http://wrap.warwick.ac.uk/190/1/WRAP_Riello_Final_Article.pdf; John Ovington, *A Voyage to Suratt: In the Year 1689* (London: Tonson, 1696), 282. 결국 인도의 직물은 수입을 제한하거

508

나 금지했던 네덜란드처럼 뚜렷한 예외를 제외한 유럽의 직물 산업 대부분에 큰 위협이 되었다.

39 John J. Beer, "Eighteenth-Century Theories on the Process of Dyeing," *Isis* 51, no. 1 (March 1960): 21-30.

40 Jeanne-Marie Roland de La Platiere, *Lettres de madame Roland, 1780-1793*, ed. Claude Perroud (Paris: Imprimerie Nationale, 1900), 375, https://gallica.bnf.fr/ark:/12148/bpt6k46924q/f468. item, translation by the author.

41 Société d'histoire naturelle et d'ethnographie de Colmar, *Bulletin de la Societé d' histoire naturelle de Colmar: Nouvelle Serie 1, 1889-1890* (Colmar: Imprimerie Decker, 1891), 282-286, https://gallica.bnf.fr/ark:/12148/bpt6k9691979j/f2.item.r=haussmann, translation by the author; Hanna Elisabeth Helvig Martinsen, *Fashionable Chemistry: The History of Printing Cotton in France in the Second Half of the Eighteenth and First Decades of the Nineteenth Century* (PhD thesis, University of Toronto, 2015), 91-97, https://tspace.library.utoronto.ca/bitstream/1807/82430/1/Martinsen_Hanna_2015_PhD_thesis.pdf.

42 American Chemical Society, "The Chemical Revolution of Antoine-Laurent Lavoisier," June 8, 1999, www.acs.org/content/acs/en/education/whatischemistry/landmarks/lavoisier.html.

43 Martinsen, *Fashionable Chemistry*, 64.

44 Charles Coulston Gillispie, *Science and Polity in France at the End of the Old Regime* (Princeton, NJ: Princeton University Press, 1980), 409-413.

45 Claude-Louis Berthollet and Amedée B. Berthollet, *Elements of the Art of Dyeing and Bleaching*, trans. Andrew Are (London: Thomas Tegg, 1841), 284.

46 *Demorest's Family Magazine*, November 1890, 47, 49, April 1891,

381, 383, and January 1891, 185, www.google.com/books/edition/
Demorest_s_Family_Magazine/dRQ7AQAAMAAJ?hl=en&gbpv=0;
Diane Fagan Affleck and Karen Herbaugh, "Bright Blacks, Neon Ac-
cents: Fabrics of the 1890s," Costume Colloquium, November 2014.

47 John W. Servos, "The Industrialization of Chemistry," *Science* 264,
no. 5161 (May 13, 1994): 993–994.

48 Catherine M. Jackson, "Synthetical Experiments and Alkaloid
Analogues: Liebig, Hofmann, and the Origins of Organic Synthe-
sis," *Historical Studies in the Natural Sciences* 44, no. 4 (September
2014): 319–363; Augustus William Hofmann, "A Chemical Inves-
tigation of the Organic Bases contained in Coal-Gas," *London, Ed-
inburgh, and Dublin Philosophical Magazine and Journal of Science*,
February 1884, 115–127; W. H. Perkin, "The Origin of the Coal-
Tar Colour Industry, and the Contributions of Hofmann and His
Pupils," *Journal of the Chemical Society*, 1896, 596–637.

49 Sir F. A. Abel, "The History of the Royal College of Chemistry and
Reminiscences of Hofmann's Professorship," *Journal of the Chemical
Society*, 1896, 580–596.

50 Anthony S. Travis, "Science's Powerful Companion: A. W. Hof-
mann's Investigation of Aniline Red and Its Derivatives," *British
Journal for the History of Science* 25, no.1 (March 1992): 27–44;
Edward J. Hallock, "Sketch of August Wilhelm Hofmann," *Popu-
lar Science Monthly*, April 1884, 831–835; Lord Playfair, "Personal
Reminiscences of Hofmann and of the Conditions which Led to
the Establishment of the Royal College of Chemistry and His Ap-
pointment as Its Professor," *Journal of the Chemical Society*, 1896,
575–579; Anthony S. Travis, *The Rainbow Makers: The Origins of
the Synthetic Dyestuffs Industry in Western Europe* (Bethlehem, NY:
Lehigh University Press, 1993), 31–81, 220–227, 35.

51 Simon Garfield, *Mauve: How One Man Invented a Colour that Changed the World* (London: Faber & Faber, 2000), 69.

52 Travis, *The Rainbow Makers*, 31-81, 220-227; Perkin, "The Origin of the Coal-Tar Colour Industry."

53 Robert Chenciner, *Madder Red: A History of Luxury and Trade* (London: Routledge Curzon, 2000), Kindle locations 5323-5325; J. E. O'Conor, *Review of the Trade of India, 1900-1901* (Calcutta: Office of the Superintendent of Government Printing, 1901), 28-29; Asiaticus, "The Rise and Fall of the Indigo Industry in India," *Economic Journal*, June 1912, 237-247.

54 소마이야 칼라 비댜는 뛰어난 장인들이 더 나은 디자인과 마케팅 기술을 습득할 수 있도록 돕는 학교이지만, 아마추어들을 위한 워크숍도 운영한다. 나는 2019년 3월 10일에 그중 하나에 참가했다. www.somaiya-kalavidya.org/about.html 참조.

55 정확히 말하면 네 개의 회사로 나뉘어 있다. 본사이자 염색 공장인 스위스텍스 캘리포니아(Swisstex California), 실을 사들이고 편물에 관한 계약 업무를 수행하는 스위스텍스 다이렉트(Swisstex Direct), 엘살바도르에 있는 염색 공장 스위스텍스 엘살바도르(Swisstex El Salvador), 마지막으로 역시 엘살바도르에 있는 독특한 섬유 제조사다. 염색 작업의 비중은 로스앤젤레스가 더 높지만, 직물은 의류 가공지가 가까운 엘살바도르에 집중되어 있다. 이 모든 회사는 창립자인 파트너 네 명이 동등하게 소유하고 있다.

56 Badri Chatterjee, "Why Are Dogs Turning Blue in This Mumbai Suburb? Kasadi River May Hold Answers," *Hindustan Times*, August 11, 2017, www.hindustantimes.com/mumbai-news/industrial-waste-in-navi-mumbai-s-kasadi-river-is-turning-dogs-blue/story-FcG0fUpioHGWUY1zv98HuN.html; Badri Chatterjee, "Mumbai's Blue Dogs: Pollution Board Shuts Down Dye Industry After HT Report," *Hindustan Times*, August 20, 2017, www.hin-

dustantimes.com/mumbai-news/mumbai-s-blue-dogs-pollution-board-shuts-down-dye-industry-after-ht-report/story-uhgaiSeI-k7UbxV93WLniaN.html.

57   Keith Dartley, interview with the author, September 16, 2019, and September 26, 2019, and email to the author, September 27, 2019; Swisstex California, "Environment," www.swisstex-ca.com/Swis-stex_Ca/Environment.html. Swisstex is certified by Bluesign, an environmental standard-setting and monitoring company based in Switzerland: www.bluesign.com/en.

5장 상인

1   Cécile Michel, *Correspondance des marchands de Kaniš au debut du IIe millenaire avant J.-C.* (Paris: Les Éditions du Cerf, 2001), 427-431 (translation from French by the author); Cécile Michel, "The Old Assyrian Trade in the Light of Recent Kültepe Archives," *Journal of the Canadian Society for Mesopotamian Studies*, 2008, 71-82, https://halshs.archives-ouvertes.fr/halshs-00642827/document; Cécile Michel, "Assyrian Women's Contribution to International Trade with Anatolia," *Carnet de REFEMA*, November 12, 2013, https://refema.hypotheses.org/850; Cécile Michel, "Economic and Social Aspects of the Old Assyrian Loan Contract," in *L'economia dell'antica Mesopotamia (III-I millennio a.C.) Per un dialogo inter-disciplinare*, ed. Franco D'Agostino (Rome: Edizioni Nuova Cultura, 2013), 41-56, https://halshs.archives-ouvertes.fr/halshs-01426527/document; Mogens Trolle Larsen, *Ancient Kanesh: A Merchant Colony in Bronze Age Anatoli*a (Cambridge: University of Cambridge Press, 2015), 1-3, 112, 152-158, 174, 196-201; Klaas R. Veenhof,

"'Modern' Features in Old Assyrian Trade," *Journal of the Economic and Social History of the Orient* 40, no. 4 (January 1997): 336-366.

2   사회적 기술에 관한 내용은 Richard R. Nelson, "Physical and Social Technologies, and Their Evolution" (LEM Working Paper Series, Scuola Superiore Sant'Anna, Laboratory of Economics and Management [LEM], Pisa, Italy, June 2003), http://hdl.handle.net/10419/89537 참조.

3   Larsen, *Ancient Kanesh*, 54-57.

4   Larsen, *Ancient Kanesh*, 181-182.

5   Jessica L. Goldberg, *Trade and Institutions in the Medieval Mediterranean: The Geniza Merchants and Their Business World* (Cambridge: Cambridge University Press, 2012), 65.

6   사마르칸트, 오늘날의 우즈베키스탄에 있는 부하라 등 주요 도시가 있던 중앙아시아의 소그드인들은 중국과 이란을 오가던 중요한 상인들이었다.

7   Valerie Hansen and Xinjiang Rong, "How the Residents of Turfan Used Textiles as Money, 273-796 CE," *Journal of the Royal Asiatic Society* 23, no. 2 (April 2013): 281-305, https://history.yale.edu/sites/default/files/files/VALERIE%20HANSEN%20and%20XINJIANG%20RONG.pdf.

8   Chang Xu and Helen Wang (trans.), "Managing a Multicurrency System in Tang China: The View from the Centre," *Journal of the Royal Asiatic Society* 23, no. 2 (April 2013): 242.

9   고대 스칸디나비아에서는 이런 이야기들을 사트르(*páttr*)로 부르는데, '(실의) 가닥'을 의미한다.

10   William Ian Miller, *Audun and the Polar Bear: Luck, Law, and Largesse in a Medieval Tale of Risky Business* (Leiden: Brill, 2008), 7, 22-25.

11   합법적인 계산화폐였던 와드멀의 특정 크기는 은 1온스와 같은 가치

로 지정되었다.

12 Michèle Hayeur Smith, "*Vaðmál* and Cloth Currency in Viking and Medieval Iceland," in *Silver, Butter, Cloth: Monetary and Social Economies in the Viking Age*, ed. Jane Kershaw and Gareth Williams (Oxford: Oxford University Press, 2019), 251–277; Michèle Hayeur Smith, "Thorir's Bargain: Gender, *Vaðmál* and the Law," *World Archaeology* 45, no. 5 (2013): 730–746, https://doi.org/10.1080/00438 243.2013.860272; Michèle Hayeur Smith, "Weaving Wealth: Cloth and Trade in Viking Age and Medieval Iceland," in *Textiles and the Medieval Economy: Production, Trade, and Consumption of Textiles, 8th-16th Centuries*, ed. Angela Ling Huang and Carsten Jahnke (Oxford: Oxbow Books, 2014), 23–40, www.researchgate.net/publication/272818539_Weaving_Wealth_Cloth_and_Trade_in_Viking_Age_and_Medieval_Iceland. 종종 개념적인 계산 단위로 사용되고 이따금 '유령 돈'으로도 불린 은의 거래량은 직물보다 훨씬 적었다. 돈의 기본적 특성에 관한 간단한 개요는 Federal Reserve Bank of St. Louis, "Functions of Money," Economic Lowdown Podcast Series, Episode 9, www.stlouisfed.org/education/economic-lowdown-podcast-series/episode-9-functions-of-money 참조.

13 Marion Johnson, "Cloth as Money: The Cloth Strip Currencies of Africa," *Textile History* 11, no. 1 (1980): 193–202.

14 Peter Spufford, *Power and Profit: The Merchant in Medieval Europe* (London: Thames & Hudson, 2002), 134–136, 143–152.

15 Alessandra Macinghi degli Strozzi, *Lettere di una Gentildonna Fiorentina del Secolo XV ai Figliuoli Esuli*, ed. Cesare Guasti (Firenze: G. C. Sansone, 1877), 27–30. (Translation by the author.)

16 Spufford, *Power and Profit*, 25–29.

17 Jong Kuk Nam, "The *Scarsella* between the Mediterranean and the Atlantic in the 1400s," *Mediterranean Review*, June 2016, 53–75.

514

18 Telesforo Bini, "Lettere mercantili del 1375 di Venezia a Giusfredo Cenami setaiolo," appendix to *Su I lucchesi a Venezia: Memorie dei Secoli XII e XIV*, Part 2, in *Atti dell'Accademia Lucchese di Scienze, Lettere ed Arti*, (Lucca, Italy: Tipografia di Giuseppe Giusti, 1857), 150-155, www.google.com/books/edition/_/OLwAAAAAYAAJ?hl=en.

19 Spufford, *Power and Profit*, 28-29.

20 Warren Van Egmond, *The Commercial Revolution and the Beginnings of Western Mathematics in Renaissance Florence, 1300-1500* (unpublished dissertation, History and Philosophy of Science, Indiana University, 1976), 74-75, 106. 다음에 이어질 내용은 대부분 밴 에그먼드의 연구에서 가져온 것이다. 인용과 몇 가지 특정 사실을 명시하기 위해 페이지 번호만 표기한다.

21 Van Egmond, *The Commercial Revolution*, 14, 172, 186-187, 196-197, 251.

22 L. E. Sigler, *Fibonacci's Liber Abaci: A Translation into Modern English of Leonardo Pisano's Book of Calculation* (New York: Springer-Verlag, 2002), 4, 15-16.

23 Paul F. Grendler, *Schooling in Renaissance Italy: Literacy and Learning, 1300-1600* (Baltimore: Johns Hopkins University Press, 1989), 77, 306-329; Margaret Spufford, "Literacy, Trade, and Religion in the Commercial Centers of Europe," in *A Miracle Mirrored: The Dutch Republic in European Perspective*, ed. Karel A. Davids and Jan Lucassen (Cambridge: Cambridge University Press, 1995), 229-283. Paul F. Grendler, "What Piero Learned in School: Fifteenth-Century Vernacular Education," *Studies in the History of Art* (Symposium Papers XXVIII: Piero della Francesca and His Legacy, 1995), 160-174; Frank J. Swetz, *Capitalism and Arithmetic: The New Math of the 15th Century, Including the Full Text of the*

Treviso Arithmetic of 1478, trans. David Eugene Smith (La Salle, IL: Open Court, 1987).

24 Edwin S. Hunt and James Murray, *A History of Business in Medieval Europe, 1200-1550* (Cambridge: Cambridge University Press, 1999), 57-63.

25 Van Egmond, *The Commercial Revolution*, 17-18, 173.

26 오늘날 의류 산업계에서 팩터라는 단어는 제조사의 청구서를 기반으로 융자를 지원해 주는 기관을 의미한다. 그러나 직물의 역사에서는 대부분 단순히 대리인이나 중개인이라는 의미로 사용되었다.

27 James Stevens Rogers, *The Early History of the Law of Bills and Notes: A Study of the Origins of Anglo-American Commercial Law* (Cambridge: Cambridge University Press, 1995), 104-106.

28 Hunt and Murray, *A History of Business in Medieval Europe*, 64.

29 Francesca Trivellato, *The Promise and Peril of Credit: What a Forgotten Legend About Jews and Finance Tells Us About the Making of European Commercial Society* (Princeton, NJ: Princeton University Press, 2019), 2. 이 법적 문서는 이탈리아에서 만들어졌지만, 1492년에 유대인들이 스페인에서 추방되며 자신들의 재산을 재빨리 옮기기 위한 방법의 하나로 환어음을 만들었다는 이야기가 생겨났다. 트리벨라토의 책에서 이 이야기의 기원과 지속 양상을 확인할 수 있다.

30 Spufford, *Power and Profit*, 37. 진화를 거듭해 양도 가능한 특성을 지니게 되며 환어음은 경제학자들이 통화 공급으로 부를 수 있을 만한 수단에 점차 가까워졌다.

31 Meir Kohn, "Bills of Exchange and the Money Market to 1600" (Department of Economics Working Paper No. 99-04, Dartmouth College, Hanover, NH, February 1999), 21, cpb-us-e1.wpmucdn. com/sites.dartmouth.edu/dist/6/1163/files/2017/03/99-04.pdf; Peter Spufford, *Handbook of Medieval Exchange* (London: Royal Historical Society, 1986), xxxvii.

32   Spufford, *Handbook of Medieval Exchange*, 316, 321.

33   Kohn, "Bills of Exchange and the Money Market," 3, 7–9; Trivellato, *The Promise and Peril of Credit*, 29–30. See also Raymond de Roover, "What Is Dry Exchange: A Contribution to the Study of English Mercantilism," in *Business, Banking, and Economic Thought in Late Medieval and Early Modern Europe: Selected Studies of Raymond de Roover*, ed. Julius Kirshner (Chicago: University of Chicago Press, 1974), 183–199.

34   Iris Origo, *The Merchant of Prato: Daily Life in a Medieval City* (New York: Penguin, 1963), 146–149.

35   Hunt and Murray, *A History of Business in Medieval Europe*, 222–225; K. S. Mathew, *Indo-Portuguese Trade and the Fuggers of Germany: Sixteenth Century* (New Delhi: Manohar, 1997), 101–147.

36   Kohn, "Bills of Exchange and the Money Market," 28.

37   Alfred Wadsworth and Julia de Lacy Mann, *The Cotton Trade and Industrial Lancashire 1600-1780* (Manchester, UK: Manchester University Press, 1931), 91–95.

38   Wadsworth and Mann, *The Cotton Trade and Industrial Lancashire*, 91–95; T. S. Ashton, "The Bill of Exchange and Private Banks in Lancashire, 1790–1830," *Economic History Review* a15, nos. 1–2 (1945): 27.

39   Trivellato, *The Promise and Peril of Credit*, 13–14.

40   John Graham, "History of Printworks in the Manchester District from 1760 to 1846," quoted in J. K. Horsefield, "Gibson and Johnson: A Forgotten Cause Célebre," *Economica*, August 1943, 233–237.

41   Trivellato, *The Promise and Peril of Credit*, 32–34; Kohn, "Bills of Exchange and the Money Market," 24–28; Lewis Loyd testimony, May 4, 1826, in House of Commons, *Report from the Select Com-*

mittee on Promissory Notes in Scotland and Ireland (London: Great Britain Parliament, May 26, 1826), 186.

42   Alexander Blair testimony, March 21, 1826, in House of Commons, *Report from the Select Committee on Promissory Notes in Scotland and Ireland* (London: Great Britain Parliament, May 26, 1826), 41; Lloyds Banking Group, "British Linen Bank (1746-1999)," www. lloydsbankinggroup.com/Our-Group/our-heritage/our-history2/ bank-of-scotland/british-linen-bank/.

43   Carl J. Griffin, *Protest, Politics and Work in Rural England, 1700-1850* (London: Palgrave Macmillan, 2013), 24; Adrian Randall, *Riotous Assemblies: Popular Protest in Hanoverian England* (Oxford: Oxford University Press, 2006), 141-143; David Rollison, *The Local Origins of Modern Society: Gloucestershire 1500-1800* (London: Routledge, 2005), 226-227.

44   모직(*woolen*)이라는 용어는 습기와 마찰을 이용해 표면을 부드럽고 평평하게 만드는 축융(*fulled*) 작업을 거친 무거운 울 직물이다. 축융 작업을 한 다음에는 손질을 거쳐 표면을 매끄럽게 만든다. 울을 만들 때는 소면 과정을 거친 짧은 모직 섬유를 사용해 만든 부드러운 실을 사용한다. 소모사(*worsted*)는 축융을 거치지 않고 탄탄하게 자은 실로 만든 가벼운 모직물을 말한다. 소모사를 만드는 섬유는 정소면 작업을 거친 뒤 실로 만들어진다. 소면(carding)은 섬유를 부풀리는 작업에 가깝고, 정소면(combing)은 섬유를 같은 방향으로 정렬하는 작업이다.

45   "An Essay on Riots: Their Causes and Cure" *Gentleman's Magazine*, January 1739, 7-10. See also, "A Letter on the Woollen Manufacturer," *Gentleman's Magazine*, February 1739, 84-86; A Manufacturer in Wiltshire, "Remarks on the Essay on Riots," *Gentleman's Magazine*, March 1739, 123-126; Trowbridge, "Conclusion," *Gentleman's Magazine*, 126; "Case between the Clothiers and Weavers," *Gentle-*

man's Magazine, April 1739, 205-206; "The Late Improvements of Our Trade, Navigation, and Manufactures," *Gentleman's Magazine*, September 1739, 478-480.

46 Trowbridge, untitled essay, *Gentleman's Magazine*, February 1739, 89-90. Trowbridge, "Conclusion," *Gentleman's Magazine*, 126.

47 Ray Bert Westerfield, *The Middleman in English Business* (New Haven, CT: Yale University Press, 1914), 296, archive.org/details/ middlemeninengli00west. 이들의 수를 명확하게 제한하지는 않았지만, 중개인들의 역할은 법에 명시되어 있었고, 중개인 등록 제도가 시행되었으므로, 당시의 중개인들은 이로 말미암아 더욱 큰 경제적 영향력을 얻었을 것이다.

48 Luca Mola, *The Silk Industry of Renaissance Venice* (Baltimore: Johns Hopkins University Press, 2000), 365n11.

49 Conrad Gill, "Blackwell Hall Factors, 1795-1799," *Economic History Review*, August 1954, 268-281; Westerfield, *The Middleman in English Business*, 273-304.

50 Trowbridge, "Conclusion," *Gentleman's Magazine*, 126.

51 모든 인용은 *The Lehman Trilogy* as performed at Park Avenue Armory, New York, April 4, 2019에서 옮겨 왔다.

52 Harold D. Woodman, "The Decline of Cotton Factorage After the Civil War," *American Historical Review* 71, no. 4 (July 1966): 1219-1236; Harold D. Woodman, *King Cotton and His Retainers: Financing and Marketing the Cotton Crop of the South, 1800-1925* (Lexington: University of Kentucky Press, 1968). 우드먼은 남부에서 목화 중개인들이 활동하기 시작한 시기를 최소 1800년대로 추정했다.

53 Italian Playwrights Project, "Stefano Massini's SOMETHING ABOUT THE LEHMANS," YouTube video, 1:34:04, December 5, 2016, www.youtube.com/watch?time_

continue=112&v=gETKm6El85o.

54 Ben Brantley, "'The Lehman Trilogy' Is a Transfixing Epic of
Riches and Ruin," *New York Times*, July 13, 2018, C5, www.ny-
times.com/2018/07/13/theater/lehman-trilogy-review-national-
theater-london.html; Richard Cohen, "The Hole at the Heart of
'The Lehman Trilogy,'" *Washington Post*, April 8, 2019, www.wash-
ingtonpost.com/opinions/the-hole-at-the-heart-of-the-lehman-
trilogy/2019/04/08/51f6ed8c-5a3e-11e9-842d-7d3ed7eb3957_
story.html?utm_term=.257ef2349d55; Jonathan Mandell, "The
Lehman Trilogy Review: 164 Years of One Capitalist Family Minus
the Dark Parts," *New York Theater*, April 7, 2019, https://newyork-
theater.me/2019/04/07/the-lehman-trilogy-review-164-years-of-
one-capitalist-family-minus-the-dark-parts/; Nicole Gelinas, "The
Lehman Elegy," *City Journal*, April 12, 2019, www.city-journal.
org/the-lehman-trilogy.

6장 소비자

1 Angela Yu-Yun Sheng, "Textile Use, Technology, and Change in
Rural Textile Production in Song, China (960-1279)" (unpublished
diss., University of Pennsylvania, 1990), 53, 68-113.

2 Roslyn Lee Hammers, *Pictures of Tilling and Weaving: Art, Labor,
and Technology in Song and Yuan China* (Hong Kong: Hong Kong
University Press, 2011), 1-7, 87-98, 210, 211. 해머스에 의해 번역되
었고, 그녀의 허락을 받아 출판되었다.

3 송나라는 960년에서 1279년까지 지속되었다. 북송과 남송으로 나뉘
는데, 북송은 여진이 북중국과 오늘날 카이펑 지역에 있던 수도를 점
령하며 저물었다. 남송은 오늘날 항저우가 있는 곳을 수도로 한 남중

국의 양쯔강 지역을 다스렸다. 관리들을 비롯한 많은 백성이 남부로 이동하며 중국의 경제 지리가 영구적으로 바뀌었다.

4   William Guanglin Liu, *The Chinese Market Economy 1000-1500* (Albany: State University of New York Press, 2015), 273-275; Richard von Glahn, *The Economic History of China: From Antiquity to the Nineteenth Century* (Cambridge: Cambridge University Press, 2016), 462.

5   Liu, *The Chinese Market Economy*, 273-278; Sheng, "Textile Use, Technology, and Change," 174.

6   Thomas T. Allsen, *Commodity and Exchange in the Mongol Empire: A Cultural History of Islamic Textiles* (Cambridge: Cambridge University Press, 1997), 28; Sheila S. Blair, "East Meets West Under the Mongols," *Silk Road* 3, no. 2 (December 2005): 27-33, www.silkroadfoundation.org/newsletter/vol3num2/6_blair.php.

7   타타르족은 칭기즈 칸의 첫 정복 대상이었으며, 칭기즈 칸이 말한 "펠트로 지은 집 안에 사는 사람들"이라는 새로운 몽골의 정체성에 흡수되었다. Jack Weatherford, *Genghis Khan and the Making of the Modern World* (New York: Crown, 2004), 53-54.

8   Joyce Denney, "Textiles in the Mongol and Yuan Periods," and James C. Y. Watt, "Introduction," in James C. Y. Watt, *The World of Khubilai Khan: Chinese Art in the Yuan Dynasty* (New York: Metropolitan Museum of Art, 2010), 243-267, 7-10.

9   Peter Jackson, *The Mongols and the Islamic World* (New Haven, CT: Yale University Press, 2017), 225; Allsen, *Commodity and Exchange in the Mongol Empire*, 38-45, 101; Denney, "Textiles in the Mongol and Yuan Periods."

10 Helen Persson, "Chinese Silks in Mamluk Egypt," in *Global Textile Encounters*, ed. Marie-Louise Nosch, Zhao Feng, and Lotika Varadarajan (Oxford: Oxbow Books, 2014), 118.

11 James C. Y. Watt and Anne E. Wardwell, *When Silk Was Gold: Central Asian and Chinese Textiles* (New York: Metropolitan Museum of Art, 1997), 132.

12 Allsen, *Commodity and Exchange in the Mongol Empire*, 29. 칭기즈 칸은 신하들에게 상인들이 상품의 아름다움을 아는 것처럼, 전쟁이라 는 예술을 이해하도록 그들의 아들을 잘 훈련시키라고 명령했다.

13 Yuan Zujie, "Dressing the State, Dressing the Society: Ritual, Morality, and Conspicuous Consumption in Ming Dynasty China" (unpublished diss., University of Minnesota, 2002), 51.

14 Craig Clunas, *Superfluous Things: Material Culture and Social Status in Early Modern China* (Urbana: University of Illinois Press, 1991), 150; Zujie, "Dressing the State, Dressing the Society," 93.

15 초기 개정은 1528년에 이루어졌으며, 근무 시간 외 공직자들의 복장 관련 규정에 관련된 내용이었다.

16 BuYun Chen, "Wearing the Hat of Loyalty: Imperial Power and Dress Reform in Ming Dynasty China," in *The Right to Dress: Sumptuary Laws in a Global Perspective, c. 1200-1800*, ed. Giorgio Riello and Ulinka Rublack (Cambridge: Cambridge University Press, 1019), 418.

17 Zujie, "Dressing the State, Dressing the Society," 94-96, 189-191.

18 Ulinka Rublack, "The Right to Dress: Sartorial Politics in Germany, c. 1300-1750," in *The Right to Dress*, 45; Chen, "Wearing the Hat of Loyalty," 430-431.

19 Liza Crihfield Dalby, *Kimono: Fashioning Culture* (Seattle: University of Washington Press, 2001), 52-54; Katsuya Hirano, "Regulating Excess: The Cultural Politics of Consumption in Tokugawa Japan," in *The Right to Dress*, 435-460; Howard Hibbett, *The Floating World in Japanese Fiction* (Boston: Tuttle Publishing, [1959] 2001).

20 Catherine Kovesi, "Defending the Right to Dress: Two Sumptuary

Law Protests in Sixteenth-Century Milan," in *The Right to Dress*, 186; Luca Mola and Giorgio Riello, "Against the Law: Sumptuary Prosecutions in Sixteenth- and Seventeenth-Century Padova," in *The Right to Dress*, 216; Maria Giuseppina Muzzarelli, "Sumptuary Laws in Italy: Financial Resource and Instrument of Rule," in *The Right to Dress*, 171, 176; Alan Hunt, *Governance of the Consuming Passions: A History of Sumptuary Law* (New York: St. Martin's Press, 1996), 73; Ronald E. Rainey, "Sumptuary Legislation in Renaissance Florence" (unpublished diss., Columbia University, 1985), 62.

21 Rainey, "Sumptuary Legislation in Renaissance Florence," 54, 468-470, 198.

22 Rainey, "Sumptuary Legislation in Renaissance Florence," 52-53, 72, 98, 147, 442-443. 시아미토라는 단어는 금실이나 은실로 장식한 양면 양단을 가리키는 세이마이트(*samite*)를 의미하기도 하지만, 레이니는 이 단어가 조금 더 일반적인 의미로 사용되기도 했다는 사실을 알아냈다.

23 Carole Collier Frick, *Dressing Renaissance Florence: Families, Fortunes, and Fine Clothing* (Baltimore: Johns Hopkins University Press, 2005), Kindle edition.

24 Rainey, "Sumptuary Legislation in Renaissance Florence," 231-234; Franco Sacchetti, *Tales from Sacchetti*, trans. by Mary G. Steegman (London: J. M. Dent, 1908), 117-119; Franco Sacchetti, *Delle Novelle di Franco Sacchetti* (Florence: n.p., 1724), 227. 원문은 "Ciò che vuole dunna [*sic*], vuol signò; e ciò vuol signò, Tirli in Birli."이다.

25 Muzzarelli, "Sumptuary Laws in Italy," 175, 185.

26 Rainey, "Sumptuary Legislation in Renaissance Florence," 200-205, 217; William Caferro, "Florentine Wages at the Time of the Black Death" (unpublished ms., Vanderbilt University), https://econom-

ics.yale.edu/sites/default/files/florence_wages-caferro.pdf.

27 Kovesi, "Defending the Right to Dress," 199-200.

28 Felicia Gottmann, *Global Trade, Smuggling, and the Making of Economic Liberalism: Asian Textiles in France 1680-1760* (Basingstoke, UK: Palgrave Macmillan, 2016), 91. 이 부분의 원본은 Virginia Postrel, "Before Drug Prohibition, There Was the War on Calico," *Reason*, July 2018, 14-15, https://reason.com/2018/06/25/before-drug-prohibition-there/ 참조.

29 Michael Kwass, *Contraband: Louis Mandrin and the Making of a Global Underground* (Cambridge, MA: Harvard University Press, 2014), 218-220; Gillian Crosby, *First Impressions: The Prohibition on Printed Calicoes in France, 1686-1759* (unpublished diss., Nottingham Trent University, 2015), 143-144.

30 Kwass, *Contraband*, 56.

31 영국의 캘리코법과 관련 문학에 관한 역사 기술의 개요는 "The Calico Acts: Was British Cotton Made Possible by Infant Industry Protection from Indian Competition?" Pseudoerasmus, January 5, 2017, https://pseudoerasmus.com/2017/01/05/ca/ 참조.

32 Giorgio Riello, *Cotton: The Fabric that Made the Modern World* (Cambridge: Cambridge University Press, 2013), 100; Kwass, *Contraband*, 33.

33 Gottmann, *Global Trade, Smuggling*, 7; Kwass, *Contraband*, 37-39.

34 Gottmann, *Global Trade, Smuggling*, 41.

35 Gottmann, *Global Trade, Smuggling*, 153.

36 Kwass, *Contraband*, 294.

37 Julie Gibbons, "The History of Surface Design: Toile de Jouy," Pattern Observer, https://patternobserver.com/2014/09/23/history-surface-design-toile-de-jouy/.

38 George Metcalf, "A Microcosm of Why Africans Sold Slaves: Akan

Consumption Patterns in the 1770s," *Journal of African History* 28, no. 3 (November 1987): 377-394. 그 당시 직물의 인기는 Stanley B. Alpern, "What Africans Got for Their Slaves: A Master List of European Trade Goods," *History in Africa* 22 (January 1995): 5-43 에 편찬된 데이터로 확인할 수 있다.

39   이 시기에 서아프리카에서 잡혀 온 사람 대부분은 서인도제도의 설탕 농장에 속해 있었다.

40   Chambon, *Le commerce de l'Amérique par Marseille*, 인용 및 번역 Michael Kwass, *Contraband*, 20. Original available at https://gallica. bnf.fr/ark:/12148/bpt6k1041911g/f417.item.zoom. Venice Lamb, *West African Weaving* (London: Duckworth, 1975), 104.

41   Colleen E. Kriger, "'Guinea Cloth': Production and Consumption of Cotton Textiles in West Africa before and during the Atlantic Slave Trade," in *The Spinning World: A Global History of Cotton Textiles, 1200-1850*, ed. Giorgio Riello and Prasannan Parthasarathi (Oxford: Oxford University Press, 2009), 105-126; Colleen E. Kriger, *Cloth in West African History* (Lanham, MD: Altamira Press, 2006), 35-36.

42   Suzanne Gott and Kristyne S. Loughran, "Introducing African-Print Fashion," in *African-Print Fashion Now! A Story of Taste, Globalization, and Style*, ed. Suzanne Gott, Kristyne S. Loughran, Betsy D. Smith, and Leslie W. Rabine (Los Angeles: Fowler Museum UCLA, 2017), 22-49; Helen Elanda, "Dutch Wax Classics: The Designs Introduced by Ebenezer Brown Fleming circa 1890-1912 and Their Legacy," in *African-Print Fashion Now!*, 52-61; Alisa LaGamma, "The Poetics of Cloth," in *The Essential Art of African Textiles: Design Without End*, ed. Alisa LaGamma and Christine Giuntini (New Haven, CT: Yale University Press, 2008), 9-23, www.metmuseum.org/art/metpublications/the_essential_art_

of_african_textiles_design_without_end.

43   Kathleen Bickford Berzock, "African Prints/African Ownership: On Naming, Value, and Classics," in *African-Print Fashion Now!*, 71-79. (Berzock is the art historian quoted.) Susan Domowitz, "Wearing Proverbs: Anyi Names for Printed Factory Cloth," *African Arts*, July 1992, 82-87, 104; Paulette Young, "Ghanaian Woman and Dutch Wax Prints: The Counter-appropriation of the Foreign and the Local Creating a New Visual Voice of Creative Expression," *Journal of Asian and African Studies* 51, no. 3 (January 10, 2016), https://doi.org/10.1177/0021909615623811. (Young is the curator quoted.) Michelle Gilbert, "Names, Cloth and Identity: A Case from West Africa," in *Media and Identity in Africa*, ed. John Middleton and Kimani Njogu (Bloomington: Indiana University Press, 2010), 226-244.

44   Tunde M. Akinwumi, "The 'African Print' Hoax: Machine Produced Textiles Jeopardize African Print Authenticity," *Journal of Pan African Studies* 2, no. 5 (July 2008): 179-192; Victoria L. Rovine, "Cloth, Dress, and Drama," in *African-Print Fashion Now!*, 274-277.

45   콜린 크리거(Colleen Kriger)는 켄테 천으로 기술했지만, 이 천은 켄테 천의 원조 격으로 보는 것이 바람직하다. Malika Kraamer, "Ghanaian Interweaving in the Nineteenth Century: A New Perspective on Ewe and Asante Textile History," *African Arts*, Winter 2006, 36-53, 93-95.

46   씨실을 넣는 방법에 따라 패턴이 수직이나 수평으로 나타나지 않을 수도 있다. 이 방법은 가장 흔한 정렬이다. 직물학자들은 "두 가지 색상의 씨실을 번갈아 사용해 씨실이 드러나는 부분에 날실 방향 줄무늬를 짜는 것도 물론 가능하다. 이렇게 되면 특정 날실 영역 위에는 모두 한 색상이 올라가고, 그다음에는 그 색상이 모두 아래로 들어가

며, 씨실 영역에는 반대 색상이 나타난다."라고 썼다. John Picton and John Mack, *African Textiles* (New York: Harper & Row, 1989), 117.

47 Malika Kraamer, "Challenged Pasts and the Museum: The Case of Ghanaian *Kente*," in *The Thing about Museums: Objects and Experience, Representation and Contestation*, ed. Sandra Dudley, Amy Jane Barnes, Jennifer Binnie, Julia Petrov, Jennifer Walklate (Abingdon, UK: Routledge, 2011), 282-296.

48 Lamb, *West African Weaving*, 141.

49 Lamb, *West African Weaving*, 22; Doran H. Ross, "Introduction: Fine Weaves and Tangled Webs" and "Kente and Its Image Outside Ghana," in *Wrapped in Pride: Ghanaian Kente and African American Identity*, ed. Doran H. Ross (Los Angeles: UCLA Fowler Museum of Cultural History, 1998), 21, 160-176; James Padilioni Jr., "The History and Significance of Kente Cloth in the Black Diaspora," Black Perspectives, May 22, 2017, www.aaihs.org/the-history-and-significance-of-kente-cloth-in-the-black-diaspora//; Betsy D. Quick, "Pride and Dignity: African American Perspective on Kente," in *Wrapped in Pride*, 202-268. 켄테를 화려함과 매력의 발산으로 볼 수도 있다. Virginia Postrel, The Power of Glamour: Longing and the Art of Visual Persuasion (New York: Simon & Schuster, 2013) 참조.

50 Anita M. Samuels, "African Textiles: Making the Transition from Cultural Statementto Macy's," *New York Times*, July 26, 1992, sec. 3, 10, www.nytimes.com/1992/07/26/business/all-about-african-textiles-making-transition-cultural-statement-macy-s.html. 수입업자 또는 기자가 직물 양면에 날염이 된 왁스 프린터와 켄테를 혼동한 것으로 보인다.

51 Ross, *Wrapped in Pride*, 273-289.

52 Kwesi Yankah, "Around the World in Kente Cloth," *Uhuru*, May

1990, 15-17, quoted in Ross, *Wrapped in Pride*, 276; John Picton, "Tradition, Technology, and Lurex: Some Comments on Textile History and Design in West Africa," in *History, Design, and Craft in West African Strip-Woven Cloth: Papers Presented at a Symposium Organized by the National Museum of African Art, Smithsonian Institution, February 18-19, 1988* (Washington, DC: Smithsonian Institution, 1992), 46. 켄테 요가 바지는 www.etsy.com/market/kente_leggings 참조. 정통성에 관한 더 자세한 논의는 Virginia Postrel, *The Substance of Style: How the Rise of Aesthetic Value Is Remaking Culture, Commerce, and Consciousness* (New York: HarperCollins, 2003), 95-117 참조.

53 미국 직물의 예시는 Virginia Postrel, "Making History Modern," *Reason*, December 2017, 10-11, https://vpostrel.com/articles/making-history-modern 참조. 멕시코 직물의 예시는 Virginia Postrel, "How Ponchos Got More Authentic After Commerce Came to Chiapas," Reason, April 2018, 10-11, https://vpostrel.com/articles/how-ponchos-got-more-authentic-after-commerce-came-to-chiapas 참조.

54 Raymond Senuk, interview with the author, August 31, 2018, and email August 2, 2019; Lisa Fitzpatrick, interview with the author, August 24, 2018; Barbara Knoke de Arathoon and Rosario Miralbés de Polanco, *Huipiles Mayas de Guatemala/Maya Huipiles of Guatemala* (Guatemala City: Museo Ixchel del Traje Indigene, 2011); Raymond E. Senuk, *Maya Traje: A Tradition in Transition* (Princeton, NJ: Friends of the Ixchel Museum, 2019); Rosario Miralbés de Polanco, *The Magic and Mystery of Jaspe: Knots Revealing Designs* (GuatemalaCity: Museo Ixchel del Traje Indigena, 2005). 인스타그램은 www.instagram.com/explore/tags/chicasdecorte/ 참조.

55 Chris Anderson, *The Long Tail: Why the Future of Business Is Sell-*

ing Less of More (New York: Hachette Books, 2008), 52.

56   Gart Davis, interview with the author, May 11, 2016, and email to the author, August 2, 2019; Alex Craig email to the author, September 23, 2019; Jonna Hayden, Facebook messages with the author, May 10, 2016, and August 3, 2019.

7장 혁신가

1   Sharon Bertsch McGrayne, *Prometheans in the Lab: Chemistry and the Making of the Modern World* (New York: McGraw-Hill, 2001), 114. 다음에 이어질 원료의 일부는 Virginia Postrel, "The iPhone of 1939 Helped Liberate Europe. And Women," Bloomberg Opinion, October 25, 2019, www.bloomberg.com/opinion/articles/2019-10-25/nylon-history-how-stockings-helped-liberate-women 참조.

2   Yasu Furukawa, *Inventing Polymer Science: Staudinger, Carothers, and the Emergence of Macromolecular Chemistry* (Philadelphia: University of Pennsylvania Press, 1998), 103-111; Joel Mokyr, *The Gifts of Athena: Historical Origins of the Knowledge Economy* (Princeton, NJ: Princeton University Press, 2002), 28-77.

3   Herman F. Mark, "The Early Days of Polymer Science," in *Contemporary Topics in Polymer Science*, Vol. 5, ed. E.J. Vandenberg, Proceedings of the Eleventh Biennial Polymer Symposium of the Division of Polymer Chemistry on High Performance Polymers, November 20-24, 1982 (New York: Plenum Press, 1984), 10-11.

4   McGrayne, *Prometheans in the Lab*, 120-128; Matthew E. Hermes, *Enough for One Lifetime: Wallace Carothers, Inventor of Nylon* (Washington, DC: American Chemical Society and Chemical

Heritage Foundation, 1996), 115.

5   "Chemists Produce Synthetic 'Silk,'" *New York Times*, September 2, 1931, 23.

6   Hermes, Enough for One Lifetime, 183.

7   McGrayne, *Prometheans in the Lab*, 139-142; Hermes, *Enough for One Lifetime*, 185-189.

8   "The New Dr. West's Miracle Tuft" ad, *Saturday Evening Post*, October 29, 1938, 44-45, https://archive.org/details/the-saturday-evening-post-1938-10-29/page/n43; "Du-Pont Discloses New Yarn Details," *New York Times*, October 28, 1938, 38; "Du Pont Calls Fair American Symbol," *New York Times*, April 25, 1939, 2; "First Offering of Nylon Hosiery Sold Out," *New York Times*, October 25, 1939, 38; "Stine Says Nylon Claims Tend to Overoptimism," *New York Times*, January 13, 1940, 18.

9   Kimbra Cutlip, "How 75 Years Ago Nylon Stockings Changed the World," *Smithsonian*, May 11, 2015, www.smithsonianmag.com/smithsonian-institution/how-75-years-ago-nylon-stockings-changed-world-180955219/.

10   David Brunnschweiler, "Rex Whinfield and James Dickson at the Broad Oak Print Works," in *Polyester: 50 Years of Achievement*, ed. David Brunnschweiler and John Hearle (Manchester, UK: Textile Institute, 1993), 34-37; J. R. Whinfield, "The Development of Terylene," *Textile Research Journal*, May 1953, 289-293, https://doi.org/10.1177/004051755302300503; J. R. Whinfield, "Textiles and the Inventive Spirit" (Emsley Lecture), in *Journal of the Textile Institute Proceedings*, October 1955, 5-11; IHS Markit, "Polyester Fibers," *Chemical Economics Handbook*, June 2018, https://ihsmarkit.com/products/polyester-fibers-chemical-economics-handbook.html.

11　Hermes, *Enough for One Lifetime*, 291.

12　"Vogue Presents Fashions of the Future," *Vogue*, February 1, 1939, 71–81, 137–146; "Clothing of the Future—Clothing in the Year 2000," Pathetone Weekly, YouTube video, 1:26, www.youtube.com/watch?v=U9eAiy0IGBI.

13　Regina Lee Blaszczyk, "Styling Synthetics: DuPont's Marketing of Fabrics and Fashions in Postwar America," *Business History Review*, Autumn 2006, 485–528; Ronald Alsop, "Du Pont Acts to Iron Out the Wrinkles in Polyester's Image," *Wall Street Journal*, March 2, 1982, 1.

14　Jean E. Palmieri, "Under Armour Scores $1 Billion in Sales through Laser Focus on Athletes," *WWD*, December 1, 2011, https://wwd.com/wwd-publications/wwd-special-report/2011-12-01-2104533/; Jean E. Palmieri, "Innovating the Under Armour Way," *WWD*, August 10, 2016, 11–12; Kelefa Sanneh, "Skin in the Game," *New Yorker*, March 24, 2014, www.newyorker.com/magazine/2014/03/24/skin-in-the-game.

15　Phil Brown, interview with the author, March 4, 2015; Virginia Postrel, "How the Easter Bunny Got So Soft," Bloomberg Opinion, April 2, 2015, https://vpostrel.com/articles/how-the-easter-bunny-got-so-soft.

16　Brian K. McFarlin, Andrea L. Henning, and Adam S. Venable, "Clothing Woven with Titanium Dioxide–Infused Yarn: Potential to Increase Exercise Capacity in a Hot, Humid Environment?" *Journal of the Textile Institute* 108 (July 2017): 1259–1263, https://doi.org/10.1080/00405000.2016.1239329.

17　Elizabeth Miller, "Is DWR Yucking Up the Planet?" SNEWS, May 12, 2017, www.snewsnet.com/news/is-dwr-yucking-up-the-planet; John Mowbray, "Gore PFC Challenge Tougher than

Expected," *EcoTextile News*, February 20, 2019, www.ecotextile. com/2019022024078/dyes-chemicals-news/gore-pfc-challenge-tougher-than-expected.html. 이 화합물이 실제로 중대한 위험을 발생시키는지는 논쟁의 여지가 있다. 하지만 소비자 브랜드인 언더아머로서는 이 문제를 결정하는 것이 큰 의미가 없다. 언더아머가 할 일은 소비자들에게 만족을 주는 것이다.

18 Kyle Blakely, interview with the author, July 31, 2019.

19 Christian Holland, "MassDevice Q&A: OmniGuide Chairman Yoel Fink," MassDevice, June 1, 2010, www.massdevice.com/massdevice-qa-omniguide-chairman-yoel-fink/; Bruce Schechter, "M.I.T. Scientists Turn Simple Idea Into 'Perfect Mirror,'" *New York Times*, December 15, 1998, sec. F, 2, www.nytimes.com/1998/12/15/science/mit-scientists-turn-simple-idea-into-perfect-mirror.html.

20 Yoel Fink, interviews with the author, July 28, 2019, and August 16, 2019; Bob D'Amelio and Tosha Hays, interviews with the author, July 29, 2019, and August 28, 2019; Jonathon Keats, "This Materials Scientist Is on a Quest to Create Functional Fibers That Could Change the Future of Fabric," *Discover*, April 2018, http:// discovermagazine.com/2018/apr/future-wear; David L. Chandler, "AFFOA Launches State-of-the-Art Facility for Prototyping Advanced Fabrics," MIT News Office, June 19, 2017, https://news.mit. edu/2017/affoa-launches-state-art-facility-protoyping-advanced-fabrics-0619. 핑크와 헤이스는 2019년 말에 AFFOA를 떠났지만, 핑크의 MIT 팀은 계속해 기능성 섬유를 연구하고 있다.

21 핑크는 미국에서 태어났지만, 두 살이 되던 해에 가족이 전체가 이민했다.

22 Hiroyasu Furukawa, Kyle E. Cordova, Michael O'Keeffe, and Omar M. Yaghi, "The Chemistry and Applications of Metal-Organic Frameworks," *Science* 341, no. 6149 (August 30, 2013): 974.

23 Juan Hinestroza, interviews with the author, August 23, 2019, August 30, 2019, and September 3, 2019, and emails to the author September 2, 2019, September 5, 2019, and September 25, 2019; College of Textiles, NC State University, "Researchers Develop High-Tech, Chemical-Resistant Textile Layers," *Wolftext*, Summer 2005, 2, https://sites.textiles.ncsu.edu/wolftext-alumni-newsletter/wp-content/uploads/sites/53/2012/07/wolftextsummer2005.pdf; Ali K. Yetisen, Hang Qu, Amir Manbachi, Haider Butt, Mehmet R. Dokmeci, Juan P. Hinestroza, Maksim Skorobogatiy, Ali Khademhosseini, and SeokHyun Yun, "Nanotechnology in Textiles," *ACS Nano*, March 22, 2016, 3042-3068.

24 2016년에 앨러간은 터프츠 대학에서 파생된 또 다른 실크 기반 의료 기업 소프리젠 메디컬(Sofregen Medical)에 해당 기술을 판매했다. Sarah Faulkner, "Sofregen Buys Allergan's Seri Surgical Scaffold," MassDevice, November 14, 2016, www.massdevice.com/sofregen-buys-allergans-seri-surgical-scaffold/.

25 Rachel Brown, "Science in a Clean Skincare Direction," *Beauty Independent*, December 6, 2017, www.beautyindependent.com/silk-therapeutics/.

26 Benedetto Marelli, Mark A. Brenckle, and David L. Kaplan, "Silk Fibroin as Edible Coating for Perishable Food Preservation," *Science Reports* 6 (May 6, 2016): art. 25263, www.nature.com/articles/srep25263.

27 Kim Bhasin, "Chanel Bets on Liquid Silk for Planet-Friendly Luxury," Bloomberg, June 11, 2019, www.bloomberg.com/news/articles/2019-06-11/luxury-house-chanel-takes-a-minority-stake-green-silk-maker.

28 Department of Energy Advanced Research Projects Agency (ARPA-E), "Personal Thermal Management to Reduce Energy Con-

sumption Workshop," https://arpa-e.energy.gov/?q=events/personal-thermal-management-reduce-building-energy-consumption-workshop.

29 Centre for Industry Education Collaboration, University of York, "Poly(ethene) (Polyethylene)," *Essential Chemical Industry (ECI)—Online*, www.essentialchemicalindustry.org/polymers/polyethene.html; Svetlana V. Boriskina, "An Ode to Polyethylene," *MRS Energy & Sustainability* 6 (September 19, 2019), https://doi.org/10.1557/mre.2019.15.

30 Svetlana Boriskina, interview with the author, July 30, 2019, and emails to the author, August 15, 2019, and September 2, 2019.

옮긴이 **이유림**

대학교에서 영어통번역을 전공했다. 글밥아카데미 출판번역 과정 수료 후 바른번역에 소속되어 있으며, 쉽고 편하게 읽히는 문장을 쓰기 위해 고민하며 번역하는 사람으로 살고 있다. 옮긴 책으로는 『자연처럼 살아간다』와 『숨을, 쉬다』, 『걷는 존재』, 『조셉 머피 마음의 법칙』, 『빅맥 & 버건디』, 『삼켜진 자들을 위한 노래』 등이 있다.

패브릭
한 가닥 실에서 탄생한 인류 문명의 모든 것

1판 1쇄 찍음	2024년 4월 12일
1판 1쇄 펴냄	2024년 4월 19일

지은이	버지니아 포스트렐
옮긴이	이유림
발행인	박근섭·박상준
펴낸곳	(주)민음사
출판등록	1966. 5. 19. 제16-490호
주소	서울시 강남구 도산대로 1길 62(신사동)
	강남출판문화센터 5층(06027)

대표전화	02-515-2000
팩시밀리	02-515-2007
홈페이지	www.minumsa.com